ŒUVRES CHOISIES

ŒUVRES CHOISIES

Tome I. — LA DIVINE COMÉDIE DE DANTE

Tome II. — PROVERBES EN VERS, FABLES
POÉSIES DIVERSES
DISCOURS, RÉQUISITOIRES, etc.

LA
DIVINE COMÉDIE

DE

DANTE ALIGHIERI

ENFER, PURGATOIRE, PARADIS

TRADUITE EN VERS

PAR J.-A. DE MONGIS

ANCIEN PROCUREUR GÉNÉRAL,
SECRÉTAIRE PERPÉTUEL DE LA SOCIÉTÉ PHILOTECHNIQUE,
MEMBRE DES ACADÉMIES DE DIJON ET DE L'AUBE,
ETC., ETC.

Onorate l'altissimo poeta.
(*Inferno*, c. IV)

TROISIÈME ÉDITION, TRÈS-SOIGNEUSEMENT REVUE ET CORRIGÉE

PARIS

LIBRAIRIE CH. DELAGRAVE

58, RUE DES ÉCOLES, 58

1876

Tout exemplaire non revêtu de la griffe de l'éditeur sera réputé contrefait.

A L'ACADÉMIE FRANÇAISE

ILLUSTRE GARDIENNE

DES SAINES TRADITIONS LITTÉRAIRES

CE LIVRE

A ÉTÉ RESPECTUEUSEMENT DÉDIÉ

PAR L'AUTEUR

MONGIS

Paris, 1er novembre 1875.

AVERTISSEMENT

J'ai consacré les plus belles années de ma vie à l'œuvre que je publie aujourd'hui. J'ai sacrifié à ce difficile et attrayant labeur tous mes loisirs, les plaisirs et même les devoirs du monde, les préoccupations permises d'une ambition peut-être légitime. En un mot, j'ai mis trente ans à traduire la *Divine Comédie* de Dante et, quoi qu'en dise le Misanthrope, le temps est pour quelque chose dans les œuvres sérieuses :

Le temps n'épargne pas ce qui se fait sans lui;

et ce n'est pas sans raison que Plutarque disait, il y a deux mille ans :

« La longueur du temps ajoutée à l'assiduité du labeur en la manufacture d'un ouvrage lui donne force et vigueur de longue durée[1]. »

---

1. *Vie de Périclès*, traduct d'Amyot.

AVERTISSEMENT.

Encouragé par d'illustres suffrages, éclairé par de sages critiques, passionné pour Dante, j'ai remis vingt fois sur le métier mon édition de 1857. Celle-ci est presque une œuvre nouvelle et vaut certainement mieux que son aînée[1].

Si, malgré tant de travail, de soins et de persévérance, je n'ai pas encore élevé la copie à la hauteur du modèle, j'aurai du moins ouvert la voie à d'autres plus dignes, et je pourrai répéter avec notre poëte lui-même :

> Poca favilla gran fiamma seconda :
> Forse diretro a me con migliori voci
> Se pregherà perchè Cirra risponda.
> (Parad. c. I.)

Dois-je me justifier d'avoir traduit un poëme en vers? Quelque prosaïques que soient les tendances de notre époque, poser une telle question c'est la résoudre. Tous les hommes de goût pensent que, pour traduire un poëme, il faut être poëte.... *et même grand poëte*, ajoute Voltaire. Je n'ai certes pas la prétention de remplir cette dernière condition du programme ; j'ai seulement fait de mon mieux, bien convaincu d'ailleurs que ravir à son modèle le charme du rhythme, de l'harmonie et de la rime, ce n'est pas le traduire, c'est le trahir,

---

[1] D'utiles corrections ont été faites jusqu'à la dernière heure, grâce aux judicieuses observations de M. Poinsot, très-modeste et très-lettré correcteur de l'imprimerie Chaix

ce n'est plus reproduire ses traits, c'est lui mettre un masque au visage ; c'est violer un dépôt ; c'est se croire libéré d'une dette dont on n'aurait payé que la moitié. Des vers traduits en prose m'ont toujours rappelé ces pauvres soldats condamnés à la dégradation. Ils conservent leur uniforme, mais on en a violemment arraché les galons et les épaulettes ; on a brisé cette épée qu'ils portaient si fièrement : ils ne sont plus désormais qu'une chose sans nom, digne à la fois de mépris et de pitié...

On est allé plus loin encore. Des écrivains éminents ont cru ouvrir aux lettres des horizons nouveaux en réduisant l'art de traduire aux proportions d'un devoir de septième. Pour eux, hors du mot à mot point de salut! Sous prétexte de respect et d'exactitude, ils ont fait du patois et de la barbarie. Ils ont brisé et dispersé les membres du poëte :

..... *Disjecti membra poetæ.*

Sans atteindre à l'archaïsme de Marot, d'Amyot et de Ronsard, ils ont rompu en visière à toutes les lois que nous ont léguées Pascal, Racine et Boileau.

Ils ont dit par exemple : *Chrétiens étaient leurs ennemis.* Ils ont dit : *Tu sauras combien est dur le degré du monter ou du descendre de l'escalier d'autrui.* Si Dante eût écrit dans ce style, aurait-il mérité le nom de grand styliste que lui donne Lamartine? compterait-il de si nombreux admirateurs? Non, certes. C'est que chaque langue a son génie qui lui est propre et qu'il faut respecter. Tel mot, sublime ou gracieux en italien, peut être ridicule ou choquant en français. Telle inversion, pleine de charme dans l'idiome de Dante ou de Virgile, deviendrait intolérable dans le nôtre. Il n'est pas jusqu'au rhythme choisi par votre modèle que vous ne deviez changer quelquefois pour bien reproduire sa physionomie. Ainsi les tercets de Dante, avec leurs rimes si habilement entrelacées, c'est charmant dans le texte : adopterez-vous la même forme dans une traduction française? Un homme d'esprit et de talent l'a tenté naguère. Qu'on le lise, on reconnaîtra qu'un poëme sérieux et de longue haleine exige chez nous le vers alexandrin, les rimes régulièrement accouplées deux à deux, et l'alinéa, là seulement où l'usage et le goût l'ont rendu nécessaire.

Je demande donc la permission de ne rien changer à l'idée que je me suis faite des droits et des devoirs d'un traducteur intelligent et fidèle :

Unir autant que possible une rigoureuse exactitude à une élégance sobre et sévère ; laisser toujours entrevoir sous un vêtement d'emprunt les formes pures et les fiers contours ; adoucir quelquefois, sans les effacer jamais, les couleurs trop vives qui feraient tache aux yeux de nos lecteurs ; conserver dans l'ensemble le parfum de l'œuvre, l'accent, le geste du modèle, ce je ne sais quoi qui s'appelle la physionomie et qui est à la ressemblance ce que la grâce est à la beauté[1].

Sur le ton des Français il faut chanter en France[2].

Le précepte est sage, et je tiens à ne pas m'en écarter. Je me suis attaché aussi *à faire difficilement des vers faciles,* à leur donner, comme l'a fait notre Dante, la richesse et l'imprévu de la rime, sans laquelle il n'y a pas de vers français ; heureux si les esprits délicats éprouvent quelque charme à lire ceux que je leur offre, sans se douter de l'immense travail qu'ils ont coûté à l'auteur !

Je viens de citer Voltaire pour la seconde fois et j'avais déjà cité Lamartine, tous deux maîtres en l'art d'écrire, mais tous deux bien injustes envers le grand poëte de Florence. « Ôtez soixante ou quatre-vingts vers de la *Divine Comédie,* a dit l'auteur de la *Henriade,* il n'y reste que ténèbres et barbarie. » Et Lamartine n'a pas craint de s'écrier un jour à propos de Dante : « Je pense comme Voltaire. »

Heureusement, l'un de ces deux juges avait comparé Shakespeare à un « sauvage ivre », et

---

1. Voy. notre Avertissement, édition de 1857.
2. Voltaire, dans le *Temple du goût.*

l'autre a fort maltraité notre inimitable La Fontaine. Heureusement encore il est admis qu'Homère lui-même « sommeille quelquefois » ! Heureusement enfin il est un juge qui a, dit-on, plus d'esprit que Voltaire et Lamartine : ce juge c'est *tout le monde*. Tout le monde a dit : « Otez de la *Divine Comédie* soixante ou quatre-vingts vers, il reste un chef-d'œuvre. »

Et voilà pourquoi Dante a été traduit dans toutes les langues, même en latin, même en hébreu[1]. Voilà pourquoi on a formé toute une bibliothèque des livres écrits à propos de ce livre. Voilà pourquoi, dans tous les pays civilisés, des chaires ont été dressées pour expliquer cette *Comédie*, à laquelle la postérité a décerné le surnom de *divine*.

Et maintenant quelques mots sur les dispositions pour ainsi dire matérielles de notre publication. Nous avons tenu à réunir dans un seul volume l'*Enfer*, le *Purgatoire* et le *Paradis*, parce que ce sont là les trois actes d'un seul et même drame, les parties diverses d'un tout indivisible, et qu'à chaque instant l'esprit du lecteur doit se reporter de l'une à l'autre. Nos notes avaient dans l'origine presque l'importance d'un commentaire :

---

(1) Par le chevalier Fermiggini, savant orientaliste de Trieste.

nous les réduisons aujourd'hui à leur plus simple expression pour ne pas les séparer du mot auquel s'applique chacune d'elles. Nous épargnerons ainsi au lecteur la fatigue et l'ennui d'aller chercher à la fin du volume l'explication qui lui est souvent nécessaire.

Le désir de réunir l'œuvre entière dans un seul volume ne nous a pas permis de mettre le texte en regard de la traduction. Le traducteur eût gagné peut-être à ce rapprochement, car nous avons serré le texte de bien près, vers par vers, presque mot par mot ; mais la reproduction de l'italien nous eût fait tomber de l'in-8º dans l'in-4º — *de la paralysie dans la dyspepsie*, — et avant tout, pour être lu, il faut faire un peu sa cour au lecteur.

Nous avons pensé lui être utile et agréable en faisant précéder chaque acte ou cantique, d'une analyse claire et succincte propre à faciliter l'intelligence du drame lui-même.

Enfin nous avons tenu à poser en tête du volume la Vie de Dante. Tirée presque tout entière du livre lui-même, elle est, pour ainsi dire, la clef du mystérieux édifice dans lequel le lecteur va pénétrer.

VIE DE DANTE ALIGHIERI[1].

La vie de Dante appartient à l'histoire, comme son œuvre à l'immortalité. Dante fut citoyen illustre et grand poëte; on peut même soutenir que « l'indignation » de l'homme politique « a fait les vers » de la *Divine Comédie*[2]. Le nom de Dante ne serait peut-être pas venu jusqu'à nous, si son génie ne se fût vigoureusement trempé au foyer des discordes civiles.

Nous ne saurions donc séparer l'histoire du poëte de celle du temps où il a vécu : tout se lie dans ce double drame. Le xive siècle, dernier fils de la barbarie, enfantait le siècle de Léon X, alors que Dante, rallumant le flambeau des lettres antiques, le faisait briller sur le chaos du moyen âge[3].

C'était vers l'an 1250. Philippe-Auguste régnait sur la France, Frédéric II était empereur d'Occident et Innocent III tenait les clefs du Saint-Siége, quand éclata dans les murs de Florence cette querelle des Guelfes et des Gibelins qui devait ensanglanter l'Italie et mettre en émoi les plus hautes puissances de l'Europe. Un gentilhomme, nommé Buondelmonte, avait promis d'épouser une fille du sang des Amedei; puis, manquant à sa parole, il avait donné son nom à une Donati. La famille outragée se réunit, et l'on délibérait depuis long-

---

(1) Voy. notre Avertissement, *in fine*.
(2) *Parad.* ch. XVII, vers 111 et suiv., 119 et suiv.
(3) *Enfer*, ch. Ier, disc. de Dante à Virgile, vers 119 et suiv.

temps sur les moyens de se venger, quand le jeune Mosca degli Uberti s'écria brusquement : « COSA FATTA CAPO HA »[1]. Il est compris : on se sépare et, peu de temps après, Buondelmonte périt assassiné sur une place publique de la ville. Ses amis, ses parents, ne tardèrent pas à user de représailles. La terrible *vendetta* se propagea comme un violent incendie, et bientôt non-seulement Florence, mais toute la Toscane, fut divisée en deux camps. On ne vit plus que des Guelfes et des Gibelins : ceux-là pour Buondelmonte, et représentant le peuple; ceux-ci pour les Amedei, attachés au parti de l'aristocratie.

Les coups cependant semblaient s'affaiblir par la perte du sang; mais Frédéric II ne pouvait perdre ainsi l'occasion de susciter des entraves au pouvoir temporel du pape. Il se déclara tout à coup pour les Gibelins, alors exilés de leur patrie, et rendit ainsi plus acharnées les luttes des deux factions. Les Guelfes, chassés à leur tour, obtinrent l'appui du Saint-Siége, par cela même qu'ils étaient ennemis de Frédéric. Frédéric fut excommunié, et la lutte recommença[2].

En 1250, Mainfroi, fils naturel de Frédéric, étouffe son père entre deux matelas, empoisonne son frère Conrad, et, par ce double crime, arrive à gouverner l'empire et la Sicile. Au bruit de ces attentats, qui affaiblissent toujours un pouvoir en le déshonorant, les Gibelins rappellent les Guelfes à Florence, mais pour les remplacer bientôt en exil : il n'y avait pas place sur le sol de la patrie pour ces deux factions à la fois. La vengeance des Gibelins d'ailleurs ne se fit pas longtemps attendre. Imprudemment attaqués dans le val d'Arbia au pied du Monte-Aperto[3], ils y sont secondés par un traître nommé Bocca[4] qui coupe la main du porte-étendard

---

(1) Enfer, ch. XXVIII, vers 96 et suiv.
(2) Enfer, ch. X, vers 113; — *Purgatoire*, ch. XVI, vers 115.
(3) Enfer, ch. X, vers 78 et suiv., XVI, vers 40 et note 3, XXXII, vers 79.
(4) Enfer, ch. XXXII, vers 86 et suiv.

de la commune : les Guelfes prennent la fuite et rentrent dans la ville pêle-mêle avec les vainqueurs. Telle fut alors l'irritation de ceux-ci que, sans la magnanime résistance de leur capitaine Farinata, c'en était fait de Florence. Les Gibelins voulaient la réduire en cendres[1]. Ils se contentèrent d'y rentrer avec tout l'appareil du triomphe.

Les Gibelins, pour plaire au peuple sans négliger le soin de leur propre sûreté, dérogèrent à un antique usage. Au lieu de choisir parmi eux un podestat, ils en appelèrent deux de Bologne[2], Catalano Catalani et Loderingo degli Andeti, tous deux, en apparence au moins, étrangers aux factions comme ils l'étaient au pays.

Florence respira.

C'est pendant la durée de cette trêve que Dante naquit, au mois de mai de l'année 1265, sous le pontificat de Clément IV.

Il était d'une famille noble et ancienne, bien qu'attachée au parti populaire; lui-même fait remonter son origine à ces derniers Romains, soldats de Sylla, qui fondèrent la ville de Florence[3]. Il est certain, au moins, que son trisaïeul[4], Cacciaguida, avait combattu glorieusement sous l'empereur Conrad. Ses ancêtres s'appelaient *Alighieri* degli Elisei, du nom de la femme de son bisaïeul. Lui-même s'appelait Durante; l'usage fit de ces deux noms *Dante Alighieri*, que la postérité a consacrés.

La naissance de Dante fut accueillie avec transport par ses parents. S'il fallait même en croire certaines chroniques, Madonna Bella, sa mère, aurait été, comme la mère de saint Dominique[5], avertie en songe des hautes destinées réservées

---

(1) *Enfer*, ch. X, vers 82 et suiv.
(2) *Enfer*, ch. XXIII, vers 100 et suiv.
(3) *Enfer*, ch. XV.
(4) *Paradis*, ch. XV et XVI.
(5) *Paradis*, ch. XII.

à son fils. Il avait un an à peine quand de nouveaux troubles éclatèrent. Urbain et Clément IV avaient donné à Charles d'Anjou, frère de saint Louis, l'investiture du royaume de Sicile. Mainfroi voulut en vain lutter contre la valeur française; il fut vaincu partout, et périt à la bataille de Ceperano, abandonné par ses alliés de la Pouille, dans la plaine même où César et Pompée s'étaient disputé l'empire du monde [1].

Conradin, fils de Conrad et petit-fils de Frédéric II, voulut à son tour prendre les armes des mains de son tuteur. Il fut défait comme lui, et finit par tomber entre les mains du prince français, qui le fit décapiter sur une place de Rome [2].

De tels événements devaient opérer une réaction fatale au parti gibelin; les Guelfes ne se décourageaient pas : les deux podestats [3], déjà gagnés par eux, et jaloux d'ailleurs d'une autorité sans contrôle, s'arment tout à coup à la tête de la multitude, mettent à feu et à sang le quartier du Gardingo, habité par les Gibelins, et chassent de la ville ceux qu'ils n'ont pas massacrés. Les Guelfes restent, après cette trahison, paisibles maîtres du pouvoir.

L'éducation du jeune Dante se ressentit de cette paix si chèrement achetée. Libres des agitations du dehors, ses parents s'appliquèrent à développer les étonnantes dispositions qu'il faisait paraître. Des professeurs de toutes sciences furent placés près de lui. Ser Brunetto Latini, le plus illustre de tous, lui tint lieu du père qu'il avait perdu fort jeune. Il a laissé un livre écrit en français, et intitulé : *le Trésor*. Il s'occupait d'astrologie, et son jeune élève dut à ses soins les connaissances astronomiques qu'il a semées si heureusement dans son poëme [4].

---

(1) *Enfer*, ch. XVI et XXVIII; — *Purgatoire*, ch. III.
(2) *Purgatoire*, ch. XX.
(3) *Enfer*, ch. XXIII, vers 100 et suiv.
(4) *Enfer*, ch. XV, vers 28 et suiv.

Dante avait dix ans à peine, que déjà il fixait l'attention de ses concitoyens. Sa précocité se faisait remarquer en toutes choses. Il semblait que, déjà homme par l'esprit, il dût l'être aussi par le cœur, car, à cet âge, il s'éprit très-sérieusement d'une charmante jeune fille qu'il nomme dans ses écrits Béatrix, et dont le père s'appelait Folco Portinari. Il a fait d'elle sa protectrice en enfer et son guide dans le paradis [1].

Cet amour ne nuisit point à ses études. Il avait senti que ce qui charme les femmes, c'est la supériorité ; et dans son âme, comme dans toutes les âmes bien faites, s'étaient développés, avec le désir de plaire, les plus nobles moyens d'y parvenir. Il approfondit avec ardeur tout ce qu'à cet âge on effleure avec dégoût. Il s'appliqua surtout à l'étude des profanes grecs et latins, presque oubliés, ou excommuniés, de son temps. Il jeta sur les travaux les plus arides le charme de cette sensibilité rêveuse que l'on retrouve même dans ses plus amers souvenirs. Plus tard, sous les sèches controverses de la théologie, il se plut à poursuivre les mystères de l'infini. Supérieur aux mesquines dévotions de son siècle, il lut, au fond des fictions de la mythologie, les merveilles d'une civilisation perdue, et les trésors d'une haute philosophie lui apparurent à travers ce voile de poésie qui couvre les œuvres de l'antiquité. Déjà peut-être il rêvait que si la force des armes est une puissance qui dompte les hommes, la douceur des lettres a un charme qui les civilise ; que le temps était venu de les éclairer au lieu de les asservir, et qu'à tout prendre l'homme est le roi du monde, non comme la plus forte, mais comme la plus intelligente de toutes les créatures [2].

Les passions n'avaient donc, dans cette âme énergique, rien de ce qui énerve et amollit; elles participaient de l'élévation de son esprit et de la fermeté de son caractère : *Si di virtù*

---

(1) *Enfer*, ch. II ; — *Purgatoire*, ch. XXX. *Paradis, passim,* mais surtout la *Vita nuova* et les poésies diverses.
(2) *Enfer,* ch. XXXI, vers 53 et suiv.

come d'amore materiate. C'est ainsi qu'il se peint lui-même. Aussi Dante ne resta-t-il pas longtemps dans l'ombre. Au premier symptôme d'agitations renaissantes, il se jeta dans le forum, changea sa plume pour une épée et les rêveries de la solitude pour le tumulte des camps.

Les Vêpres siciliennes avaient sonné. Plus de vingt mille Français, tous, dit-on, moins un, avaient péri[1]; et le contre-coup de ce grand massacre devait encore se ressentir jusqu'au sein de Florence. Les Gibelins relevèrent la tête et ne cessèrent de harceler leurs heureux vainqueurs que pour se faire exterminer enfin dans deux batailles, à Campaldino, sous les murs d'Arezzo. Dante les combattit vaillamment dans ces deux rencontres; et, la première émotion passée, comme il l'avoue ingénument, il prit grand plaisir à ces vicissitudes que la guerre traîne après elle[2].

A dater de cette époque, il est permis de le dire, les Gibelins n'existaient plus, et les Guelfes n'eurent plus d'autres ennemis qu'eux-mêmes : bientôt ils allaient se diviser et s'égorger les uns les autres : c'est l'histoire de toutes les factions. Mais pendant que de nouveaux troubles menaçaient sa patrie, et en attendant qu'il en fût la plus noble victime, Dante était abreuvé de chagrins dans sa vie privée. Cette femme, objet d'une si pure affection, celle qui avait inspiré ses premiers chants, Béatrix, mourait à la fleur de l'âge. Les parents du jeune poëte, alarmés de sa profonde mélancolie, le contraignent à chercher des distractions dans un amour plus heureux, et le marient malgré lui à une fille de haute naissance nommée Gemma de' Donati. Ce nom semblait porter malheur. Les Donati mirent avec leur fille le trouble et le désordre dans la retraite du sage. *Gemma*, dit Costa, *était acariâtre et méchante*. Elle parut telle du moins à l'époux qui ne l'aimait pas. Après plusieurs années de patience et de rési-

---

[1] L'an 1282, la veille de Pâques.
[2] *Enfer*, ch. XXII, *hic, infra*, p. XXVIII.

gnation, il se sépara d'elle, et, bien qu'elle lui eût donné plusieurs enfants, il ne voulut plus la revoir.

C'est alors qu'il se jeta plus passionnément dans les affaires publiques. Les méditations de l'étude ne suffisaient plus, ni comme aliment à cette âme ardente, ni comme adoucissement à ses blessures. Il se fit connaître d'abord dans une mission qu'il remplit près de Charles II, roi de Naples, et bientôt il acquit tant de prépondérance parmi ses concitoyens, que l'on n'agitait plus une affaire importante sans qu'il eût été consulté.

Tant de divisions cependant déchiraient la cour de Rome, et la tiare devenait si lourde à porter, que les cardinaux étaient allés l'offrir à un bon ermite nommé Pierre de Moron, *qui, certes*, dit Bossuet, *ne s'attendait guère à un tel honneur*. Il en fut du reste peu flatté, car il abdiqua en faveur du cardinal Bénédict Cajetan, qui prit le nom de Boniface VIII. Ce *grand refus*, comme alors on appela cette soudaine abdication [1], fit grand bruit et fut jugé diversement. Mais, pendant que Rome en était tout émue, Florence, laissée sans tuteur, se livrait de nouveau à son esprit turbulent. Focaccia, noble de Pistoie [2], ayant coupé la main à son neveu et tué un de ses oncles, deux partis s'étaient formés dans cette ville, les Blancs et les Noirs, à l'imitation des Guelfes et des Gibelins. Les Noirs, chassés les premiers, trouvèrent à Florence un asile d'abord, puis des amis, puis des partisans, et, par la même raison, des adversaires. On s'échauffa de part et d'autre : chaque membre de chaque famille prit parti pour ou contre les exilés. La guerre civile se ralluma plus ardente, plus sacrilége que jamais ; car, cette fois, ce n'étaient plus seulement des citoyens contre des citoyens, des familles contre des familles ; c'étaient des pères contre des fils, des frères contre des frères. La violence et la perfidie prirent la place des lois.

---

(1) *Enfer*, ch. IV, et *passim*.
(2) *Enfer*, ch. VI, vers 60 et suiv.; ch. XXIV, vers 141 et suiv.; ch. XXXII, vers 60.

Tous les liens de la nature furent rompus comme ceux de la cité, et Florence baigna ses pieds dans le sang de ses enfants.

Au milieu de ces désordres, Dante fut élu au prieurat, en l'an 1300, par le libre suffrage de ses concitoyens. Le prieurat était une sorte de sénat, ou plutôt un conseil des *Six* élu alors par le peuple, plus tard par le podestat lui-même, qui en était le président et qui représentait le pouvoir exécutif.

C'est sans doute dans des temps de troubles que le nom d'*honneurs* a été donné aux charges publiques ; car alors il faut une noble ambition pour y aspirer, un grand courage pour les remplir. Dante en fit l'expérience. Trop éclairé pour ne pas dominer parmi ses égaux, trop fier pour caresser les factions, trop ferme pour ménager les coupables, il devait s'exposer en butte aux intrigues des envieux et aux persécutions des méchants. Son début fut un coup d'éclat, et son début le perdit [1].

Charles de Valois, qui, en 1283, avait reçu du pape l'investiture de l'Aragon, comme Charles d'Anjou celle de la Sicile, se trouvait à Rome prêt à marcher contre Frédéric, quand les Guelfes noirs de Florence s'assemblèrent dans l'église de la Sainte-Trinité et résolurent de lui livrer la ville. Le complot fut découvert, et les prieurs, saisissant cette occasion d'anéantir deux partis formidables, exilèrent les principaux chefs des Noirs et des Blancs : Corso Donati, homme d'une habileté remarquable, à la tête de ceux-là ; parmi ceux-ci Corregiano de' Cerchi et Guido Cavalcanti, ami intime de Dante [2] ; mais les Blancs ayant été rappelés plus tard, on reprocha cet acte de justice à Dante comme un acte de partialité dont, au reste, il ne pouvait être responsable, car il avait alors

---

(1) *Enfer*, ch. XV, disc. de Latini, *Paradis*, ch. XV et XVI. d sc. de acciaguida.

(2) *Enfer*, ch X, v 60 et note 3.

quitté le prieurat, et s'essayait à l'exil par une ambassade près le Saint-Siége.

Là, pendant qu'on l'amusait par des fêtes et des protestations, le souverain pontife écoutait les Noirs et favorisait sous main leurs projets. Il souffrait avec peine l'indépendance de la république florentine, et, pour reconquérir l'influence que ses prédécesseurs avaient acquise dans les querelles des Guelfes, il envoya Charles de Valois avec le titre spécieux de médiateur. Mais le prince étendit ses pouvoirs, pour prouver sans doute qu'il les avait bien compris. Il abattit les Blancs, releva les Noirs, tira de l'argent de tous. Corso Donati, rentré à Florence avec les siens, fait élire podestat une de ses créatures, Cante de' Gabrielli ; et pendant qu'à l'aide de cet instrument docile, il frappe d'une main ses ennemis les plus redoutables, de l'autre il caresse le peuple et parvient à enchaîner ce lion qui naguère rugissait contre lui. Il avait surtout à se venger de Dante. Il ameute la populace par l'appât du butin, fait piller les maisons de l'ambassadeur, briser ses meubles, dévaster ses champs ; et, pour couronner ces attentats, il le fait condamner à l'exil d'abord, puis au feu, avec le père de Pétrarque et trente des plus illustres citoyens de Florence [1].

Plus tard, le cardinal Bertrando del Poggetto, légat du pape Jean XXII, fit brûler par la main du bourreau le livre *de Monarchia* ; non content de ce surcroît de rigueurs, il poursuivit jusque dans sa tombe l'adversaire de la politique romaine ; il s'en fallut même de bien peu que les restes du grand poëte ne fussent brûlés et ses cendres jetées au vent [2]..... *Triste! triste! triste!* Certes, nous nous faisons gloire de n'avoir jamais compté parmi les détracteurs aveugles des temps passés ; mais pour quiconque étudie l'histoire avec un esprit de modération et d'impartialité, n'est-il pas évident que partout

---

(1) *Enfer*, ch. Ier, note 2 et 8. *Paradis*, ch. XVII, v. 46 et suiv.
(2) Voir ci-après, p. xxv, note 1.

et toujours l'homme a été ce qu'il est aujourd'hui, que les passions, les passions politiques surtout, n'ont jamais engendré que les haines implacables, l'injustice et les persécutions ?

Pendant que les choses se passaient ainsi à Florence, Dante était à Rome, servant de tout son zèle l'ingrate patrie qui le condamnait au supplice.

Il apprend ce triste retour des choses d'ici-bas, et part en toute hâte; mais à Sienne des amis prudents l'arrêtent : on se rassemble à Arezzo. Quelques Gibelins rejoignent les mécontents; des hommes puissants de Bologne et de Pistoie les appuient. Le légat du pape, on ne sait comment, se trouve mêlé à toutes les réunions. Puis, après plus de deux ans passés en pourparlers stériles, en projets avortés, en vaines tentatives, une troupe nombreuse de cavaliers tente enfin la fortune, s'élance dans la campagne de Florence, force les portes, pénètre à grande course jusqu'à la place San Giovanni. Mais *le peuple et les flots sont changeants*. Les anciens amis des Guelfes blancs s'arment contre eux et les rejettent hors de la ville.

Dante alors se réfugia près d'Albin della Scala[1], sire de Vérone, qui consacrait ses immenses richesses à secourir les exilés et les malheureux, quelle que fût leur bannière. La magnifique hospitalité de ce baron ne put faire oublier à Dante sa patrie. Il écrivit des lettres suppliantes pour obtenir son rappel; une, entre autres, au peuple même de Florence, commençant par ces mots : « *Popule mi, quid feci tibi ?* » Ces tentatives ayant échoué, le poëte quitta Vérone, et ne cessa d'errer, comme Homère avant lui, comme après lui Pétrarque et le Tasse, traînant partout ce regret de la patrie absente, ce mal dont on ne peut guérir, et qu'il faut avoir souffert pour le comprendre. Il parcourut l'Italie, séjourna quelque temps

---

(1) *Paradis*, ch. XVII, disc. de Cacciaguida. v. 66 et suiv.

chez les Malaspina[1], revint à Can Grande della Scala, frère et digne héritier de son noble ami, visita la France, se fit recevoir à Paris docteur en théologie, ce qui alors voulait dire sage parmi les sages. Puis, on voit dans un poëme latin de Boccace qu'il fit un voyage en Angleterre.

L'empereur Albert venait de mourir assassiné, et Henri, comte de Luxembourg, avait été mis à sa place par les électeurs de l'Allemagne. Dante, comme Caton d'Utique, *allait partout cherchant la liberté*[2]; mais il voyait ce que la république avait fait de sa chère Florence et de sa belle Italie. Dante, pour qui l'Empire signifiait l'antiquité de l'origine, la gloire des traditions, la légitimité du pouvoir établi de Dieu même; Dante, qui ne savait plus où se prendre dans ce chaos qui s'appelait tour à tour Blanc et Noir, Guelfe et Gibelin, Dante se tourna du côté de l'horizon où semblait se lever une aurore de paix et de gloire pour sa patrie : il se dévoua au prince Henri *Alto Arrigo*[3]. Il composa en son honneur son ouvrage *de Monarchia*, accepta sa protection, mais refusa de rentrer dans sa patrie les armes à la main[4]. C'est là que devait s'évanouir sa dernière illusion. Henri ayant mis le siége devant Florence, fut contraint de le lever après quarante jours d'une glorieuse résistance, et mourut empoisonné.

Toute espérance était perdue : le poëte, non content de rechercher l'appui d'un empereur, avait écrit des lettres injurieuses aux chefs de la république. De tels griefs ne pouvaient lui être pardonnés. Il renonça donc aux affaires publiques, repassa les Apennins, se retira dans la Romagne à Ravenne, chez Guido da Polenta, et se consacra tout entier à l'achèvement de son grand poëme, au commerce des savants et des artistes les plus distingués de son temps.

---

(1) Voy. *Purgatoire*, ch. VIII, note 6.
(2) *Libertà va cercando*, *Purgatoire*, ch. 1er.
(3) *Purgatoire*, ch. VI, *Paradis*, ch. XXX, note 11.
(4) En 1350, Boccace, après Dante, fut envoyé à Louis de Bavière par les Florentins pour l'inviter à venir *en armes* en Italie.

Huit années s'étaient écoulées dans cette paisible obscurité, quand le sire de Ravenne confia au poëte une importante mission près de la république vénitienne. Dante échoua. Il revint, l'âme profondément blessée de l'accueil hautain qu'il avait reçu, le corps brisé par les fatigues qu'il avait endurées. Il tomba malade en chemin, et mourut en rentrant à Ravenne, le 14 septembre 1321, dans la cinquante-sixième année de sa vie. Malheureux dans sa vie privée, il perdit la femme qu'il aimait, et vécut séparé de la mère de ses enfants. Malheureux dans sa vie publique, il revêtit les honneurs comme la robe de Nessus. Sa première ambassade le conduisit à l'exil, sa dernière au tombeau. Il dut la persécution à l'éclat de sa vie, et une gloire immortelle à son obscurité.

Sa mort jeta le deuil parmi tous ceux qui avaient entouré ses dernières années. Il fut pleuré par Guido da Polenta qui, sur sa tombe, exalta le génie et les vertus du poëte qu'il appelait son ami. Un riche mausolée commencé par ce prince a été achevé vers la fin du dernier siècle par le cardinal Valenti, sur les dessins de Camille Morigia; et, comme si cette grande voix ne pouvait mourir, elle se fait entendre encore du fond de sa tombe, sur laquelle ont été gravés ces deux vers composés par le poëte lui-même :

> Hic claudor Dantes patriis extorris ab oris,
> Quem genuit parva Florentia mater amoris

Ce marbre est aujourd'hui vénéré des habitants de Ravenne, envié de toute l'Italie, visité par les voyageurs du monde entier. Longtemps cependant, il a eu le tort de mentir à l'inscription qu'il portait. Un jour qu'il fut ouvert, on constata que le corps du grand poëte n'y était pas enfermé. Mais, par une coïncidence merveilleuse, pendant qu'à Florence on célébrait tout récemment le sixième centenaire de la naissance de Dante, à Ravenne on découvrit ses restes précieusement conservés par les religieux du couvent de Saint-François, dans une petite chapelle appelée *Braccio forte*. On peut juger de l'éclat qu'une telle découverte dut jeter sur les fêtes du 14 mai 1865[1].

Les traits et l'extérieur de Dante ont été parfaitement conservés d'après un tableau peint par Giotto dans la chapelle du podestat, à Florence. Il était de taille moyenne [2] et légèrement courbé comme sous le poids de quelque grande pensée; sa démarche était grave et noble, son air bienveillant et doux. Il avait le nez aquilin, les yeux grands, la figure longue, la lèvre inférieure un peu avancée, les pommettes des joues saillantes, le menton fortement accusé, des traits, en un mot, qui semblaient coulés dans le bronze. Il avait le teint très-brun, la barbe épaisse et noire, les cheveux abondants et crépus, recouverts d'un chaperon collant avec deux pattes rabattues sur les oreilles. Il portait habituellement une longue tunique rouge, peut-être en souvenir de sa chère Béatrix, qu'il avait vue, la première fois, vêtue d'une robe de cette couleur. Sa parole était lente, rare et sentencieuse[3], sa repartie prompte; il avait l'argumentation claire, incisive, trop empreinte de la couleur dogmatique des écoles, qui était la manie de son siècle. Il aimait, nous l'avons dit, les artistes autant que les savants; lui-même il dessinait fort bien, chantait avec goût et jouait de plusieurs instruments. Il eut pour amis les hommes les plus illustres de l'Italie; pour ennemis ses envieux et les hommes de parti trop médiocres pour le comprendre. Il fut avide de gloire, ardent au bien public, passionné dans la conception de ses desseins et de ses écrits, méthodique et régulier dans leur exécution; dévoué dans ses affections, irréconciliable dans ses haines, sévère, mais presque toujours juste dans ses sentences.

---

(1) Voy. Notice de M. Ernest Breton sur la découverte des restes de Dante. Il est permis de penser que cette pieuse soustraction aura été commise par les franciscains à l'époque où le cardinal del Poggetto menaçait de jeter au vent les cendres du poëte (V. ci-dessus p. xxi).

(2) 1 mètre 55 c., au dire des professeurs Puglioli et Bertozzi, qui ont mesuré le squelette le 27 mai 1865. (Notice de M. Breton, citée note 1 ci-dessus).

(3) *Parlavan rado, con voci soavi.* (*Enfer*, ch. IV.)

S'il eut le tort grave de diriger contre le Saint-Siége ses plus âpres censures, lui si profondément religieux, lui catholique d'une orthodoxie irréprochable [1], qu'on ne l'oublie pas, c'est au pouvoir temporel des papes qu'il s'attaquait, et non à leur autorité pontificale. Autant il avait de vénération pour les héritiers de saint Pierre [2], autant il avait de respect pour les droits imprescriptibles de Constantin et de ses successeurs. C'est l'apanage des grands esprits, de se montrer peu soucieux de ce qui est, pour remonter par la pensée à ce qui fut et rechercher ce qui devrait être. Déjà, plus haut, nous l'avons fait remarquer : Dante, emporté par le vol de sa pensée, voyait toujours l'empire d'Italie fondé par Énée; l'aigle était son symbole, sa passion, sa foi politique. A ses yeux, les ailes de l'oiseau impérial pouvaient seules abriter la gloire et l'honneur de l'Italie. Il regardait comme une usurpation l'immixtion de la papauté dans les affaires politiques du temps ; il voulait l'Église respectée, mais pauvre; dominante, mais isolée : il a foudroyé Constantin pour l'avoir enrichie [3]; il a trouvé la cause de tous les malheurs publics dans cette confusion des pouvoirs [4] qui, depuis, a tant agité les esprits, et qui, de nos jours, a servi de prétexte aux révolutionnaires d'Italie.

Aujourd'hui que l'histoire de Dante est plus connue, que ses ouvrages sont mieux compris, on laisse de côté ces accusations banales d'inconstance et de trahison dont on a longtemps flétri sa mémoire. Qu'était-ce, après tout, que les Guelfes et les Gibelins? Moins que deux partis, deux factions brutales déchirant le sein de leur mère, luttant de violence, d'orgueil, d'intolérance et de faiblesse. Il importe donc assez peu de savoir si notre poëte a toujours été parmi les uns ou parmi

---

(1) Ozanam, *Philosophie du XIIIe siècle.* — *Paradis*, ch. XXIV et suiv.
(2) *Enfer*, ch. II, vers 24 et suiv.; ch. XIX, vers 94 et suiv.
(3) *Enfer*, ch. XIX, vers 103 — *Purgatoire*, ch XXXIII. — *Paradis*, ch. VI.
(4) *Purgatoire*, ch. XVI, vers 126 et suiv. — *Paradis*, ch. VI, disc. de Justinien.

les autres. Ce qui est certain, c'est que son grand cœur tenait en profond mépris les factions qui se le disputaient [1], qu'il se félicitait de *former à lui seul son parti*, qu'il était du côté de ceux qui aiment leur pays par-dessus toute chose, et que, mourant du mal de la patrie absente, il refusait d'y rentrer avec Henri, les armes à la main. Il écrivit d'amers reproches aux tyrans qui l'avaient injustement persécuté ; mais pour le peuple de Florence, il n'eut que ce cri d'amour : « *Popule mi, quid feci tibi ?* » Il a flétri avec énergie les hommes de toute couleur qui ne se parent de l'amour du bien public que comme d'un masque. On doit le reconnaître cependant, il a gardé pour les Gibelins les plus cruels supplices de son enfer et ses apostrophes les plus déchirantes [2]. Il a fait sa réponse à Mosca [3]..... il a heurté du pied le front de Bocca [4]..... il a stigmatisé l'inconstance politique de Pagani..... Il a eu raison de dire à la postérité que la fortune pouvait le frapper au cœur, qu'elle le trouverait toujours pur [5].

On reproche encore à Dante une excessive vanité. Boccace raconte que, quand il fut nommé ambassadeur près de Boniface, il s'écria : « Si je pars, qui restera? Qui partira, si je reste? » Il y a peut-être dans ce mot moins d'orgueil que de patriotisme. Combien, d'ailleurs, l'orgueil serait excusable s'il ne se rencontrait que dans des hommes si dignes de se placer d'eux-mêmes au-dessus du vulgaire! Mais il existe une lettre de Dante, que je citerai, parce qu'elle renferme à la fois sur ce point une justification pour le poëte et un document pour l'histoire : « Tous mes malheurs, dit-il, sont nés de mon prieurat. *Sans doute je n'étais pas digne de ces hautes fonctions par mon mérite. Mes concitoyens n'ont considéré que mon zèle et mon âge ;* car il s'était écoulé déjà dix ans de-

---

[1] *Enfer*, ch. XV, vers 65 et suiv. — *Paradis*, ch. XVII.
[2] *Enfer, passim.* — *Paradis*, ch. VI, ch. XVII.
[3] *Enfer*, ch. XXVIII.
[4] *Enfer*, ch. XXXII.
[5] *Enfer*, ch. XV, vers 87.

puis la bataille de Campaldino, qui fut si fatale aux Gibelins, et dans laquelle *j'eus grand'peur d'abord*, quoique je ne fusse déjà plus un enfant sous la cuirasse..... Je finis par prendre grand plaisir aux vicissitudes de ces combats. » Certes, ce n'est pas là le langage d'un orgueilleux. Sa modestie se révèle d'ailleurs avec une grâce charmante à chaque pas de sa *Divine Comédie*. Il se prosterne devant Virgile; il refuse de dire son nom, trop obscur parmi les hommes, et quand il le place une seule fois dans la bouche de Béatrix, il en demande pardon au lecteur [1].

Lui-même cependant il s'accuse d'être fort enclin à l'orgueil et même un peu à l'envie : il craint d'avoir à subir les épreuves qui s'offrent à ses yeux dans le premier et le deuxième cercle du purgatoire [2].

Dante laissa en mourant plusieurs fils, parmi lesquels François et Pierre furent ses premiers commentateurs.

Les écrits secondaires ou *œuvres mineures* de Dante sont des lettres fort intéressantes pour son histoire et pour celle de son temps; son *Convito*, sa *Vita nuova*, mêlés de prose et de vers où l'amour, dit Paul Costa, revêt un caractère si noble et si élevé que la jeunesse n'y peut puiser que de pures jouissances et de chastes émotions; son traité *de Monarchia*, où le républicain, entraîné par la logique de l'histoire, de l'expérience et du sens intime, établit que la monarchie est nécessaire à l'homme; un autre, *de Vulgari Eloquio*, qui fournit de précieuses lumières sur la nature et le caractère de l'idiome italien. Mais sa prose latine ou italienne est loin de valoir ses vers. Sa paraphrase des psaumes de David est pleine de pompe et de majesté. Ses églogues, quoique remarquables, sont au-dessous de ses stances, qui sont des modèles

---

(1) *Enfer*, ch. Iᵉʳ. — *Paradis*, ch. XIV, vers 20 et 21; ch. XXX, vers 63.

(2) *Purgatoire*, ch. XI, vers 115, ch. XIV, vers 120 et suiv. — *Paradis*, ch. XVI, au début.

de goût et de grâce : on y retrouve partout cette Béatrix, qu'il choisit pour guide dans son voyage au ciel.

> Era venuta nella mente mia
> La gentil Donna che per suo valore
> Fu posta dall' altissimo Signore
> Nel ciel d'umiltà dov' è Maria.

Une autre commence par cette noble pensée :

> Amor, che muovi tua virtù dal cielo,
> Come il sol lo splendore...

Mais le livre qui a fait oublier tous les autres, le livre où se révèlent tout entières la violence de ses passions et la grandeur de son génie, le livre qui a fait la gloire du poëte et de sa patrie, l'admiration du monde et de la postérité, c'est la DIVINE COMÉDIE. On dirait, en le lisant, que le poëte est allé chercher au ciel le langage et la pensée de Dieu même. Rien de plus neuf et de plus hardi que l'invention; rien de plus simple, de plus majestueux que le plan; rien de plus énergique, de plus original que le style. Dans ce miraculeux voyage, il suffit de quelques heures au poëte pour vous plonger avec lui dans les plus profonds abîmes, et vous enlever aux plus hautes sphères du ciel : sombre comme l'enfer, radieux comme le paradis, ailleurs fondant ensemble ces deux teintes extrêmes. Après avoir créé un monde que nul n'eût osé rêver avant lui, il lui fait une langue que nul après lui ne parlera jamais. Le premier, depuis les Grecs et les Latins, il a su revêtir sa pensée de formes à la fois déliées et palpables, étranges et naturelles, nobles et populaires. Sa pensée fut un prodige, son style une révolution. Il avait d'abord, dit Léonard d'Arezzo, commencé son poëme en vers héroïques; mais, ce rhythme s'appropriant mal à la variété des scènes qu'il voulait représenter, il le changea, prit le style tempéré, et donna le modeste nom de *Comédie*[1] au sujet le plus élevé sans doute que l'imagination de l'homme puisse

---

(1) *Enfer*, ch. XXI, vers 2.

atteindre. Dante offre des modèles à tous les genres, à la tragédie et à la comédie, à l'épopée, à l'ode, à la satire. Il peint les choses qu'il invente comme s'il les avait vues, et parmi les muses il invoque sa mémoire[1]. Il n'est difficile à comprendre que pour vous obliger à rêver avec lui sur une pensée qui, par la méditation, en enfante mille autres. Il n'importe pas plus de savoir si l'idée de son chef-d'œuvre est tirée de je ne sais quel *Meschino* d'un frère Albéric, que d'approfondir si vraiment les marionnettes d'un saltimbanque ont enfanté le *Paradis perdu* de Milton : ce qui est certain, c'est que Dante a fait cette idée sienne par son génie, et que son génie seul pouvait la traduire en 15,000 vers, où les inégalités mêmes portent le cachet d'une puissance supérieure. Là sont punis par les supplices les plus variés les crimes que les lois sociales flétrissent et les péchés que la religion condamne. L'espérance prête un charme ineffable aux plus douloureuses épreuves; les béatitudes célestes se révèlent sous les formes les plus éblouissantes et les plus variées. Là se rencontrent de déplorables infortunes et se produisent d'admirables enseignements. La méthode du théologien y règle la fougue du poëte. La terreur, la pitié, l'amour, ces trois grands mobiles du drame, se partagent tour à tour l'âme du lecteur : au lieu de la fatigue, c'est l'intérêt qui grandit à mesure que l'on pénètre plus avant dans ces profondeurs de l'abîme ou que l'on gravit plus haut vers ces sommets de l'Empyrée. L'historien Schlosser raconte qu'il a lu neuf fois la *Divine Comédie*, passant successivement de l'embarras à l'étonnement, de l'étonnement à l'admiration. — Ce chef-d'œuvre a ouvert au monde littéraire une ère nouvelle; il a fait élever à son auteur des statues de la main de ceux qui avaient voulu brûler son corps en effigie. Il a excité des cris d'admiration et glacé d'épouvante ceux qui se reconnaissaient dans ses peintures. Des volumes furent remplis pour laver tel ou tel pontife d'une allusion du poëte; on se crut obligé

---

(1) *Enfer*, ch. II, vers 8.

de graver sur le marbre l'apologie des saints qu'il avait damnés[1]. Des chaires ont été créées dans toute l'Italie, à Berlin, à Paris, à Oxford, pour expliquer à la jeunesse studieuse les mystères de cette conception gigantesque. Les honneurs du commentaire lui ont été décernés jusqu'au martyre : on a formé toute une bibliothèque des interprétations que l'étude de ses ouvrages a enfantées, et sous le poids desquelles, il faut bien le dire, Dante lui-même a failli être écrasé[2].

De telles ovations ne sont pas seulement le triomphe de l'intelligence; elles révèlent aussi l'empire de la vertu, et la postérité, en rehaussant d'un magnifique surnom le titre du livre qu'elle admire, a moins voulu signaler le caractère religieux du poëme, que rendre hommage au divin génie du poëte.

---

(1) Célestin V, *Enfer*, ch. III. — Anastase II, ch. X. — Nicolas III, ch. XIX. — Boniface VIII, ch. XIX. — Montefeltro, ch. XXVII.
(2) Boccace a écrit une *Vie de Dante* et a commencé le commentaire de son œuvre, arrêté au XVIIe chant de *l'Enfer*.

L'ENFER

.....Non è 'mpresa da pigliare a gabbo
Descriver fondo a tutto l'universo.

(*Inferno*, cant. XXXII.

ANALYSE DE L'ENFER

Parvenu au milieu du chemin de la vie humaine, c'est-à-dire à l'âge de trente-cinq ans, Dante Alighieri s'est égaré dans une sombre forêt, repaire des vices, ou dédale des factions politiques[1].

Tout à coup le soleil se lève devant lui, couronnant de ses rayons le faîte d'une colline.

C'est le Calvaire, et le poëte se prépare à gravir; mais les passions lui barrent le passage, sous la forme symbolique d'une panthère, d'un lion, d'une louve affamée.

Virgile apparaît au poëte, et lui propose de revenir au jour par la nuit, à la vie par la mort, au ciel par l'enfer.

Dante accepte en tremblant. C'est dans la matinée du vendredi-saint de l'an 1300 que les deux poëtes commencent leur voyage.

L'enfer a la forme d'un entonnoir. Il est divisé en neuf *cercles* proprement dits, concentriques et disposés par étages du haut en bas. Les supplices s'aggravent à mesure que l'on descend et que les cercles se rétrécissent, jusqu'au neuvième et dernier, au centre duquel est enchaîné Lucifer.

Les deux poëtes ne parcourent pas chaque cercle en entier. Ils vont de droite à gauche, décrivent dans chaque enceinte un arc qui embrasse la neuvième partie de son étendue. Arrivés à ce point, ils gagnent le centre, où se trouvent toujours, sous des formes variées, le sentier, l'échelle, le puits qui communiquent avec les cercles inférieurs.

Par cette manière de procéder, quand ils arrivent au dernier cercle, à Satan, ils ont réellement parcouru tous les points de la circonférence[2].

Dans la première enceinte, qui ne figure pas au nombre des neuf cercles, et qui est comme le péristyle du douloureux monument, les poëtes rencontrent les Ames de ceux qui vécurent sans vices et sans vertus.

---

(1) Voy. ch. I, notes 1 et 2.
(2) V. *Enfer*, ch. XIV, — V. 116 et suiv. et ch. VI *in fine*.

Ils traversent ensuite l'Achéron, et entrent dans le premier cercle, dans les Limbes, où soupirent les Ames innocentes qui n'ont pas reçu le baptême.

Le second cercle est occupé par les *Gourmands*, qui croupissent dans la fange.

Le troisième est réservé aux *Luxurieux*, qu'un vent violent promène dans les airs et jette contre des pointes de rochers.

Dans le quatrième sont tourmentés les *Avares* et les *Prodigues*, qui se heurtent éternellement les uns contre les autres.

Dans le cinquième, la *Colère*, l'*Orgueil*, la *Paresse* et l'*Envie*[2].

Dans le sixième, l'*Hérésie*, autre forme de l'*Orgueil*.

Ici la machine se complique. Le poëte chrétien, après avoir épuisé les classifications de l'Église, va diviser les autres régions du *Mal* suivant les principes d'Aristote. La *Violence* et la *Fraude* remplissent les trois derniers cercles de l'enfer et les deux tiers du poëme.

Ainsi la *Violence*, sous trois aspects divers, *envers le prochain*, *envers soi-même*, *envers Dieu*, occupe le septième cercle, divisé en trois circuits.

Dix sortes de fraudes occupent dix circuits distincts dans le huitième cercle. On y voit figurer dans l'ordre suivant, d'abord et ensemble les Proxénètes et les Séducteurs, puis les Flatteurs, les Simoniaques, les Devins et Sorciers, les Barates (vendeurs de justice), les Hypocrites, les Brigands, les Fourbes, les Semeurs de discorde, enfin les Faussaires.

Le neuvième cercle est divisé en quatre circuits appelés girons de Caïn, d'Anténor, de Ptolémée et de Judas, où sont punis successivement les Traîtres envers la famille, envers la patrie, envers les princes et envers Dieu.

Arrivés là, les poètes ont atteint le fond de l'abîme, le centre de la terre, le centre de gravité. Ils franchissent ce point mystérieux et, le jour de Pâques, avant l'aube, ils remontent par un âpre sentier à la surface du globe.

Ils sont à l'antipode du Calvaire, qui fut leur point de départ.

Ils ont posé le pied dans l'île du Purgatoire.

---

(3) Voy. ch. VII, v. 113 et suiv., note 8.

L'ENFER

CHANT PREMIER.

ARGUMENT. — Dante s'égare dans une forêt. — La Panthère, le Lion, la Louve. — L'Ombre de Virgile. — Le chemin du salut.

Un jour, à la moitié du chemin de la vie[1],
Je délaissai la voie où le ciel nous convie,
Et je me retrouvai, tant l'écueil m'attirait!
Seul, errant à travers une sombre forêt[2].
La dépeindre, touffue, âpre, sauvage, telle
Qu'à me la rappeler ma peur se renouvelle,
C'est un labeur amer presque autant que la mort.
Mais j'appris de l'abîme à regagner le port[3] :
Je redirai mon deuil pour redire ma joie.

Comment étais-je entré dans la lugubre voie? 10
Je ne sais, tant, hélas! j'étais plein de sommeil,
Quand je quittai la route où luit le vrai soleil.

---

(1) A trente-cinq ans (V. *Il Convivio*). Dante fixe à soixante-dix ans la durée de la vie humaine.

(2) Dans le sens moral, l'abîme des vices, des passions; dans le sens politique, le dédale des factions. (Voy. note 8.) — *Purgat.*, ch. XXX (V. 138 et s.).

(3) Le bien, la rencontre de Virgile, l'étude des lettres antiques, l'appui de Béatrix (V. *infra*, note 15 et note 6).

Mais dès que j'eus atteint le pied d'une colline [4]
Qui s'élève riante au point où se termine
Le val qui m'avait mis l'âme en si grand émoi,
Je relevai les yeux et je vis devant moi
Son front déjà vêtu des rayons de l'Étoile [5]
Qui par tous les chemins dirige notre voile.
Alors et par degrés, dans le lac de mon cœur
Je sentis s'amollir la glace que la peur   20
Avait autour de lui lentement amassée,
Pendant toute une nuit si tristement passée.
Comme le matelot qui, tombé dans la mer,
Pantelant, hors d'haleine, échappe au gouffre amer :
Sitôt qu'il a touché la rive qui le garde,
Vers le flot périlleux il se tourne et regarde :
De même mon esprit, tout en fuyant l'écueil,
Se tournait en arrière et regardait le seuil
Qui ne laissa jamais passer âme vivante.

A peine reposé, pâle encor d'épouvante,   30
Je me remis en marche et marchai de façon
Que le pied le plus bas fût toujours le second [6].
Mais, dès mes premiers pas sur le mont solitaire [7],
Malheur à moi ! voici venir une panthère [8],
Prodige de souplesse et de légèreté,
Au pelage brillant, d'anneaux noirs tacheté.
C'était peu de l'avoir là, toujours, face à face :
Son obstination semblait garder la place
Et me barrait si bien la route que, vingt fois,
Je retournai les yeux pour rentrer dans le bois.   40

---

(4) Dans le sens moral, le Calvaire, symbole de salut (Voy. ch. XXXIV,
v. 106, note 6). Dans le sens politique, le retour après l'exil.

(5) Le soleil levant.

(6) Pour indiquer qu'il monte de la plaine à la colline.

(7) *Per la piaggia diserta.*

(8) Plus bas : *le lion, la louve*. Dans le sens moral, la Volupté,
l'Ambition, l'Avarice (Voy. Purgat. ch. XX, v. 10) Dans le sens politique,
les caresses de la popularité, les violences de l'esprit de parti, les misères
de l'exil, la cour de Rome.

C'était l'aube, et déjà le soleil sur nos têtes
Montait accompagné de ces mêmes planètes
Qu'il avait avec lui, quand le Premier-Amour
Fit sur ces beaux aspects briller le premier jour [9].
Tout semblait m'inviter à reprendre courage :
Les riantes couleurs de l'animal sauvage,
Le matin, le printemps..... Mais, ô nouvel émoi !
Un lion, tout à coup, se dressa devant moi,
Affamé, le front haut, tel qu'au loin, dans la plaine,
L'air tremblait agité sous sa brûlante haleine. 50
Une louve suivait, dont les flancs aplatis [10]
Semblaient du monde entier porter les appétits...
Oh ! que de malheureux elle a faits dans ce monde !
Courbé sous le regard de l'animal immonde,
Fasciné par la peur qui sortait de ses yeux,
Je perdis tout espoir de gagner les hauts lieux :
Tel, amassant toujours et toujours plus avide,
L'avare, quand vient l'heure où son trésor est vide,
S'attriste dans son âme en proie au noir souci :
Tel me fit défaillir la bête sans merci, 60
Quand, venant contre moi, pas à pas, en arrière,
Elle me repoussait où se tait la lumière [11].

Je fuyais emporté vers la sombre forêt ;
Mais voilà que dans l'ombre à mes yeux apparaît
Un qui semblait muet à force de silence [12].
Dès que je l'entrevis dans le désert immense,
Je lui criai d'une humble et suppliante voix :
« *Miserere mei !* Pitié, qui que tu sois,
Ombre ou vivant ! »

---

(9) Le printemps.
(10) Voy. note 8.
(11) *Dove 'l sol si tace.*
(12) Virgile caractérise ainsi le langage des Ombres : *Pars tollere vocem exiguam*. Dans le sens métaphysique, les longs siècles écoulés depuis la mort de Virgile, depuis la disparition des lettres antiques (V. note 3).

— Je fus homme et cessai de l'être,
Me fut-il répondu; le Seigneur m'a fait naître [13]   70
Humble fils de Mantoue, au pays des Lombards,
Pendant les derniers jours du premier des Césars.
J'ai vécu favori du grand Auguste, à Rome,
Au temps des dieux menteurs et fabriqués par l'homme.
Poëte j'ai chanté le pieux Énéas
Qui vint de Troie aux bords du Tibre, quand, hélas!
La superbe Ilion eut été consumée.....
Mais toi, continua l'Ame à la voix aimée,
Toi, pourquoi reviens-tu vers l'absynthe et le fiel,
Pourquoi ne pas gravir le mont qui mène au ciel,   80
Principe de tout bien, source de toute joie [14]?
— O Virgile, est-ce toi, toi que le Ciel m'envoie?
Repris-je en m'inclinant, toi qui sur l'univers
Répands à flots si purs le charme de tes vers?
O source de clartés! ô flambeau des poëtes!
Au nom des longs travaux et des ardeurs secrètes
Qui m'ont fait rechercher ton livre aimé de tous,
Grand sage, sois pour moi compatissant et doux :
Si tu fus mon seul maître et si tu l'es encore,
Si j'ai pris de toi seul le style qui m'honore,   90
Vois là-bas, maître aimé, vois l'immonde animal
Qui me fait reculer pour me conduire à mal :
Protége-moi si bien que ses fureurs soient vaines :
Elles me font trembler les fibres et les veines. »

Quand il me vit pleurer, Virgile répondit :
« Si tu veux échapper à ce vallon maudit,
Il te faudra marcher par des routes nouvelles [15].
La bête sans pitié, contre qui tu m'appelles,

---

(13) D'un ouvrier potier, à Pietola, près de Mantoue, l'an de Rome 683, vers la fin du règne de Jules César.

(14) Le Calvaire (V. note 4)..

(15) Dans un sens politique, renoncer aux Guelfes et aux Gibelins, qui déchirent la patrie et te jeter dans les bras de l'Empire. Dans un sens moral et littéraire : te livrer à l'étude des lettres antiques, y trouver le

Ne laisse point passer autrui sur son chemin :
Elle enlace, elle tue et vit de sang humain.   100
Elle est de si méchante et si basse nature
Que sa voracité jamais ne se sature ;
Elle s'altère à boire : insatiable enfin,
Plus elle se repaît, mon fils, plus elle a faim :
Vingt brutes à la fois s'accouplent avec elle ;
D'autres s'ajouteront à l'immonde séquelle,
Jusqu'au jour où viendra le noble Lévrier[16]
Qui la fera mourir au fond de son terrier.
Celui-là, dédaignant les fiefs et la richesse,
S'abreuvera d'amour, de vertu, de sagesse.   110
La Romagne à ses lois sera soumise un jour ;
Il sera le salut de l'humble et beau séjour[17]
Pour qui jadis sont morts Turnus et sa famille,
Euryale, Nisus et la vierge Camille.
Il chassera le monstre et par vaux et par monts ;
Il le fera rentrer dans l'antre des démons
D'où l'Envie aux humains l'envoya la première.
Donc, crois à ma pensée où se fait la lumière ;
Suis-moi, prends-moi pour guide et je te sauverai
Par l'éternel abîme, où je te montrerai   120
Des antiques Esprits les foules gémissantes.
Nous entendrons, mon fils, leurs clameurs impuissantes,
Leurs cris désespérés dont le lugubre accord
Invoque le bienfait d'une seconde mort[18].
Puis, tu t'élèveras jusqu'au séjour des Ames
Heureuses de souffrir, heureuses dans les flammes,
Par l'espoir de venir tôt ou tard devant Dieu.
Si tu veux à ton tour monter jusqu'au saint lieu,

---

charme de l'existence ; secouer par elles le joug de la barbarie (V. note 3.
et *Vie de Dante*) ; — au vers suivant, la *Bête*, la *Louve* (V. note 8).

(16) Jeu de mots sur le nom de *Can Grande*, protecteur de Dante pendant son exil (Voy. *Vie de Dante*, — *Purgat.*, ch. X (v. 16 et 84) — *Parad.* ch. VII, note 6. — *Le Décaméron*, de Boccace, septième nouvelle.

(17) Humilié par les conquêtes de la France, par les querelles des factions.

(18) *Desiderabunt mortem, et mors fugiet ab eis* (*Apocalypse*, ch. XIII, v. 118).

Tu suivras une autre Ame et plus digne et plus belle[19] :
Moi je disparaîtrai, te laissant avec Elle.   130
L'Empereur, dont le trône est là, ne permet pas
Que dans le sanctuaire on entre sur mes pas ;
Car je vécus rebelle à la loi qu'il enseigne.
Il gouverne partout ; mais c'est là-haut qu'il règne,
Qu'il a sa capitale et son trône et sa cour.
Heureux ceux qu'il appelle au céleste séjour ! »

Il se tut. Je repris : « Au nom de ce Dieu même
Que tu ne connus pas, que je crains et que j'aime,
Pour fuir de si grands maux et de plus grands encor,
Vers le but où je tends dirige mon essor.   140
Poëte, mon seul vœu, mon unique prière,
C'est de voir avec toi la porte de saint Pierre
Et ceux que tu me dis si malheureux là-bas[20]. »

L'Ombre se mit en marche et je suivis ses pas.

---

(19) Béatrix (ch. II, note 6. *Purgat.* ch. XXIX et suiv. *passim.*)
(20) Le purgatoire gardé par saint Pierre et l'enfer.
Ce chant est le plus difficile de tous à comprendre, en raison des allusions obscures et mystérieuses qu'il renferme.

Texte   136
Traduction 144

CHANT II.

ARGUMENT. — Dante hésite ; Virgile le rassure : c'est Béatrix qui l'envoie.

Le jour allait finir et l'air, déjà plus sombre [1],
A tous les yeux versait le sommeil avec l'ombre.
Seul je me préparais, profane initié,
Aux assauts du voyage, à ceux de la pitié,
Que redira mon âme, historien fidèle.
O Muse, esprit divin, porte-moi sur ton aile [2] !
Et toi qui recueillis tout ce qu'ont vu mes yeux,
Mémoire, montre-toi digne fille des cieux !

Je parlai le premier : « Guide puissant et sage,
Avant de me livrer au douloureux passage,　　　　10
Pèse bien si j'ai l'âme et le cœur assez forts.
Tu nous apprends qu'Énée a visité les morts ;
Qu'il fut admis, mortel, dans l'immortel asile :
L'ennemi de tout mal lui fut doux et facile,
Sachant quels grands effets devaient sortir de lui ;
Et certes du Très-Haut il méritait l'appui,
L'homme qui fut choisi dans le ciel empyrée
Pour tirer du néant cette Rome inspirée,
Cet empire éternel institués de Dieu,
Pour être et demeurer à jamais le saint lieu [3]　　20

---

(1)　　Nox erat, et terras animalia fessa per omnes
　　... .... Sopor altus habebat.
　　　　　　　(Énéide, ch. VIII ; ibid, ch VI, ch. IX)

(2) *O alto ingegno.* — Dante a donné lui-même le sens de ce mot dans le *Convivio.*

(3) V. La *Cité de Dieu*, de saint Augustin.

Où siége l'héritier de l'antique saint Pierre.
Aux champs Élyséens chantés par toi, mon père,
Ton héros entendit des choses qui, plus tard,
Prirent à son triomphe une bien large part
Et servirent de base au trône de l'Apôtre.
Vase d'élection et non moins grand que l'autre,
Paul y vint à son tour, alors qu'il le fallut[4],
Pour aider à la Foi qui nous mène au salut.....
Mais que vais-je y chercher, moi?... Quel dieu m'autorise?
Je ne suis ni saint Paul, hélas! ni fils d'Anchise. 30
Nul (ni moi) ne me croit digne d'un tel honneur.
Si donc je m'abandonne à te suivre, j'ai peur
Que ma docilité ne soit folie ou crime...
Sage, tu me comprends mieux que je ne m'exprime. »

Tel désire d'abord, puis flotte irrésolu,
Puis cesse de vouloir tout ce qu'il a voulu :
Tel j'étais, m'arrêtant sur cette pente obscure,
Moi si pressé d'abord de tenter l'aventure :
Ma pensée achevait l'œuvre à peine entamé.
« Si je t'ai bien compris, dit le poëte aimé, 40
C'est la peur qui t'arrête et qui glace ton âme ;
La peur éteint souvent la plus ardente flamme
Et détourne les cœurs des desseins courageux,
Comme une ombre effarouche un cheval ombrageux.
Pour secouer le joug de ces craintes frivoles,
Sache ce qui m'amène et par quelles paroles
On m'apprit, ô mortel, à m'alarmer pour toi.

» J'étais chez les Esprits suspendus comme moi[5] :
Une Dame du ciel m'appela, mais si belle
Que je la suppliai de commander pour elle. 50

---

(4) Saint Paul. (V. les livres saints.)
(5) *Sospesi*, suspendus entre la joie et la tristesse, entre le ciel et l'enfer. (V. ch. IV, note 2.)

Le soleil brille moins que ne brillaient ses yeux,
Et sa voix angélique en sons harmonieux
Laissa tomber ces mots : « Ame illustre et féconde,
» Dont le nom vénéré vit encor dans le monde,
» L'ami de ma personne et non de mes trésors
» Dans le désert maudit s'épuise en vains efforts.
» Déjà glacé de crainte, il regarde en arrière.
» Pour affermir ses pas dans la sombre carrière,
» Je viens trop tard peut-être... on le dit, dans le ciel.
» Va donc, toi dont l'accent est plus doux que le miel;
» Use de tout son charme et fais que ta parole   60
» Protége mon ami, le sauve et me console!
» Va, je suis Béatrix, et j'ai, pour t'émouvoir [6],
» Quitté l'heureux séjour que j'aspire à revoir ;
» C'est l'amour qui m'amène et l'amour qui t'implore :
» Va : souvent dans le ciel au Maître que j'adore
» Je dirai ta louange. »

                » Elle ne parlait plus.
Je repris en ces mots : « O reine des vertus,
» Par qui l'homme commande à la nature entière,
» Sous le ciel qui fournit la moins vaste carrière [7] !   70
» T'obéir m'est si doux que, déjà revenu,
» Je me croirais encor trop longtemps retenu.
» Cesse donc de prier, ô Dame noble et sainte...
» Mais comment se peut-il que, de la haute enceinte
» Où tu brûles déjà de remonter, hélas!
» Tu te sois hasardée à descendre si bas?
— Puisqu'il te plaît d'entrer plus avant dans la place,
» Je veux rompre d'un mot le lien qui t'enlace.
» Pourquoi je viens sans peur à l'abîme infernal?
» C'est que tous, prompts à fuir ce qui nous fait du mal,   80

---

(6) Béatrix, aimée de Dante, sa protectrice dans le ciel, son guide à travers les sphères du paradis (Voy. *Vie de Dante*).

(7) Sous le ciel de la terre (Voy. Analyse du *Parad.*—*Parad.* ch. II, XXVII et *passim*.

» Tous nous bravons le trait qui ne peut nous atteindre.
» Telle que Dieu me fit, moi, je n'ai rien à craindre ;
» Je puis voir vos tourments sans trouble et sans émoi ;
» L'éternel incendie est sans flammes pour moi.
» Là-haut règne une Dame admirablement belle [8],
» Qui gémit des périls où mon amour t'appelle.
» Ses pleurs ont de l'arrêt désarmé la rigueur.
» Elle a prié Lucie en lui disant : « Ma sœur,
» Ton Fidèle périt, je te le recommande. »
» Celle qui toujours donne à celui qui demande 90
» Vint à moi jusqu'au trône où, dans le plus haut ciel,
» Je siégeais à côté de l'antique Rachel.
« O louange de Dieu, Béatrix, me dit-elle,
» Vois celui qui brûla pour toi d'une amour telle
» Que des rangs du vulgaire il est sorti pour toi ;
» N'entends-tu pas les cris de son mortel effroi ?
» Ne vois-tu pas la mort qu'il combat sur le fleuve [9]
» Plus fécond que la mer en douloureuse épreuve ? »
» Ainsi parla Lucie et j'ai pris mon essor,
» Plus prompte que l'avare en quête d'un trésor ; 100
» J'ai délaissé le ciel pour le sombre rivage,
» Pleine de confiance en ton noble langage.
» Il honore Virgile et ceux qui l'ont compris [10]. »

» La Sainte, après ces mots, pour en doubler le prix,
Tourna sur moi ses yeux, ses yeux brillants de larmes [11],
Et me fit plus pressé de calmer ses alarmes.
Je suis venu vers toi, suivant sa volonté ;
J'ai dirigé tes pas loin du monstre indompté
Qui, te barrant la route où monter est facile,
Fermait à tes désirs l'accès du saint asile. 110

---

(8) La sainte Vierge. Sainte Lucie. Rachel, fille de Jacob, figure de la vie contemplative. (Voy. *Purgat.*, ch. XXVII, note 6.)
(9) *La fiumana* appelée plus haut la forêt, le désert.
(10) Dante lui-même.
(11) Les Anglais disent : *beauty in tears, is supreme beauty.*

L'ENFER. — CHANT II.

Qu'est-ce donc? qui t'arrête? et pourquoi tardes-tu [12]?
N'est-il plus dans ton cœur ni force ni vertu?
Pourquoi déjà, pourquoi n'a-t-il pas donné place
Au généreux orgueil, à l'ardeur, à l'audace,
Quand trois Dames du ciel tournent vers toi les yeux,
Quand ma voix te promet un sort si glorieux? »

Comme la fleur des champs, quand le froid l'a touchée [13],
Se ferme tristement sur sa tige penchée,
Puis, dès qu'elle blanchit aux rayons du soleil,
Se redresse et leur ouvre un calice vermeil :   120
Telle se raffermit ma vertu chancelante.
Il me courut au cœur une ardeur si brûlante
Que je dis, le front haut, à l'Esprit que j'aimais :
« O trois fois généreuse et bénie à jamais
Celle qui m'accorda sa divine assistance!
Et toi, béni sois-tu pour ton obéissance
Si prompte à seconder ses adorables vœux.
Ce que Virgile ordonne, à mon tour je le veux;
Ta parole m'entraîne, et tel est son empire
Qu'au but où j'aspirais plus que jamais j'aspire.   130
Va! n'ayons à nous deux qu'un unique vouloir.
Sois mon maître et seigneur, mon guide et mon espoir. »

Je dis, et sur ses pas délaissant le rivage,
J'entrai dans un chemin profond, sombre, sauvage.

---

[12] .... Eia, age, rumpe moras.   (*Énéide*, ch IV)
[13] Un des mille et heureux emprunts faits à Virgile.

Texte   142
Traduction 134

CHANT III.

ARGUMENT. — La porte de l'enfer. — Les Ames des Neutres. L'Achéron. — La barque de Caron.

« C'est par moi qu'on descend au royaume des pleurs ;
C'est par moi qu'on descend aux suprêmes douleurs ;
C'est par moi qu'on descend à la race proscrite.
La Justice guida la main qui m'a construite ;
Par l'Amour, la Sagesse et le Pouvoir divin
Je fus faite d'un mot et n'aurai pas de fin.
Seule l'Éternité dans les temps me devance.
Vous qui passez mon seuil, laissez toute espérance[1]. »

Sur une porte, en noir, ces mots étaient écrits :
« Maître, leur sens est dur à mes faibles esprits[2]. »   10
Mais lui, d'une voix ferme : « Allons ! à cette porte
Tout doute doit cesser, toute peur rester morte.
Nous sommes arrivés aux lieux où je t'ai dit,
Mon fils, que tu verrais la race qui perdit
Le bonheur de la vue et de l'intelligence[3]. »

Et l'Ombre mit sa main dans la mienne en silence,
D'un air calme et riant qui me rendit plus fort :
J'entrais dans les secrets de l'Abîme..... et d'abord,
Je me pris à pleurer quand, à travers ses voiles,
J'entendis retentir, sous un ciel sans étoiles[4],   20

---

[1] Imité par Milton : *Hope never comes that comes to all.*
[2] C.-à-d. effrayant (*duro il senso*). — Si j'entre là, pourrai-je en sortir ?
[3] *Bonus intellectus est ultima beatitudo.* (Aristote, *Éthique*.)
[4]   .... Loca turbida, tristes
    Et sine sole domos.   (*Enéide*, ch. VI.)

L'affreux concert des cris et des gémissements :
Blasphèmes et soupirs, sanglots, rugissements,
Sourd cliquetis de mains contre des mains heurtées,
Ébranlant d'un long bruit ces rives attristées,
Dans l'éternel brouillard tournaient en s'élevant,
Comme des flots de sable aspirés par le vent.

Je tremblais : le vertige enveloppait ma tête.....
« Qu'entends-je? m'écriai-je, et quel est, ô poëte,
Ce monde qui paraît si vaincu dans son deuil?
— Ce misérable sort attend sur notre seuil   30
Tout mortel qui vécut sans blâme et sans louanges :
Tourbe sans nom, mêlée au chœur des mauvais anges[5]
Qui, de la sainte cause incertains déserteurs,
Entre Satan et Dieu restèrent spectateurs.
Le ciel, pour eux trop pur, de son sein les exile;
L'enfer, indigne d'eux, leur refuse un asile.
— Mais ils souffrent donc bien, qu'ils se plaignent si haut?
— Un seul mot de réponse et c'est plus qu'il ne faut :
Tant de mépris s'attache à leur aveugle vie
Que tout autre destin excite leur envie;   40
Ces gens-là n'ont pas même espérance de mort;
Le temps n'a conservé nul souci de leur sort,
Et dans l'éternité la justice et la grâce
Les dédaignent..... Assez sur eux! Regarde et passe. »

Et moi qui regardais, je vis en ce moment
Un drapeau qui courait, mais si rapidement
Que je me dis tout bas : « Il est donc bien indigne
D'une ombre de repos, ce misérable insigne! »
Derrière se pressait une foule d'Esprits
Plus nombreux que la mort ne semble en avoir pris.   50
J'en vis passer plusieurs que je crus reconnaître :
Regardant de plus près je reconnus le prêtre[6]

---

(5) Allusion à un passage de Clément d'Alexandrie : *Novit aliquod*, etc.
(6) L'abdication de Célestin-Pierre de Moron, nommé pape en 1294 (V. la *Vie de Dante*).

Qui, par lâcheté pure, a fait le *Grand-Refus.*
Le jour se fit alors dans mes esprits confus :
C'étaient bien les méchants que frappent d'anathème
Les ennemis de Dieu non moins que Dieu lui-même.
Tous ces infortunés, morts sans avoir vécu,
Étaient là, l'œil hagard, le corps livide et nu ;
Des guêpes, des frelons, allant, venant sans cesse,
De ces obscurs maudits stimulaient la paresse ;   60
Leurs pleurs mêlés de sang coulaient en longs ruisseaux,
Recueillis à leurs pieds par d'impurs vermisseaux.

Et quand plus loin encor j'osai porter ma vue,
Je vis près d'un grand fleuve une foule accourue :
« Et ceux-là, qui sont-ils, maître ? Fais-moi savoir
Quel secret aiguillon, autant que je puis voir,
Semble les presser tant de franchir le passage ? »
— Il n'est pas temps encor, me répondit le sage :
A l'Achéron bientôt nos pas s'arrêteront[7] ;
Alors tu sauras tout. » Et moi, baissant le front,   70
Craignant qu'un mot de plus n'offensât la grande Ombre,
Je m'abstins de parler jusqu'à la rive sombre.

Une barque approchait, fendant les flots pesants,
Sous la main d'un nocher tout blanchi par les ans[8]
Et qui criait : « Malheur, exécrable famille !
N'espérez plus revoir le ciel où le jour brille.
Malheur ! A l'autre bord ma barque vous conduit
Dans la glace et le feu de l'éternelle nuit. »
Puis, s'adressant à moi : « Va-t-en, âme vivante[9] !
Sépare-toi des morts. »
                    Malgré mon épouvante,   80

---

(7) *Aborrhed Styx, sad Acheron,* etc. (Milton, *Parad. perdu*), ch. VII (note 5),
ch. XIV (v. 10) *Voyage du jeune Anacharsis* (ch. XXXVI).
  (8)   .... Cui plurima mento
          Canities inculta jacet, etc.   (*Enéide,* ch. VI.)
Dix-neuf vers de Virgile traduits par Dante.
  (9)   Corpora viva nefas Stygia vectare carena   (*Ibid.*)

Je restais. Lui, voyant que je ne partais pas :
« Va! suis d'autres sentiers et porte ailleurs tes pas.
Va! qu'un bois plus léger te conduise à la plage!
— Apaise-toi, Caron, interrompit le sage.
On le veut dans un monde où vouloir c'est pouvoir.
Pas un seul mot de plus, Caron! fais ton devoir. »

Il dit : le nautonnier de la fangeuse noue
Calma les crins épais hérissés sur sa joue
Et les cercles de flamme où flamboyaient ses yeux.
Mais, à peine entendu le mot d'ordre des cieux, 90
Les maudits, nus et las d'attendre le passage,
Vinrent, grinçant des dents et changeant de visage,
Blasphémant contre Dieu, maudissant leurs parents,
Le ciel, la race humaine et les lieux et les temps,
Et leurs fils et les fruits des fruits de leur semence[10].
Puis, je vis, gémissant bien haut, la foule immense
Se presser sur la rive, inévitable lieu
Où viendra tout mortel qui n'a pas aimé Dieu.
Caron, l'œil flamboyant, hèle, assemble les Ames
Et sur les paresseux frappe à grands coups de rames. 100

Telles, l'une après l'autre, aux jours des premiers froids,
Se détachent sans bruit les feuilles de nos bois,
Jusqu'à ce que la branche ait rendu la dernière[11] :
Tels je vis les pécheurs dans la livide ornière
Se jeter, un par un, à l'appel du passeur,
Comme l'oiseau charmé par l'appeau du chasseur.
Et tous ils s'en allaient à travers l'onde brune;
Et tous voguaient encor dans la barque commune,
Que mille autres déjà se pressaient sur les bords :
« Ainsi, me dit le chantre aux célestes accords, 110

---

[10] Et nati natorum et qui nascentur ab illis. (*Enéide*, ch. VI.)

[11] *Lapsa* cadunt *folia* (*Enéide*. ch. III); mais combien le *rende* est plus beau! — *homo, pulvis es, et in pulverem reverteris.*

Viennent de tous les lieux que le soleil éclaire
Ceux qu'à leur lit de mort Dieu vit avec colère.
Eux-mêmes de la barque ils hâtent le départ;
Car le grand Justicier les presse de son dard,
Tellement qu'en désir se transforme la crainte.
Ces bords n'ont vu jamais passer une âme sainte[12];
Donc si le noir Caron s'irrite contre toi,
Ne t'en plains pas, mon fils : tu dois savoir pourquoi. »

Il dit, et tout à coup la funèbre campagne
Trembla si fortement que le frisson me gagne   120
Rien qu'à me rappeler ce terrible moment.
Il s'éleva de terre un long gémissement ;
Une lueur sanglante illumina la plaine :
Je tombai comme ceux qu'un lourd sommeil enchaîne.

---

(12)   Nulli fas casto sceleratum insistere limen.   (*Énéide*, ch. VI)

Texte   136
Traduction 124

CHANT IV.

ARGUMENT. — **Premier cercle de l'enfer : Les Limbes.** — Illustres personnages de l'antiquité.

Un effroyable bruit, en pesant sur mon front,
Avait rompu les nœuds de ce sommeil profond :
Comme un homme arraché brusquement à son rêve,
De mes yeux reposés je parcourus la grève,
Cherchant à pénétrer l'impénétrable nuit,
Pour savoir en quel lieu j'avais été conduit.

J'étais au bord du val d'éternelle infortune,
D'où cent et cent clameurs, se confondant en une,
Tonnent par le cratère obscur, brumeux, profond.
Je plongeai vainement mes regards jusqu'au fond ; 10
Je ne distinguais rien : « Descendons, dit mon guide,
Dont le front se couvrit d'une pâleur livide,
Descendons ; nous voilà sur l'aveugle escalier ;
Tu viendras le second, moi j'irai le premier. »

Mais j'avais trop bien vu qu'il changeait de visage :
« O toi qui fus toujours mon soutien, dis-je au sage,
Si déjà tu pâlis, comment irai-je, moi ?
— Ma pâleur ne trahit qu'un douloureux émoi
Pour ceux que tient l'enfer sous sa terrible étreinte,
Et tu prends, ô mon fils, la pitié pour la crainte. 20
Marchons, car le temps presse. »
                                Il s'avance, à ces mots,
Et me fait pénétrer dans l'abîme des maux.

Voici le premier cercle ! Éternelle structure
Qui presse tout l'enfer de sa vaste ceinture.
Là, si j'en dois juger par ce que j'entendis,
Des soupirs seulement, échappés aux maudits,
Agitaient l'air impur du ténébreux empire.
C'était comme un concert de douleurs sans martyre,
Que des foules sans nom aux mille et mille voix,
Hommes, femmes, enfants, exhalaient à la fois.   30
« Tu ne demandes pas, me dit l'illustre maître,
Ce que sont les Esprits que tu vois apparaître :
Moi je veux te l'apprendre avant d'aller plus bas :
Aucun d'eux n'a péché ; mais aucun d'eux, hélas !
Eût-il quelques vertus, n'entra par le baptême
Dans l'arche de la foi si chère au fils que j'aime.
Tous, à la vérité, furent avant le Christ,
Mais sans adorer Dieu comme Dieu l'a prescrit[1].
Parmi ceux que tu vois, moi-même aussi je compte.
La tache originelle est notre seule honte.....   40
Elle nous a perdus..... Vivre éternellement
De désir sans espoir est notre seul tourment[2]. »

Un grand deuil prit mon cœur, quand j'entendis mon maître
Il suffisait d'entendre, hélas ! pour reconnaître
Que d'illustres esprits, dans ce triste milieu,
Demeuraient suspendus entre Satan et Dieu.
Jaloux de m'affermir dans cette foi profonde
Devant qui toute erreur a disparu du monde :
« O mon maître et seigneur, ô mon plus sûr appui,
Nul, par sa vertu propre ou par celle d'autrui,   50
N'est-il jamais sorti de l'infernale enceinte,
Pour aller prendre rang dans la phalange sainte ? »

Et lui, qui comprenait à demi-mot, me dit :
« J'étais nouveau venu dans ce cercle maudit,

---

(1) C.-à-d. suivant la loi de Moïse.
(2) *Fierce desire, among our other torments not the least* (Milton).

Quand nous vîmes venir, tout rayonnant de gloire,
Un Puissant couronné d'un signe de victoire.
Il tira de l'enfer notre commun auteur,
Son fils Abel, Noé, le grand législateur
Moïse, obéissant à la loi qu'il a faite ;
Abraham patriarche et David roi-prophète, 60
Israël, ses deux fils, son vieux père et Rachel,
(Qui lui coûta si cher) montèrent dans le ciel ;
Beaucoup d'autres encor ; mais pas une âme humaine
N'est sortie, avant eux, de l'infernal domaine. »

Ainsi parla Virgile et, pendant son discours,
A travers la forêt nous avancions toujours.....
(J'entends une forêt d'Esprits, touffue, immense).
De l'extrême-limite, où le cercle commence,
L'espace parcouru nous séparait bien peu,
Quand au-devant de nous j'aperçus un grand feu 70
Qui, triomphant de l'ombre, éclairait l'hémisphère[3] ;
Et, bien qu'il nous restât un long trajet à faire,
Sa lointaine lueur nous permit d'entrevoir
Qu'une race d'élite habitait ce manoir.

« Flambeau de la science et de l'art, m'écriai-je,
Quels sont ceux que je vois ? Pourquoi ce privilége
D'être ainsi séparés du reste des pervers ?
— C'est que leur nom, mon fils, a rempli l'univers.
Votre admiration les recommande encore.
Le Ciel daigne honorer ceux que la terre honore. » 80

Ayant ainsi parlé, le maître se taisait ;
J'entendis retentir une voix qui disait :
« Esprits ! rendez hommage à l'illustre poëte.
Il nous est revenu. »
                    La voix se fit muette,

---

(3) *Emisperio*, la moitié du cercle.

Et je vis, répondant à cet appel si doux,
Quatre Ombres, à pas lents, s'acheminer vers nous,
Grandes par leur aspect, sans tristesse et sans joie :
« Regarde bien, mon fils, les amis qu'on m'envoie.
Celui qui le premier marche, un glaive à la main,
Comme un roi, c'est le chantre à l'accent surhumain, 90
C'est Homère, l'orgueil, le chef de notre race.
Tu vois, derrière lui, le satirique Horace ;
Ovide est le troisième et Lucain le dernier.
Chacun d'eux, comme moi, peut se glorifier
Du beau nom que l'un d'eux me donnait tout à l'heure.
Ils m'honorent : c'est bien. »
      Dans leur calme demeure
J'ai vu, mortel heureux, j'ai vu se réunir
Ces Esprits dont le nom remplira l'avenir,
Cette École sublime où le roi des poëtes
Semble un aigle qui plane au-dessus de leurs têtes. 100
Ils se parlaient entre eux ; bientôt de mon côté
Ils firent un salut avec tant de bonté
Que ce flatteur accueil fit sourire mon maître.
Plus encor : dans leurs rangs ils daignèrent m'admettre ;
Mon nom fut le sixième après de si grands noms.

Nous allâmes ensemble aux lumineux vallons,
Échangeant des secrets inconnus à la terre,
Qui, là, devaient se dire et qu'ici je dois taire.
Un grand palais s'offrit à mon œil étonné,
De murs majestueux sept fois environné. 110
D'un limpide ruisseau l'ondoyante ceinture
Fut franchie à pied sec comme une terre dure :
Sept portes devant nous s'ouvrirent tour à tour[1].
Là, de riants gazons ornaient un frais séjour,
Où d'illustres Esprits, au maintien digne et sage,
Mesuraient gravement un rare et doux langage ;

---

(4) Allusion sans doute aux sept sages de la Grèce.
  Devenere locos lætos et amœna vireta.   (*Énéide*, ch. VI.)

Nous suivîmes ensuite un chemin écarté,
Jusqu'au sommet d'un mont rayonnant de clarté,
D'où mon œil, embrassant l'heureuse gémonie,
Planait avec orgueil sur ces fils du génie.   120

Énée, Hector, César, l'invincible guerrier,
Armant de traits vainqueurs ses grands yeux d'épervier ;
Électre, reine encore au sein de sa famille ;
Plus loin Penthésilée et la fière Camille ;
Le vieux roi Latinus près de sa fille assis ;
Brutus qui des Tarquins délivra son pays ;
Et la chaste Lucrèce et l'austère Julie ;
La simple Marcia, la tendre Cornélie....
Saladin seul, rêveur, se tenait à l'écart ;
Et comme un peu plus haut j'élevais mon regard, 130
Je vis le *Maître* assis, sage parmi les sages [5]
Qui tous l'environnaient de respects et d'hommages.
Près de lui, séparés de la foule, je vis
Socrate avec Platon, de leur secte suivis ;
Démocrite, qui livre au hasard tous les mondes ;
Diogène, Thalès aux sentences profondes ;
Près d'Anaxagoras le stoïcien Zénon ;
Empédocle, Héraclite et celui dont le nom
Dut sa gloire au grand art de classer la substance,
Dioscoride, en un mot ; puis, à quelque distance, 140
Orphée et Cicéron ; Live l'historien ;
Sénèque le penseur ; le savant Galien ;
Ptolémée astronome ; Euclide géomètre ;
Avicenne à côté d'Hippocrate son maître ;
Averroès enfin, l'heureux commentateur.
Cent autres avaient place à la même hauteur ;
Mais pour les nommer tous je manquerais d'haleine :
Ma carrière est si longue et ma liste est si pleine
Que bien souvent aux faits le récit manquera.

---

(3) Aristote : *Magister dixit.*

Quand le groupe des six en deux se sépara,   150
Virgile me restait..... nous marchâmes ensemble
De ce calme séjour à l'air brumeux qui tremble,
Et j'atteignis bientôt, par mon maître conduit,
La rive douloureuse où jamais rien ne luit.

Texte   151
Traduction 154

CHANT V.

—

ARGUMENT. — Deuxième cercle : Les Luxurieux. — Le tribunal de Minos. — Épisode de Françoise de Rimini.

Ainsi du premier cercle au deuxième j'arrive :
Déjà, plus à l'étroit, la douleur est plus vive ;
Déjà ce ne sont plus des soupirs, mais des cris.
Là, l'horrible Minos arrête les proscrits,
Les juge, les condamne et les jette en pâture
Au cercle qu'il désigne en tournant sa ceinture....
Je veux dire que là tout ennemi du bien
Se confesse à Minos sans lui déguiser rien.
Le grand inquisiteur des péchés de chaque Ame [1]
Voit soudain quel circuit de l'enfer la réclame ;   10
Il se ceint de sa queue et forme autant d'anneaux
Que l'Ame doit franchir de degrés infernaux.
Au pied du tribunal une innombrable foule
Toujours se renouvelle et sans repos s'écoule.
Chacun vient tour à tour au redoutable arrêt :
Tour à tour chacun parle, écoute et disparaît.

Minos, en me voyant, laissa son rude office :
« Toi qui vas visitant l'infernal édifice,
Prends garde, me dit-il, prends bien garde où tu vas !
Que la largeur du seuil ne t'encourage pas [2] !   20

---

(1)   Quæsitor Minos urnam movet....
                 ....Vitasque et crimina discit.
Minos, non pas le grand législateur, roi de la Crète, mais, comme Caron, comme Pluton, comme Cerbère, etc., un ange déchu, un démon.

(2)   ......Facilis descensus Averni.   (*Enéide.*)
Lata est via quæ ducit ad perditionem. (Ev. de saint Mathieu, chap. VII.)
Bossuet a dit par opposition : « Qu'il est étroit le chemin qui conduit à la vie ! »

— A quoi bon ces clameurs? interrompit le sage.
Que nul ne fasse obstacle à son fatal message !
On le veut dans un monde où vouloir c'est pouvoir :
Donc, pas un mot de plus ! Minos, fait ton devoir. »

Au loin déjà murmure une note plaintive ;
Puis, quel affreux concert, quand je touche la rive
De tout rayon muette et qui gronde en tout temps[3],
Comme la mer livrée aux combats des autans !
L'infernal tourbillon, qui jamais ne s'arrête,
Enlève les Esprits, les tourne, les rejette,   20
Les reprend et les brise aux pointes d'un écueil.
Quand ils sont venus là, ce sont des cris de deuil,
Des pleurs, des grincements de dents, c'est le blasphème
Qui s'attaque impuissant à la vertu suprême.
Voilà par quel tourment Dieu punit en enfer
Le pécheur qui soumit sa raison à la chair.
Comme des étourneaux vont, par grandes volées,
Dans la froide saison, fendant l'air des vallées :
Ainsi, jouet léger d'un souffle tout-puissant,
L'Esprit, de-çà, de-là, va, vient, monte, descend,   40
Et, frappé sans pitié, souffre sans espérance....
Il n'est ni fin ni trêve, hélas! à sa souffrance.

Tels on voit dans les airs, en bataillon léger,
Avec leur lai plaintif, des hérons s'allonger :
Telle, avec des cris sourds, venait à ma portée
La foule des Esprits par l'orage emportée.
« Quels sont, dis-je au poëte en pâlissant d'horreur,
Ceux que l'air noir châtie avec tant de fureur?
— Regarde, répondit mon vénérable maître :
La première, entre ceux que tu tiens à connaître,   50
Imposa son empire à vingt peuples divers.
Telle fut l'impudeur de cet Esprit pervers

---

(3) C'est le *dove' l sol si tace* du premier chant, v. 62.

Que, pour se délivrer d'un blâme légitime,
Elle a dit dans sa loi : *Ce qui plaît n'est pas crime.*
C'est la Sémiramis, épouse de Ninus,
Et maîtresse après lui des bords brûlants et nus
Où le soudan domine aujourd'hui sans partage.
Celle qui vient après fut reine de Carthage :
Infidèle à Sichée et trahie à son tour,
Didon pour un ingrat s'immola par amour.[4].   60
Cléopâtre aux instincts luxurieux ; Hélène,
Qui coûta tant de sang, tant de pleurs, tant de haine ;
Achille, qui, longtemps sous sa tente endormi,
Combattit en amant pour venger un ami....
Voici Pâris, Tristan »....
      Et mon glorieux maître
M'en montra, m'en nomma plus de mille peut-être,
Tous illustres héros ou célèbres beautés
Que l'amour avait tous vers la tombe emportés.
A sa voix, à l'aspect du funèbre cortége,
La pitié me saisit : « Je voudrais, m'écriai-je,   70
Parler à ces deux-là qui s'en vont s'élevant,
Et semblent, si légers, s'abandonner au vent.
— Ils sont trop loin encor pour une voix humaine ;
Attends, tu les priras par l'amour qui les mène :
Ils viendront. »
    Quand le vent vers nous les eut ployés[5],
Je dis : « S'il plaît au Ciel, qui vous a foudroyés,
Venez, venez à moi. »
      Comme deux tourterelles
S'en vont du haut des airs, ouvrant leurs blanches ailes,
Au nid où les réclame un cri plaintif et doux :
Ainsi les deux Esprits, pour descendre vers nous,   80
Loin de la légion où Didon est mêlée,
Fendaient l'air malfaisant de la triste vallée...

---

(4) *Secus* Pétrarque : *Studio d'onestate a morte spinse Dido, non quel d'Eneo.*
(5) *Piegate* : ces ombres sont si frêles qu'elles cèdent au vent comme le roseau.

D'une voix qui nous plaint tant le charme est puissant !
L'un deux me dit alors : « Mortel compatissant
Qui viens nous visiter dans cette nuit profonde,
Nous, pécheurs dont le sang rougit un autre monde,
Que le Ciel contre nous n'est-il moins irrité !
Nous le pririons tous deux pour ta félicité.
Si notre mal t'inspire une pitié si tendre,
Ordonne : te plaît-il de parler ou d'entendre ?   90
Tant que le vent se tait, nous pouvons tour à tour
T'écouter ou parler d'un trop coupable amour.

» La terre où je naquis touche à la mer tranquille[6]
Où contre ses suivants le Pô cherche un asile.
Amour, qui se prend vite à tous les cœurs bien nés,
Soumit Paul aux attraits... qu'un autre a profanés...
Et cette plaie, hélas ! n'est pas encor fermée...
Amour (il veut qu'on aime alors qu'on est aimée)
Fit battre nos deux cœurs, mais dans un tel accord,
Qu'ici, même en enfer, ô Paul, je t'aime encor.   100
Amour à la lumière avec Paul m'a ravie...
Caïn attend celui qui nous ôta la vie[7]. »

Dès que j'eus entendu ces malheureux Esprits
Et ce récit touchant d'un mal trop bien compris,
Je détournai la tête et je la tins baissée
Si longtemps qu'à la fin : « Quelle est donc ta pensée ? »
Me demanda Virgile. « Hélas ! lui dis-je, hélas !
Quel invincible attrait, quels désirs, quels combats
Les ont conduits ensemble au douloureux passage ! »
Puis vers les deux amants relevant mon visage :   110
« Françoise, de ton mal je souffre comme toi ;
Juge de ma pitié par mes pleurs ; mais, dis-moi,

---

(6) Ravenne, patrie de Françoise de Rimini.

(7) Lanciotto, son mari, frère de Paul. — Caïn, pour le cercle de Caïn, voir ch. XXXIII, XXXIV).

Au temps des doux soupirs et des timides flammes,
Comment se révéla le secret de vos âmes ? »

Elle alors : « Il n'est pas de plus grande douleur
Que de se rappeler, au faîte du malheur,
Les beaux jours disparus... j'en appelle à ton maître[8].
Si tel est cependant ton désir de connaître
Comment naquit un feu devenu si brûlant,
Je ferai comme lui qui pleure en te parlant. 120
Un jour, dans les langueurs de notre vie oisive,
Nous lisions Lancelot et comment il arrive
Qu'un regard de Ginèvre a troublé sa raison.
Nous étions ce jour-là, seuls, sans peur, sans soupçon :
Bien des fois il advint, en lisant, qu'un passage
Fit rencontrer nos yeux, pâlir notre visage;
Mais un seul mot, hélas ! nous a perdus tous deux !
Arrivés à la page où Lancelot heureux
Couvre de ses baisers un caressant sourire,
Paul... (qu'à mes bras jamais le Ciel ne le retire !) 130
Paul osa, tout tremblant, imiter Lancelot.
Le livre fut pour nous un autre Galléhot[9]...»
Et nous ne lûmes pas ce jour-là davantage... »

Pendant qu'un des Esprits me tenait ce langage,
Le second sanglotait sur sa sœur appuyé :
Moi j'eus le cœur brisé d'une telle pitié
Qu'il semblait que déjà j'eusse un pied dans la tombe.
Je pâlis, je tombai... comme un cadavre tombe.

---

(8)   Infandum, regina, jubes, *etc.*   (*Énéide*, ch II).
(9) Galléhot, qui perdit Ginèvre et Lancelot en favorisant leurs amours.

Texte   142
Traduction 138

CHANT VI.

—

ARGUMENT. — Troisième cercle : Les Gourmands. — Cerbère. — Prédiction de Ciacco.

Au retour de mes sens fermés par la douleur
Dont Françoise et son frère avaient navré mon cœur,
Partout où je regarde, où je marche, où j'écoute,
Je ne vois, je n'entends sur la funèbre route,
Que nouveaux tourmentés et que nouveaux tourments.
C'est le troisième cercle, où souffrent les gourmands,
Le cercle de la pluie âpre, froide, éternelle,
Qui, sans changer jamais, toujours se renouvelle.
Eau noire, lourds grêlons, flots de neige glacés,
Perçant l'air ténébreux, fouettent les trépassés.   10
Infect est le terrain qui boit l'impur mélange :
Cerbère, chien maudit, bête cruelle, étrange [1],
Avec sa triple gueule aboie aux vils pourceaux
A demi submergés dans de fangeux ruisseaux.
Ses yeux sont flamboyants, sa barbe est noire et sale ;
Ventre large, ongles durs, il va, sous la rafale,
Secouant, déchirant et tordant les Esprits
Qui, comme autant de chiens, hurlent d'horribles cris,
Et, pour moins ressentir la grêle vengeresse,
D'un flanc sur l'autre flanc se retournent sans cesse.   20

Le grand Ver, qui nous vit, roula des yeux ardents [2],
Ouvrit sa triple gueule et fit grincer ses dents,

---

(1)   Cerberus hic ingens latratu regna trifauci
       Personat.   (Énéide, ch. VI)

(2) Soit parce qu'il habite dans les entrailles de la terre, soit parce que son corps se termine en serpent.

Tous ses membres tremblaient; mais le fils de Mantoue
Se baissa, dans ses mains pétrit un peu de boue
Et la jeta trois fois au démon affamé[3].
Tel aboie avec rage et soudain est calmé
Le chien, sitôt qu'il mord dans le pain qu'on lui jète :
Tel le triple gosier de l'effroyable bête
Suspendit un instant ses hurlements, si lourds
Aux malheureux damnés qu'ils voudraient être sourds. 30

Nous allions cependant tout à travers les Ombres,
Que perce l'ouragan de ses dards froids et sombres.
Et nos pieds, en passant, foulaient leur vanité,
Simulacre menteur de la réalité.
Toutes étaient gisant par terre, pêle-mêle.
Une seule pourtant, quand je passai près d'elle,
Se dressa juste assez pour s'asseoir et me dit :
« Toi qui vas traversant ce cloaque maudit,
Te souviens-tu de moi? Peux-tu me reconnaître?
Tu naquis, moi vivant. » Je répondis : « Peut-être 40
Le tourment qui te brise a bien changé tes traits :
Il ne me semble pas que je te vis jamais;
Donc, apprends-moi ton nom, toi dont la voix m'attire,
Toi qui, dans cet enfer, subis un tel martyre
Qu'il paraît le plus vil, s'il n'est le plus cruel. »

L'Ame reprit : « Là-haut, dans le monde au doux ciel,
Mon berceau fut Florence, où tu reçus la vie,
Où déborde à grands flots le poison de l'envie.
On m'appelait Ciacco : regarde quels tourments
La froide pluie inflige aux âmes des gourmands. 50
Je ne suis pas le seul, et le même supplice,
Dans tous ceux que tu vois punit le même vice. »
Il se tut; je repris : « O Ciacco, tes malheurs
Me pèsent d'un tel poids qu'ils m'arrachent des pleurs;

---

(3) *Énéide.*

Mais dis, si tu le sais, ô Ciacco, je t'en prie,
Dis où les factions traîneront ma patrie;
Dis s'il lui reste encor quelques citoyens purs;
Dis pourquoi la discorde a soufflé sur ses murs.
— Après de longs débats, répondit la pauvre Ame,
Ils en viendront au sang et, par un acte infâme, 60
Celle des factions dont le nom vient des bois[4]
Chassera sans merci sa rivale aux abois.
Mais, avant trois hivers, l'autre sera maîtresse.
Celui qui l'aidera, par force et par adresse[5],
Sur les Blancs abattus vengeant de vieux affronts,
Longtemps d'un pied superbe écrasera leurs fronts.
Leur rage attestera ce que la paix leur coûte...
Deux citoyens sont purs, mais nul ne les écoute...
L'avarice, l'envie et l'orgueil dans les cœurs
Ont allumé ce feu fatal même aux vainqueurs. » 70

Le lamentable accent ne se fit plus entendre :
« Daigne encor m'enseigner ce que je veux apprendre :
Rusticucci, Mosca, Tegghiaïo, dans le ciel[6]
Boivent-ils le nectar ou dans l'enfer le fiel?
Henri, Farinata, si flétris par l'envie,
Tous ceux qui par le bien ont illustré leur vie.....
Il me tarde, ô Caccio, de connaître leur sort.....
Où sont-ils? — Tous tombés sur le terrible bord.
Tous, au-dessous de moi, sont plongés dans l'abîme,
A des degrés divers expiant plus d'un crime. 80
Descends, tu les verras; mais écoute mes vœux :
Si tu revois le jour, rappelle à mes neveux,
Rappelle à mes amis ma mémoire oubliée.
Ne m'interroge plus. Va! ma langue est liée. »

---

(4) La faction des Blancs, à laquelle appartenait notre poëte. (Voir *Vie de Dante*.)

(5) Charles de Valois, frère de Philippe le Bel. (V. *ibid*.)

(6) Illustres personnages de Florence et de Pistoie. (Voir chants X, XVI, XXVIII.)

Il détourne à ces mots un œil louche et hagard,
Baisse le front, sur moi jette un dernier regard,
Puis, parmi les damnés, retombe dans la fange :
— Il n'en sortira plus qu'au dernier jour où l'ange,
Au son de la trompette éveillant l'univers,
Annoncera le Juge implacable aux pervers.   90
Toute âme alors ira, dans le grand cimetière,
Vêtir ses os, ses traits et sa forme première,
Pour entendre la voix dont l'accent irrité
Remplira de terreur l'immense éternité. »

Ainsi parla Virgile, et, sur les pas du sage,
Tandis que lentement je m'ouvrais un passage
Dans ce mélange impur de boue et de damnés,
Vers les temps à venir mes yeux étaient tournés :
« Quand aura prononcé la suprême justice,
Maître, de ces maudits quel sera le supplice ?   100
Plus terrible, moins rude ou tel que je le vois ?
— Retourne à tes auteurs, ils te l'ont dit vingt fois [7] :
Plus un être est parfait, répondit le poëte,
Plus il ressent la joie ou la douleur parfaite.
Vers la perfection qui nous ouvre les cieux,
Nul d'entre ces maudits n'ose élever ses yeux ;
Mais tous savent qu'un jour la fatale sentence
Doublera leur supplice avec leur existence. »

Tels étaient les sujets de nos graves discours.
Du chemin circulaire abrégeant les détours,   110
Nous gâgnames au centre une pente escarpée,
Par le grand Ennemi, par Plutus occupée [8].

---

(7) Aristote, saint Augustin : *Cum fiet resurrectio carnis et bonorum gaudium et malorum tormenta majora.*
(8) Dieu de la richesse dans la mythologie ; ici un démon.

Texte   115.
Traduction   112.

CHANT VII.

ARGUMENT. — Quatrième cercle : Les Avares et les Prodigues. — Cinquième cercle : La Colère et l'Orgueil ; la Paresse et l'Envie [1].

A LEPPE, Satanas ! A moi, mon empereur [2] ! »
Vociféra Plutus, exhalant sa fureur.
Mais le prince des vers, l'honneur de la science,
Dit, pour me rassurer : « Mon fils, prends confiance :
Quel que soit son pouvoir, il n'empêchera pas
Que du haut du rocher nous allions jusqu'en bas. »
Puis vers la *Lèvre-Enflée* abaissant son visage [3] :
« Paix ! loup maudit, consume en toi-même ta rage.
Ce voyage a sa cause : on le veut dans le Ciel
Où le superbe viol fut vengé par Michel [4]. »   10

Comme une grande voile, enflée à la bourrasque,
Autour du mât rompu retombe vide et flasque,
Tel je vis retomber le noir démon du mal.

Ainsi nous descendons au quatrième val,
Pénétrant plus avant dans la nasse profonde
Où viennent s'engloutir tous les péchés du monde.

---

(1) V. note 8 et ch. VIII (note 4).
(2) Aleppe, en hébreu, maître, seigneur.
(3) Symbole de colère, d'orgueil ; on dit gonflé d'orgueil, de colère.
(4) Satan terrassé par l'archange saint Michel.

Qui donc ici rassemble, ô justice des Cieux,
Tant de tourments nouveaux dévoilés à mes yeux?
Se peut-il que le crime égale un tel supplice ?

Tels les flots de Scylla vont, à travers la lice, 20
Contre ceux de Charybde en grondant se heurter :
Tels, plus nombreux cent fois que je n'en pus compter,
Divisés en deux camps, les damnés, hors d'haleine,
Sous de pesants fardeaux se partageaient la plaine,
Hurlaient, se rencontraient, frappaient, frappaient encor.
Tous criaient à la fois : « *Que fais-tu de ton or ?*
—Toi, qu'as-tu fait du tien ? » Tous ensuite, en arrière,
Reprenaient lentement leur pénible carrière,
Répétant le cri sourd qui les peignait si bien :
« Que fais-tu de ton or? — Toi, qu'as-tu fait du tien? » 30
Arrivée aux deux buts, la foule criminelle
Revenait avec rage à la lutte éternelle.
J'avais le cœur navré : « Ceux que je vois ici,
Qui sont-ils ? demandai-je. A ma gauche en voici
Qui semblent tonsurés : ont-ils servi l'Église ?
— Tous, bien qu'en deux partis ce cercle les divise,
Frappés, quand ils vivaient, du même aveuglement,
Tous des biens de la terre ont usé follement.
Leurs cris sont assez clairs pour expliquer leur haine,
Quand ils vont se heurtant au centre de l'arène, 40
Où deux vices rivaux les tiennent séparés.
Ceux que tu vois à gauche et qui sont tonsurés,
Papes ou cardinaux, princes de l'avarice[5],
N'ont que trop mérité l'horreur d'un tel supplice. »

Je repris : « Parmi ceux que ce vice a flétris,
Je devrais reconnaître au moins quelques Esprits.
— Non, mon fils : le péché qui perdit ces infâmes
A dégradé leurs traits aussi bien que leurs âmes.

---

(5) Voy. chant 1er, notes 2 et 8.

Tu tenterais en vain d'en reconnaître un seul.
Tous, au jour solennel, sortiront du linceul, 50
Ceux-là le front rasé, ceux-ci les mains fermées [6].
La lutte sera longue entre les deux armées !
Pour n'avoir su donner ni garder à propos,
Au lieu du ciel, au lieu de l'éternel repos,
Un combat éternel et cet horrible gouffre
Où je voudrais en vain te dire ce qu'on souffre !
Ces biens que la Fortune à son gré fait mouvoir,
Dont le monde à genoux encense le pouvoir,
Tu peux en estimer le prix et la durée :
Tout l'or accumulé sous la voûte azurée, 60
Tous ces trésors, dont l'homme a fait son paradis,
Ne sauraient racheter un seul de ces maudits. »

— Qu'est-ce que la Fortune, ô mon vénéré maître ?
Tu m'en as dit un mot : fais-la-moi mieux connaître,
M'écriai-je ; quel est ce pouvoir surhumain
Qui tient ainsi les biens du monde dans sa main ? »

Et lui de me répondre : « O folle race humaine,
A quelle sombre nuit l'ignorance vous mène !
Au moins en m'écoutant, mortels, éclairez-vous.
Celui dont le savoir est au-dessus de tous, 70
Celui qui fit les cieux par sa toute-puissance,
Confia chaque sphère au pouvoir d'une Essence
Qui reçoit tour à tour et reflète en tout lieu
L'immortelle clarté dont la source est en Dieu.
Aux splendeurs de la terre une d'elles préside,
Qui rit de vos calculs, les renverse ou les guide.
Une famille, un nom grandit, tombe en un jour ;
Un peuple est éclipsé, l'autre brille à son tour ;
Tout change à temps ; tout cède à cette main superbe
Qui se cache à vos yeux comme un serpent sous l'herbe. 80

---

(6) Double symbole de misère et d'avarice.

Mortels, votre savoir contre elle ne peut rien.
Elle pèse, elle juge et juge toujours bien.
Elle va, comme vont ses célestes rivales ;
Ses évolutions tournent sans intervalles :
C'est la nécessité qui la force à courir,
Tant il est d'insensés qu'elle aime à secourir !
Ceux qui l'ont mise en croix sont souvent ceux-là même
Qui lui devraient l'encens au lieu de l'anathème.
Heureuse par soi-même, elle ne l'entend pas.
Mêlée au chœur des dieux, elle rit des ingrats,   90
Elle roule sa sphère et savoure sa joie....
Mais descendons plus bas dans l'infernale voie :
L'étoile qui montait lorsque je vins à toi [7],
Penche vers l'horizon, et la divine loi
Défend que l'on s'attarde en ce triste voyage. »

Nous coupâmes le cercle, et, sur les pas du sage,
Je franchis un ruisseau qui bouillonne et descend
Par un fossé profond qu'il se creuse en passant.
Cette eau, lente, bourbeuse et plus noire que verte,
Servit à nous guider sur la pente entr'ouverte,   100
En suivant un sentier qui me glaçait de peur.
Les sombres flots voilés d'une sombre vapeur
Font un marais au pied des tristes roches grises.
C'est le Styx. Déjà prêt à toutes les surprises,
Je vis dans le marais des légions d'Esprits,
Nus, fangeux, aux traits durs, aux visages meurtris ;
Le bras n'eût pas suffi pour acquitter leur dette ;
Ils se frappaient du pied, du poitrail, de la tête :
Les dents même arrachaient les membres par lambeaux.

Le bon maitre me dit : « Dans ces vivants tombeaux   110
Tu vois les réprouvés vaincus par la colère.
Et pour que la leçon te soit encor plus claire,

---

(7) Il est plus de minuit.

Sache qu'au fond de l'eau s'agite un monde à part [8],
Qui soupire et sans bruit se révèle au regard
Par ces globules noirs qui font bouillonner l'onde.
Ils disent, enfoncés sous la vase profonde :
« Dans l'air où le soleil darde ses traits si doux,
Tristes étaient nos cœurs envieux et jaloux;
Dans le noir marécage attristons-nous encore. »
Mais le Ciel reste sourd au maudit qui l'implore,   120
A l'hymne de douleur humblement bégayé,
Etouffé par la fange aussitôt qu'essayé. »

Entre la rive sèche et la fangeuse noue [9],
Les yeux tournés vers ceux qui se gorgent de boue,
Décrivant un grand arc et par un long détour,
Mon guide m'amena jusqu'au pied d'une tour.

---

[8] Suivant nous (et avec Pierre Alighieri, fils et commentateur de Dante) l'*Orgueil* et la *Colère* sont à la surface du marais, au fond la *Paresse* et l'*Envie*. Impossible de supposer que trois péchés capitaux n'auraient pas leur place dans l'enfer.

« *Requiescens accidiosus in fœcibus suis* (Jérémie); *Infixus in limo profundi* » (David). (Voy. ch. VIII, v. 43 et note.)

(9) Entre le marais et les rochers.

Texte   130
Traduction   126

CHANT VIII.

ARGUMENT. — Suite du cinquième cercle : La barque de Phlégias. Le Styx. — Sixième cercle : L'île de Dité. — Résistance des démons.

Je poursuis. Bien longtemps avant notre arrivée,
Nos yeux avaient gravi sur la tour élevée
Où je vis s'allumer comme un double fanal.
Une autre flamme au loin répéta le signal,
Tel qu'à peine on pouvait l'entrevoir : « O belle âme,
Océan de clartés, dis, que veut cette flamme?
Que répond l'autre feu? Qui l'allume ? — Là-bas,
Mon fils, si la vapeur ne te le cache pas,
Tu dois apercevoir celui que l'on invite. »

La flèche qui fend l'air ne vole pas plus vite   10
Que le léger esquif dirigé droit à nous [1]
Par un seul nautonnier qui criait : « C'est donc vous,
Vils maudits ! — Phlégias, lui répondit mon guide,
Tes cris pour cette fois se perdront dans le vide,
Car, le marais franchi, tu ne nous auras plus. »

Tel le lutteur qui tombe ; à des cris superflus
L'abattement succède : ainsi, perdant courage,
Le démon étouffait son impuissante rage.

Embarqué le premier, mon vénérable chef
Me fit vite après lui descendre dans la nef ;   20

---

[1] ....Fugit illa per undas
        Ocior et jaculo et ventos æquante sagitta.
J'ai essayé d'imiter aussi la rapidité d'une barque légère. — Phlégias, roi des Lapithes (suivant la Fable), tué par Apollon pour avoir brûlé le temple de ce dieu. — Symbole d'orgueil et de colère. (Voy. chant VII, note 8.)

Mais mon poids sembla seul charger son bois fragile[2].
Sitôt que j'eus pris place à côté de Virgile,
Je vis l'antique proue, à travers le flot mort,
Plus lourde que jamais se détacher du bord.
Pendant que nous courons cette mer inconnue,
Du milieu de l'abîme émerge à notre vue
Un visage hideux tout souillé de limon.
D'une voix rude et fière il demanda mon nom :
« D'où viens-tu, me dit-il, toi qui viens avant l'heure?
— Je ne fais que passer dans la sombre demeure.   30
Mais toi, toi qui fais peine à voir, infortuné :
Qui donc es-tu? réponds. » Il répondit : « Damné. »
Et moi, l'apostrophant : « Dans les pleurs et la fange
Reste à jamais maudit et que le ciel se venge !
Va! je t'ai reconnu, quelque affreux que tu sois. »
A ces mots, des deux mains il se cramponne au bois[3].
Virgile, adroit et prompt, le repousse et s'écrie :
« Va sur les autres chiens assouvir ta furie. »
Puis, me baisant le front, dans ses bras il me prit :
« Sois béni, me dit-il, noble et sévère esprit !   40
Soit bénie avec toi la sainte créature
Qui sur toi chastement a serré sa ceinture !
Celui-ci fut superbe : on n'a jamais compté[4],
Pour sauver sa mémoire, un seul trait de bonté :
Furieux dans la mort, il le fut dans la vie.
Que de grands rois là-haut sont vus avec envie,
Qui, méprisés, maudits, dans ces fétides eaux
Se vautreront un jour comme de vils pourceaux !
— Maître, avant d'aborder, j'aimerais, m'écriai-je,
Voir plonger jusqu'au fond l'Ombre qui nous assiége.   50
— Un tel désir t'honore : il sera satisfait
Avant que l'autre rive apparaisse. » En effet,

---

(2) ......Gemuit sub pondere cymba   [*Énéide*, chant X]
(3) Voy. au Louvre le beau tableau d'Eug. Delacroix.
(4) Voilà bien l'orgueil. (V. chant VII, note 8.) Philippe Argenti, de Florence : homme d'un orgueil proverbial, *persona orgogliosa*. — Voy. aussi chant IX, note 9.

Je vis presque aussitôt son terrible entourage
Déchirer l'orgueilleux avec des cris de rage,
Et j'en rends grâce à Dieu dans le fond de mon cœur :
« A Philippe Argenti ! » criaient-ils tous en chœur.
Et le fier Florentin, vomissant le blasphème,
Tournait aveuglément ses dents contre lui-même...
Je ne dis rien de plus : laissons là l'orgueilleux.

Mais quels cris ont frappé mon oreille? A mes yeux 60
Je donne, pour mieux voir, une libre carrière.
Le bon maître me dit, devançant ma prière :
« Elle approche, ô mon fils, la terrible cité
Que dans notre langage on appelle *Dité*⁵.
Tu vas voir l'innombrable et misérable race
Que dans ses murs d'airain à jamais elle enlace. »

Et moi : « Maître, là-bas j'entrevois ses créneaux⁶,
Plus rouges que la fonte au sortir des fourneaux.
— L'inextinguible feu qui brûle au fond de l'âtre
Reflète sur les murs cette teinte rougeâtre, 70
Telle que tu la vois dans ce triste bas-fond. »

Nous avions navigué jusqu'au fossé profond
Qui baigne de ses flots la cité désolée.
Les murs semblaient de fer. La barque était allée
(Non sans tourner longtemps autour du noir rocher)
Jusqu'au point où soudain le terrible nocher :
« *Sortez*, s'écria-t-il, *sortez ! voici la porte.* »
Et je vis au-dessus l'innombrable cohorte
Des anges que l'orgueil a fait pleuvoir des cieux,
Mêlant à leurs clameurs des gestes furieux : 80
« Quel est donc celui-là ? Par quel pouvoir suprême
Descend-il chez les morts sans être mort lui-même ? »

---

(5) De Δίς, un des noms de Pluton. Dante donnera le même nom à Satan (v. chant XXXIV).

(6) ....Sub rupe sinistra
Mœnia lata videt.   (*Enéide*, chant VI)

Toujours sage et prudent, mon chef, sans se troubler,
Fit signe qu'en secret il voulait leur parler.
Un peu calmés alors : « Viens seul; qu'il se retire,
Lui qui vient nous braver jusque dans notre empire !
L'insensé ! qu'il retrouve à lui seul son chemin !
Qu'il prouve, s'il le peut, son pouvoir surhumain !
Car toi qui l'as guidé dans les sombres ruines,
Toi, tu nous resteras. »   90
　　　　　　　O lecteur, tu devines
Si ces terribles mots redoublaient mon effroi.
Le retour à jamais semblait fermé pour moi :
« Toi qui plus de sept fois, ô mon vénéré maître,
Conjuras des périls toujours prêts à renaître,
Au terrible ennemi qui s'arme contre nous
Ne m'abandonne pas, je t'en prie à genoux.
Si marcher en avant nous est chose interdite,
Retournons sur nos pas : viens, viens... »

　　　　　　　　　　　L'âme d'élite
Qui m'avait conduit là me dit : « Non, ne crains rien.
Tout-puissant est le bras qui fut notre soutien :   100
Nul ne peut, malgré lui, nous fermer le passage.
Attends-moi là, mon fils; espère, prends courage :
Virgile en si bas lieu ne te laissera pas. »

A ces mots il s'éloigne, il me délaisse, hélas !
Et moi, seul, sans défense, au seuil du noir repaire,
Je doute et ne sais plus si je crains, si j'espère.
Je ne pus, d'où j'étais, saisir ce qu'il leur dit;
Mais il s'arrêta peu dans le groupe maudit.
Sur les murs, en courant, nos ennemis s'armèrent;
Les portes, à grand bruit, devant lui se fermèrent. 110
Il revint, à pas lents, de l'infernal manoir,
Triste, tenant baissés ses yeux sevrés d'espoir :
« Eh quoi ! murmurait-il, ces impures cohortes
Oseraient de Dité nous disputer les portes !...

Ne te désole pas, mon fils, si je frémis :
Quels que soient les apprêts de nos fiers ennemis,
Je vaincrai les fureurs que tout ce bruit révèle.
La révolte chez eux n'est pas chose nouvelle :
Sur le seuil où tu lus la sentence de mort,
Ils ont, presque au grand jour, tenté le même effort, 120
Et la porte aujourd'hui reste encor sans serrures [7].
C'est par là que nous vient des sphères les plus pures,
Sans escorte, à travers l'immense obscurité,
Tel qui nous ouvrira les portes de Dité. »

---

(7) Depuis que le Christ est descendu aux enfers. *Portas mortis et seras pariter Salvator noster disrupit.* (Office du samedi saint.)

                          Texte   130
                         Traduction 124

CHANT IX.

ARGUMENT. — Les Euménides. — L'ange. — Dité ouvre ses portes. — Les Hérésiarques. — Les tombes enflammées.

Quand il vit que la peur blanchissait mon visage,
Mon guide parut calme autant qu'il était sage :
Puis il prêta l'oreille à je ne sais quel bruit...
(L'œil ne peut aller loin dans l'éternelle nuit) :
« Nous vaincrons seuls, si l'autre... oh! non... je suis sûr d'elle [1]...
Mais qu'*Il* tarde à venir! » dit mon guide fidèle.
J'avais trop bien compris : sa bonté n'avait pu
Changer des premiers mots le sens interrompu.
Ce mot mystérieux retenu par le maître,
Ma terreur l'expliquait, l'exagérait peut-être :   10
« Du cercle où le seul mal est de n'espérer plus [2],
Descendit-on jamais jusqu'aux derniers reclus ? »
Par ces mots j'exprimais ma peur la plus secrète.
« Rarement on quitta ma paisible retraite,
Pour aller où je vais : une fois seulement
Erycto m'évoqua par un commandement [3]
Qui rappelait d'en bas les morts à la lumière.
A peine séparé de ma forme première,
Elle me fit descendre à travers ces lieux bas,
Pour arracher une Ame au cercle de Judas.   20
C'est le dernier circuit où la nuit plus profonde
Est le plus loin du ciel qui brille autour du monde.

---

(1) Sûr de Béatrix ; *Il*, l'ange attendu.
(2) Du cercle des limbes, auquel appartient Virgile.
(3) Dans la Pharsale de Lucain, la magicienne Erycto évoque une Ombre Dante suppose que c'est l'Ombre de Virgile.

Donc, je connais la route, ô mon fils : sois sans peur.
Le marais d'où s'exhale une infecte vapeur
Entoure de ses eaux la cité circulaire
Où nous n'entrerons pas désormais sans colère. »

Je n'ai pas retenu ce qu'il me dit encor :
Mon esprit et mes yeux avaient pris leur essor
Au faîte du rempart enveloppé de flammes.
Là, trois spectres hideux, et sous des traits de femmes [4], 30
Se dressant tout à coup sur les créneaux de fer,
Nous offraient un tableau bien digne de l'enfer.
Des hydres les serraient de leurs vertes ceintures ;
Des serpents, des aspics, horribles chevelures,
Tordaient leur chaîne autour de leurs fronts orgueilleux ;
Du sang, au lieu de pleurs, dégouttait de leurs yeux.
Et lui, qui reconnut les terribles suivantes
De la reine des bords tout remplis d'épouvantes [5] :
« Regarde, me dit-il ; ce sont les Erinnys,
Trois démons que l'enfer ensemble a réunis,   40
Chacune ayant son rang dans la sombre demeure !
Voici Mégère à gauche ; à droite Alecto pleure ;
Au milieu Tisiphone. » Il ne dit rien de plus.
Elles, creusaient leurs flancs de leurs ongles crochus,
Frappant, criant si fort qu'une terreur secrète
Me fit chercher abri dans le sein du poëte :
« A nous ! Méduse, à nous !... qu'il soit pétrifié [6],
Thésée eut trop d'audace et nous trop de pitié ! »
Vociférait en chœur l'abominable engeance.
Puis, se penchant vers moi : « Malheur à lui ! vengeance !.. 50

— Détourne-toi, mon fils, et tiens les yeux fermés :
Tu ne sortirais plus de ces murs enflammés,

---

(4) Les trois Euménides.
    Vipereum crinem vittis innexa cruentis   (Enéide, ch. VI.)
(5) Farinata parlera aussi de la Reine des enfers (chant X, note 4). Mais Dante ne la montre nulle part.
(6) En voyant la Gorgone, ou tête de Méduse (Mythologie).

Si, même un seul instant, tu voyais la Gorgone. »
Il dit, et, joignant l'acte au conseil qu'il me donne,
Non content de mes mains et, pour me cacher mieux,
Avec les siennes même il me ferme les yeux...
Vous dont l'esprit est sain, sous ces étranges rimes
Cherchez un sens profond et des leçons sublimes [7].

Mais qui trouble des flots la monotone horreur ?
Quel bruit majestueux vole avec la terreur   60
Et fait trembler au loin l'écho des deux rivages ?
Tel, par la résistance accroissant ses ravages,
Quand l'ardent Sirius dévore nos guérets,
Un vent impétueux gronde au fond des forêts,
Des chênes mugissants brise la tête altière,
Emporte fleurs et fruits dans des flots de poussière,
Va superbe et, du haut du coteau dévasté,
Chasse avec le troupeau le pâtre épouvanté.

Mes yeux m'étaient rendus : « Mon fils, dit la grande Ombre.
Regarde sur l'écume où la nuit est plus sombre. » 70

Telle, quand un serpent glisse le long des eaux,
La grenouille s'élance à travers les roseaux,
Fuyant son ennemi sous la vase profonde :
De même au fond du lac, je vis la race immonde
Fuir, plonger, à l'aspect d'un être éblouissant
Qui foulait à pied sec le flot obéissant.
Souvent de sa main gauche il semblait, au passage,
Écarter l'air impur de son brillant visage :
C'était le seul tourment qui parût l'assiéger.
Je reconnus bien vite un divin messager :   80
Je regardai mon maître ; il me montra la terre...
Je compris qu'il fallait m'incliner et me taire.

---

(7) Qui regarde le péché y succombe. — *Qui vult perire peribit.* Peut-être aussi, en vue des hérésiarques, *celui qui cherche à pénétrer les mystères s'égare.*

Oh! que ses yeux brillaient d'un noble et saint orgueil !
De sa baguette à peine il a touché le seuil,
La porte s'ouvre... et lui, le front haut, il s'écrie :
« Lâches, maudits du ciel qui fut votre patrie,
D'où vous revient au cœur tant de témérité ?
A quoi bon vous roidir contre une autorité
Devant qui, tôt ou tard, il faut que tout fléchisse,
Et qui déjà vingt fois doubla votre supplice ? 90
N'armez plus, croyez-moi, le ciel contre l'enfer...
Votre Cerbère est là, qui d'un collier de fer
Porte encore à son cou la trace. »
                              A ces mots, l'ange
S'en retourne effleurant les flots mêlés de fange,
Sans paraître nous voir, comme un homme pieux
Qui donne à d'autres soins sa pensée et ses yeux.

Rassurés cependant par la parole sainte,
Nous franchîmes le seuil de la fatale enceinte.
Rien n'arrêta nos pas : ma curiosité
Pénétra librement le secret de Dité. 100
Je vis de toutes parts comme une immense plaine,
De deuil et de tourments effroyablement pleine.
Tel, aux environs d'Arle où le Rhône s'endort,
Tel, à Pola, non loin du golfe aux vagues d'or[8]
Qui ferme l'Italie et baigne ses frontières,
Le sol est soulevé par de grands cimetières :
Tel s'offrait le spectacle à mes yeux déployé.
Mais combien il était plus digne de pitié !
Entre chaque tombeau brûlaient d'ardentes flammes,
Comme les veut le fer pour s'assouplir en lames. 110
Tous étaient entr'ouverts, et des cris forcenés
Disaient à quels tourments sont soumis ces damnés :
« Maître, quels sont les morts que ces tombeaux recèlent,
Et qui par de tels cris au dehors se révèlent ?

---

(8) Ville d'Istrie, non loin du golfe Quarnaro

— L'hérésiarque est là, me dit mon doux appui[9].
Chacun sous chaque pierre et sa secte avec lui...
Plus que tu ne le crois, ces tombes sont remplies;
Les Ames avec ordre y sont ensevelies,
Pareils avec pareils : des feux plus ou moins vifs
Brûlent dans leur prison les malheureux captifs. » 120

Il dit, fit volte à droite et je suivis sa trace
Entre les hauts remparts et la coupable race.

---

(9) L'hérésie, qui a son principe dans l'orgueil, *l'orgueil envers Dieu*. Dité, bâtie au milieu du marais où est puni *l'orgueil envers les hommes*. (Voir chant VII, note 8 et chant VIII, note 4.)

Texte   133
Traduction 122

CHANT X.

ARGUMENT. — Suite du sixième cercle : Farinata, capitaine gibelin. — L'empereur Frédéric II. — Prédictions.

Donc, nous allions ainsi, lui premier, moi second,
Étroitement serrés dans un sentier profond,
Entre les sombres murs et la brûlante arène.
Je rompis le silence : « O vertu souveraine
Dont la puissante main, de circuit en circuit,
Jusqu'au fond de l'abîme à son gré me conduit,
Satisfais mes désirs; maître, je t'en supplie,
Parle : ne peut-on voir la race ensevelie?
Nul ne veille à l'entour; déjà même à moitié
Les marbres sont ouverts. — Tous seront sans pitié   10
Clos et scellés, mon fils, quand ces coupables Ames
Du val de Josaphat rapporteront aux flammes
Leurs membres délaissés là-haut parmi les morts.
Pour avoir dit que l'âme expire avec le corps,
Épicure et tous ceux qui suivirent sa trace
Dans ce grand cimetière ont une large place...
Mais tu m'as exprimé tout à l'heure un souhait :
Ici même et bientôt il sera satisfait
Avec d'autres désirs que tu me tais encore.
— J'aime à t'ouvrir mon cœur, ô maître que j'honore;   20
Mais il doit être sobre en son ambition :
Tu m'as formé toi-même à la discrétion [1].

— Toscan, toi qui réponds modestement aux Ames,
Qui traverses, vivant, notre ville et ses flammes [2],

---

(1) Allusion à ces mots de Virgile : « *Il n'est pas temps encor* » (chant III).
(2) Celui qui parle est Farinata, capitaine gibelin qui gagna la bataille de Monte Aperto. (V. *Vie de Dante*, et chant VI, v. 75.)

Attends!... A ta parole aisément j'ai compris
Que tu reçus le jour dans mon noble pays,
Aux rives que mon bras a longtemps désolées. »

Ces mots étaient partis de l'un des mausolées.
Je reculai, tremblant de surprise et d'effroi,
Près du maître : mais lui : « Que fais-tu? Tourne-toi ; 30
Pour toi Farinata sort de sa sépulture :
Tu peux le voir debout jusques à la ceinture. »

Déjà mon œil plongeait dans son regard profond.
Et lui se tenait droit de la poitrine au front,
Comme pour défier l'enfer... Soudain Virgile,
A travers les tombeaux et d'une main agile,
Me poussa : « Va, dit-il, et parle dignement. »

J'avais atteint le pied du sépulcre ; un moment,
L'autre me regarda, puis d'une voix hautaine :
« Quels furent tes aïeux?... » dit le fier capitaine. 40

Désireux d'obéir et de répondre bien,
Je les lui nommai tous et ne lui cachai rien.
D'un air moins dédaigneux relevant sa paupière :
« Oui, c'étaient là des gens de race noble et fière,
Redoutables pour moi, pour les miens, reprit-il,
Et j'ai dû par deux fois les jeter en exil.
— Si vous avez deux fois chassé ceux de ma race,
Deux fois ils ont fait voir comme on reprend sa place;
Les vôtres sont, je crois, moins versés dans cet art. »

Je vis, en ce moment, se dresser un vieillard, 50
Jusqu'au menton à peine et près de la grande Ame[3].
Il semblait se tenir à genoux dans la flamme,

---

(3) Cavalcante de' Cavalcanti, père de Guido, qui fut l'ami de Dante. *Purgat.* ch. XI, note 7.)

Et jetait à l'entour ses yeux, comme pour voir
Si quelqu'un me suivait ; puis, perdant tout espoir,
Il me dit en pleurant : « Si, par droit de génie,
On est admis vivant dans notre gémonie,
Pourquoi, pourquoi mon fils n'est-il pas avec toi ? »
Je répondis : « Chez vous je ne viens pas par moi.
Celui qui m'attend là, me conduit : c'est le maître
Que votre fils Guido dédaigna trop peut-être. » 60
(Au genre du supplice, aux mots qu'il avait dits,
Je reconnus le père et pus nommer le fils.)
Lui soudain se dressant, et d'une voix sonore :
« Que dis-tu ?... *Dédaigna !*... Ne vit-il pas encore ?
Mon fils ne voit-il plus le doux éclat du jour ? »
Ma réponse tardait au gré de son amour :
Il retomba muet sous la brûlante pierre.

L'autre avait conservé son attitude altière :
« *Les miens sont moins versés dans cet art ?*.. reprit-il,
Comme si d'un discours il renouait le fil. 70
Ce mot m'est plus cruel que ce lit.... mais écoute :
Avant que notre reine ait éclairé ta route⁴
Cinquante fois encor, tu sauras à ton tour
Ce que pèse cet art que tu me dis si lourd.
Puisque tu dois revoir le doux éclat du monde,
Dis pourquoi notre ville, en grandeurs si féconde,
Est, dans ses moindres lois, sans pitié pour les miens.
— L'Arbia, rouge du sang de nos concitoyens,
Le carnage semé par vos mains meurtrières,
Accoutument le temple à de telles prières. » 80

Il secoua la tête et dit en soupirant :
« Là je n'étais pas seul et, bien qu'au premier rang,

---

(4) V. chant IX, note 5.— Allusion à l'Hécate des anciens, qui s'appelait Phœbé dans le ciel. — Cinquante fois, c'est-à-dire dans quatre ans, quand Dante, avec les Blancs, tentera vainement de rentrer dans Florence (V. *Vie de Dante*).

Je n'ai pas sans raison agi comme les autres ;
Mais, après la victoire et quand chacun des nôtres
Menaçait la cité de la flamme et du fer,
Qui donc, pour la sauver, le front haut, s'est offert?..
Moi... j'étais seul alors. »
      Et moi : « Qu'à votre race
Le ciel donne la paix! Mais, d'un seul mot, de grâce,
Daignez rompre le nœud qui retient mes esprits.
Si, vous écoutant bien, je vous ai bien compris,   90
Dans les secrets destins de l'existence humaine
Vous lisez avant l'heure où le temps les amène[5] :
N'en est-il pas ainsi pour les objets présents?
— Tels que l'homme dont l'œil s'affaiblit par les ans,
Nous voyons, mais de loin : dans sa justice même
Brille encor la bonté du monarque suprême.
Quand les événements approchent, quand ils sont,
L'ombre qui nous les cache est comme un puits sans fond:
Toute chose accomplie est pour nous comme morte,
Si quelqu'un de là-haut ici-bas ne l'apporte,   100
Et cette lueur même à nos yeux manquera
Le jour où du futur le seuil se fermera. »
Moi, contrit de ma faute : « Exaucez ma prière :
Apprenez au vieillard retombé sous sa pierre
Que parmi les vivants son fils respire encor.
Quand il m'interrogeait, si je me tus d'abord,
C'est que, mal éclairé, j'égarais ma pensée
Dans l'erreur que d'un mot vous avez redressée. »

Déjà mon protecteur m'appelait, et pourtant
Je suppliai l'Esprit de dire, en se hâtant,   110
Quels étaient avec lui : « Quels? reprit l'Ombre altière,
Plus de mille avec moi brûlent sous cette pierre.
C'est Frédéric Second; c'est le grand Cardinal.....[6]

---

(5) V. la note 4.
(6) Le premier, fils de Henri V, empereur, le second, Octave Degli Ubaldini, fauteur du parti gibelin.

Je me tais sur le reste. »
               Et le marbre infernal
Ressaisit le damné. Je revins près du sage,
Méditant ce discours plein d'un triste présage;
Et lui, tout en marchant : « Tu parais agité :
Qu'as-tu donc ? » Je lui dis toute la vérité :
« Grave dans ta mémoire, ordonna l'Ombre aimée,
Ce qu'on dit contre toi dans la ville enflammée ;   120
Mais regarde ! (et son doigt se dressait vers les cieux) :
Quand tu verras la Dame au nimbe radieux,
Qui voit tout des hauteurs du ciel qui l'a ravie,
Par elle tu sauras le secret de ta vie. »

Il dit, et, délaissant les murs maudits de Dieu,
Nous tournâmes à gauche et vînmes au milieu,
Par un sentier tracé jusqu'au bord du cratère
Qui vomit à grands flots sa vapeur délétère.

                          Texte   136
                          Traduction 128

CHANT XI.

ARGUMENT. — Explications de Virgile concernant l'enfer inférieur : La Violence et la Fraude.

Le centre de Dité forme un circuit profond,
Vaste amas de granits tout brisés jusqu'au fond
Qui, plus étroit, renferme un plus cruel supplice :
Nous étions sur le bord; mais l'affreux précipice
Exhale un air si noir, si chargé de poison,
Qu'il fallut reculer dans l'ardente prison.
Là, sur un grand tombeau nous lûmes cette phrase
« *Je garde dans le feu le pontife Anastase*[1]
Qui loin du droit sentier fut conduit par Photin. »
« Descendons à pas lents, dit le sage Latin,   10
Pour aguerrir nos sens au poison qui les blesse;
Puis il faudra marcher purs de toute faiblesse.
— Pour compenser le mal dont j'ai tant à souffrir,
N'as-tu donc, maître aimé, n'as-tu rien à m'offrir?
Utilisons le temps pour abréger la route.
— Et tu vas voir, mon fils, que j'y pensais : écoute.
Au fond du gouffre, au pied des rochers que tu vois,
Trois cercles sont tracés, de plus en plus étroits,
Et remplis de pécheurs comme ceux que tu quittes;
Sache comment, pourquoi ces prisons sont construites,
Puis il te suffira d'y promener tes yeux.   20

  » Tout acte criminel dont s'irritent les cieux
A pour but l'injustice : à grand bruit, en silence,
On y vient par la *fraude* ou par la *violence*.

---

(1) Le pape Anastase II. Photin, diacre attaché à Acacius, évêque de Thessalonique. Mais c'est un empereur d'Orient et non pas le pape Anastase qui accepta l'hérésie de Photin (note du P. Venturi).

La fraude, enfant maudit de notre humanité[2],
Attire aussi sur nous plus de sévérité,
Et plus bas doit souffrir une plus rude atteinte.
Les violents sont tous dans la première enceinte,
Divisée elle-même en trois circuits divers
Où le crime est classé suivant que les pervers   30
Ont violenté *Dieu*, le *prochain* ou *soi-même*,
Ou dans ce que l'on est ou dans ce que l'on aime.
Suis-moi bien ; j'essaîrai d'être clair. Et d'abord,
Tel inflige au prochain ou des coups ou la mort;
Il dévaste nos biens, il les brûle, il les pille :
Dans le premier circuit, famille par famille,
Le lâche incendiaire est mis au même rang
Avec celui qui vole ou fait couler le sang.

» Un homme peut porter une main violente
Sur ses biens, sur soi-même. Il faut qu'il se repente   40
(Mais sans profit, hélas!) dans le second circuit,
Celui qui s'est privé du monde où le jour luit,
Celui qui se ruine et qui, dans son délire,
Pleure où toujours, plus sage, il aurait dû sourire.

» L'homme enfin, ô mon fils, dans sa perversité,
Peut faire violence à la Divinité,
Quand son cœur la renie et que sa voix blasphème,
Quand il souille en ses dons la nature elle-même.
Le troisième circuit, d'un sceau réprobateur,
Flétrit Cahors, Sodome et le blasphémateur[3].   50

» La fraude, ver rongeur de toute conscience,
Tantôt traîtreusement surprend la confiance,
Tantôt fait succomber l'homme qui se défend.
Sous ce dernier aspect, moins vile en triomphant,

---

(2) Tandis que la violence est le propre de la brute.
(3) Cahors, ville où l'on comptait beaucoup d'usuriers.

La fraude rompt les nœuds formés par la nature.
C'est le deuxième cercle à son tour qui torture
Hypocrites, flatteurs, faussaires et sorciers,
Simoniaques, larrons, cupides justiciers,
Séducteur, proxénète et semblables ordures.
L'autre fraude, soumise à des peines plus dures, 60
Rompt les nœuds naturels et les nœuds plus étroits
Que serre un doux penchant, que cimentent les lois.
Tout homme qui fut traître éternellement souffre
Dans le plus petit cercle, au plus profond du gouffre,
Dans le secret arcane où pleure Lucifer.

— Maître, tes arguments font comprendre l'enfer,
Répondis-je. Oui, je vois, jusqu'au fond de l'abîme
Quels cercles sont ouverts, à quel peuple, à quel crime.
Pourtant ceux que j'ai vus dans la fange meurtris [4],
Ceux qui vont dans la lice avec d'horribles cris, 70
Ceux que frappe la pluie et ceux que le vent mène,
Par quel secret motif, si Dieu les prit en haine,
Ne sont-ils pas punis dans l'ardente cité?
Pourquoi les frappe-t-il, s'il n'est pas irrité?
— Et pourquoi ta pensée, interrompit le sage,
S'égare-t-elle au loin et contre son usage?
As-tu donc oublié ton éthique, et comment
Elle fait ressortir par le raisonnement
Les dispositions dont le Seigneur s'offense?
Brutalité sans frein, malice, incontinence [5] : 80
Et si l'incontinence a moins de gravité,
Dieu ne lui doit-il pas moins de sévérité?
Faut-il, pour voir le jour, un effort de génie?
Rien qu'à te rappeler quelle race est punie
Au-dessous de Dité, mon fils, n'admets-tu pas
Que les uns soient plus haut et les autres plus bas,

---

(4) C'est-à-dire les sept péchés capitaux, — puisqu'ils offensent Dieu aussi bien que l'hérésie.

(5) *Rerum fugiendarum tres species esse: incontinentiam, vitium, feritatem.*

Et que, dans ses rigueurs, ce ciel que je révère
Pour un moindre péché se montre moins sévère?

— Soleil, qui dans ma nuit fais pénétrer le jour,
Etre éclairé par toi plaît tant à mon amour   90
Qu'à l'égal du savoir je caresse le doute.
Daigne de quelques pas revenir sur ta route :
L'usure, m'as-tu dit, l'usure est un péché :
Tu desserras le nœud : fais qu'il soit détaché. »

Il répondit : « Retourne à ta philosophie :
A ses enseignements pour peu que l'on se fie,
On voit que la nature, en son sublime essor,
Émane du ciel même et du divin trésor.
La physique à son tour (s'il faut qu'on t'y ramène)
Montre, dès le début, que la science humaine   100
Suit l'ordre naturel, comme toi tu me suis.
Votre art est donc de Dieu presque le petit-fils :
Enfin, et pour tout dire en un mot, la Genèse
Répond, du premier mot, au doute qui te pèse;
Car elle dit que l'homme, en tout temps, en tout lieu,
Ne doit suivre et chercher que la nature et Dieu.
Or, puisque l'usurier marche par d'autres voies[6],
Qu'il porte ailleurs ses vœux, son espoir et ses joies,
Il trahit la nature et Dieu.... Mais, avançons!
A l'horizon déjà nagent les deux *Poissons*;   110
Le *Char* couvre *Corus* de sa clarté limpide[7] :
Viens ; à deux pas d'ici la pente est moins rapide. »

---

(6) Il est écrit au Lévitique · *Pecuniam tuam non dabis fratri tuo ad usuram*.

(7) Au début du deuxième chant, la fin du jour ;— dans le septième, le milieu de la nuit ; ici, le retour de l'aurore. Le soleil est dans le signe du *Bélier ;* les *Poissons* le précèdent de deux heures ; le vent Corus, maestro Ponente, part du point cardinal où brille le *char d'Orion*

Texte   116
Traduction   112

CHANT XII.

ARGUMENT. — Premier circuit du septième cercle : Les Centaures. — Violence au prochain.

La place où nous venions est d'un si rude aspect,
Si terrible est surtout celui qui l'occupait
Que tout autre, à ma place, eût détourné la vue.
Telle, en deçà de Trente, abrupte, sombre et nue,
Une ruine pend, vaste amas de rochers [1]
Roulés jusqu'à l'Adige, à leur base arrachés
Par manque de soutien ou tremblement de terre :
De la cime du mont au vallon solitaire
L'écroulement fut tel qu'on chercherait en vain
Un passage, du faîte au fond du noir ravin :   10
Tel le gouffre infernal, et, gardant l'édifice,
Le monstre issu de flancs d'une fausse génisse,
L'opprobre de la Crète avec ses yeux ardents [2].
Sur lui-même, à ma vue, il retourna ses dents,
Comme ceux qu'aiguillonne une sourde colère :
« Crois-tu voir, lui cria mon guide tutélaire,

---

[1] Le mont Barco, entre Trévise et Trente.
[2] Le Minotaure, qui fut tué par Thesée.
   Hic crudelis amor tauri....
   ....mixtumque genus prolesque biformis (*Enéide*, ch. VI).
symbolise à la fois la fraude et la violence.

Le prince athénien qui te perça le cœur ?
Fuis, brute ! il ne vient pas dirigé par ta sœur ;
Il vient, guidé par moi, visiter vos tortures. »

Comme un taureau, frappé de mortelles blessures, 20
Tourne, écume et ne va que par sauts et par bonds,
Tel je vis s'agiter le Minotaure : « Allons !
Dit l'Ame qui guettait le moment, cours et passe !
Sa colère l'aveugle et te livre l'espace. »

Déjà nous descendions le rocher sombre et nu
Qui souvent s'ébranlait sous un poids inconnu.
J'allais rêvant ; et lui : « Tu réfléchis peut-être
A l'étrange ruine où veille, pour son maître,
La *Bestiale-Fureur* que j'ai mise aux abois [3].
Sache-le donc, mon fils : quand je vins autrefois, 30
Descendant jusqu'au fond de l'infernal abîme,
Ces rocs étaient debout, de la base à la cime :
Mais (si j'en ai gardé fidèle souvenir)
Le grand jour était proche où daignerait venir
Le Maître qui ravit la grande et sainte proie
Au cercle des *Esprits sans tristesse et sans joie* [4] :
La fétide vallée, avec ses vieux remparts,
Trembla si fortement alors de toute parts
Que le monde semblait, mû par des lois secrètes,
Céder à cet amour qui, selon les poëtes [5], 40
Confondant en un seul les éléments divers,
A parfois au chaos ramené l'univers.
Ici, de même ailleurs, cet escalier des Ombres
N'est plus, depuis ce jour, que ruine et décombres...
Mais plonge tes regards dans le gouffre, en passant :
Elle approche, ô mon fils, la rivière de sang

---

(3) Comme Plutus, la *Lèvre-Enflée* (ch. VII).
Au vers suivant : évoqué par Erycto (ch. IX, note 3), c'est 56 ans après ma mort que J.-C. est descendu aux enfers.
(4) Les limbes (V. ch. IV).
(5) Empédocle entre autres.

Où bouillent les Esprits qui, par la *violence*,
Là-haut, de leur prochain ont troublé l'existence.
O folle, aveugle rage! aiguillon inhumain!
Ne nous pressez-vous tant dans notre court chemin 50
Que pour nous immoler sur l'éternel rivage?... »

Je vis, formant ceinture autour du val sauvage,
Recourbé comme un arc, un large et long fossé,
Tel que mon prtecteur me l'avait annoncé.
Entre ses tristes bords et notre rude voie,
Implacables chassseurs en quête d'une proie,
Des centaures couraient par bande, armés de traits[6],
Comme aux jours où, là-haut, ils battaient leurs forêts.
En nous voyant de loin descendre, ils s'arrêtèrent.
Trois d'entre eux, l'arc en main, droit à nous se portèrent. 60
Le premier s'écriait : « A quel cercle allez-vous ?
Maudits qui descendez, maudits, répondez-nous...
Ou ce trait va partir. — Tais-toi, dit le poëte;
Pour Chiron, pour lui seul notre réponse est prête :
Tes désirs sont toujours trop prompts, toujours déçus..»
Puis, me touchant du doigt, il me dit : « C'est Nessus,
Qui ravit Déjanire et, doublement perfide,
Se fit de sa mort même un vengeur contre Alcide.
L'autre, qui tient les yeux baissés sur son giron,
C'est le grand précepteur d'Achille, c'est Chiron.   70
Le troisième est Folus qui fut si plein de rage.
Ils s'en vont par milliers, dispersés sur la plage,
Tirant sur tout pécheur qu'ils verraient dépassant
Le rang qu'il doit garder dans le fleuve de sang. »

Déjà nous approchions de l'escadron agile.
Dès que Chiron me vit suivant de près Virgile,

---

(6) Bien à leur place dans ce cercle : tenant de l'homme et de la brute, ont péri pour un acte de violence commis chez le roi des Lapithes.
Plus bas : Nessus, tué par Hercule, à qui il enlevait Déjanire. Folus, celui qui voulut enlever Déidamie, femme de Pirithoüs.

Il tira du carquois le plus fin de ses dards,
Pour diviser les flots de sa barbe en deux parts.
Quand il eut découvert ainsi sa grande bouche :
« Celui-là, le second, fait mouvoir ce qu'il touche ;   80
Il n'en n'est pas de même avec le pied des morts. »
Comme il disait ces mots, l'Ame aux divins accords
Lui venait au poitrail, à ce point de suture
Où l'homme et le coursier confondent leur nature.
« Oui, Chiron : à travers la dolente cité,
Vivant il vient, conduit par la nécessité.
Pour le mettre en mes mains, quelqu'un, je te l'atteste,
A cessé de chanter l'alléluia céleste.
Il n'est point un larron ; moi je ne péchai pas.
Au nom de la vertu qui dirige nos pas   90
A travers les écueils d'un chemin si sauvage,
Donne-nous un des tiens jusqu'à l'autre rivage.
Qu'il nous enseigne un gué sur le fleuve de sang,
Que sur sa croupe amie il reçoive, en passant,
Ce mortel qui ne peut fendre l'air comme une ombre. »

Détournant vers sa droite un œil déjà moins sombre,
Chiron dit à Nessus : « Toi, conduis-les. Va, pars ;
Mais évite avec soin nos compagnons épars. »

Nous suivîmes alors notre fidèle escorte,
Le long des flots vermeils dont l'ardeur est si forte 100
Que les pauvres brûlés jettent des cris affreux.
Je vis ceux qui brûlaient submergés jusqu'aux yeux :
« Ceux-là sont les tyrans, nous dit le grand centaure,
Ceux que la soif du sang et du butin dévore ;
Ils ont aimé le sang : le sang les a punis.
Ici brûle Alexandre, ici brûle Denis[7],

---

(7) Alexandre, tyran de Phères (v. *Voyage du jeune Anacharsis*, chap. XXXV.)
Denis, tyran de Syracuse. Azolin, gouverneur des Marches de Trévise,
pour Frédéric II. Obizon d'Este, marquis de Ferrare, tué par son fils

Qui d'un voile de deuil a couvert la Sicile.
La tête brune, au joug maintenant si docile,
C'est Azolin; la blonde est celle d'Obizon,
Du fier Obizon d'Este; on dit avec raison 110
Que son indigne fils l'a retranché du monde. »
J'interrogeai mon chef : « Que Nessus te réponde :
Dans ce cercle Nessus est premier, moi second. »

Nessus, un peu plus loin fit halte et, dans le fond,
J'aperçus des maudits plongés jusqu'à la bouche.
Il nous fit voir une Ombre isolée et farouche,
En disant : « Celui-ci perça dans un saint lieu
L'homme dont l'Angleterre a fait un demi-dieu [8]. »
D'autres souffraient plus loin une moindre torture :
Ils baignaient dans le sang jusques à la ceinture. 120
J'en reconnus plusieurs... Enfin, plus éloignés,
Les pieds seuls des maudits de sang étaient baignés.
Là seulement Nessus put tenter le passage.

« Comme de ce côté, dit le centaure sage,
La fosse, par degrés, perd de sa profondeur,
Telle, et bouillant toujours avec la même ardeur,
Dans l'autre demi-cercle, il faut que la même onde
De degrés en degrés devienne plus profonde,
Jusqu'au point le plus haut où brûlent les tyrans.
C'est là que le ciel juste a varié les rangs 130
De Pyrrhus, de Néron, et frappé d'anathème
Celui qui fut nommé le *Fléau de Dieu* même [9].
C'est là qu'en bouillonnant, la source des douleurs
Arrache incessamment d'intarissables pleurs

---

(8) Gui de Montfort, pour venger son père, assassina, dans l'église de Viterbe, un fils de Henri III, roi d'Angleterre.

(9) Attila, roi des Huns. *Les deux René....* Que Dante a raison de mettre ensemble les conquérants et les voleurs de grands chemins !

Aux René de Cornet, de Pazzo, qui naguère
Firent aux grands chemins une si rude guerre. »

Il cessa de parler, se tourna vers le flot,
Et, repassant le gué, disparut au galop.

Texte   139
Traduction   138

CHANT XIII.

ARGUMENT. — Deuxième circuit du septième cercle : Les Suicidés et les Dissipateurs. — La forêt animée. La chasse infernale.

Nessus avait à peine atteint l'autre rivage,
Que j'arrivais au seuil d'une forêt sauvage,
Où le moindre sentier ne fut jamais ouvert,
Où l'étrange feuillage était plus noir que vert.
Là, sur des troncs tordus des branches épineuses ;
Là, pour fruits aux rameaux, des tumeurs vénéneuses.
Certe, entre la Cécine et Cornet aux vieux murs[1],
Le daim qui fuit la plaine a des abris moins sûrs,
Moins âpres, moins touffus que ces ombres impies.
Là, gisent dans leurs nids les hideuses Harpies[2],　10
Qui, des Troyens vaincus salissant les festins,
Prédirent à leur chef de si tristes destins :
Femmes par le visage et vautours par les ailes,
Avec leurs larges flancs et leur serres cruelles,
Du haut des rameaux noirs et des troncs rabougris,
Elles poussent sans fin de lamentables cris.

« Avant d'aller plus loin, sache, me dit mon maître,
Que le second circuit vient de nous apparaître ;

---

(1) Entre la rivière qui se jette dans la Méditerranée à une demi-lieue de Livourne et une petite ville des Etats de l'Eglise. — Pays sauvage et couvert de bois.

(2) Aëllo, Ocypète et Céléno (mythologie).
　　　　Virginei volucrum vultus, fœdissima ventris
　　　Proluvies, etc. (*Enéide.*)

Nous y serons encor, mon fils, tant que là-bas,
Aux sables enflammés nous n'arriverons pas[3].   20
Regarde et tu croiras aux vers de mon poëme;
Car, ce que j'ai chanté, tu vas le voir toi-même. »

Et déjà j'entendais gémir de toutes parts,
Sans qu'un être animé parût à mes regards...
Je m'arrêtai tremblant... Virgile parut croire[4]
Que je croyais ces voix sortir de l'ombre noire
Où des esprits peut-être échappaient au regard :
« Si tu cueillais, me dit le poëte lombard,
Un seul de ces rameaux, ton esprit dans le doute
Ne s'obstinerait pas à faire fausse route. »   30
Il dit; je détachai d'une tremblante main
Le plus petit rameau d'un grand arbre... et soudain :
« Pourquoi me brises-tu? cria-t-il dans ses feuilles.
Puis un sang noir coula : « Dis pourquoi tu me cueilles;
Es-tu donc sans pitié? continua la voix.
Arbre vil aujourd'hui, je fus homme autrefois;
Mais, n'eussé-je animé qu'un immonde reptile,
Devrais-tu, m'infligeant un supplice inutile,
Ajouter au tourment trop justement souffert ? »

Tel, léché par la flamme, un tison de bois vert   40
Pleure par un des bouts, pendant que l'autre brûle,
Et siffle avec le vent qui dans ses flancs circule :
Tel, séparé du tronc, le rameau languissant
Perdait par sa blessure et sa voix et son sang.
Moi, je laissai tomber la branche sans rien dire,
Pâle comme un pécheur que le remords déchire.

---

(3) Au troisième circuit du septième cercle, où sont punis les blasphémateurs, etc. (Chant XIV.)

(4) Mot à mot : Je crois qu'il crut que je croyais.
Et l'Arioste :
        I' credea, e creder credo il vero.
Ce sont là les concetti italiens que repudie notre goût plus sévère.

Le sage répondit : « Si mon fils avait pu,
Rien qu'en lisant mes vers, croire à ce qu'il a vu[5],
Il n'eût pas mis la main sur toi, pauvre victime.
Seul, et bien à regret, j'ai provoqué son crime.   50
Il fallait le convaincre et j'ai poussé sa main ;
Mais dis-lui qui tu fus, et mon fils, dès demain,
En réparation d'une action cruelle,
Fera, chez les humains, ta mémoire plus belle[6] ;
Car il vit et bientôt il reverra le jour.

— Avec ce doux parler, reprit l'arbre à son tour,
Tu m'enlaces si bien que je ne puis me taire.
Ame, pardonne ! et toi qui reverras la terre,
Pardonne si ma bouche a des accents voilés[7].

Du cœur de Frédéric j'ai tenu les deux clés,   60
Si douces à l'ouvrir, à le fermer si douces,
Que je sus éloigner, sans bruit et sans secousses,
Les plus chers confidents des illustres époux ;
Mais j'en perdis bientôt les veines et le pouls,
Car j'étais resté pur. La courtisane immonde[8]
Qui veille au seuil des rois et gouverne le monde,
Cette commune mort, cette lèpre des cours,
Incendia les cœurs et, grandissant toujours,
Des valets jusqu'au maître elle étendit la flamme :
Où j'avais été grand, on me tint pour infâme,   70
Et je me fis moi-même, à force de dégoûts,
Injuste contre moi qui fus juste pour tous.
Je crus fuir, en mourant, les dédains et l'injure...
Mais par ma jeune tige, ô mortel, je le jure :

---

(5) *Enéide, supra,* v. 21 *Jérusalem délivrée,* la forêt enchantée.

(6) On retrouve partout, chez les âmes, cette horreur de l'oubli.

(7) Enfermés dans une écorce épaisse. — *Sic,* voy. chant XXVI, Ulysse enfermé dans une flamme.

Celui qui parle est Pierre des Vignes, devenu par son mérite ministre de Frédéric II, puis exilé.

(8) L'Envie.

Je n'ai jamais trahi mon noble et doux seigneur ;
Je n'ai failli jamais aux devoirs de l'honneur.
Puisque tu dois, dit-on, quitter la rive noire,
Relève, par pitié, relève ma mémoire
Gisante sous les coups de l'envie. »
                                          A ces mots,
La voix sembla s'éteindre en de muets sanglots :   80
« Ne perds pas un instant, me dit le grand poëte,
Demande, si tu veux obtenir... Qui t'arrête?
— La pitié, répondis-je... Oh! je n'ai plus de voix.
Daigne l'interroger, maître, encore une fois.
Tu sais de quels secrets mon oreille est avide.
— Le mortel qui me suit, continua mon guide,
Avec empressement fera ce que tu veux ;
Mais toi, pauvre captive, accueille aussi ses vœux.   90
Apprends-lui comment l'âme à de tels nœuds s'attache ;
Si même tu le peux, fais en sorte qu'il sache
S'il en est qui jamais sortiront d'un tel corps. »

L'arbre fit un grand souffle, et le souffle au dehors
En ces mots se changea : « Brève soit ma réponse.
Quand l'âme aux nœuds du corps elle-même renonce,
Minos la précipite au septième fossé :
Elle tombe au grand bois, non dans un lieu fixé,
Mais où le vent la pousse, où le hasard la jette ;
Elle germe, elle croît comme un grain de navette,
Se hérisse en grand arbre, en buisson s'arrondit.
La Harpie, en broutant son feuillage maudit,   100
Lui fait plaie, et la plaie ouvre aux pleurs une porte.
Nous irons, comme vous, quérir notre chair morte,
Mais aucune de nous ne s'en revêtira ;
Car si, de son plein gré, l'âme s'en retira,
Elle perd justement le droit de la reprendre :
Nous traînerons ici nos corps, mais pour les pendre
Dans la triste forêt, au douloureux rameau
Où chacune de nous gardera son fardeau. »

J'attendais que le tronc nous dît d'autres merveilles,
Et j'écoutais.... Soudain, voilà qu'à nos oreilles   110
Un grand bruit retentit... Comme au fond des forêts,
Le chasseur attentif, plus près, toujours plus près,
Entend venir à lui, sous l'épaisse ramée,
Le sanglier, suivi de la meute affamée,
Voilà que, sur la gauche, avec d'horribles cris,
Nus, sanglants, hors d'haleine, accouraient deux Esprits.
Ils brisaient les halliers sous leur pied sacrilége,
Et le premier disait : « O mort, viens, viens!... Protége! »[9]...
O Lano, criait l'autre, attardé loin de lui,
Tu fuyais à Toppo moins vite qu'aujourd'hui. »   120
Puis, le souffle manquant sans doute à sa poitrine,
Il se blottit tremblant sous un buisson d'épine.

Derrière eux cependant les taillis s'emplissaient
De monstres furieux, noirs et qui bondissaient,
Comme des lévriers qu'après le cerf on lâche.
Vainement le fuyard sous son abri se cache :
La meute le saisit, le tire et sous ses dents
Disperse les lambeaux de ses membres pendants.
Me prenant par la main, le chantre aimé d'Auguste
M'entraîna, sans parler, jusqu'au pied de l'arbuste   130
Qui pleurait, mais en vain, sur ses sanglants débris :
« Jacques de Saint-André, que te sert d'avoir pris[10]
Mes branches pour rempart ? disait-il à son hôte ;
Est-ce à moi de porter la peine de ta faute ? »

Nous étions là debout, écoutant ce discours :
« Ton nom, dit mon tuteur, toi qui, par tant de jours,
Souffles avec du sang un douloureux murmure?
— Vous, reprit le buisson, vous, témoins de l'injure

---

(9) *Sic*, chant Ier, note 18.
(10) Gentilhomme padouan ; celui qui parle est Roch de' Mozzi, noble florentin, tous deux prodigues.

Que l'enfer implacable ajoute à tant de maux,
Rendez-moi les débris de mes tristes rameaux... 140
Je fus de la cité qui tous les jours s'attriste
D'avoir sacrifié Mars à saint Jean-Baptiste [11] ;
Car son premier patron est le dieu des combats,
Et l'art de se venger ne lui manquera pas.
Si la passe d'Arno, dans une antique place,
D'un culte délaissé n'eût gardé quelque trace,
Nos aïeux vainement eussent relevé là
Les remparts consumés par les feux d'Attila,
Et déjà ma patrie eût subi sa sentence.....
De mon toit, pour mourir, j'ai fait une potence. » 150

---

(11) Avant d'être consacrée à saint Jean. Florence l'avait été à Mars, dont la statue brisée existait encore au temps de Dante, à l'extrémité d'un des ponts de la ville (V. *Parad.*, — chant XVI, V. 9.)

Texte   151
Traduction 150

CHANT XIV.

ARGUMENT. — Troisième circuit du septième cercle : **La pluie de feu.** — Les Blasphémateurs, les Sodomites, les Usuriers. — Capanée. — Explications. — La statue du Temps.

L'AMOUR du sol natal me fit compatissant :
J'assemblai les rameaux pour les rendre, en passant,
A celui dont la voix n'était plus qu'un vain râle.

Nous avions dépassé la ligne sépulcrale
Qui sépare le bois du troisième circuit,
Où le Juge est si rude aux crimes qu'il poursuit.
Pour comprendre, ô lecteurs, cette terre nouvelle,
Supposez qu'une lande à vos yeux se révèle,
Qui jamais n'a vu poindre une herbe, un rameau vert :
La forêt douloureuse entoure ce désert,   10
De même que la fosse, où le sang noir bouillonne,
Entoure la forêt de sa triste couronne.

Il fallut côtoyer les bords ; de toutes parts
L'espace calciné n'offrait à nos regards
Qu'un sol mouvant semblable à ces landes arides¹
Où Caton se brûlait à chercher les Numides.

---

(1) La Lybie, que Caton traversa, après la mort de Pompée, pour aller rejoindre Juba (Lucain, *Pharsale*, ch. IX).

Qu'il doit vous redouter, ô vengeance des Cieux,
Le pécheur qui lira tout ce qu'ont vu mes yeux !
Comme de vils troupeaux chassés loin de l'étable,
Les maudits frappaient l'air de leur cri lamentable ; 20
Mais ils semblaient souffrir un inégal tourment.
Quelques-uns sur le dos gisaient sans mouvement ;
Des groupes accroupis se remuaient à peine ;
D'autres allaient courant tout à travers la plaine,
Et l'on eût par milliers compté ces malheureux.
Ceux qui gisaient par terre étaient les moins nombreux ;
Mais des cris plus perçants échappaient à ces Ames.
Sur le sol embrasé tombaient de larges flammes,
Lentement, comme on voit, quand Éole est en paix,
La neige sur les monts tomber à flots épais. 30
Tels ces feux dévorants que le grand Alexandre [2]
Dans les champs indiens des airs voyait descendre
Et dont il prévenait les effets meurtriers
En les faisant fouler aux pieds de ses guerriers :
Ainsi se déversait l'éternelle fournaise ;
Et, comme l'amadou s'allume sous la braise,
Par surcroît de douleur, le sable prenait feu.
De çà, de là, sans trêve à cet horrible jeu,
Les maudits arrachaient, de leur main impuissante,
La flamme à peine éteinte et toujours renaissante : 40
« O bon maître à qui rien ne résiste.... excepté [3]
Les terribles démons défenseurs de Dité,
Dis-moi, quel est ce grand gisant là dans la plaine,
Qui, de feux inondé, semble souffrir à peine,
Peu disposé, je pense, à mûrir sous le feu,
Tant son regard superbe a l'air de braver Dieu ? »

---

(2) Dans l'Inde, la vapeur de l'eau, chassée par le froid de la terre, monte, s'enflamme et retombe en façon de neige (Albert le Grand cité par Grangier).

(3) V. ch. IX.

A ces mots, le damné, comprenant bien sans doute
Que je parlais de lui jeté là sur ma route,
S'écria : « Tel je fus vivant, tel je suis mort.
Que le grand Jéhovah, puisqu'il est le plus fort, 50
Fatigue, à lui fournir quelque nouveau tonnerre,
Le puissant forgeron qui servit sa colère,
Quand, par lui foudroyé, je vis mon dernier jour!
Qu'aux flancs du mont Gibel il presse tour à tour
Les Cyclopes trop lents au gré de sa furie!
Comme au rude combat de Phlégra, qu'il s'écrie[4] :
« *A l'aide, bon Vulcain!...* » il peut briser mon front,
Il manquera toujours sa joie à mon affront. »

Mon guide répondit (il n'avait pas encore
Fait entendre une voix si ferme et si sonore) : 60
« Un tel excès d'orgueil est pour ton cœur de fer
Un tourment qui s'ajoute aux tourments de l'enfer,
Capanée! Oui, pour toi le plus cruel outrage,
C'est de ronger ce frein qui résiste à ta rage. »
Puis, pour son humble élève adoucissant la voix :
« Ce superbe comptait au nombre des sept rois
Qui contre Thèbe un jour se liguèrent.... L'impie!
Vivant il blasphéma; mort, tu vois comme il prie.
Mais je l'ai dit, sa rage augmente son tourment....
Et maintenant suis-moi; côtoyons prudemment 70
La forêt; garde bien que ton pied ne se pose
Sur le sable brûlant que cette pluie arrose. »

Nous vînmes sans parler jusqu'aux bords d'un ruisseau
Qui s'échappait du bois en mince filet d'eau :
Sa sanglante rougeur me fait frémir encore :
Telle au *Bulicamé*, l'eau, comme d'une amphore[5],

---

(4) Dans le combat où Jupiter vainquit les Titans.
(5) Bains d'eaux minérales près de Viterbe.

S'échappe et se partage entre les débauchés :
Tels ces flots descendaient dans le sable cachés.
Les deux berges, les bords, le lit s'étaient faits pierre.
Je vis que le passage était là. Mon bon père 80
Me dit : « Depuis le seuil trop facile à franchir[6],
Je ne t'ai rien fait voir qui prête à réfléchir,
Autant que cette eau rouge où s'éteint toute flamme. »

Et moi je le priai de donner à mon âme
L'eau, puisqu'il lui donnait la soif. Il répondit :
« Il est au sein des mers un rivage maudit
Qui s'appelle la Crète et qui, sous un bon maître[7],
Vit l'âge d'or fleurir et la vertu renaître.
Une montagne est là qu'égayaient autrefois
Les gazons verdoyants, les ruisseaux et les bois. 80
C'est Ida qu'on la nomme, autrefois chère au monde,
Délaissée aujourd'hui comme une terre immonde.
Là le fils de Cybèle eut pour lit un rocher[8],
Les astres pour flambeaux ; là, pour le mieux cacher,
La cymbale à la main, de jeunes Corybantes
Couvraient ses faibles cris de leurs clameurs bruyantes.
Là, dans les flancs du roc, se dresse un grand vieillard[9];
Rome, comme un miroir, attire son regard,
Et son dos est tourné vers l'antique Damiette.
Sa tête est d'un or fin. Moins parfaits que sa tête, 100

---

(6) Depuis la porte de l'enfer (ch. III).

(7) Sous le règne de Saturne, exilé du ciel par son fils Jupiter : *Saturnia regna*, l'âge d'or.

(8) Jupiter (Voy. mythologie).
      Hinc mater cultrix Cybele Corybantiaque æra.
            (*Énéide*, ch III)

(9) Image du Temps, tourné vers le passé (Damiette, Orient) faisant face à l'avenir (Rome, Occident). Les métaux figurent les divers âges du monde. Les pleurs, symbole de nos douleurs.
     Nona ætas agitur, pejoraque sæcula ferri
     Temporibus

On parlait déjà ainsi au temps de Juvénal.

Sa poitrine et ses bras ne sont que pur argent;
Ses flancs sont en airain; le reste du géant
Est tout en fer poli, mais sur un pied d'argile
Tout repose, superbe à la fois et fragile.
Chacun de ces métaux, l'or pourtant excepté,
Porte un profond sillon, signe de vétusté.
C'est de là que des pleurs tombent goutte par goutte,
Se mêlent en tombant, s'infiltrent sous la voûte
Et forment de leurs flots descendus chez Pluton,
L'Achéron, le grand Styx, le brûlant Phlégéton.   110
Plus bas, par ce canal, atteignant la limite
Où l'on ne descend plus, ils forment le Cocyte.
Tu le verras. Ici le silence est ma loi.

— Si du monde vivant ce ruisseau vient, pourquoi
Nous a-t-il jusqu'ici, maître, caché son onde?
—Ne sais-tu pas, mon fils, que cette enceinte est ronde?
Donc, bien que, par la gauche en descendant toujours [10],
Nous ayons parcouru déjà de longs détours,
Nous n'avons pas encor, de souffrance en souffrance,
Atteint le dernier point de la circonférence.   120
Pourquoi donc, si l'aspect varie avec les lieux,
Un tel étonnement se lit-il dans tes yeux ? »

J'insistai : « Le Léthé, le Phlégéton, bon maître,
Où sont-ils ? De l'un d'eux tu ne fais rien connaître;
Des larmes du vieillard l'autre est, dis-tu, formé?
— J'aime tes questions, ô mon fils bien-aimé,
Mais si tu réfléchis, l'eau rouge qui bouillonne
Dit assez clairement quel nom l'enfer lui donne [11].
Tu verras le Léthé, mais plus tard, mais ailleurs,
Aux lieux où le péché s'efface par les pleurs,   130

---

(10) La gauche, symbole du mal. En purgatoire, les poëtes suivront la droite.

(11) Le Phlégéton (du grec φλέγω, je brûle).

Où la contrition conduit l'âme à la grâce.

» Le temps presse, quittons le bois; suis bien ma trace[12].
Ces bords ne brûlent pas, mon fils; toute vapeur
S'éteint en y touchant : tu peux marcher sans peur.

---

(12) Continuons à nous rapprocher du centre en suivant les bords du Phlégéton

Texte   134
Traduction 134

CHANT XV.

—

ARGUMENT. — Suite du troisième circuit : Brunetto Latini, professeur de Dante. — Les illustres clercs.

Nous voilà, pas à pas, foulant la dure grève.
La funèbre vapeur, qui du ruisseau s'élève,
L'enveloppe si bien que la rive et les eaux
Sont à l'abri du feu sous d'humides réseaux.
Tel le Flamand paisible, entre Cadsandt et Bruge,
Menacé par les flots dans son dernier refuge,
Oppose une barrière au fougueux océan.
Tel, aux premiers beaux jours, le hardi Padouan,
Le long de la Brenta protége son empire,
Avant que Chiarentane ait senti le zéphire[1] :　10
Tel, par des murs moins hauts, moins épais, mais plus forts,
Dieu de l'ardente pluie a préservé ces bords.

Le bois si loin déjà se perdait dans l'espace,
Que je me retournai sans retrouver sa place.
Des Esprits cependant passaient sous le glacis[2],
Nous jetant tour à tour ce regard indécis
Qu'on échange le soir, quand la lune est nouvelle.
Ils aiguisaient sur nous leur ardente prunelle,
Comme le vieux tailleur quand, sous ses doigts perclus,
L'aiguille échappe au fil qu'il ne voit presque plus :　20

---

(1) Avant que le printemps ait fondu les neiges dans cette partie des Alpes qui s'appelle Chiarentane, où la Brenta prend sa source.

(2) Au pied de la digue qui traverse et domine la plaine brûlante

Tels me suivaient les yeux de la race impudique.
Un d'eux me reconnaît; il saisit ma tunique,
Il s'écrie : « O prodige! » Et moi, les yeux en bas,
Je fixai le maudit qui me tendait les bras,
Et sous ses traits brûlés par l'éternel orage,
Je retrouvai l'ami cher à mon premier âge.
J'avais baissé mon front jusqu'à son front noirci :
« Vous!... vous, ser Brunetto! Vous que je trouve ici[3] !
— Veux-tu que, m'éloignant de cette tourbe impie,
Je te suive un instant? — Oh! je vous en supplie, 30
Et je voudrais déjà m'asseoir à vos côtés,
Si mon guide y consent, si vous y consentez.
— Un instant de repos, mon fils, expose une âme
A rester immobile un siècle sous la flamme.
Marche et je te suivrai ; puis j'irai tristement
Me rallier aux miens sous l'éternel tourment. »

Il dit, et près de lui je n'osai pas descendre;
Mais, autant par respect que pour le mieux entendre,
Je marchai lentement sans relever le front.
Latini commença : « Dans ce gouffre profond 40
Quel hasard, quel destin avant l'heure t'envoie?
Et quel est celui-là qui te montre la voie? »
Je repris : « Sous le ciel de paix et de bonté,
Mon dernier jour encor ne m'était pas compté,
Lorsque je m'égarai dans une forêt sombre ;
Hier matin j'en sortis ; je rentrais sous son ombre,
Quand m'apparut ce guide envoyé par l'amour.
Par l'éternelle nuit il me ramène au jour. »

Brunetto répondit : « Si tu suis ton étoile,
Des signes constellés si j'ai percé le voile, 50

---

(3) Brunetto Latini, professeur de Dante (V la *Vie de Dante*), passionné comme son élève pour l'astrologie (*Parad*., chant II, chant VIII et *passim*).

Si là-haut j'ai su lire au grand livre du sort,
Va, ta nef glorieuse entrera dans le port.
Que n'ai-je encor ma place au monde où l'on respire !
Moi qui vis dans les cieux les astres te sourire,
Je t'eusse aidé peut-être à déployer ton vol.
Mais ce peuple méchant, descendu de Fiésol[4],
Et qui de ses rochers a gardé la rudesse,
Toujours prêt à frapper la main qui le caresse,
Te persécutera pour prix de ta vertu.
Et cela, c'est justice : où jamais verras-tu   60
Le doux figuier mûrir près de la ronce acerbe ?
C'est une race avare, envieuse, superbe,
Aveugle... Un vieux récit le dit avec raison :
Garde-toi de ses mœurs autant que du poison.
Le destin te réserve une gloire si belle
Que toute faction voudra t'avoir pour elle.
Ah ! que l'herbe se tienne à l'abri de la dent !
Que ces loups fiésolains, l'un l'autre se mordant,
Se déchirent entre eux ! mais que le monde honore
La fleur qui dans leur fange a pu germer encore,   70
Pur et saint rejeton de ces premiers Romains
Qui s'arrêtèrent là, quand de leurs nobles mains
Ils bâtirent ce nid de boue et de malice ! »

Je repris : « Que le ciel ne m'est-il plus propice !
Vous n'eussiez pas franchi l'irréméable seuil.
J'ai gardé dans ce cœur, où vous jetez le deuil,
La vénérable et chère image paternelle
Du maître qui, là-haut, m'emportant sur son aile,
M'enseigna le chemin de l'immortalité.
Combien ce cœur vous garde un amour mérité,   80
Ma langue le dira pendant ma vie entière.
Ce que vous racontez, maître, de ma carrière,

---

(4) Ville autrefois assise au sommet de la montagne qui domine Florence
(v. *Paradis*, chant VI).

Je l'écris, je le garde avec d'autres avis[5].
S'il m'est donné de voir les célestes parvis,
Je répéterai tout à la Dame qui m'aime.
Ce que dès à présent je puis dire à vous-même,
C'est que ma conscience est pure et sans remord :
Je ne redoute rien des caprices du sort.
Déjà pareil avis, prédiction pareille,
Sans ébranler mon âme, ont frappé mon oreille.   90
Que la fortune donc tourne comme il lui plaît
Sa roue et le manant sa bêche !... je suis prêt. »

Vers la droite, à ces mots, se tournant, le poëte
Me jette un doux regard, fait un signe de tête
Et me dit : « Bien appris ce qu'on cite à propos[6] ! »
Et moi j'allais toujours sans trêve ni repos,
Disant à Latini : « Montrez-moi, je vous prie,
Les plus illustres chefs de cette race impie.
— En nommer quelques-uns, dit-il, je le veux bien ;
Quant aux autres, le mieux est de n'en dire rien ;   100
Le temps serait trop court et trop lourde la tâche.
Ils ont souillé leur nom, tous, de la même tache.
Tous, grands par la science, ou laïques ou clercs,
Tous de leur renommée ont rempli l'univers.
Priscien s'en va là-bas avec les tristes Âmes[7].
Veux-tu voir plus avant dans ces tourbes infâmes ?
Voici François d'Accurse et, sous le même feu,
Celui qu'un serviteur des serviteurs de Dieu
Déporta de l'Arno sur le Bacchilione[8],
Où ses nerfs mal tendus sont gisants... Mais, pardonne :   110

---

(5) Ceux de Ciacco et de Farinata (chants VI et X)
(6)   . . Quo fata trahunt retrahuntque sequamur
       ... Superanda omni Fortuna ferendo est   (Énéide, chant V)
(7) Priscien, Accurse, écrivains célèbres du moyen âge.
(8) Andrea de' Mossi, que Nicolas III exila de l'archevêché de Florence à celui de Vicence.

Je ne puis avec toi m'attarder plus longtemps,
Mon cher fils : à travers les sables éclatants
Une vapeur nouvelle a surgi qui me montre
Des pécheurs dont je dois éviter la rencontre.
Je t'adresse un seul vœu : permets que mon *Trésor* [9]
Te soit recommandé : par lui je vis encor. »

Puis il se retourna : semblable à ces athlètes
Qui courent à Vérone aux jours de grandes fêtes,
Il courait, et non pas comme celui qui perd,
Mais comme le vainqueur qui gagne le drap vert. 120

---

(9) Ouvrage de Latini écrit en français.

Texte 124
Traduction 120

CHANT XVI.

—

ARGUMENT. — Suite du troisième circuit. — Trois grands personnages de Florence. — Le bord du gouffre. — Géryon, démon de la fraude.

L'onde, en tombant plus bas, grondait à nos oreilles [1]
Comme un bourdonnement de mille essaims d'abeilles ;
Le gouffre, à chaque pas, semblait se rapprocher,
Quand je vis trois Esprits soudain se détacher
D'un groupe qui passait sous la brûlante pluie.
Ils s'élançaient vers nous, criant : « Je t'en supplie :
Attends : si ton habit ne nous abuse pas,
Tu sors du nid impur qui fut le nôtre. »

           Hélas !
Que de sillons fermés et de traces récentes
La flamme avait creusés dans ces chairs frémissantes ! 10
Rien qu'à m'en souvenir, mon cœur se serre encor.
A leurs cris, j'avais vu s'arrêter mon mentor ;
Puis, retournant vers moi son grave et doux visage :
« Tu leur dois des égards : attends-les, dit le sage,
Et n'était que, là-bas, la nature du lieu [2],
Sur un sol embrasé darde ses traits de feu,
Se hâter conviendrait à toi plus qu'à ces Ames. »

Leur cri recommença quand nous nous arrêtâmes ;
Puis, venus jusqu'à nous sous les feux inhumains,
Tous trois firent un cercle en se tenant les mains. 20

---

(1) L'eau du Phlégéton que côtoient les deux voyageurs et qui tombe du septième cercle dans le huitième.
(2) *La natura del luogo.*

Tels ces légers lutteurs qui, nus et frottés d'huile,
Avant de hasarder une attaque inutile,
Avisent du regard où le coup doit porter :
Tels les trois Florentins tournaient sans s'arrêter,
Et pendant que du pied ils effleuraient la terre,
Leurs têtes, pour me voir, allaient en sens contraire :
« Si l'horreur attachée à ce sol dévorant,
Si ces traits calcinés, dit l'un d'eux en pleurant,
Condamnent au mépris nous et notre prière,
En souvenir au moins d'une illustre carrière,   30
Fais-toi connaître à nous, toi qui, le front serein,
Marques ton pied vivant sur l'infernal terrain.
Celui qui te salue et dont je suis la trace,
Nu, brûlé jusqu'aux os, sort d'une noble race
Et tint chez vous un rang plus haut que tu ne crois.
Gualdrada, son aïeule, eut pour amis des rois[3].
Il eut nom Guidoguerre et, parmi les fils d'Ève,
Il fut grand par l'esprit autant que par le glaive.
Celui qui, sur mes pas, presse le sable ardent,
Fut cet Aldobrandi, guerrier brave et prudent,   40
Dont la voix parmi vous devrait être écoutée.
Moi qui porte avec eux ma croix trop méritée,
On m'appelait là-haut Jacob Rusticucci ;
Un hymen malheureux m'a fait tomber ici. »

Il dit, et, sans l'effroi que m'inspiraient les flammes,
Je me fusse à l'instant jeté parmi ces âmes,
Tant il m'eût été doux de leur tendre les bras ;
Mon maître l'eût permis ; mais je ne l'osai pas :
C'eût été de mon corps faire un monceau de cendre !
La peur vainquit l'amour et je dis sans descendre : 50
« A vous voir tant souffrir, ô généreux Esprits,
Ce qui me tient au cœur, ce n'est pas le mépris ;

---

(3) Aimée d'Othon IV, empereur. Guidoguerre, etc., grands personnages du parti guelfe aujourd'hui oubliés (V. ch. VI, note 4). Aldobrandi, Guelfe qui avait conseillé d'éviter le combat de Monte-Aperto.

Non : un deuil qui longtemps troublera tout mon être
M'a saisi, quand j'ai su par ce vénéré maître
Quels illustres martyrs daignaient venir à moi.
Je suis de votre terre et, j'en donne ma foi,
Toujours il me fut doux d'entendre et de redire
Vos grands noms que j'honore et vos faits que j'admire.
A travers les pécheurs que la mort a détruits,
Je délaisse le fiel pour aller aux doux fruits 60
Que ce guide sincère a daigné me promettre ;
Mais d'abord jusqu'au centre il faut que je pénètre.

—Puisse longtemps ton âme accompagner ton corps !
Et ton nom après toi briller sur d'autres bords !
Dis : la valeur guerrière et la vertu civile
Tiennent-elles encor les clefs de notre ville ?
Ou bien, comme on le dit, devons-nous croire, hélas !
Que l'exil plus que nous ne les épargne pas ?
Borsieri, depuis peu tombé comme tant d'autres [4],
Et qui s'en va là-bas pleurant avec les nôtres, 70
Double par ses récits les tourments que tu vois. »

Moi, relevant ensemble et ma tête et ma voix :
« Les gens nouveaux, les gains rapides, ô Florence [5] !
Ont engendré l'orgueil, les excès, la souffrance
Qui, déchirant ton sein, te font pousser des cris. »

Je vis qu'en m'écoutant les illustres Esprits
Échangeaient un coup d'œil entre eux, comme il arrive
Quand une vérité perce soudaine et vive :
« Honneur à toi, pour qui l'art de dire est un jeu !
Honneur, honneur à toi, s'il t'en coûte si peu 80
Pour répondre toujours avec tant de justesse !
Si tu dois délaisser l'abîme de tristesse,

---

(4) *Boccace*, le *Décaméron*, huitième nouvelle.
(5) *Vie de Dante.* — *Hic.* ch. XXV. *Parad.*, ch. XVI, discours de Cacciaguida.

S'il t'est donné de dire au monde : « J'étais là »[6];
Dis quelques mots de nous. »

      Ainsi l'Ombre parla;
Leur cercle s'est brisé, leur pied muet s'envole,
Plus léger que l'oiseau, plus prompt que la parole...
Le temps de dire *amen*, ils étaient disparus.

Mon guide s'éloignait; sur ses pas je courus,
Déjà si près du gouffre où le torrent s'élance
Que son mugissement nous forçait au silence.
Tel, du haut du mont Vise, aux flancs de l'Apennin, 90
Ce fleuve qui, vers l'est ouvrant seul son chemin[7],
S'appelle *Acquacheta* d'abord sur la montagne
Avant de se ruer sur la basse campagne,
Change à Forli son nom, bondit sur Saint-Benoît,
Puis s'engouffre et se perd au fond du val étroit
Où mille mains devraient lui rouvrir l'arche sainte[8] :
De même, en s'abimant, retentissait l'eau teinte
Si haut qu'il eût suffi même aux plus résolus
De l'entendre une fois pour ne l'entendre plus.

J'étais ceint d'un cordon que j'avais, sur la terre, 100
Disposé pour saisir la brillante panthère[9].
Virgile dit un mot : je dégageai mes reins;
Je roulai ma ceinture et la mis dans ses mains.
A droite se tournant, l'Esprit au chant sublime
La lança loin du bord dans le profond abîme :
« Je dois m'attendre encore à quelque étrangeté
Qui réponde à l'appel étrangement jeté,

---

(6) Imité par le Tasse :
  Quando mi gioveva narrar
  E dir . Io fui . . . .

(7) Le Montone. — *Acquacheta*, du latin *aqua quieta*, eau tranquille.

(8) L'abbaye de Saint-Benoît ravagée par les guerres et déchue de son ancienne splendeur.

(9) (Voir chant 1ᵉʳ, notes 2 et 6.)

Me disais-je en moi-même, autrement le bon maître
Le suivrait d'un regard moins inquiet peut-être. » 110
Ah ! qu'il faut s'observer près de celui qui voit,
Je ne dis pas les faits que l'on touche du doigt,
Mais les pensers cachés au plus profond de l'âme !
« Oui, me dit-il, il vient celui que je réclame ;
Celui qui fait rêver ton esprit, je l'attends...
Vite, qu'il apparaisse à ta vue !... Il est temps. »
   L'homme devrait fermer ses lèvres, quand il songe
A quelque vérité qui ressemble au mensonge,
Sinon, bien que sincère, il paraît imposteur.
Mais je ne dois rien taire et j'en jure, ô lecteur, 120
Par mes vers (si mes vers ont droit à quelque gloire),
Un fantôme, à travers la brume épaisse et noire,
En nageant s'élevait — fantôme merveilleux
Qui me glaçait le cœur en me charmant les yeux.
Tel, quand du fond des mers est enfin détachée
L'ancre que retenait quelque roche cachée,
Le hardi matelot, pour regagner les bords,
Va ployant, déployant et reployant son corps,
Frappant du pied, les bras étendus vers la cime,
Puis sa tête apparaît au-dessus de l'abîme. 130

                                    Texte   136
                                  Traduction 130

CHANT XVII.

ARGUMENT. — Géryon apparait. — La tribu des Usuriers. — Descente dans le huitième cercle.

« Voici, voici le monstre aux redoutables dards[1],
Qui traverse les monts, brise armes et remparts
Et de son noir venin empoisonne le monde. »

Ce disant, mon tuteur fit signe à l'être immonde
D'aborder près de nous la digue de granit,
Où le gouffre commence, où le sentier finit.
L'image de la *Fraude*, à ce signal du sage,
S'en vint, nous laissant voir sa tête et son corsage...
Sa queue était dans l'ombre, invisible pour nous.
Le monstre avait les traits d'un homme juste et doux ; 10
La peau de son visage était polie et blanche...
Mais il était serpent à partir de la hanche.
Appuyés sur le bord on voyait ses deux bras
Couverts d'un fin duvet du haut jusques en bas.
Son buste était semé de nœuds et de rondelles :
Les toiles d'Arachnée eussent pâli près d'elles.
Les tissus indiens, tartares, ottomans,
Ont sur des fonds moins doux des dessins moins charmants.
Tel se tient quelquefois un esquif solitaire,
A demi dans les flots, à demi sur la terre ; 20

---

(1) Géryon, démon de la Fraude, moitié homme, moitié serpent, gardien du huitième cercle (V. chant XI, note 2), c'est-à-dire des dix vallons que ce cercle renferme. Suivant la Fable, Géryon était un roi d'Espagne ayant trois corps et qui fut tué par Hercule.

Tel aussi le castor, chez les rudes Germains[2],
Quand il guette sa proie, accroupi sur ses mains :
Telle nous apparut la bête meurtrière,
Près des sables serrés par un ourlet de pierre.
La croupe s'agitait, tordant de toute part
Sa fourche vénéneuse avec le double dard
Dont le scorpion, comme elle, arme sa pointe.

« Écoute :
Il nous faut dévier un peu de notre route,
Jusqu'au démon cruel qui nous attend là-bas. »
Ainsi parla Virgile et nous fîmes dix pas   30
A droite, nous tenant sur l'extrême limite
Pour éviter la flamme et l'arène maudite.

Voilà qu'au moment même où j'atteignais ce but,
Un peu plus en avant je vis une tribu
Assise sur le sable au bord du précipice :
« Achève l'examen du cercle et du supplice,
Mon fils, vois ces pécheurs, juge de leurs tourments.
Va ; mais surtout sois bref dans tes raisonnements.
Moi-même, en attendant que mon fils me revienne,
Je reste et j'obtiendrai du démon qu'il nous tienne 40
Sur son robuste dos pour nous porter dehors. »

Donc je demeurai seul et côtoyant les bords
De ce septième cercle où la famille impie
Sur le sol embrasé se tenait accroupie.
Oh ! comme la douleur s'exprimait par ses yeux !
Tous des deux mains, sans trêve, ils s'aidaient de leur mieux
Contre le sol brûlant et la brûlante neige.
Du pauvre chien tel est en été le manége,
Quand par les taons mordu sous un soleil ardent,
Il oppose à l'insecte et la griffe et la dent.   50

---

(2) *Vide* Buffon, v° Castor.

Vainement j'attachais mes regards au visage
Des maudits que le feu battait sur mon passage,
Je n'en reconnus point ; mais je vis tout à coup
Que tous portaient pendue une bourse à leur cou[3],
Avec de beaux dessins brodés de main de maître,
Dont leurs yeux flamboyants me semblaient se repaître.
Je regarde à mon tour : ici, sur un fond d'or,
Rampe un lion d'azur... Mon œil chemine encor...
Plus rouge que du sang un tissu se déploie,
Où, blanche comme neige, est dessinée une oie. 60
Un autre, en champ d'argent, pressait entre ses bras
Une laie azurée et prête à mettre bas.
« Que fais-tu là, dit-il, pensif et solitaire ?
Va-t-en, et si vraiment tu dois revoir la terre,
Sache que mon voisin Vitalien, un jour,
Sur ce gril, à ma gauche, aura place à son tour.
Tu vois cent Florentins ; moi je suis de Padoue ;
Entends comme leur voix m'assourdit et s'enroue
A crier : « *Quand viendra le puissant chevalier*
Portant le triple bec en guise de collier ? » 70

Le cynique, à ces mots, suspendit sa harangue
Et se tordit la bouche en allongeant sa langue,
Comme un ignoble bœuf qui lèche ses naseaux.

Craignant qu'un long séjour parmi ces vils pourceaux
N'inquiétât celui qui m'avait fait promettre
Un rapide examen, je rejoignis mon maître.
Sur la croupe du monstre immobile et dompté
Le favori d'Auguste était déjà monté :
« Courage ! me dit-il ; voilà par quelles routes
On descend désormais sous ces lugubres voûtes. 80

---

(3) Dante ne nomme pas les usuriers ; il les fait ingénieusement reconnaître à leurs armoiries : ce sont les Gianfigliazzi, les Ubbriacchi, de Florence, un Scrovigno, de Padoue. — Le chevalier *au triple bec* c'est Buïamonte, de Florence, vivant au moment où Dante écrit. (*Sic*, v. chant XXXIII).

Monte là, devant moi ; contre le double dard
Virgile à son ami servira de rempart. »

Et moi, je ressemblais au valétudinaire
Qui de sa fièvre attend le retour ordinaire
Et qui, sentant le soir ses ongles déjà morts,
Rien qu'à penser au froid, tremble de tout son corps.
Mais, comme un serviteur à la voix d'un bon maître,
J'eus honte du courroux que ma peur ferait naître.
Je m'assis sur le monstre et je voulais tout bas
Dire : « *Retiens-moi bien...* » La voix ne me vint pas [1]. 90
Lui qui m'avait cent fois sauvé de ma ruine,
Dès que je fus monté, me prit sur sa poitrine,
Et, m'y tenant pressé : « Géryon, maintenant,
Pars, mais retiens ton vol et descends en tournant :
Respecte le fardeau dont je suis responsable. »

Tel l'esquif qu'en arrière on dégage du sable :
Tel s'en va Géryon, lentement, lentement.
Mais dès qu'il a repris son libre mouvement,
Soudain il se retourne et, semblable à l'anguille,
Sa croupe se raidit, va, vient, tourne, frétille,   100
Cependant que ses bras, agités à l'entour,
Fendent l'air repoussé, ramené tour à tour.

Je tremblais. Phaéton, égaré dans l'espace
Qui d'un vaste incendie a conservé la trace ;
Le malheureux Icare (à qui son père en vain
Criait « *Reviens à moi* »), quand il sentit soudain
Son dos se déplumer sous la cire mouvante,
Furent saisis, je crois, d'une moindre épouvante.
J'étais là, suspendu dans l'air, sans autre appui
Que le monstre, et partout ne voyant rien que lui.   110

---

(1)   ...Incomptus clamor frustatur hyantem ;
   ... .vox faucibus hæsit.   (*Enéide*, chant XII).
Le reste de ce chant forme une admirable peinture.

Lui, s'en va lentement et, nageant dans le vide,
Il tournoie, il descend ; mais, n'était l'air fétide
Qui, comprimé, reflue et me fouette le front,
Je ne sentirais pas que je vais vers le fond.

Déjà, bien au-dessous de moi, j'entendais l'onde
Tomber en mugissant dans la fosse profonde ;
Pourquoi j'osai pencher et ma tête et mes yeux.
Ma peur en redoubla : partout de nouveaux feux !
Partout de nouveaux cris ! partout l'horreur suprême !
Je me tins, tout tremblant, ramassé sur moi-même ; 120
Puis, aux cris plus perçants, au bruit plus rapproché,
Je vis ce qui d'abord m'avait été caché,
C'est que nous descendions en tournant dans l'espace.

Le faucon qui dans l'air va, vient, passe et repasse,
Sans voir oiseau ni leurre avec ses yeux perçants,
Fait dire au fauconnier : « *Eh quoi ! tu redescends !* »
Il trace vingt circuits, reprend terre et dans l'herbe
Se tient loin des chasseurs, défiant et superbe :
Tel, au pied du rocher, près de la chute d'eau,
Géryon en grondant a porté son fardeau ; 130
Puis, secouant le joug, presque avant qu'il n'aborde,
Il part comme une flèche échappée à la corde.

Texte 133
Traduction 132

CHANT XVIII.

ARGUMENT. — Huitième cercle : Malébolge, divisé en dix circuits. — Premier circuit : Les Proxénètes et les Séducteurs — Deuxième circuit : Les Flatteurs.

Il est une vallée au centre de l'enfer,
Qui, taillée en plein roc, a la couleur du fer,
Comme le haut rempart qui lui sert de ceinture.
Malébolge[1] est son nom. Dans ce champ de torture
Un puits large et profond s'ouvre juste au milieu
(J'en parlerai plus tard quand ce sera le lieu).
Du mur d'enceinte au puits, ce qui reste d'espace
Forme un cercle parfait dont la rude surface
Se scinde en dix vallons l'un dans l'autre enchâssés.
Leur nombre et leur aspect me rappellent assez   10
Ces grands vides creusés autour des places fortes ;
Et comme, sur chacun des fossés jusqu'aux portes,
Des ponceaux sont jetés, de même, où nous allons,
Dix arches de granit couvrent les dix vallons
Et, partant du grand mur, vont d'assise en assise
Jusqu'au puits du milieu, qui les prend et les brise.
C'est là que nous étions quand, suspendant son vol,
Géryon nous jeta rudement sur le sol.
Virgile prit à gauche et moi, suivant mon maître,
Je pleurai quand je vis, à ma droite, apparaître   20
Et torture nouvelle et nouveaux tourmenteurs
Qui du premier circuit occupaient les hauteurs.

---

(1) De *male*, mauvaises, et *bolge*, vieux mot gaulois qui veut dire bourse, sac, *bouge peut-être*. Quant au puits, V. chant XXXI.

Pâles, nus et sanglants, nos infortunés frères,
Par une double voie, allaient en sens contraires.
Les uns venaient à nous, les autres, à côté,
Avec nous s'en allaient, mais d'un pas plus hâté.
Tel, quand chez les Romains le jubilé commence[2],
Le grand pont en deux parts s'ouvre à la foule immense ;
Les uns vont à Saint-Pierre et regardent le fort,
Les autres vers le mont viennent par l'autre bord. 30
De çà, de là rangés le long des hautes berges,
De noirs démons cornus, armés de longues verges,
Dans les flancs des maudits traçaient d'affreux sillons.
Ah ! comme au premier coup ils levaient les talons !
Nul n'attendait sur place une seconde atteinte.
Moi, tout en côtoyant la douloureuse enceinte,
Sur l'un des flagellés j'arrêtai mon regard
Et je dis : « Celui-là je l'ai vu quelque part. »
Je le suivais des yeux ; le poëte qui m'aime
Me laissa retourner et s'arrêta lui-même. 40
L'autre, en baissant la tête avait cru se cacher :
« Vers la terre, lui dis-je, à quoi bon te pencher ?
Si je ne suis trompé par une image fausse,
C'est bien toi que je vois dans l'infernale fosse,
Caccianimico !... Qu'as-tu donc fait au ciel
Pour qu'on te serve ici des mets d'un si haut sel[3] ?
— Ce n'est pas sans regret que je dirai ma faute,
Mais je dois obéir à la voix ferme et haute[4]
Qui me fait souvenir de l'antique séjour.
Quoi que des bruits divers en aient dit tour à tour, 50
Sache bien qu'au marquis soumettant la rebelle[5],
J'ai vendu Ghisola non moins pure que belle.

---

(2) Institué en 1300 par le pape Boniface VIII.
(3) Textuel : *Si pungenti salse*.
(4) La voix d'un vivant comparée à celle d'une Ombre (V. chant premier, note 12, chant XX, note 8.)
(5) A Obizon, marquis de Ferrare, chant XII (note 7.)

Plus d'un fils de Bologne ici pleure avec moi :
Ce bouge en est si plein que nulle part, je croi,
Le *sipa* ne se dit plus souvent dans la plaine[6]
Qui va des bords du Rin aux bords de la Savène.
Et s'il faut une preuve à ce que je t'ai dit,
Songe à notre avarice. »

       A ces mots du maudit,
Un démon le frappant de sa rude lanière :
« Va, ruffien ! Tu n'as plus de sœur à vendre. Arrière ! » 60

J'avais rejoint mon guide et près de là je vis
Un rocher suspendu comme nos ponts-levis.
C'est par là qu'au-dessus des criminelles âmes,
Appuyant sur la droite, aisément nous passâmes ;
Aux grands cercles d'en haut nous allions dire adieu.
Aussitôt que du pont j'eus atteint le milieu,
(Je veux dire la place où le rocher s'évide
Pour mieux livrer passage à la foule livide) :
« Vois ceux de l'autre file et, les observant bien,
Tâche que leur regard se croise avec le tien : 70
Tu n'as vu que leur dos, suivant la même route. »

Ainsi parlait mon guide arrêté sur la voûte ;
Et moi je vis courir, frappés des mêmes coups,
D'autres suppliciés, qui, venant droit à nous,
Formaient en sens contraire une seconde bande.

Le poëte me dit, avant toute demande :
« Regarde bien, mon fils, ce grand qui vient là-bas ;
S'il pleure de souffrance, on ne le dirait pas.
Que son royal maintien a gardé de noblesse !
C'est Jason qui, joignant la vaillance à l'adresse, 80

---

(6) Les Bolonais disent *sipa*, les Milanais *già*, au lieu de *si* (oui). — Au vers suivant, le *Rin*, petite rivière que Silius Italicus appelle *parvus Renus*. — La Savène, autre rivière des environs de Bologne.

Ravit la toison d'or aux jardins de Colchos.
L'orage le poussa vers l'île de Lemnos,
Où des femmes, un jour, l'exécrable vengeance
Avait du sexe mâle exterminé l'engeance.
Là, par de doux propos, coupable en triomphant,
Il trompait Hypsipyle, une innocente enfant,
Qui, la première, avait trompé tant d'autres femmes [7].
Puis, il la laissait seule au rang des plus infâmes...
Un tel crime voulait un tourment sans pardon,
Qui venge aussi Médée de son lâche abandon. 90
Avec lui vont tous ceux qui trompèrent de même...
Assez sur ces Esprits trop dignes d'anathème!
Vers la deuxième fosse il est temps de marcher.

Nous étions parvenus au point où le rocher
S'accroche à l'autre rive, et, s'appuyant sur elle,
Va plus loin recouvrir une fosse nouvelle.
De là montaient vers nous, avec peine échappés,
De sourds gémissements, des cris entrecoupés.
Là, de ses propres mains, le damné se déchire.
Une lourde vapeur... que je n'ose décrire, 100
Infecte à l'odorat, insupportable à l'œil,
Du fond de l'antre impur s'élève jusqu'au seuil
Et verdit le rocher de sa fétide haleine.
Telle est l'obscurité de cette horrible plaine,
Que, du point le plus haut, mon œil, tombant à plomb,
Ne pouvait qu'à grand'peine en découvrir le fond.
Là les morts sont plongés dans une fange immonde.
Où semblent se verser tous les égouts du monde.

Je cherchais du regard les criminels : l'un d'eux...
(Tant d'excréments couvraient son front et ses cheveux 110
Que nul n'eût reconnu s'il fut clerc ou laïque),
L'un d'eux cria : « Quel est celui-là qui s'applique

---

[7] En sauvant la vie à Thoas son père, après avoir juré de le tuer.

A m'observer plùtôt que les autres ? » Et moi :
« Si je me souviens bien, je jurerais ma foi,
Que j'ai vu tes cheveux mieux bouclés sur ta nuque.
N'es-tu pas Alexis Intermini, de Lucque?
C'est pourquoi je suis là, t'observant plus que tous. »

Et lui, se meurtrissant le visage à grands coups :
« J'ai là-haut, vil flatteur, encensé la puissance :.
Tu vois comme, à son tour, Malébolge m'encense. »   120
Mon guide interrompit : « Maintenant, me dit-il,
Dirige un peu plus loin un coup d'œil si subtil
Qu'il atteigne cette Ombre aux cheveux pleins d'ordure[8],
Qui de son ongle infect en pleurant se torture,
Qui se tient accroupie et debout tour à tour...
C'est l'infâme Thaïs qui répondit un jour[9]
A ce mot de Trason : « *M'aimez-vous ? — Je t'adore.* »
Mais laissons les flatteurs et descendons encore.

---

(8) Le texte dit : *merdose.*
(9) V. l'*Eunuque*, de Terence (acte IIIe, scène 1re).

                                          Texte   136
                                    Traduction 128

CHANT XIX.

—

ARGUMENT. — Troisième circuit du huitième cercle. — Les Simoniaques : Le pape Nicolas III. — Belle apostrophe du poëte.

S IMON, magicien, prince des imposteurs [1],
Et vous tous de Simon avares sectateurs,
Vous qui prostituez au méchant qui l'achète
Cette grâce que Dieu pour le juste avait faite,
Je marquerai vos fronts du cachet de mes vers :
Malébolge a pour vous une place aux enfers.

Nous étions parvenus, en suivant notre route [2],
Au faîte du rocher, au sommet de la voûte.
O sagesse de Dieu, quel équitable poids
De l'enfer et du ciel pèse les saintes lois !　　　　10
Dans le fond, sur les bords qui la tiennent pressée,
La fosse, comme un crible, avait été percée
De trous ronds, tous égaux, rappelant assez bien
Ceux du beau baptistère où je fus fait chrétien.
(Pour sauver un enfant qui s'y noyait naguère [3],
J'en ai brisé le marbre et l'on m'a fait la guerre :
Je m'excuse en passant...) Hors de chacun des trous,
Les jambes d'un pécheur sortaient jusqu'aux genoux,

---

(1) Simon, philosophe de Samarie, voulut acheter de saint Pierre le droit de conférer les grâces du Saint-Esprit, de là le nom de *simoniaque* donné à ceux qui trafiquent des choses saintes.
(2) Au-dessus de la troisième fosse.
(3) Dante fut accusé de sacrilège pour l'acte pieux qu'il raconte ici.

Le corps, la tête en bas, se cachait sous la pierre.
Tels ces bois résineux dont la sombre lumière 20
Va toujours s'élevant : tels ces vivants flambeaux !
La flamme monte aux pieds, du fond des noirs tombeaux,
Et les pieds, frissonnant sous l'éternel martyre,
Se froissent à briser les câbles d'un navire :
« Maître, quel est là-bas celui-là qui se tord,
Dont les pieds calcinés s'aiguisent le plus fort
Et que semble sucer une flamme plus vive ?
— Si tu le veux, mon fils, en bas, par l'autre rive,
Je te transporterai près de lui dans mes bras ;
Ce qu'il est, ce qu'il fit, de lui tu l'apprendras. 30
— Toi qui lis dans les cœurs, ordonne, répondis-je.
Ce que mon maître veut, la sagesse l'exige. »

Quand nous eûmes atteint le bout du pont maudit,
Mon guide, par la gauche, en tournant, descendit
Dans l'étroite prison de mille trous percée.
Emporté dans ses bras pendant la traversée,
Je ne touchai le sol qu'au bord de ce cercueil
Où l'autre par les pieds disait si haut son deuil.
« Qui que tu sois, criai-je, ô toi, malheureuse Ame,
Toi qui, la tête en bas, as les pieds dans la flamme, 40
Réponds, si tu m'entends, si tu le peux, ma sœur. »
Je dis, et j'écoutais, comme le confesseur
Attentif aux aveux du lâche parricide,
Lorsque déjà plongé dans la fosse homicide [4],
Il veut temporiser, mourant, avec la mort.
« Eh quoi ! déjà !... déjà descendu sur ce bord [5] !
Est-ce toi, Boniface ? Est-ce que ma science
Aurait menti d'un an à mon impatience ?

---

(4) L'épithète *homicide* n'est pas une cheville Ici la fosse ne reçoit pas un mort, elle tue un vivant.

(5) Celui qui parle est Nicolas III, de la famille des Orsini, élu pape en 1277 et mort en 1280. Celui qu'il croit entendre est Boniface VIII, son successeur et mort en 1303. Il vivait encore au moment où Dante visite l'enfer (voir *Parad.*, chants IX, XXVII).

Es-tu donc, ô pontife, es-tu donc sitôt las
De ces riches trésors pour qui tu violas   50
En la prostituant la Dame sainte et belle ? »

Ainsi, quand on vous parle une langue nouvelle,
Vous demeurez muets et vous paraissez sourds :
Tel, sans comprendre un mot, j'écoutais ce discours :
« Vite ! me dit le maître habile en toutes choses,
Réponds : *Je ne suis pas celui que tu supposes.* »

J'obéis à Virgile, et d'abord le maudit
D'un air désespéré sous le feu se tordit ;
Puis, avec des soupirs et d'une voix plaintive :
« Eh bien ! que me veux-tu ? N'as-tu franchi la rive   60
Que pour savoir mon nom ? Sache donc, s'il le faut,
Que du manteau sacré je fus vêtu là-haut.
Mais j'étais bien le fils, le digne fils de l'Ourse[6] !
Pour enrichir mon sang, j'ai mis dans une bourse
Là-haut des monceaux d'or et moi-même ici-bas.
Au-dessous de ma tête, il en est mille, hélas !
Qui m'avaient précédé, faisant la simonie,
Et je disparaîtrai dans cette gémonie,
Pressé par le prélat pour qui je t'avais pris,
Quand ma brusque demande a troublé tes esprits.   70
Mais, pendant plus de temps cette pierre percée
A déjà recueilli ma tête renversée
Que lui n'y restera, planté là comme un pieu[7],
Le corps dans le granit et les pieds dans le feu,
Car déjà, du couchant, s'avance sur sa trace
Un pontife sans lois qui prendra notre place[8],
Tel que tous deux bientôt il nous recouvrira.
Ouvre les Machabée... Il s'y retrouvera ;

---

(6) Jeu de mots sur son nom *Orsini*.
(7) Cette comparaison se trouve quelques vers plus haut dans le texte.
(8) Clément V, successeur de Boniface VIII. Le *Jason* du livre des *Machabées* ayant obtenu d'Antiochus la dignité de grand pontife, profana le temple.

Le moderne Jason, à qui le roi de France
A force de bienfaits prépare la souffrance. » 80
Je m'abandonnai trop peut-être à mon courroux :
« Ah ! maudit, m'écriai-je avec force, dis-nous,
Quel prix Notre-Seigneur exigea-t-il de Pierre,
Pour lui livrer les clefs de la sainte barrière?
Il lui dit seulement : *Suis-moi.* Pierre, à son tour,
A-t-il reçu de l'or ou de l'argent, le jour
Où Mathias prit le rang délaissé par un traître[9]?
Souffre donc ! Ta souffrance est trop douce peut-être.
Garde avec toi cet or, source de tant de deuil,
Qui contre le roi Charle enflamma ton orgueil[10] : 90
Je devrais.... Mais rends grâce au titre de Saint-Père :
J'honore, même en toi, le successeur de Pierre.
Ce nom seul me retient : sans lui, la vérité
Prêterait à ma voix plus de sévérité.
Oui, vous qui trafiquez jusqu'aux portes du temple,
Vous que tout l'univers d'un œil triste contemple;
Vous qui foulez les bons pour grandir les méchants,
C'est bien vous qu'il flétrit, inspiré dans ses chants,
L'évangéliste saint, quand il dit : « *Je l'ai vue*[11],
La reine des cités sur les flots étendue, 100
Prostituer aux rois ses vénales amours!
Si belle à sa naissance et quand, aux premiers jours,
Symboles vénérés de gloire et de conquêtes,
Les dix cornes brillaient couronnant les sept têtes. »
L'honneur guidait alors son époux indigent.
Vous avez fait depuis des dieux d'or et d'argent,
Prêtres ! l'idolâtrie est-elle donc plus vile?
Elle adore un seul dieu : vous en adorez mille[12]...

---

(9) Choisi pour apôtre, en place du traître Judas.

(10) Il avait demandé pour son neveu la main d'une des nièces du roi Charles I*er*, et avait subi un refus.

(11) Saint Jean l'évangéliste (*Apocal.* chap. xvii.)

(12) L'islamisme. Le Tasse et l'Arioste appellent aussi les mahométans : *pagani.*

Que de maux n'as-tu pas créés, ô Constantin,
Sinon par ton baptême, au moins par le butin 110
Que tu donnas en dot à l'humble et sainte Dame[13] ! »

Pendant que sur ce ton j'osais parler à l'Ame,
Soit fureur, soit remords, froissés plus vivement,
Ses pieds semblaient trahir un plus cruel tourment.
J'avais été sincère et je crois que mon maître
Fut content de mon zèle ; au moins il parut l'être,
Car il suivit longtemps d'un sourire attentif
Ces traits qui frappaient juste et perçaient jusqu'au vif.
Il me prit dans ses bras, il m'enleva de terre ;
Il gravit de nouveau la rampe solitaire, 120
Et ne se lassa point, avant d'avoir touché
Le haut du pont qui mène au cinquième péché.
Là, le doux ravisseur posa sa douce proie,
Au sommet escarpé d'une âpre et rude voie,
Où la chèvre elle-même à grand'peine eût passé.
De là mon œil plongea dans un autre fossé.

---

(13) Saint Jérôme dit à ce sujet : *Devotio peperit divitias et filia suffocavit matrem.* (V. *Purgatoire*, chant XXXIII.)

Texte 133
Traduction 126

CHANT XX.

ARGUMENT. — Quatrième circuit du huitième cercle. — Les Devins et les Sorciers. — Manto et Mantoue.

Il me faut d'autres vers pour une autre souffrance :
Il faut donner carrière à la vingtième stance
De ce premier cantique où je chante l'enfer.
Avide du spectacle à mes regards offert,
J'eusse voulu percer au fond de la vallée
Que baigne de ses pleurs la race désolée.
Or, je la vis venir, à travers le circuit,
Pleurant et cheminant à pas lents et sans bruit,
Comme font ici-bas nos cortéges funèbres.
Quand plus avant ma vue entra dans les ténèbres, 10
Ils apparurent tous à mes yeux éperdus,
Du menton au thorax étrangement tordus.
Chacun d'eux sur ses reins abaissait sa paupière,
Et force leur était de marcher en arrière,
Puisque en avant, hélas ! ils ne pouvaient plus voir.
Si la paralysie eut jamais le pouvoir
De déformer ainsi nos membres, je l'ignore,
Et même l'ayant vu, je douterais encore.
Si, grâce à Dieu, mon livre a su gagner ton cœur,
Prononce et juge-moi par toi-même, ô lecteur :   20
Pouvais-je, les yeux secs, rester sur ce rivage,
Quand je vis à tel point dégrader notre image
Que leurs dos se mouillaient des larmes de leurs yeux?
Sur la roche appuyé, moi je pleurais comme eux.

« Crois-tu donc être encor, s'écria l'Ame austère,
Parmi ces insensés dont regorge la terre?
Ici la pitié meurt aux cœurs vraiment pieux [1].
Pleurer sur les maudits! mortel audacieux,
Prends garde! c'est entrer en lutte avec Dieu même.
Lève, lève les yeux : regarde l'anathème [2]   30
Qui vit les champs thébains s'entr'ouvrir sous ses pas.
Tous en vain lui criaient : « *Où vas-tu donc là-bas,
Noble Amphiaraüs? veux-tu donc fuir la lutte?* »
Dans le gouffre béant rien n'arrêta sa chute,
Jusqu'aux bords où Minos rive à chacun ses fers :
Il voulut trop avant regarder, le pervers!
Voilà que de son dos il a fait sa poitrine :
En arrière il regarde, en arrière il chemine.
Voici Tirésias, le devin trop osé [3],
Qui d'homme en femme un jour fut métamorphosé :   40
La transformation des membres fut entière.
Il fallut, pour le rendre à sa forme première,
Qu'il frappât de nouveau, les rencontrant un jour,
Deux serpents l'un à l'autre enlacés par l'amour.
Arons le suit, le dos appuyé sur son ventre [4] :
Dans les monts de Luni son palais fut un antre,
Sous ces beaux marbres blancs qui donnent à la fois
D'humbles abris au pauvre et des palais aux rois.
C'est de là que, voyant le firmament sans voiles,
Il lisait l'avenir sur le front des étoiles.   50
Cette autre dont le sein est recouvert, là-bas,
De ses cheveux épars que tu n'aperçois pas,

---

(1) *Pietà* pris dans le double sens de pitié et de piété : il n'est pas permis de pleurer sur les damnés (*Parad.*, chant VI.)

(2) Amphiaraüs, l'un des sept rois armés contre Thèbes (Ovide, — *Métam.*, IX.)

(3) Devin de Thèbes changé en femme par Junon (*Ibid.*)

(4) Aruns incoluit desertæ mœnia Lunæ
Fulminis eductus motus, venasque calentes
Fibrarum et monitus errantis in aera pennæ   (*Phars.*, ch. Ier).

C'est Manto qui, longtemps de mers en mers flottante,
Aux lieux où je naquis un jour planta sa tente.
Écoute en peu de mots l'histoire de son sort :

» Quand elle eut vu son père emporté par la mort
Et les murs de Bacchus réduits en esclavage,
La vierge alla longtemps de rivage en rivage.
Dans la belle Italie et sur son plus haut sol,
Au pied des Alpes même, au-dessus du Tyrol,   60
Il est un lac bornant la terre germanique :
C'est le lac Benacus[5] : entre Val-Camonique
Et Garda, l'Apennin est baigné par les eaux
Qui vont grossir le lac de leurs mille ruisseaux.
Au centre est un vallon que la vague environne.
Les prélats de Brescia, de Trente et de Vérone
Auraient là, si parfois ils daignaient y venir,
Le droit de commander et le droit de bénir.
Où la rive à l'entour est de plus en plus basse,
S'élève Peschiera, la belle et forte place,   70
Couvrant Brescia, Bergame et le pays voisin.
L'eau que le Benaco repousse de son sein
Et que partout la pente amène à ces parages,
Se fait fleuve à travers de riches pâturages.
Mincio devient le nom de la grande et belle eau,
Dès qu'elle a pris son cours jusqu'à Governolo,
Où le Pô la reçoit; mais, non loin de sa source,
Un val marécageux embarrasse sa course.
Là le fleuve s'étend dans son lit et s'endort,
Versant, quand vient l'été, la peste sur son bord.   80
C'est en passant par là que notre vierge austère
Découvrit un îlot sauvage et solitaire
Où, fuyant loin du monde avec ses serviteurs,
Elle pratiqua l'art des devins imposteurs,
Jusqu'au jour où son corps ne fut plus que poussière.
La race d'alentour, vagabonde et grossière,

---

(5) Le lac Benacus ou Benaco, aujourd'hui lac de Garda.

Plus tard se rassembla dans ce lieu protégé
Par ces grands amas d'eaux où le sort l'a plongé.
Sur de froids ossements on dressa des murailles,
Et, sans interroger l'augure et les entrailles, 90
On les nomma Mantoue, honorant chez les morts⁶
Celle qui la première a visité ces bords.
La cité florissante a grandi jusqu'à l'heure
Où l'adroit Pinamont sut si bien prendre au leurre⁷
L'aveugle bonne foi du vieux Casalodi.
Tiens-toi pour satisfait, et si quelque érudit
Te disait autrement l'histoire de ma terre,
Discerne bien le vrai du faux, et fais-le taire.

— Ton doux enseignement est ma suprême loi ;
Il va si bien au cœur, il prend si bien ma foi 100
Que le reste à mes yeux n'est que cendre et fumée.
Mais parmi cette race, hélas ! si déformée,
N'est-il pas quelque nom digne d'être noté?
Maître, tout mon esprit penche de ce côté. »

Et lui : « Vois celui-là dont le visage épanche
Sur son dos presque noir des flots de barbe blanche.
Quand la Grèce, à l'Asie envoyant ses vaisseaux,
Ne gardait que des fils couchés dans des berceaux,
Il fut augure ; aidé de Calchas, en Aulide,
C'est lui qui, de combats et de vengeance avide, 110
Coupa le premier câble et pressa le départ.
Eurypile est son nom ; dans ses vers, quelque part,
Ma haute tragédie a parlé d'Eurypile⁸.
Tu le sais, toi qui sais tous les vers de Virgile.

---

(6) ....Ocnus
Qui muros matrisque dedit tibi, Mantua, nomen   (*Enéide*, ch X)

(7) Pinamont de Buonacosse conseilla à Casalodi, gouverneur de Mantoue, d'exiler les nobles ; puis il supplanta son maître.

(8)   Suspensi Eurypilum scitatum oracula Phœbi
Mittimus ....   (*Enéide*, ch II)

L'autre, aux flancs décharnés, c'est l'Écossais Michel [9] :
Nul ne fut plus versé dans cet art criminel.
Vois Guido Bonatti, vois Asdenti, de Parmes,
Qui donne au repentir de trop tardives larmes.
Il voudrait (mais, hélas ! il n'est plus temps de fuir)
N'avoir jamais quitté le tranchet et le cuir.   120
Cette foule sans nom qui derrière eux fourmille,
Dédaignant le fuseau, la navette et l'aiguille,
A fait son maléfice impie avec des chants,
Des figures en cire et les herbes des champs [10]...
Mais viens. Déjà courbé sous son fagot d'épine,
Caïn, loin de nos bords, rapidement s'incline
Vers les eaux de Séville et va, silencieux,
Sous un autre hémisphère éclairer d'autres cieux.
Déjà, depuis hier, la lune n'est plus ronde :
Tu dois t'en souvenir : dans la forêt profonde   130
Sa lumière est parfois venue à ton secours. »

Ainsi parlait mon guide, et nous marchions toujours.

---

(9) Surnommé Scott parce qu'il était Écossais, devin attaché à Frédéric II. Bonatti, de Forli, auteur d'un livre sur l'astrologie. Asdenti, cordonnier de Parme.

(10) Pratiques bien connues et dont l'origine se perd dans la nuit des temps (Dezobry, *Rome sous Auguste* ; *Voyage d'Anacharsis*). Aux vers suivants, Caïn, pour la lune : nous sommes au samedi-saint.

      Texte 130.
      Traduction 132.

CHANT XXI.

ARGUMENT. — Cinquième circuit du huitième cercle : Les Démons. — Le lac de poix bouillante. — Les Barates.

Ainsi le maître et moi nous allions d'arche en arche,
Échangeant des discours qui charmaient notre marche[1],
Mais que ma Comédie écarte de ses chants.
Au sommet d'un des ponts qui couvrent les méchants,
Je m'arrêtai pour voir là cinquième fissure,
Horriblement bruyante, horriblement obscure.
Tel, le grand arsenal de Venise, en hiver,
Recueille les vaisseaux fatigués par la mer.
De bâbord à tribord, de la poupe à la proue,
Partout on frappe, on scie, on rattache, on dénoue ; 10
L'un tresse le cordage ou tourne l'aviron,
L'autre abat la misaine ou soutient l'artimon :
Partout l'ardente poix fume, bouillonne et nage,
Couvrant ces mille bruits d'un lugubre nuage :
Tel un épais bitume, au fond du sombre lieu,
Bouillonnait allumé par le souffle de Dieu,
Et d'une glu brûlante enveloppait la place.
Je voyais bien la poix, mais rien à la surface,
Rien que de noirs bouillons l'un sur l'autre pressés,
Soulevés brusquement, brusquement affaissés.   20

Pendant qu'autour de moi je promenais ma vue :
« Gare ! » cria mon chef d'une voix éperdue,

---

[1] .....Varioque viam sermone levabat.   (*Énéide*, chant VIII.)

Et d'un geste rapide il m'attirait à lui :
Je m'étais retourné tremblant, comme celui
Qui court éperonné par une peur subite,
Et veut voir ce qu'il fuit, sans ralentir sa fuite.
Je vis derrière nous un démon noir et grand ;
Par le haut de la roche il venait en courant...
Ah ! comme il traversait la sombre solitude² !
Quelle férocité dans sa fière attitude ! 30
L'aile ouverte, effleurant les sentiers de l'enfer,
Sur sa puissante épaule et sous ses doigts de fer
Il serrait par les pieds une pauvre âme humaine.
« Malebranches ! à vous, gardiens du noir domaine³,
S'écria-t-il, à vous un des fiers sénateurs
Qui de sainte Zita sont les adorateurs !
Coulez-le vite à fond ! que je retourne vite
Au sol hospitalier qui si souvent m'invite,
Où tout homme est vénal, excepté Bonturo⁴,
Où l'or fait toujours dire *oui* pour *non*. » 40

                                                Le bourreau
Jette l'Ame et repart. Jamais le chien qu'on lâche
Aux trousses d'un voleur n'a mieux rempli sa tâche.
L'Esprit plonge et, tout noir de poix, il reparaît.
Aussitôt les démons, que la voûte couvrait,
De crier : « Tu n'as pas ici la sainte Image⁵ !
Et dans le Serchio tout autrement l'on nage.
Si tu ne veux tâter du croc une autre fois,
Ne t'élève pas tant au-dessus de la poix. »
Puis, lui lardant le corps de mille coups de lances :
« A l'ombre, disaient-ils, il convient que tu danses. 50

---

(2) Voy. chant IX. Semblable exclamation à propos de l'ange.

(3) *Malebranches*, de *male*, mauvaises, et *branche*, branches, serres, qui serrent comme des tenailles, mot composé comme *Malebolge*, pour désigner les démons gardiens du cinquième fosse

(4) Ironie, pour dire que Bonturo était très-cupide.

(5) « Les Lucquois avoient en l'église Saint-Martin la face de Notre-Seigneur, que fit faire Nicodemus, son disciple, et en l'invoquant ils se fioyent beaucoup au secours et aide de Dieu. » (Note de Grangier.) — Le Serchio, fleuve de l'Etat de Lucques.

Là, s'il est des trafics, au moins ils sont secrets. »
Tels, à la voix du chef, les aides toujours prêts,
Jusqu'au fond du bouillon qui frémit dans la fonte
Repoussent de leurs crocs la viande qui remonte.

« Il ne faut pas, mon fils, qu'on te voie avec moi,
Et pour mieux échapper à leurs yeux, cache-toi
Derrière ce rocher qui sera ton égide.
Quoi qu'ils fassent d'ailleurs, ne crains rien pour ton guide.
Va, j'en aurai raison : ils connaissent ma voix [6] :
Je visite l'enfer pour la seconde fois. »   60

Il dit, franchit le pont, touche à l'autre entourage [7]...
C'est là qu'il dut s'armer de force et de courage :
Comme, à l'aspect soudain d'un pauvre mendiant,
Tous les chiens du quartier courent en aboyant :
Tels, du dessous du pont, un noir essaim de diables
Sortaient, tournant sur lui leurs crocs impitoyables :
« Avant de me percer, dit-il, que l'un de vous
M'écoute ! et, s'il le faut, qu'il me livre à vos coups !
— Vas-y, Malacauda ! » cria toute la bande.
Ils s'arrêtent ; l'un d'eux sort, s'approche et demande :   70
« Qui t'amène ? » Il répond : « Malacauda, crois-tu
Que seul, de sphère en sphère, et toujours combattu,
Jusqu'ici, prêt encore à te braver toi-même,
Je fusse parvenu sans le vouloir suprême,
Sans l'appui d'un bras fort et providentiel ?
Laisse-moi donc passer ; car on veut, dans le ciel,
Que je montre à quelqu'un l'enfer. »

                              A ce langage,
L'orgueilleux laissa choir sa fourche aux pieds du sage :

---

(6) Allusion au voyage ordonné par Erycto. (Voy. chant IX, note 3.)
(7) Berge ou chaussée qui entoure chaque fossé.

On l'eût dit foudroyé pour la seconde fois :
« Qu'on le laisse ! » dit-il. Et, de sa douce voix,   80
Mon maître s'écria : « Toi, maintenant, approche !
Toi qui te tiens tapi derrière cette roche,
Reviens à moi, mon fils ; tu le peux sans danger. »
Je me dresse, vers lui je cours, prompt et léger...
Mais voilà que l'armée en hurlant m'environne :
Moi, comme ces soldats que j'ai vus à Caprone[8]
Traverser tout un camp, prisonniers à demi,
Je craignais le parjure, et près de mon ami
Je me serrai, tenant à l'œil tous ces visages
Pleins de noire malice et de sombres présages.   90

Les fourches s'abaissaient : « En veux-tu de sa chair?
Se disaient-ils... Veux-tu que je l'accroche en l'air?
D'autres répondaient : « Oui... déchire ! agile, agile ! »
Mais celui qui tenait conseil avec Virgile
A temps se retourna : « Là ! là !... moins de courroux !
Scarmiglione, un moment ! » Puis, s'adressant à nous :
« Nul ne peut par ici continuer sa marche :
Au vieux pont effondré manque la sixième arche.
Côtoyez le bitume et n'ayez nul souci :
Il reste un chemin sûr pour vous tirer d'ici.   100
Depuis qu'il s'est rompu sur la fosse où je pleure,
Hier, cinq heures plus tard que cette huitième heure,
Douze siècles grossis de soixante-sept ans[9]
Sont tombés à jamais dans l'abîme des temps.
Dix des miens vont veiller aux soins de notre empire
Et voir si quelque Esprit hors de la poix respire :
Suivez-les et sans peur : ils ne trahiront pas.
Vous, en avant ! dit-il, haranguant ses soldats :

---

[8] Les Lucquois (Guelfes) assiégés par les Pisans (Gibelins), sortirent des forts de Caprone liés ensemble par une longue corde.

[9] Hier, vendredi saint, à la treizième heure du jour, douze cent soixante-sept ans ont été accomplis depuis la mort de Jésus-Christ. (Voy. chants IV et XII.)

Cagnazzo, Farfarel, Graffiacan, Calcabrine,
Ciriatto le Dentu, Libicock, Alichine, 110
Rubicant l'Insensé, compagnons belliqueux,
Partez! Draguignazzo, je te laisse avec eux.
Toi, Barbariccia, conduis la décurie ;
Autour du lac bouillant excite leur furie ;
Mais que ces deux soient saufs jusqu'au pont qui là-bas
Passe intact au-dessus des tanières[10].

       — Hélas !
M'écriai-je, ô mon maître, allons seuls et sans garde,
Si tu le peux... Pour moi je n'en veux pas... Regarde !
Quels farouches regards ! Comme ils grincent des dents !
Nous sommes menacés, maître : soyons prudents. 120
— Ne crains rien : que l'enfer en dispose à sa guise.
Ce n'est pas contre nous que leur trident s'aiguise. »

Ils firent volte à gauche ; en guise de signal,
La langue entre les dents, l'escadron infernal
Se tourna vers son chef, et lui, hochant la tête,
S'était fait de sa queue une immonde trompette.

---

(10) Malacauda trompe nos voyageurs : c'est dans le circuit suivant, celui des hypocrites, que le pont est brisé. (*Supra*, note 9 et chant XXIII, note 9.)

Texte 139.
Traduction 126.

CHANT XXII.

—

ARGUMENT. — Suite du cinquième circuit : Le lac de poix bouillante. — Giampolo, favori du roi Thibault; Épisode.

Chez vous, fiers Arétins, j'ai vu plus d'une fois
Des cavaliers courir au bruit de mille voix ;
Je les ai vus s'enfuir, s'attaquer, se défendre :
J'ai vu les tirailleurs ramper, gravir, descendre :
J'ai vu, dans les tournois, de vaillants chevaliers
Rompre, la dague au poing, casques et boucliers :
Je les ai vus, guidés par le bruit des fanfares,
Instruments des Latins, instruments des Barbares,
Clairons, cloches, tambours, signaux de châteaux forts ;
Mais je ne vis jamais, mus par de tels accords [1], 10
Manœuvrer fantassins, ni cavaliers ni voile
Répondant aux signaux d'un phare ou d'une étoile...
C'est que je cheminais, guidé par dix démons...
Que demander, hélas! à de tels compagnons?
Ils ont, ainsi que nous, la loi qui les gouverne...
A l'église les saints! l'ivrogne à la taverne!

Le bitume attirait ma pensée, et mes yeux :
Je voulus de plus près, pour l'étudier mieux,
Voir le lac, et surtout observer plus à l'aise
Les pêcheurs consumés dans l'ardente fournaise.   20

---

[1] V. dernier vers du chant précédent.

Là, comme les dauphins, quand, du milieu des flots,
Leur croupe, en forme d'arc, se montre aux matelots,
Présage accoutumé de trouble et de tempête :
Ainsi, pour moins souffrir et sans montrer la tête,
Quelques rares pêcheurs mettaient le dos à l'air,
Puis ils disparaissaient aussi prompts que l'éclair.
Telle encore au-dessus de quelque mare impure,
La grenouille, du bout du museau, s'aventure,
Cachant sous l'eau ses pieds et le reste du corps :
Tels les maudits risquaient leurs têtes au dehors, 30
Et de même ils plongeaient sous la brûlante écume,
Quand Barbariccia s'approchait du bitume.
J'en vis un — et mon cœur s'en épouvante encor, —
Il avait tardé trop à prendre son essor,
Comme il advient parfois que, sous la verte lie,
Une grenouille plonge et l'autre au bord s'oublie.
Graffiacan, qui plus près se trouvait par hasard,
Dans ses cheveux gluants roule son triple dard
Et l'enlève de l'eau, comme on pêche une loutre...
(Les démons s'appelaient entre eux; j'avais en outre, 40
Au moment de l'appel, observé les démons,
Faut-il donc s'étonner que je cite leurs noms?)
« Rubicant! Rubicant!.. à l'œuvre!.. qu'on te voie!
Ouvre ta large griffe et caresse ta proie!
Mais si bien, entends-tu, que les os soient à jour »,
Criaient-ils tous en chœur. Après eux vint mon tour :
« Ami, si tu le peux, vite fais-moi connaître
L'Ame tombée aux mains d'un si terrible maître. »

Le poëte, à ces mots, s'approchant du maudit,
Lui demanda son nom; celui-là répondit : 50
« Je fus de la Navarre et naquis d'une intrigue ².
Ma mère, on le sait trop, m'avait eu d'un prodigue,

---

(2) Giampolo, favori de Thibault, roi de Navarre.

Destructeur de soi-même et de ses propres biens.
Le roi Thibault chez lui me prit comme un des siens.
Je vendis la justice et, pour de telles fautes,
Le lac brûlant me compte au nombre de ses hôtes. »
Ciriatto, dont la bouche aux deux coins laisse voir
Deux larges crocs courbés en forme de boutoir,
Montra comme l'un d'eux frappe, déchire et brise.....
Par des chats sans pitié la souris était prise.   60
Mais Barbariccia, l'entourant de ses bras :
« Tant que je le tiendrai, frères, n'y touchez pas »,
Dit-il, et vers mon guide abaissant son visage :
« Parle-lui, si tu veux en savoir davantage,
Avant qu'un second coup l'achève; mais sois bref.
— Infortuné, reprit mon vénérable chef,
Qu'il te plaise à présent parler un peu des autres :
Dis, sous l'ardente poix est-il quelqu'un des nôtres?
Est-il quelque Latin? — J'en vis un aujourd'hui,
Dit l'autre; oh! que ne suis-je encore près de lui,   70
A couvert sous la poix! Là, malgré nos souffrances,
Nous ne craignons du moins ni fourches ni défenses. »
Libicock s'écria : « Par l'enfer! c'en est trop! »
Et, lui prenant le bras dans les dents de son croc,
Il en tire un lambeau qu'il brandit dans l'espace.
Draguignazzo, jaloux, aux jambes le menace.
Mais le décurion, qui s'est fait son appui,
Promène fièrement ses yeux autour de lui
Et rend au Navarrois une paix... bien fragile.

Celui-là regardait ses blessures. Virgile   80
Ajouta, profitant d'un moment de repos :
« Quel est donc ce Latin que si mal à propos
Tu quittas pour venir à la rive moins chaude?
— Gomita de Gallure, un vase plein de fraude [3].

---

[3] Né en Sardaigne. Favori de Ninus Visconti, gouverneur de Gallure (*Purgat*., ch. VIII). Don Sanche, juge de Logodor, qui vendait la justice.

Il tint les ennemis de son roi sous sa main
Et fit qu'ils bénissaient son nom le lendemain ;
Car *s'il prit leur argent, il leur rendit... service,*
Comme il le dit lui-même. A vendre la justice
Il était passé maître et se retrouve encor
Avec un don Michel Sanche de Logodor. 90
Leurs langues, pour calmer un mal qui toujours saigne,
Sans se lasser jamais, parlent de la Sardaigne...
A moi !... l'autre !... Voyez comme il grince des dents !
Je parlerais encor, mais j'ai peur des tridents.
Celui-là va frapper. — Vil oiseau de malice,
Hors d'ici ! » dit le chef de la noire milice
Au fougueux Farfarel, dont les yeux en courroux
Avaient déjà marqué la place de ses coups.

« Voulez-vous voir, reprit l'Ombre un peu plus hardie,
Quelqu'un de la Toscane ou de la Lombardie ? 100
Le voulez-vous ? parlez, je le ferai venir.
Mais cachez ces harpons toujours prêts à punir,
Ils en auraient trop peur, enfants de Malebranche !
Que l'escouade, un instant, à l'écart se retranche ;
Et moi, sans remuer, dans ce lieu même assis,
Pour un que me voilà, je vous en livre six,
Dès que j'aurai sifflé selon notre coutume,
Quand parfois un de nous se met hors du bitume. »

A cette motion, le rusé Cagnazzo
Dit en hochant la tête et levant son museau : 110
« Excusez la malice ! Amis, le bon apôtre
Est tout prêt à plonger si nous voulons. » Mais l'autre
Qui n'était pas à court de filets et de lacs :
« Oui, la malice est grande ! et j'ai grand tort, hélas !
Moi qui prépare aux miens un surcroît de torture. »
Alichine céda, vaincu par l'imposture :
« Maudit ! s'écria-t-il, si tu ne dis pas vrai,
Si tu veux fuir, c'est moi, moi qui te poursuivrai,

Et non pas au galop, mais bien à tire-d'aile.
Descendons vers la rive et, bien cachés par elle,   120
Voyons, sans être vus, si le fin Navarrois
En sait plus à lui seul que nous tous à la fois. »

Soyez témoins, lecteurs d'une scène incroyable.
Chacun tourna les yeux aux derniers mots du diable,
Cagnazzo le premier, si défiant d'abord.
L'autre saisit l'instant, s'affermit sur le bord,
S'élance, et dans le lac il emporte la trame.
Chacun, frappé du coup, le sentait jusqu'à l'âme,
Mais celui-là surtout qui, vaincu cette fois,
S'était pris aux filets du rusé Navarrois.   130
Il bondit, il s'écrie : « Ah ! je te tiens ! » Mensonge !
Le damné disparaît et pendant que l'un plonge,
L'autre s'élève en l'air, volant dans la vapeur...
L'aile de l'oiseau cède à l'aile de la peur.
Tel plonge le canard, pour peu qu'il entrevoie
S'approcher le faucon qui, frustré de sa proie,
S'en retourne honteux et confus dans les airs.

Calcabrine, irrité des ruses du pervers,
Volait derrière lui, mais brûlant, j'imagine,
Qu'il se mît à couvert, pour saisir Alichine.   140
Sitôt que la Barate eut plongé, le démon
Tourna ses doigts de fer contre son compagnon
Qui, s'accrochant à lui, fit sentir à son frère
Ce qu'un digne épervier de ses ongles sait faire.
Je vis s'entrelacer les combattants hideux ;
Je les vis dans la poix s'abîmer tous les deux.
Mais l'horrible chaleur les sépara bien vite,
Sans que ce caducée aidât beaucoup leur fuite,
Tant leurs ailes tenaient au liquide visqueux.
Tous les démons hurlaient, et leur chef avec eux.   150
Soudain quatre, à sa voix, passent à l'autre rive :
On marche, on court, on vole ; aux deux bords on arrive

Tous tendent à l'envi le fer de leurs tridents
Aux frères déjà cuits dans les fourneaux ardents.
Quant à nous, dédaignant leur salut ou leur perte,
Nous suivîmes la route à notre gauche ouverte.

        Texte 151.
        Traduction 156.

CHANT XXIII.

ARGUMENT. — Sixième circuit : Les hypocrites, les chapes de plomb. — Deux Podestats de Florence. — Ponce Pilate.

Comme deux franciscains, lui premier, moi second,
Nous allions seuls, muets, nous rapprochant du pont.
Dans le rude combat lisant mon horoscope,
Malgré moi je pensais à la fable d'Ésope [1]
Où l'on voit la grenouille et le rat combattant.
Le mot *pas* au mot *point* ne ressemble pas tant
Que la scène du lac à celle de la fable :
Du début à la fin je voyais tout semblable,
Et comme tout se tient dans le raisonnement,
Du premier découlait un second argument... 10
Ma peur en redoubla : « C'est pour nous, me disais-je,
Que les rusés démons sont tombés dans le piége.
Bafoués, puis grillés !... D'un si cruel affront
Ils doivent bien souffrir ; mais ils se vengeront.
Sur la méchanceté s'ils greffent la vengeance,
Nous serons poursuivis par la maudite engeance,
Plus terrible cent fois que le molosse ardent,
Quand le lièvre timide est tombé sous sa dent... »
Je sentais mes cheveux se dresser sur ma tête.
Tremblant, je regardais en arrière... « O poëte ! 2
M'écriai-je soudain, cache-toi, cachons-nous !
J'ai peur de Malebranche... Écoute : ils viennent tous ;

---

1. Imitée par notre inimitable La Fontaine : *La Grenouille, le Rat et le Milan.*

Je crois déjà sentir leurs tridents. » Et le sage :
« Aussi bien qu'un miroir réfléchit ton visage,
Je réfléchis en moi tes vœux les plus secrets.
Oui, sous la même forme, avec les mêmes traits,
Nous n'avons tous les deux qu'une seule pensée.
Je crains, quand par la peur ton âme est offensée.
Si cet escarpement à ma droite abaissé
Nous permet de descendre au sixième fossé, 30
Nous fuirons le chasseur, fût-il imaginaire. »

Comme il parlait encor, plus prompts que le tonnerre,
Je les vis accourir par différents chemins,
Tous étendant vers nous leurs ailes et leurs mains.
Le maître dans ses bras prit soudain son élève :
Telle entendant des cris une mère se lève...
Une mère !... Elle écoute, elle regarde et voit
La flamme en tourbillons pénétrer sous son toit.
Elle arrache au berceau son fils, son bien suprême,
Prenant plus de souci de lui que d'elle-même, 40
Elle fuit sans argent, sans hardes, sans abris,
Et se croit riche encore..... elle a sauvé son fils.
Tel mon maître, du haut de la rude colline,
S'abandonnait le long du rocher qui s'incline
Et qui sert de limite au sixième fossé.
Rapide est le courant au moulin adossé
Quand il vient au plus près des aubes de la roue :
Tel et tenant mon front appuyé sur sa joue,
Virgile m'emportait à travers les granits,
Non comme un compagnon, mais plutôt comme un fils 50

Dans le fond du fossé son pied posait à peine,
Quand au faîte du mont qui domine la plaine
Parurent les démons acharnés contre nous.
Je ne les craignais plus : en livrant à leurs coups
La cinquième tribu, la Providence sainte
Leur ôta le pouvoir d'envahir l'autre enceinte.

Là, richement vêtus des plus vives couleurs,
Les damnés se traînaient, les yeux baignés de pleurs,
Haletants, épuisés, courbés dans la poussière.
Leur chape à larges plis, d'une forme grossière, 60
Et dont le capuchon leur tombait sur les yeux,
Me rappela Cologne et ses religieux.
Du vif éclat de l'or la surface étincelle,
Mais la chape est en plomb, d'une pesanteur telle
Que Frédéric n'eût mis qu'une paille à côté[2] :
O fatigant manteau pour une éternité !
Cheminant avec eux à gauche nous tournâmes,
Attentifs aux soupirs des misérables Ames
Qui vont si lentement sous leurs pesants fardeaux
Qu'à chaque pas j'avais des compagnons nouveaux. 70
Je dis donc à mon chef : « Dans cette foule immonde,
En est-il dont le nom ait occupé le monde ?
Maître, tout en marchant, daigne chercher des yeux. »

L'accent de la Toscane avait frappé l'un d'eux.
Je l'entendis crier derrière nous : « De grâce,
Vous qui courez si vite à travers notre race
Et dans la sombre nuit, arrêtez !... Quant à toi,
Ce que tu veux savoir tu le sauras de moi.
— Attends-le, dit mon guide en retournant la tête,
Et mesure tes pas sur les siens. » Je m'arrête, 80
Et je vois, attardés par le lourd vêtement,
Deux pécheurs dont les pieds se traînent lentement,
Tandis que dans leurs yeux l'impatience vole,
Ils m'ont rejoint enfin : sans dire une parole,
Fixant longtemps sur moi leur oblique regard,
Ils se disaient, semblant se consulter à part :
« Oui, celui-là respire, il est vivant, je pense ;
Mais s'ils sont morts tous deux, quel pouvoir les dispense

---

(2) Frédéric II faisait couvrir d'une chape de plomb certains criminels, et les jetait ainsi vêtus sur des charbons ardents.

De ployer comme nous sous l'étole ? O Toscan,
Toi que l'*hypocrisie* a reçu dans son camp, 90
Daigne apprendre ton nom au pécheur qui te prie.
— Sur les bords de l'Arno Dieu plaça ma patrie :
Je suis né, j'ai vécu dans la grande cité,
Je marche avec le corps que je n'ai pas quitté.
Mais vous, quel sont vos noms, vous qui, sur cette rive,
Distillez par les yeux une douleur si vive ?
Et quel est donc ce mal qui semble si profond ?
— Ces beaux manteaux dorés, reprit-il, sont en plomb
Et si lourds que le poids fait fléchir la balance[3].
A Bologne tous deux nous avons pris naissance ; 100
Il a nom Loderingue et moi Catalano ;
Tous deux, *Frères-Joyeux*, aux rives de l'Arno[4].
Nous fûmes appelés par les tiens, à ce titre
Que l'on choisit souvent l'étranger pour arbitre.
Ce que nous avons fait d'un glorieux pouvoir,
Autour du Gardingo, Toscan, tu peux le voir[5]. »
— Frères, dis-je à mon tour, c'est votre inexcusable...»
Mais je n'achevai pas, remarquant sur le sable
Un maudit que trois pals tenaient crucifié.
Dès qu'il m'eut aperçu, l'humble supplicié 110
Se tordit, soupirant dans sa barbe touffue.
Frère Catalano me dit, à cette vue :
« Ce martyr excita les pharisiens jaloux[6]
A mettre un homme en croix pour le salut de tous.
Tu le vois : en travers, nu, gisant sur la place,
Il doit sentir le poids de tout damné qui passe.
Là, dans la même fosse, un supplice pareil
Torture le Grand-Prêtre et tous ceux du Conseil

---

(3) Le poids, c'est la chape ; la balance, c'est l'homme.

(4) On nommait ainsi par dérision les *frères de Sainte-Marie*, ordre demi-religieux, demi-guerrier, fondé par Benoît IV.

(5) Nom d'un des quartiers de Florence ; le Jardin. (Voy. *Vie de Dante*.)

(6) Caïphe : *Expedit vobis ut unus moriatur pro populo*; plus bas, Ponce Pilate, tous deux hypocrites.

Qui furent pour les juifs une semence infâme[7].

Virgile s'étonnait à l'aspect de cette Ame[8]   120
Qui, gisant sur sa croix dans l'éternel exil,
Souffre un double supplice, aussi cruel que vil.
« Répondez, dit mon guide en s'adressant au frère,
Répondez, si le Ciel vous permet de le faire.
A droite, n'est-il pas quelque chemin caché
Qui puisse nous conduire au septième péché,
Sans passer par les mains de la phalange noire?
— Oui, dit l'autre, et plus près que tu ne peux le croire[9] :
Le pont de Malébolge, à travers les circuits,
Part du grand mur d'enceinte et descend jusqu'au puits. 130
Chez nous l'arche est rompue et couvre de ruine
Le fond et les talus jusqu'à l'autre colline;
Mais vous pourrez gravir à travers les débris. »

Mon guide, le front bas, écoutait les Esprits :
« Celui-là, me dit-il après un long silence,
Qui perce les pécheurs avec sa triple lance
Nous a bien mal conté l'histoire de ce pont! »
Et le frère : « A Bologne, on m'en a dit bien long
Sur le diable, et parfois il est bon qu'on y songe.
Va : le diable est menteur et père du mensonge. » 140

Il dit, et le poëte à grands pas s'en allait,
Non sans quelque colère, à ce qu'il me semblait.
Et moi je pris congé de la pesante race,
Suivant de près la chère et vénérable trace.

---

(7) Qui furent cause de l'anathème prononcé contre la race juive.

(8) Quand il est descendu au cercle de Judas, Caïphe et Pilate n'étaient pas encore là. (Voy chant IX et chant XII, note 3.)

(9) A la suite de l'arche où Virgile a rencontré Malacauda. (Voy. chant XXI, note 10.)

Texte   148
Traduction 144

CHANT XXIV.

—

ARGUMENT. — Septième circuit : Brigands, Incendiaires, Assassins et Voleurs. — Effrayantes métamorphoses. — Prédictions.

Quand l'année, en tournant, revient à son berceau,
Aux jours où, pâle encor, dans l'urne du verseau
Le soleil rajeuni trempe sa chevelure,
Quand les heures, avec une égale mesure,
Se partagent le cours du jour et de la nuit,
Le givre sur les champs se répand et reluit,
Image de sa sœur, blanc et brillant comme elle,
Mais gardant moins longtemps les frimas sur son aile ;
Le pâtre qui n'a plus ni litière ni foin,
Sort de son lit, regarde, et quand il voit au loin   10
La plaine toute blanche, il se frappe avec rage ;
Il rentre sous son toit, va, vient, perdant courage,
S'agitant comme un fou qui ne sait ce qu'il fait ;
Il retourne et l'espoir lui revient ; en effet,
Peu d'instants ont changé l'aspect de la nature ;
Sa houlette à la main, il court à la pâture :
Tel mon maître et seigneur me fit prendre souci,
Quand l'indignation lui fronça le sourcil :
Tel il mit aussitôt le baume sur la plaie ;
Car, à peine arrivé vers l'effroyable baie,   20
Il se tourna vers moi, de cet air deux et bon
Qui m'avait tant ému dans le dernier vallon.

Il tint quelques instants conseil avec lui-même,
Regarda la ruine avec un soin extrême;
Puis il m'ouvrit ses bras et sur son cœur me prit.
Comme un homme doué de sagesse et d'esprit,
Qui pense en agissant, qui nuit et jour en garde,
A chaque pas qu'il fait, sonde, guette et regarde :
Tel, et de roc en roc m'élevant avec lui,
Virgile du regard cherchait un autre appui,　　　30
Disant : « Cramponne-toi là, comme a fait ton guide.
Mais assure-toi bien que la pierre est solide. »

Inaccessible voie aux lourds porteurs de froc!
A peine pouvions-nous gravir de bloc en bloc,
Lui léger, moi porté dans les bras de mon maître.
Eût-il succombé, lui? Je répondrai *Peut-être*;
Mais moi j'étais perdu si le bord n'eût été
Moins élevé par là que de l'autre côté.
Comme les dix vallons pendent sur l'ouverture
Du puits posé plus bas que sa lourde ceinture,　　　40
La position veut que dans chaque fossé,
L'un des bords soit plus haut que le bord opposé.

Nous étions à la fin parvenus sur la cime
Où le dernier granit penche vers l'autre abîme;
Mais, quand je fus en haut, nous avions tant marché
Qu'au fond de mes poumons le souffle était séché.
Je ne pus faire un pas : brisé par la fatigue,
Je m'assis, ou plutôt je tombai sur la digue :
« On dompte la paresse avec de tels combats[1], »
Me dit l'austère Esprit : « La gloire ne vient pas　　　50
A qui dort mollement dans la soie et la plume.
Celui-là dans l'oubli lentement se consume
Et laisse moins de trace au seuil de son tombeau
Que le zéphyr dans l'air, ou l'écume sur l'eau.

---

[1]　　Qui studet optatam cursu contingere metam,
　　Multa tulit fecitque puer, sudavit et alsit　　　(Horace)

Lève-toi donc! résiste au souffle qui t'entraîne :
Quand l'esprit veut sortir triomphant de l'arène,
Il ne doit pas ployer sous le fardeau du corps.
Il ne nous suffit pas d'avoir quitté ces morts :
Nous aurons à gravir une échelle plus haute [2] ;
Si tu m'entends, profite et répare ta faute. »   60

Alors je me levai, montrant plus de vigueur
Que je n'en sentais, hélas! au fond du cœur :
« Va, maître! Je suis fort. » Nous nous mîmes en route
Par le haut du rocher qui forme une autre voûte,
Escarpé, rude, étroit, plus que les précédents.
Pour cacher ma faiblesse à des yeux trop ardents,
Je parlais... quand du fond de la sombre vallée,
Une voix s'éleva, rauque, inarticulée.
Bien que je fusse en haut des granits presque droits,
Je ne sais cependant ce que disait la voix;   70
Mais celui qui parlait parlait avec colère.
J'avais beau me pencher : dans la noire atmosphère,
Avec des yeux vivants on ne pénètre pas :
« Jusques à l'autre bord daigne guider mes pas,
Maître, et dans ce fossé hâtons-nous de descendre :
Je vois sans distinguer et j'entends sans comprendre.
— A de sages désirs c'est l'acte qui répond :
Je ne dis rien, je marche. »

       Et du sommet du pont,
Déjà nous descendions par la pente sauvage
Où la voûte s'accroche au huitième rivage.   80
De là je vis la fosse et je lus dans son sein.
Je vis ramper, se tordre, un effroyable essaim
De serpents si divers de formes et de race
Qu'il suffit d'y penser pour que mon sang se glace.

---

(2) L'échelle des cieux.

Qu'on ne me vante plus les sables lybiens[3] !
Chélydres, javelots, scorpions, grands sauriens,
Amphisbènes, aspics, que la chaleur féconde ;
Ceux dont l'Éthiopie et la mer Rouge abonde,
Sont moins cruels cent fois et cent fois moins affreux
Que la horde acharnée après ces malheureux. 90
Partout elle les suit, les prend, les enveloppe,
Sans espoir de refuge et sans héliotrope[4].
Eux couraient au travers, nus, pâles et tremblants.
Des serpents se roulaient tout autour de leurs flancs,
Liaient leurs mains derrière et, par surcroît de haine,
Leur scellaient dans les reins les deux bouts de la chaîne.

L'un d'eux, sur un maudit s'élançant tout à coup,
Le transperce où l'épaule est rattachée au cou :
En moins de temps qu'une *L* ou qu'une *S* n'est écrite,
L'Ame s'allume, flambe, en cendres est réduite : 100
Puis je vois tout à coup ces cendres s'animer,
De noirs débris s'unir, des membres se former,
Et, debout devant moi, l'Ame dresse la tête.
Tel le phénix, au moins dans les chants du poëte[5],
Après cinq fois cent ans meurt et renaît sans fin.
Il ne se nourrit pas d'herbe vile et de grain,
Mais des pleurs de l'encens, d'anémone et de myrrhe,
Et se fait un bûcher des parfums qu'il respire :
Tel encore celui-là qui tombe, sans savoir
Si le démon le tient par terre en son pouvoir, 110
Ou si du mal caduc il sent l'horrible étreinte.
Quand il reprend ses sens, il regarde avec crainte,
L'œil morne, tout troublé de ses grandes douleurs,
Et mêle à ses regards des soupirs et des pleurs :
Telle se relevait l'Ame après son supplice...
Que vous êtes sévère, ô divine Justice !

---

(3) Voy. *Pharsale*, chant IX.
(4) Plante bien connue qui, dit-on, guérit les morsures du serpent.
(5) Comparaison choquante par sa grâce même.

Qu'ils sont pesants les coups de votre bras vengeur !

Mon maître interrogeait cependant le pécheur,
Qui lui dit : « Depuis peu, des champs de la Toscane
Je fus précipité dans ce profond arcane. 120
Vil mulet que j'étais, loin des sentiers humains [6],
De la brute en tous lieux je suivis les chemins,
Et trouvai dans Pistoie une digne tanière.
Je fus Vanni Fucci, bête immonde et grossière.
— Demande-lui, bon maître, et qu'il ne mente pas !
Quelle fraude, en mourant, l'a fait tomber si bas :
Là-haut sa violence était partout citée [7]. »

L'Ame qui m'entendait ne fut point irritée.
Elle dressa vers moi sa pensée et son front,
Où seul parut se peindre un désespoir profond : 130
« Va, je souffre, à me voir si tristement surprise
Au fond de la misère où le péché m'a mise,
Plus que je ne souffris pour tomber de là-haut.
Mais tu veux que je parle... Eh bien, puisqu'il le faut [8],
Sache qu'en si bas lieu si je suis engloutie,
C'est pour avoir volé dans une sacristie,
Et chargé de mon crime un malheureux enfant.
Mais, pour rabattre un peu de ton air triomphant,
Si jamais des vivants tu retrouves la route,
Toi qui voulus m'entendre, écoute encore, écoute : 140
Pistoie expulse un jour tous les Noirs à la fois [9],
Florence renouvelle et son peuple et ses lois,
Mars, des champs de Magra, souffle un sombre nuage
Qui s'avance, grandit, se déchire... et l'orage

---

(6) Fils naturel d'un gentilhomme de Pistoie et d'une fille inconnue

(7) Comment donc n'est-il pas dans le premier circuit du septième cercle, dans le fleuve de sang ? Voy. chant XXV, note 3.)

(8) Comme l'a dit Caccianimico, chant XVIII.

(9) On a déjà vu que les morts lisent dans l'avenir, Ciacco, Farinata, Latini, chants VI, X, XIV. Pour le surplus, voy. *Vie de Dante*.

Sur les champs de Picène éclate en rugissant.
Le Blanc tombe noyé dans les flots de son sang...
Retourne maintenant vers la belle Florence,
Et que ton désespoir soulage ma souffrance ! »

Texte 151.
Traduction 148.

CHANT XXV.

ARGUMENT. — Suite du septième circuit : Description de diverses métamorphoses.

Il dit ; et, par un geste insultant, le pervers,
Levant sa main fermée avec deux doigts ouverts,
S'écria : « Dieu, prends-les ! prends, je brave ta haine[1]. »
Mais alors un serpent lui mit au cou sa chaîne, »
Comme pour dire : « *Attends, tu ne diras plus rien.* »
Un second prit les bras, et les serra si bien,
Que les deux mains en l'air restèrent immobiles...
J'aime depuis ce jour la race des reptiles.

O berceau de Vanni ! Pistoie, impur séjour,
Si ta perversité grandit de jour en jour, 10
Que ne disparais-tu sous tes propres ruines !
De tant d'Esprits voués aux vengeances divines,
Nul n'outragea le ciel par de si fiers dédains,
Pas même le maudit tombé des murs thébains[2].

Au silence réduit, le voleur prit la fuite.
Je vis au même instant courir à sa poursuite
Un Centaure aux crins noirs qui criait furieux :
« Où donc est-il ? Où donc est-il l'audacieux ? »
Moins de serpents, je crois, infestent la Maremme
Qu'à l'entour de sa croupe il n'en traînait lui-même, 20

---

(1) *Far le fiche,* faire les cornes, de là peut être l'expression triviale : *Se ficher de quelqu'un.*
(2) Capanée (ch. XIV).

Jusqu'au point où la brute emprunte notre aspect.
Sur son dos un dragon, le cou dressé, rampait;
Et l'affreux cavalier, de là, l'aile étendue,
Dardait de larges feux sur la foule éperdue.

Mon protecteur me dit : « Ce Centaure est Cacus[3];
Lui qui longtemps, du sang des voyageurs vaincus,
Sur le Mont-Aventin, inonda son repaire.
Séparé de sa race, il est là, solitaire,
Pour avoir, dans la nuit, consommé le larcin
Du superbe troupeau qu'il avait pour voisin.   30
Sous la masse d'Hercule il expira, le traître,
Et, frappé de cent coups, n'en sentit qu'un peut-être[4]. »

Il me parlait encore, et Cacus était loin.
Trois Esprits jusqu'à nous glissèrent dans un coin,
Sans être vus d'abord; puis tous, levant leurs têtes,
Crièrent brusquement : « Dites-nous qui vous êtes. »
Virgile resta court : sur les trois curieux
Nous ne songeâmes plus qu'à diriger nos yeux.
Tous m'étaient inconnus; mais, parlant d'autre chose,
L'un d'eux, comme parfois il advient quand on cause,   40
Nomma l'autre en disant : « Cianfa n'est-il pas là[5]? »
Mon index à ma bouche aussitôt se colla,
Pour inviter mon maître à garder le silence.

Si maintenant, lecteur, tu te fais violence
Pour croire à ma parole, en puis-je être surpris?
Moi je doute, et j'ai vu les choses que j'écris.

---

(3) *Semihominis Caci facies* (*Énéide*, ch. VIII) v. ch. XXIV, note 7. Séparé de sa race (les violents, ch. XII) pour avoir frauduleusement détourné les taureaux d'Hercule.

    Quattuor e stabulis præstanti corpore tauros
    Avertit   (*Énéide*, ibid.)

(4) Virgile fait mourir Cacus par strangulation :
    ..... Corripit in nodum complexus et angit.

(5) De la famille des Donati (Guelfes noirs de Florence, v. ch. XXIV, v. 141, et *Vie de Dante*).

Un énorme serpent qui sur six pieds se traîne,
Bondit vers l'un des trois, le recouvre et l'enchaîne.
Dans l'une et l'autre joue il enfonce ses dents,
De ses deux pieds d'en haut presse les bras pendants; 50
Deux autres pieds plus bas autour des flancs s'enlacent;
Ceux de derrière enfin dans les genoux s'effacent;
Puis la croupe se glisse entre ce double appui,
Et, montant vers le dos, se confond avec lui.
Les replis vigoureux de l'horrible reptile
Serraient plus fortement la pauvre Ame immobile
Que le lierre, du nœud de ses souples rameaux,
N'a jamais enlacé le tronc des vieux ormeaux.
Je vis, comme une cire exposée à la flamme
Se fondre lentement le serpent avec l'Ame; 60
D'une lente agonie échangeant les douleurs,
Je vis se mélanger leurs douteuses couleurs :
Tel, un papier bruni que la flamme dévore,
A cessé d'être blanc et n'est pas noir encore.

Les deux autres maudits regardaient ; et tous deux :
« Pauvre Angel, disaient-ils, quel changement hideux[6] !
Eh quoi! ta forme est double, et pourtant n'en fait qu'une !
Ce sont des traits divers, une tête commune ;
C'est une double tête et des traits confondus...
C'est un bloc où la tête et les traits sont perdus. 70
Où se croisaient deux bras et deux griffes énormes,
Je ne vois se roidir que deux masses sans formes.
Le buste entier, les flancs, les restes des deux corps,
L'un sur l'autre roulés, tordus avec efforts,
Ne sont plus qu'un seul tronc, qu'un horrible mystère,
Sans nom dans le Tartare, et sans nom sur la terre...
Le monstre au double aspect s'en allait à pas lents.

Aux jours où Sirius darde ses feux brûlants,

---

(6) Angelo Brunelleschi, de Florence.

Un lézard quelquefois, courant de pierre en pierre,
Comme un éclair qui luit traverse la clairière : 80
Tel, près des deux Esprits, un plus petit serpent
Noir, livide, enflammé, se glissait en rampant.
Vers ce point qui, neuf mois dans le sein d'une mère
Puise les aliments du fœtus éphémère,
Il perce une Ombre, et puis tombe sans mouvement.
Le blessé le regarde et se tait... Seulement,
A le voir bâiller tant, et sur ses pieds si roide
On dirait que la fièvre ou le sommeil l'obsède.
Le serpent, le maudit, l'un vers l'autre inclinés,
Échangent lentement des regards fascinés ; 90
Et l'un par ses naseaux, l'autre par sa blessure,
Exhalent, confondue, une vapeur obscure.
Lucain, brise ta lyre et ne nous chante plus
Les tourments de Sabel et de Nasidius [7] :
Que sont-ils près de ceux que nous allons dépeindre?
Ovide, fais silence : à quoi bon l'art de feindre ?
A quoi sert de changer, aimable en nous trompant,
Aréthuse en fontaine et Cadmus en serpent?
L'historien ici fait pâlir le poète :
Nous montras-tu jamais deux êtres, tête à tête, 100
L'un à l'autre enchaînés par des liens secrets,
Empruntant l'un à l'autre et leur forme et leurs traits?

Entre le ver gisant et l'Ame appesantie
Telle se révéla l'horrible sympathie :
La croupe du reptile en fourche se fendit;
Sur deux pieds mis en un le damné se roidit ;
Les jambes ne sont plus : le nœud qui les enlace
Ensemble les confond sans en laisser la trace.
La fourche du serpent sur le sable étendu
Reprend le double appui que l'Esprit a perdu. 110

---

(7) Lucain, la *Pharsale*, ch IX

L'écaille s'amollit, la peau se fait rebelle :
Les bras de l'être humain rentrent sous chaque aiselle :
Deux des pieds du lézard aussitôt allongés
Par le même prodige en deux bras sont changés.
Deux autres pieds tordus se changent non moins vite
En ce que la pudeur à cacher nous invite,
Et qui chez le maudit en deux griffes se fend.
Cependant la vapeur au-dessus d'eux s'étend,
Les recouvre à la fois d'une couleur nouvelle,
Ote à l'un ses cheveux que l'autre tête appelle ; 120
L'un se dresse orgueilleux, l'autre tombe rampant.
Sous l'œil fascinateur, l'homme avec le serpent
N'a plus rien à changer que les traits du visage.
Celui qui s'est dressé, vers sa tempe sauvage
D'une mâchoire aiguë attire la motié,
Et l'oreille se forme... Avec soin replié,
Le reste, entre les yeux, va, s'allonge, s'abaisse,
Enferme l'odorat sous une voûte épaisse,
Et sur des dents d'ivoire en lèvres s'arrondit.
Celui qui va rampant sur le rocher maudit, 130
Allonge les contours de sa noble figure,
Et, de même que l'œil de la limace impure
Échappe dans son tube au doigt qui l'effleurait,
Ainsi du réprouvé l'oreille disparaît.
Sa langue, qui fut prompte à peindre des pensées,
N'est plus qu'un double dard sous deux lèvres glacées.
Chez l'autre, un double dard en langue s'est formé.
La vapeur se dissipe... et l'œuvre est consommé.
Le serpent qui fut homme en sifflant prend la fuite ;
L'homme qui fut serpent s'élance à sa poursuite, 140
Parle en crachant sur lui ; puis, lui tournant le dos,
A l'autre resté seul il s'adresse en ces mots :
« J'ai rampé trop longtemps au fond du noir domaine :
Que Buose à son tour en rampant se promène ! »

Telles, à chaque pas, je voyais, tour à tour,
Les formes se changer dans le sombre séjour.
Pardonnez à mes vers, étranges mais fidèles :
Un tableau si nouveau veut des couleurs nouvelles.
Je marchais au hasard, stupéfait, accablé;
Quoique affaibli par l'ombre et par les pleurs troublé, 150
Mon regard cependant avait pu reconnaître
Sciancato, que Florence ainsi que moi vit naître,
Le seul des trois damnés qui conservât ses traits...
L'autre aux enfers, Gaville, emporta tes regrets[8] !

---

(8) Gaville, bourg situé dans l'État d'Arno, dut regretter Francesco Guercio Cavalcanti, gentilhomme florentin tué dans ses murs; car la ville fut saccagée par ses vengeurs.

Texte 151
Traduction 154

CHANT XXVI.

ARGUMENT. — Huitième circuit : Les Fourbes. Les tuniques de feu. — Ulysse et Diomède.

Honneur à toi, Florence ! A toi, ville éternelle
Qui tiens la terre et l'eau sous l'abri de ton aile !
L'enfer même, ô Florence ! arbore tes couleurs :
J'ai compté cinq des tiens au nombre des voleurs.
J'en ai rougi pour toi, Florence ! et j'ose croire
Qu'il ne t'en revient pas un grand excès de gloire.
Va, si le vrai se mêle aux songes du matin [1],
Avant qu'il soit longtemps tu sauras quel destin,
Au Prato comme ailleurs, le monde te souhaite.
Le glaive tarde bien à tomber sur ta tête !   10
Oh ! que n'a-t-il frappé déjà, puisqu'il t'est dû !
Il me sera plus lourd, plus longtemps attendu.

Nous allions remontant les degrés de l'échelle
Qui nous avait conduits dans la sombre ruelle :
Virgile pas à pas m'entraînait après lui,
De rochers en rochers cherchant un point d'appui ;
Les mains prêtant aux pieds un concours salutaire,
Nous suivions, sans parler, le sentier solitaire.
Alors je m'attristais et je m'attriste encor
Quand, vers ce que j'ai vu, reprenant son essor,   20

---

[1] (V. *Purgat.* — Ch. IX, note 3. — Ovide a dit :
  Namque sub aurora.....
    Somnia quo cerni tempore vera solent.

La mémoire m'apprend à mieux serrer les rênes,
Pour que seule, ô Sagesse, avec toi tu l'entraînes.
Qu'une étoile ou Dieu même ait éclairé mes pas[2],
Jouissons du bonheur, ne le profanons pas !

Aux jours où le soleil couvre le moins sa face,
Quand vient l'heure où la mouche au cousin a fait place,
Le villageois, assis sous le haut peuplier,
Voit au-dessous de lui des vers luisants briller
Dans le champ que peut-être il moissonne ou vendange :
Tels, mille feux brillants, mais d'un éclat étrange, 30
M'apparurent au fond du huitième manoir,
Quand je fus sur le bord d'où je pouvais tout voir.
Rappelez-vous le saint qui d'une foule impie[3]
Fut vengé par des ours : un jour il vit Élie
Que des chevaux ailés emportaient vers les cieux.
Vainement dans son vol il le suivait des yeux :
Il ne voyait monter qu'un tourbillon de flammes :
Tel ici mon regard cherchait en vain les Ames ;
Chaque flambeau chemine emportant son larcin ;
Chaque flambeau recèle un pécheur dans son sein. 40

Je me penchai si bas pour mieux voir que, sans doute,
Si je ne m'étais pris aux rochers de la voûte,
Je tombais, sans toucher, au pied du bastion.
Mon guide tout ému de mon émotion :
« Dans chaque feu, dit-il, un condamné circule,
Se faisant de sa flamme un voile qui le brûle.
— Déjà j'entrevoyais ce que tu me fais voir ;
J'allais t'interroger, bon maître, pour savoir
Quelle Ame est dans ce feu, tel par sa double cime
Qu'il semble, consumant une double victime, 50

---

(2) Le signe des gémeaux, sous lequel Dante était né. (*Parad.* — ch. XXII. L'influence des étoiles est pour lui presque un article de foi.

(3) Elysée (Liv. des *Rois*, ch. II, versets 23 et 24).

Jaillir du grand bûcher où Thèbes mit un jour [4]
Étéocle et son frère. »

                Et le maître à son tour :
« Là brûle Diomède avec le fourbe Ulysse :
Ensemble, comme au crime, ils courent au supplice ;
Ils pleurent le cheval qui fut, entre leurs mains,
Le tombeau d'Ilion, le berceau des Romains [5] ;
Ils pleurent le larcin fait à Déidamie,
Qu'Achille trouble encor sous le marbre endormie,
Et le Palladium volé sur un autel.
— Si leur voix peut frapper l'oreille d'un mortel,   60
Je te prie (et pour toi, lumière des lumières,
Puisse cet humble vœu valoir mille prières !)
Ne me refuse pas : attends avec bonté
Que le double flambeau vienne de ce côté.
Vois comme je me penche et comme je désire !
— Ta prière me plaît plus que je ne puis dire ;
Mais tiens ta langue en bride et laisse-moi parler.
Je sais ce que tu veux : à ne te rien céler,
Parce qu'ils furent Grecs, ceux qu'il me plaît d'attendre,
Pourraient bien, ô Latin, refuser de t'entendre. »   70

  Quand la flamme approcha, quand la place et l'instant
Parurent inviter celui que j'aime tant,
J'entendis en ces mots s'exprimer sa grande âme :
« O vous qui marchez deux dans une seule flamme,
Tant que j'ai respiré, tant que j'ai vu les cieux,
Si j'ai su, par mes vers, trouver grâce à vos yeux,
Ne vous éloignez pas : que l'un de vous me dise [6]
Quelle mort fut le prix d'une folle entreprise. »

---

(4) ..... Exundant diviso vertice flammæ.   [Stace, *Thébaïde*, ch. XIII]

(5) Le cheval de bois, en causant la ruine d'Ilion, causa aussi l'émigration d'Énée en Italie et par suite, la fondation de l'empire romain. — Le larcin fait à Déidamie, Achille enlevé à son amour.

(6) Ulysse. Dante va refaire le dénouement de l'Odyssée.

Le faîte le plus haut de l'antique foyer,
En murmurant d'abord, se prit à flamboyer, 80
Comme il arrive au feu qu'un léger vent agite;
Puis, ainsi que le fait la langue en parlant vite,
Le sommet de la flamme, en tous sens balancé,
Laissa passer ces mots : « J'avais quitté Circé[7]
Qui près de Gaëta me tint plus d'une année,
Avant que Gaëta reçût son nom d'Énée.
La chaste Pénélope, objet de tant d'amour,
Et qui, pour être heureuse, attendait mon retour,
Les baisers dus au fils et les soins dus au père
Ne purent vaincre en moi l'ardeur de voir la terre, 90
Ses vices, ses vertus, d'autres lois, d'autres mœurs.
Seul, avec un navire et quelques vieux rameurs
Jaloux de partager mon triomphe ou ma perte,
Je me mis à travers la grande mer ouverte[8];
Je vins jusqu'à l'Espagne, en touchant tour à tour
La Sardaigne, Maroc, les îles d'alentour,
Les cités, les déserts, les écueils et les fêtes.
Le temps, sans les courber, avait blanchi nos têtes,
Quand, avec mes soldats, je parvins au canal[9]
Où le puissant Hercule a dressé le signal
Qui tient l'homme enchaîné dans sa prison étroite. 100
A gauche disparut Ceuta, Séville à droite :
« Compagnons, m'écriai-je, après mille revers,
Nous touchons au couchant de l'antique univers.
Pour quelques jours obscurs qui vous restent à vivre,
Vous refuserez-vous à l'honneur de poursuivre,
Derrière le soleil, un monde inhabité?
Songez d'où nous sortons! Laissons l'obscurité

---

(7)   Quos hominum ex facie dea sæva potentibus herbis
        Induerat Circe in vultus ac terga ferarum.   (*Enéide*, ch. 7).
Gaëta, un des ports du royaume de Naples, du nom de la nourrice d'Énée.
                    Æneia nutrix.
        Æternam moriens famam, Gaieta dedisti.   (*Ibid*).

(8) La Méditerranée.

(9) Le détroit de Gibraltar, les colonnes d'Hercule (*nec plus ultra*).

A la brute qui vit pour manger et pour boire...
Dieu nous fit pour chercher la lumière et la gloire. » 110

Le feu que par ces mots je venais d'allumer
Fut tel que j'eusse en vain voulu le comprimer.
Notre poupe au levant tourne ses yeux fidèles [10];
A notre aveugle essor l'aviron joint ses ailes ;
Nous gagnons vers la gauche, et déjà dans la nuit
D'un autre firmament le phare nous conduit [11] ;
Et les astres connus, derrière la carène,
Du sein des flots profonds se relèvent à peine.
La lune avait déjà, dans ce grand ciel si beau,
Cinq fois éteint, cinq fois rallumé son flambeau   120
Depuis qu'un nouveau monde éprouvait ma constance,
Quand un pic apparut bruni par la distance [12],
Le plus haut que jamais eût mesuré mon œil.
L'allégresse fut vive et tourna vite en deuil.
Un tourbillon, parti de la terre nouvelle,
Bondit sur le vaisseau, le toucha de son aile,
Avec toutes les eaux le fit tourner trois fois,
Au quatrième assaut fit gémir le vieux bois,
Jeta la proue au fond des flots, la poupe au faîte,
Ferma la mer sur nous... et justice fut faite... [13] ». 130

---

(10) Ils vont du levant au couchant, dans la direction de l'Amérique entrevue au XIIIᵉ siècle sous le nom d'Atlantide.

(11) Ils ont dépassé l'Equateur.

(12) L'Ile du Purgatoire, et non pas, comme l'ont cru quelques commentateurs, le pic de Ténériffe. (V. ch. XXXIV *in fine*, Purgat. ch. Iᵉʳ).

(13)   Procella.....
    Velum adversa ferit.....
    ..... Tum prora avertit et undis
    Dat latus ; insequitur præruptus aquæ mons. (*Enéide*, ch. Iᵉʳ Iliade, ch. XV).

Texte   143.
Traduction 130.

CHANT XXVII.

ARGUMENT. — Suite du huitième circuit : Guido de Montefeltro, franciscain.

La flamme releva sa pointe comme un dard[1],
Fit silence, et, prenant congé du doux Lombard,
S'éloignait, quand soudain, derrière elle accourue,
Une autre, en murmurant, attira notre vue.
Le bœuf sicilien qui, dans un long tourment[2]
Fit mugir le premier, fit périr justement
Celui qui sur son œuvre avait usé ses limes,
Empruntait pour mugir les cris de ses victimes
Et, bronze inanimé, semblait pourtant souffrir :
Telle, la faible voix qui ne pouvait s'ouvrir,   10
A travers sa prison, ni route ni passage,
De la flamme d'abord emprunta le langage ;
Mais sitôt que les sons, devenus plus puissants,
Eurent franchi la cime agitée en tous sens
Par le rapide élan que lui donnait la langue,
J'entendis : « Ame à qui s'adresse ma harangue,
Toi qui parlais lombard tout à l'heure en disant :
Je ne te retiens plus : suis ta route à présent[3]. »
Un peu tard, il est vrai, j'arrive à cette place ;
De m'écouter pourtant accorde-moi la grâce. »   20

---

(1) Au lieu d'être agitée dans tous les sens par l'impulsion de la langue (V. ch. précédent ; *infra* v. 15.)

(2) Le taureau d'airain, inventé par Pérille pour plaire à Phalaris, tyran d'Agrigente. Pérille y fut enfermé le premier.

(3) Allusion au deuxième vers ci-dessus.

Moi j'écoute et je brûle. » Elle ajouta ces mots :
« Du beau pays latin, source de tous mes maux,
Si dans ce monde aveugle on t'a jeté naguère,
Dis-moi si la Romagne a la paix ou la guerre.
Je fus du haut pays, entre la riche Urbin [4].
Et la gorge où le Tibre échappe à l'Apennin. »
Moi, pour écouter mieux, je me penchais encore,
Quand, me touchant du doigt, le maître que j'honore :
« Il est Latin : à toi de parler cette fois [5]. »
J'étais prêt; sans tarder j'élevai donc la voix :   30
« Dans le cœur des tyrans qui ne l'épargnent guère,
La Romagne est encore et fut toujours en guerre;
Pourtant à mon départ aucun feu n'éclatait :
Ravenne est aujourd'hui ce qu'hier elle était.
L'aigle de Polenta, tout en planant sur elle [6],
Tient encor Servia sous l'abri de son aile.
Le rempart illustré par le siége impuissant
Qui naguère aux Français a coûté tant de sang,
Soumis au Lion vert, le redoute et l'adore.
Le Dogue déjà vieux, le Mâtin jeune encore,   40
Du noble Montagna persécuteurs ardents,
Ensanglantent le trône où s'aiguisent leurs dents.
Le Lionceau d'azur, couché dans son hermine,
Sur Imole et Faënze insolemment domine,
Changeant deux fois par an ses amis indignés.
Que dirai-je des murs par le Sauro baignés?
A demi sur le mont, à demi dans la plaine,
Tels ils sont à demi libres et dans la chaîne.

---

(4) Guido de Montefeltro, grand capitaine d'abord, puis pieux franciscain. Une inscription gravée sur sa tombe repousse l'anathème lancé contre lui par notre poëte.

(5) Ulysse, Grec, eût refusé de répondre à un descendant de la race troyenne. (Voy. ch. XXVI, vers 69 et 70.)

(6) Armoiries servant à désigner les familles. — *Le rempart*, Forli, où commandait Montefeltro; soumise à la famille des Ordelaffi. — *Le Dogue*, Malatesta, seigneur de Rimini; le *Mâtin*, son fils; *Montagna*, assassiné par eux. — Le *Lionceau*, armes des Pagani, tour à tour Guelfes et Gibelins. — Les *murs*, la ville de Cesena.

Je te prie à présent de me dire ton nom :
Ne sois pas plus discret que ton fier compagnon, 50
Et que ton souvenir survive à ta poussière! »

La flamme quelque temps rugit à sa manière;
Bientôt sa flèche ardente alla dans tous les sens,
Puis laissa, comme un souffle, échapper ces accents :
« Si je croyais qu'un jour, de l'abîme où nous sommes,
Ma réponse parvînt aux demeures des hommes,
Cette flamme immobile étoufferait ma voix;
Mais puisque dans l'enfer on n'entre qu'une fois,
Ombre, je te réponds sans craindre l'infamie :

» Les camps et le couvent ont partagé ma vie. 60
J'espérais sous la cendre et sous le saint cordon,
De mes iniquités obtenir le pardon.
Mon espoir était juste autant que ma foi vive...
Hélas! le Grand-Pontife, à qui mal en arrive[7]!
Dans mon premier péché me retint malgré moi :
Sache en deux mots, mon frère, et comment et pourquoi.
Tant que j'ai revêtu cette forme éphémère
De sang, de chair et d'os que me donna ma mère,
Je fus moins comparable au lion qu'au renard :
J'étudiai la fraude, et, maître dans mon art, 70
Je maniai si bien l'intrigue et le mystère,
Que mon nom s'étendit aux deux bouts de la terre.
Quand je parvins à l'âge où chacun, à son tour,
Devrait ployer sa voile et songer au retour,
Tout ce qui m'avait plu me remplit d'amertume,
De mon cœur épuré je rejetai l'écume...
Et me voilà damné!!... Serait-il sauvé, lui?
Des nouveaux pharisiens lui le chef et l'appui!
Lui qui, portant la guerre au sein de Latran même,
Laisse impunis le Maure et le Juif qui blasphème! 80

---

(7) Boniface VIII, alors régnant.

Ses ennemis à lui, ce sont de vrais chrétiens
Qui, certes, du soudan ne sont pas les soutiens
Et ne l'aidèrent pas à prendre Saint-Jean d'Acre [8].
Méconnaissant en lui ce qu'il doit à son sacre,
En moi l'humble cordon, symbole du lien
Qui doit rattacher l'âme au seul amour du bien,
Comme un jour Constantin courut au mont Soracte [9]
Dans l'espoir de guérir sa lèpre par un pacte :
Tel un jour le Pontife osa franchir mon seuil
Pour trouver un remède à sa fièvre d'orgueil.   90
Il pria : je restais muet, tant sa parole
M'avait paru d'abord étrange et presque folle.
Il insista : « Pour toi ne crains rien : je t'absous.
» Fais que Pellestrino tombe enfin sous mes coups [10].
» Ces clefs qu'entre mes mains la terre a déposées,
» Sont celles que naguère un autre a méprisées.
» Seul j'ai le droit d'ouvrir ou de fermer les cieux. »
Séduit par ce langage, hélas! trop captieux,
Trompé par mon respect, je n'osai plus me taire :
« Eh bien! si tu m'absous du mal que je vais faire,   100
» Promets beaucoup, tiens peu, lui dis-je, et tu vaincras [11]. »

» Je mourus : François vint, et me prit dans ses bras;
Mais un des Chérubins de la noire cohorte
S'écria : « C'est à moi! c'est mon bien qu'on emporte!
» Il a donné, le traître, un conseil frauduleux :
» Ma main, depuis ce jour le tient par les cheveux.

---

(8) En 1248, de lâches chrétiens avaient livré cette ville au soudan.

(9) Cet empereur, après avoir exilé le pape Sylvestre, vint le trouver dans une grotte du mont Soracte, aujourd'hui le mont Oreste,
   Vides ut alta stat nive candidum
   Soracte... . (Horace)
promettant de lui rendre ses honneurs, s'il parvenait à le guérir.

(10) Château fort défendu par les Colonna. — Au vers suivant: *Ces clefs* sont celles que Célestin V a refusées (ch. III, note 6).

(11) Le conseil fut suivi et donna la victoire au pape — Au vers suivant : *François*, saint François d'Assises, fondateur de l'Ordre (v. *Paradis*, ch. XXX).

» Qu'il tombe dans l'abîme où m'a jeté la foudre !
» Qui ne se repent pas ne peut se faire absoudre.
» Or, exciter au crime exclut le repentir ;
» Donc à céder mes droits je ne puis consentir. » 110
Malheureux que j'étais sous la main d'un tel maître !
Comme il me secouait en me disant : « Peut-être
» Tu ne nous croyais pas si bons logiciens. »
Minos, en me voyant reconnut un des siens,
Tourna huit fois sa queue autour de son corsage ;
Puis, quand il l'eut mordue avec un cri de rage :
« Ce maudit-là, dit-il, au feu-larron est dû »[12].
Frère, voilà mon crime et ce qui m'a perdu.
Voilà pourquoi je traîne un linceul qui dévore,
Et le vain repentir plus dévorant encore. » 120

En achevant ces mots, le flambeau frémissant
Se courbe, se redresse et part en gémissant :
Moi, sans plus de retard, je suivis le poëte
Jusques à la prison où s'acquitte la dette
De ceux qui, divisant et divisant toujours,
Finissent par ployer sous des fardeaux trop lourds.

---

(12) *Fuoco-furo,* parce qu'il dérobe ses victimes aux regards (v. ch. V, note 1).

       Texte 136
       Traduction 126

CHANT XXVIII.

ARGUMENT. — Neuvième circuit de Malébolge : Les Mutilés, Semeurs de schismes, de discorde et de scandales. — Mahomet, Ali, Mosca, etc.

Qui pourrait, même en prose et brisant toute entrave,
Revenant à dix fois sur un thème si grave,
Redire pleinement ce que je vis alors
De carnage et de sang dans l'empire des morts?
A quelle voix humaine est-il donné de rendre
Des choses que l'esprit peut à peine comprendre?
Évoquez à la fois les sanglants bataillons
Dont la Pouille fertile a nourri ses sillons,
Grâce au fer des Romains, grâce aux terribles guerres
Où, suivant Livius qui ne se trompe guères,   10
Les nobles anneaux d'or eurent si large part[1];
Évoquez les soldats qui de Robert Guiscard
Ont éprouvé le glaive... évoquez Cépéranes,
Où chaque jour encore on recueille des crânes,

---

(1) Les anneaux d'or des chevaliers romains, recueillis par boisseaux après la bataille de Cannes. — Robert Guiscard, frère de Richard, duc de Normandie, avait battu en 1081 les troupes de l'empereur Alexis. — Cépéranes ou Ceperano, ville de la Pouille, où Mainfroi, fils de Frédéric II, fut tué par Charles d'Anjou. — Le fort de Tagliacozzo, où Charles d'Anjou triompha pour la cinquième fois, par la ruse du chevalier Allard. (Voir *Vie de Dante*.)

Où le traître Apulin plia comme un roseau...
Évoquez les guerriers morts à Tagliacozzo,
Où le vieux chef Allard triompha sans armées :
Ces flots de sang, ces chairs pendantes, déformées,
Ne sont rien en regard du neuvième fossé.

Tel le vin sort à flots d'un tonneau défoncé, 20
Tel je voyais couler le sang d'une Ame en peine
Déchirée à partir du menton jusqu'à l'aine.
Je vis ses intestins qui pendaient à ses pieds,
Son cœur, le triste sac des aliments broyés ;
Et comme je scrutais la sanglante ruine,
De ses mains elle-même elle ouvrit sa poitrine,
Disant : « Vois à quels coups l'Ennemi me soumet;
Vois si je t'ouvre assez le cœur de Mahomet.
Devant moi pleure Ali, le second dans mes rôles.
Il va, le crâne ouvert, fendu jusqu'aux épaules. 30
Tous les autres blessés que tu vois avec nous,
Comme nous déchirés, sanglants, percés de coups,
Dans le monde ont semé le schisme et le scandale.
Quand nous avons fourni la carrière infernale,
Une invisible main arrête notre sang ;
Mais un démon est là, dont le fer tout-puissant
Frappe et rouvre sans fin nos fraîches cicatrices.
Ainsi la pitié même ajoute à nos supplices.
Et toi, descends... maudit! Sur cette arche arrêté,
Veux-tu gagner du temps contre l'éternité? 40
— Celui-là n'est ni mort ni maudit par sa faute,
Répondit mon tuteur d'une voix ferme et haute;
Mais, pour s'instruire à fond, avec moi qui suis mort,
Il s'en va visitant l'enfer de bord en bord.
Frères, il est vivant : croyez-en ma parole. »

Ce mot *il est vivant* de bouche en bouche vole.
On s'étonne, on se presse ; on dirait qu'un moment
La surprise a fait trêve à l'éternel tourment :

« Toi qui du ciel un jour reverras la lumière,
Dis à Fra Dolcino que si, dans sa tanière[2], 50
Contre les Novarois il veut tenir longtemps,
Et retarder encor le jour où je l'attends,
Il faut qu'en toute hâte il s'arme et se protége
Contre deux ennemis, la famine et la neige. »

Déjà, quand Mahomet me dit ces mots railleurs,
Son pied s'était levé pour le porter ailleurs.
Il partit, chancelant sur sa jambe tendue.

Un autre dont la lèvre était toute fendue,
Qui n'avait qu'une oreille et n'avait plus de nez,
S'avançant du milieu des Esprits étonnés, 60
Ouvrit en deux sa bouche horriblement vermeille :
« Toi qui n'es pas de ceux que le démon surveille,
Dit-il, toi que j'ai vu sous le ciel des Latins,
Si ce n'est une erreur de mes yeux incertains,
Dans les riants vallons que Vercelli domine,
Un jour rappelle-toi Pierre de Médicine[3].
Va trouver, quand pour toi le soleil aura lui,
Le sage Angiolello, le vénérable Gui,
Deux hommes que Fano par-dessus tous honore.
Si de prophétiser le don nous reste encore, 70
Dis-leur que, submergés par un lâche tyran[4],
Près de la Cattolique ils mourront dans un an.
Non, de l'île de Chypre aux îles Baléares,
Jamais forbans issus des Grecs ou des Barbares,

---

(2) Dans les montagnes voisines de Novare, un fou qui, vers la fin du XIIIᵉ siècle, se mit à prêcher la communauté des femmes. Pris par famine, il fut brûlé vif. A la même époque, le curé Jean Bahl prêchait le communisme en Angleterre. (Voy. *Chronique de Froyssart*)

(3) Bourg près de Bologne. Pierre avait jeté la discorde entre Gui de Polenta et Malatesta, seigneur de Rimini.

(4) Par le même Malatesta, qui était borgne.

N'ont écumé les mers sous un si digne chef.
Ce traître, qui ne voit que d'un œil, a pour fief
La terre *qu'un de nous voudrait n'avoir pas vue* [5].
Ils viendront, sur la foi d'une sainte entrevue ;
Mais, lâchement trahis, à rien ne servira
Qu'ils adressent des vœux au vent de Foccara.   80

— Si tu veux que de toi je parle sur la terre,
Repris-je, montre-moi *l'Ame à la vue amère* [6]. »
Et le Médicinais, par un geste empressé,
Saisit à la mâchoire un malheureux blessé,
Lui fit ouvrir la bouche et cria : « Voici l'homme !
Il est muet : c'est lui, c'est l'exilé de Rome,
Qui fixa de César le désir suspendu,
En disant : *L'homme prêt qui diffère est perdu...* »
Malheureux Curion ! Avec sa bouche vide,
Comme il faisait défaut à mon oreille avide,   90
Lui si hardi jadis en parlant aux Romains !

Un autre m'aperçut, qui n'avait plus de mains.
Levant ses deux moignons dans l'atmosphère obscure,
D'où le sang ruisselait sur sa pâle figure :
« Daigne aussi rappeler mon nom, s'écria-t-il ;
Je fus Mosca ; c'est moi, sophiste trop subtil [7],
Qui prononçai ce mot dont je suis la victime :
Le but, quand on l'atteint, est toujours légitime. »
Ce mot a divisé la Toscane en deux camps...
— Il a perdu ta race, et vengé les Toscans, »   100

---

(5) Curion voudrait bien n'avoir pas vu la terre de Rimini, car c'est là qu'il a dit à César, hésitant à franchir le Rubicon :

    Tolle moras : nocuit semper differre paratis
                                  (Lucain, *Pharsale*, ch I, 8 et 28.)

Et ce conseil l'a perdu.

(6) *Colui della veduta amara.*

(7) Mosca degli Uberti, qui, en 1225, alluma par un mot la longue guerre des Guelfes et des Gibelins (V. *Vie de Dante*)

Ajoutai-je, et Mosca, comme un homme en démence,
Entassant deuil sur deuil, avec la foule immense,
S'enfuit désespéré sous le pont rocailleux.

Et moi, continuant de promener mes yeux,
Je vis ce qu'à moi seul, sans autre témoignage,
J'aurais peur d'exposer, si je n'avais pour gage
Cette secrète voix de tout homme de bien,
Qui crie au fond du cœur : *Tu dis vrai, ne crains rien.*
Je vis... (et faudra-t-il que toujours je le voie?)
Un corps décapité qui marchait dans la voie. 110
Avec la triste foule il suivait son chemin.
Pour éclairer ses pas il tenait à la main,
Par les cheveux, sa tête en guise de lanterne.
Élevant jusqu'à nous un œil livide et terne,
Elle disait : *hélas!..* Oh! l'horrible tableau!
Se faire de soi-même à soi-même un flambeau!
Un en deux! deux en un!.. comment cela peut être,
Il le sait celui-là qui révèle un tel maître.

Il venait vers le pont; arrivé juste en bas, 120
Il éleva bien haut sa tête avec son bras,
Pour approcher de nous sa parole plaintive :
« Toi qui, par je ne sais quelle prérogative,
Parcours en respirant l'empire de la mort,
Tu vois, dit-il, tu vois mon effroyable sort;
Tu vois s'il est ailleurs des peines plus cruelles.
Pour que de moi là-haut tu portes des nouvelles,
Sache au moins que je fus Bertrand de Born; c'est moi [8]
Qui, par d'affreux conseils, perdis le *Jeune-Roi.*
J'armai l'un contre l'autre et le fils et le père :
C'est ce qu'Achitophel m'avait appris à faire, 130

---

(8) Vicomte de Hautefort, gouverneur de Jean-sans-Terre, que l'on nommait le *Jeune-Roi*, et qu'il avait excité à la révolte contre son père Henri II, roi d'Angleterre.

Quand il mit l'aiguillon de sa perversité
Entre Absalon rebelle et David irrité.
J'ai séparé le tronc de la branche; et moi-même
Je porte, avec le poids d'un trop juste anathème,
Mon cerveau séparé du tronc qui l'a formé[9] :
Le droit du talion contre moi s'est armé.

---

(9) De la moelle épinière, dont le cerveau n'est, dit-on, qu'un appendice.

Texte 142
Traduction 136

CHANT XXIX.

—

ARGUMENT. — Suite du neuvième circuit : Un parent de Dante. — Dixième et dernier circuit : Les Faussaires, les Faux Monnayeurs. — La Lèpre, la Gale, l'Hydropisie.

Ces flots de sang, ces pleurs, cette foule éperdue,
Avaient comme enivré mon esprit et ma vue.
Pour pleurer librement je voulais rester coi :
« Que regardes-tu donc? dit Virgile, pourquoi
Tes yeux s'attachent-ils aux Ombres mutilées?
Tu n'as pas fait ainsi dans les autres vallées.
Si tu crois les compter, songe que ce séjour
Embrasse, bien peuplé, vingt-deux milles de tour[1].
La lune est sous nos pieds : le temps qu'on nous accorde
Est désormais bien court, et de la triste horde   10
Beaucoup te reste à voir.
     — Que n'as-tu compris mieux
Quel lien retenait ma pensée et mes yeux !
Avant de m'éloigner, cher et vénéré maître,
Tu m'aurais octroyé quelque délai peut-être. »

Mais dès le premier mot que j'avais hasardé,
Virgile avait repris le voyage attardé.
En le suivant je dis : « Dans la sombre demeure
Où mon attention s'absorbait tout à l'heure,

---

(1) A l'aide de ce vers rapproché des vers 87 et 88 du chant suivant, on peut calculer les dimensions des cercles infernaux. — La lune, etc, — Il est plus de midi. (V. Ch. XXX, vers 88).

J'ai cru voir qu'un pécheur de mon sang pleure, hélas!
La faute que si cher on rachète ici-bas. 20
— Ne laisse pas ainsi s'appesantir ton âme
Sur cette fosse... Et lui, qu'il y reste, l'infâme!
Je l'ai vu près du pont t'adresser en passant,
La main haute et fermée, un geste menaçant.
C'est Géri del Bello, criait la triste race [2],
Tes yeux étaient ailleurs ; quand il quitta la place,
Celui qui fut jadis seigneur de Hautefort
T'occupait seul. » Et moi : « Sa violente mort
N'a pas encore été vengée, et cette honte,
Commune à tous les miens, jusques à moi remonte. 30
Voilà pourquoi, je pense, il s'est mis en courroux,
Pourquoi, sans me parler, il s'éloigne de nous :
Son indignation fait ma pitié plus vive ».

Nous parlâmes ainsi jusques à l'autre rive,
D'où l'œil lirait au fond du dixième réduit,
N'était l'obscurité de l'éternelle nuit.
Quand nous vîmes d'en haut la cellule dernière
De cette Malébolge, et de telle manière
Que je pusse entrevoir les malheureux captifs,
La pitié me perça de ses traits les plus vifs, 40
Et je dus des deux mains me couvrir les oreilles,
En entendant leurs cris. Des souffrances pareilles
N'atteindraient pas, je crois, le passant arrêté,
Si dans la même fosse, au plus fort de l'été,
La Valdichiana, la Sardaigne et Maremme [3]
Déversaient leurs égouts et la peste elle-même.
Moins infecte est l'odeur des membres gangrenés
Que celle qu'exhalaient ces malheureux damnés.

---

(2) Parent de Dante, tué par un Sacchetti, et vengé trente ans après sa mort C'est la *vendetta* réfugiée aujourd'hui dans la Corse.

(3) Contrées de l'Italie très-malsaines.

Descendus par la gauche à la dernière plage,
Nous pûmes clairement lire la triste page   50
Où, ministre infaillible, au nom du Roi des rois,
La Justice enregistre et punit à la fois
Le falsificateur sourd à la voix divine.
Jamais le souffle impur qui ravagea l'Égine
Et jeta d'un seul coup tout un peuple au tombeau,
N'attrista les regards d'un plus sombre tableau,
Alors que, tout chargé d'une vapeur funeste,
L'air répandait au loin la mort avec la peste,
Alors que tout périt, jusqu'aux plus petits vers,
Alors qu'un dieu puissant, disent d'antiques vers,   60
A l'aide des fourmis reforma notre espèce [4] :
Tels, au fond de la fosse, à travers l'ombre épaisse,
Je voyais par monceaux languir ces fils du Mal.
L'un, dans l'obscur sentier, comme un vil animal,
S'en allait se traînant, l'autre gisait par terre,
Là sur le sein, ici sur le dos de son frère.

Pas à pas, sans parler, nous cheminions tous deux,
Regardant, écoutant ces infirmes hideux,
Dont pas un ne pouvait se dresser sur sa couche.
J'en vis deux entre tous, au regard faux et louche, 70
L'un près de l'autre assis, l'un sur l'autre appuyés,
Comme ces pots d'airain qu'échauffent nos foyers.
Leurs corps n'étaient que lèpre et livide gerçure,
Où l'ongle furieux, enfonçant sa morsure,
Ajoutait aux douleurs d'une démangeaison
Sans adoucissement comme sans guérison.
Le valet que son maître ou que le sommeil presse
Fait voltiger l'étrille avec moins de vitesse :
La gale, sous leurs doigts, s'en allait par lambeaux :
On eût dit une lame écaillant deux barbeaux   80

---

(4) Jupiter, cédant aux vœux d'Éaque ; de là l'origine des Myrmidons
(de μύρμηξ, fourmi).

Ou tout autre poisson à plus larges écailles[5].
« De ton propre filet toi qui défais les mailles,
Toi dont l'ongle est mordant comme une dent de fer !
Ainsi parlait mon guide, hôte du sombre enfer,
Dis-nous si, près de toi, quelque Latin soupire.
Et puisse un jour ton ongle à son œuvre suffire !
— Latin ? nous que tu vois, nous le sommes tous deux,
Nous si défigurés, dit en pleurant l'un d'eux ;
Mais, pour m'interroger, qui donc es-tu toi-même ?
— Je dois montrer l'abîme à ce vivant que j'aime : 90
De degrés en degrés je descends avec lui. »

Il dit, et les damnés rompant leur double appui,
Chacun d'eux en tremblant se tourne et m'envisage ;
Et bien d'autres, comme eux, des paroles du sage
Frappés par contre-coup, se mirent en émoi.
Virgile, se tournant face à face avec moi,
Me dit : « Demande-leur ce que tu veux apprendre. »
Et moi : « Puissent les noms gravés sur votre cendre
N'être pas effacés du cœur de mes pareils,
Et survivre à vos corps pendant bien des soleils ! 100
Mais dites-nous vos noms, le nom de votre ville ;
Et que cette souffrance aussi rude que vile
Ne ferme pas pour moi vos cœurs prêts à parler.
— Arezzo m'a vu naître ; Albert m'a fait brûler[6].
Ce qui causa ma mort n'a pas perdu mon âme.
Je disais en riant au fils de cet infâme
Que je saurais voler aussi bien qu'un oiseau.
L'esprit n'étouffait pas l'orgueilleux damoiseau :
Il voulut acquérir ma science fatale ;
Moi je ne pus d'un sot faire un nouveau Dédale 110
Et je fus brûlé vif par le père outragé ;
Mais Minos, à qui rien n'échappe, m'a plongé

---

(5) Peu poétique, mais textuel.
(6) Griffolino, célèbre alchimiste jeté en enfer pour avoir falsifié les métaux.

Dans le dernier fossé de la bolge ennemie
Pour m'être attaché trop à l'art de l'alchimie. »

   Je dis au Mantouan : « Quel peuple fut jamais
Plus vain que les Siennois? Pas même les Français[7]... »
L'autre lépreux avait entendu ces paroles :
« Ne confonds pas, dit-il, avec les gens frivoles
Le Stricca, de ses biens sage administrateur;
Nicolas, du faisan profond dégustateur,   120
Inventeur de la sauce où le girofle abonde,
Digne fruit d'une terre en grandeurs si féconde :
Respecte la brigade où Caccia d'Asciano
Fondit ses bois, sa vigne et son dernier anneau,
Où l'Abbagliato montra son savoir-faire...
Mais pour que, sans efforts, tu comprennes, mon frère,
Qui te seconde ainsi contre les Siennois,
Aiguise bien tes yeux sur mon triste minois,
Tâche que ton regard à mon regard réponde,
Et tu reconnaîtras, sous cette lèpre immonde,   130
L'Ombre de Capoccio l'alchimiste, et tu dois,
Si je te reconnais à tes traits, à ta voix,
Tu dois te rappeler que, dans la grande ville,
Je fus de ma nature un singe assez habile. »

---

(7) Un coup de patte, hélas, trop mérité. — « Siennois, venus des peuples de France (Senones); aussi en tiennen-tils encore de l'humeur françoise. » (Brantôme, *De l'amour des Dames*, Disc. VI).

                                     Texte   139
                                       Traduction 134

CHANT XXX.

—

ARGUMENT. — Suite du dixième cercle de Malébolge. — La femme de Putiphar. — Une lutte entre le fourbe Sinon et maître Adam.

Quand l'orgueil de Junon, tant de fois révélé,
Dans le sang des Thébains poursuivait Sémélé [1],
Athamas fut saisi d'une aveugle furie.
Ses deux fils, amenés par sa femme chérie,
Couraient, les bras tendus vers lui pour l'embrasser :
« Des filets! cria-t-il, empêchons de passer
Lionne et lionceaux que le destin m'amène. »
Puis, ouvrant une main follement inhumaine,
Il saisit Léarcas, le tourne dans les airs,
Sur l'angle d'un rocher brise ses tendres chairs,   10
Et la mère éperdue avec l'autre se noie :
Quand le sort abaissa les hauts remparts de Troie,
Quand elle était en feu, quand l'implacable loi
Frappait du même coup le royaume et le roi,
Quand la mère d'Hector, veuve, pauvre, captive,
Vit périr Polyxène et trouva sur la rive

---

(1) Sémélé, aimée de Jupiter. Junon, pour se venger, rendit furieux l'époux d'Ino, sœur de Sémélé.

Polydore, son fils, qu'un flot lui renvoya,
La forcenée alors comme un dogue aboya[2],
Tant la douleur avait bouleversé son âme !

Mais les rugissements de Thèbe et de Pergame, 20
Les sauvages fureurs où s'égarent parfois
Les humains aussi bien que les hôtes des bois,
N'ont rien de comparable aux fureurs de deux Ombres
Qui couraient, le corps nu, les yeux hagards et sombres,
Mordant comme un pourceau de sa bauge échappé.
Le fourbe Capoccio tout à coup fut happé,
Par le lien qui joint le col avec la tête.
Le vainqueur s'attacha si bien à sa conquête
Qu'en la tirant à lui tout à travers les morts,
Il lui fit labourer la roche avec son corps. 30
L'Arétin, qui restait tremblant et sans défense,
Me dit : « Ce misérable est Gianni, de Florence :
Il s'en va furieux, mordant, toujours mordant.
— Puisse l'autre sur toi ne pas mettre sa dent !
Mais daigne le nommer avant qu'il disparaisse. »
— C'est l'antique Myrrha qui devint la maîtresse [3]
De son père, au mépris d'un légitime amour,
Femme pendant la nuit, fille pendant le jour.....
Comme elle couronna cet excès d'infamie,
En se falsifiant sous une forme amie, 40
De même ce Gianni, qui disparaît là-bas [4],
Pour gagner à tout prix la reine d'un haras,
Osa falsifier en soi le personnage
De Buoso Donati, ses traits, sa voix, son âge,
En testant et donnant à ce testament faux
Les signes apparents d'un acte sans défauts.

---

(2)   ... Torva canino
      Latravit rictu.   (Juvén, Sat X.)
         ... Latravit, conata loqui   (Ovide, *Métam*, VIII.)
(3) Fille de Cinyre, roi de Chypre
(4) Gianni Schicchi, — C'est sur ce fond d'infamie que le poète Regnard a brodé sa comédie du *Légataire*.

Quand l'effroyable couple eut disparu, ma vue,
Qu'un spectacle honteux avait trop retenue,
Sur les autres mal-nés erra comme il lui plut.
J'en vis un : tout son corps, de la forme d'un luth, 50
Semblait avoir perdu, juste à partir de l'aine,
La fourche qui soutient notre charpente humaine.
La lourde hydropisie, en rompant les accords
Des diverses humeurs dont se nourrit le corps,
Faisait jurer la face avec l'énorme ventre
Et largement s'ouvrir les lèvres comme un antre :
Tel, brûlé par la soif comme par un fer chaud,
L'étique les retourne, une en bas, l'autre en haut :
« O vous qui, je ne sais pourquoi, dans ce bas monde,
Descendez sans souffrir, nous dit l'Esprit immonde, 60
Regardez maître Adam, et plaignez ses destins [4] :
Vivant, ce que là-haut je voulus, je l'obtins :
Malheureux ! à présent que j'ai quitté la vie,
Deux gouttes d'eau pour moi sont un objet d'envie.
Les ruisseaux frais et purs qui, du Casentino,
Par des sentiers de fleurs descendent dans l'Arno,
Sont toujours sous mes yeux, et ce n'est pas sans cause :
Ces gracieux tableaux qu'à ma vue on expose
Me sont plus douloureux que le mal qui maigrit
Et creuse jusqu'aux os la face du proscrit. 70
La justice du Ciel, aussi rude que haute,
Fait couler, au lieu même où je commis ma faute,
La source de mes pleurs ; car c'est à Roména
Que des faux monnayeurs l'exemple m'entraîna.
C'est là que de saint Jean je simulai l'empreinte.
J'ai vu le feu sans peur ; je l'ai souffert sans plainte ;
Mais, pour tenir un jour sur ces bords douloureux
Les Gui, les Alexandre et leur frère avec eux, [5]

---

(4) Un simple artisan de Brescia, qui falsifia les florins à l'effigie de saint Jean-Baptiste. Il fut brûlé vif (v. note 5).

(5) Gui, Alexandre et Aguinolphe, les trois frères, comtes de Roména, qui l'avaient excité à faire de la fausse monnaie. — La fontaine de Branda, à Sienne, près d'une porte appelée *di fonta Branda*.

Je donnerais Branda, la limpide fontaine.
Déjà, si l'on en croit la rumeur incertaine   80
Que ces deux furieux répandent en courant,
L'un d'eux dans cette fosse a déjà pris son rang...
Qu'importe, si mes pieds sont cloués dans leur chaîne!
Oh! s'il était permis seulement à ma haine
D'avancer en cent ans la longueur de ma main,
Déjà, pour les chercher, je serais en chemin,
Bien que ce sol, baigné de tant de pleurs stériles,
Sur moitié de largeur ait de tour onze milles[6].
Eux seuls m'ont fait tomber entre de tels voisins :
Ils m'ont excité seuls à battre des florins,   90
Où se mêlaient à l'or trois carats d'alliage. »

Et moi, pour couper court à ce long verbiage :
« Quels sont les deux maudits serrés à ton flanc droit,
Qui fument comme un bras mouillé pendant le froid?
— Dans ce sillon infect, répondit l'anathème,
Ces deux Ombres gisaient, quand j'y tombai moi-même.
Elles n'ont pas perdu cette immobilité
Qui cessera, je pense, avec l'éternité.
L'une accusa Joseph : Satan en fit sa proie[7].
L'autre est le vil Sinon, Sinon le Grec de Troie.   100
La fièvre qui les brûle exhale ces vapeurs. »

Blessé de ce discours, le prince des trompeurs
Frappa du poing fermé le flanc de l'hydropique,
Qui résonna plus fort qu'un tambour ; en réplique,
Adam frappa Sinon au visage et lui dit :
« Si mon corps ne peut plus se mouvoir, Grec maudit,
J'ai le bras libre encor. — Tu l'avais moins, je pense,
En montant au bûcher qui fut ta récompense.

---

(6) V. ch. XXIX, note 1.
(7) La femme de Putiphar. — Le fourbe Sinon (v. *Iliade, Énéide.*)

Mais tu frappais plus fort, maître, sur le florin. »
L'hydropique, à son tour, avec un front d'airain :
— Tu dis vrai cette fois : disais-tu vrai, faussaire, 110
Quand Priam t'adjurait d'être, avant tout, sincère [8] ?
— Si j'ai faussé le vrai, tu faussas le métal,
Reprit Sinon ; un mot, un seul me fut fatal ;
Toi, l'enfer t'a reçu chargé de plus de fautes
Qu'aucun des noirs démons dont nous sommes les hôtes.
— Toi, dit le Ventre-Enflé, pense au cheval troyen
Et souffre doublement, parjure, sachant bien
Qu'il n'est pas sur la terre un homme qui l'ignore. »

Et le Grec : « Garde bien la soif qui te dévore 120
Et ce ventre plein d'eau, réceptacle fangeux
Élevé comme un mur au-devant de tes yeux. »

Et le faux monnayeur : « Ta bouche s'est ouverte
Pour déverser le fiel comme toujours : oui, certe,
L'eau me gonfle le ventre et j'ai soif ; mais le feu
Qui brûle ta poitrine et ta tête, est-ce un jeu ?
Et t'imposerait-on un bien lourd sacrifice
En te faisant lécher le miroir de Narcisse ? »

Je semblais me complaire à ces honteux défis.
Virgile s'écria : « Regarde-moi, mon fils ; 130
Ta contemplation commence à me déplaire. »
Dès que je l'entendis parler avec colère,
D'un air si désolé je me tournai vers lui,
Que je me trouble encor quand j'y pense aujourd'hui.
Si l'on rêve parfois qu'on est percé d'un glaive,
On désire, en rêvant, que ce mal soit un rêve :
On désire la chose autre qu'on ne la voit,
Quand elle est cependant ce qu'on veut qu'elle soit :

---

(8) Allusion à cette parole de Priam dans l'*Énéide* :
.. Noster cris.

Tel j'étais, ne pouvant trouver une parole :
Je voulais m'excuser d'avoir été frivole... 140
Confus, les yeux baissés, je ne me doutais pas
Que ma meilleure excuse était mon embarras :
« Moins de trouble expirait une plus lourde faute :
Chasse donc ta tristesse et remontons la côte,
Mon fils ; mais souviens-toi, si, dans ces tristes lieux,
De semblables tableaux souillaient encor tes yeux,
Souviens-toi que tu vas à côté de Virgile :
Chercher de vils plaisirs trahit une âme vile. »

                                        Texte   148
                                        Traduction 148

CHANT XXXI.

—

ARGUMENT. — Le centre de Malébolge. — Les Titans. — Antée prend les deux poëtes dans sa main et les dépose au fond du grand puits (neuvième et dernier cercle).

Donc, cette même voix dont la juste rigueur
Avait rougi mon front en me mordant le cœur,
Consola d'un seul mot mon âme désolée :
Ainsi le javelot d'Achille et de Pélée
Avait l'art de guérir ceux qu'il avait blessés.

Déjà, tournant le dos aux douloureux fossés,
Nous avions, sans parler, traversé la chaussée
Que dans leurs dix anneaux ils tiennent enchâssée.
Sous les vagues lueurs de l'infernal séjour,
Moins sombres que la nuit, plus pâles que le jour, 10
Mon regard incertain me devançait à peine ;
Mais j'entendis un cor retentir dans la plaine
Tel qu'il eût du tonnerre étouffé les éclats.
Donc, courant au-devant de l'horrible fracas,
Sur un seul point ma vue aussitôt fut tournée.
Le preux Roland, après la fatale journée
Qui de saint Charlemagne arrêta les travaux,
D'un son moins éclatant fit trembler Roncevaux.

J'avais cru voir dans l'ombre, en relevant la tête,
Plusieurs énormes tours, et je dis au poëte : 20

« Quelle terre est-ce là ? — Dans cet obscur chemin,
Tu veux voir de trop loin, répondit le Romain.
L'œil de l'homme s'égare en sortant de sa sphère.
Plus rapproché du puits, tu verras mieux, j'espère,
Combien l'éloignement peut abuser nos sens.
Presse-toi donc, mon fils. » Et l'Ombre aux doux accents
Ajouta, me prenant la main avec tendresse :
« Avant d'aller plus loin, pour que le vrai paraisse
Moins étrange à tes yeux, je t'apprends sans détours
Que des géants sont là, mon fils, et non des tours. 30
Debout autour du puits, dans la caverne obscure
Leurs grands corps sont cachés jusques à la ceinture. »

Ainsi, quand le soleil perce de ses rayons
Les vapeurs dont la nuit a noirci nos sillons,
L'œil insensiblement retrouve et recompose
Les formes, les couleurs propres à chaque chose :
Ainsi, plus je perçais dans l'épaisse vapeur,
Plus l'erreur me fuyait, plus me pressait la peur.
Tel que Montereggio ceint de bastions énormes [1],
Le puits était flanqué de ces immenses formes 40
Que Jupiter encor menace de sa voix,
Quand il tonne : j'approche, et bientôt j'entrevois,
S'élevant au-dessus de la sombre ruine,
La tête d'un géant, son grand col, sa poitrine
Et ses bras qui pendaient enchaînés sur ses reins.
En cessant de créer de si fiers souverains,
Le ciel a beaucoup fait pour l'humble race humaine,
Car il a du dieu Mars resserré le domaine.
La nature, il est vrai, tire encor de son flanc
Et l'immense baleine et l'énorme éléphant ; 50
Mais cette bonne mère, à qui sait bien l'entendre,
Se révèle en cela non moins sage que tendre :

---

(1) Château fort qui appartenait à la république de Sienne.

Quand notre intelligence ajoute son pouvoir
Aux abus de la force et du mauvais vouloir,
Il n'est rempart qui tienne : il faut rendre la place.

J'étais près du géant, et son énorme face
Apparut aussi haute, aussi large à mes yeux
Que la pomme de pin qu'un art audacieux
Posa sur le clocher de Saint-Pierre de Rome[2].
Les membres répondaient à la tête de l'homme :   60
Bien que du ventre aux pieds la margelle d'appui
Enfermât le géant comme dans un étui,
Il en sortait assez au-dessus de la pierre
Pour que trois de ces gars dont la Frise est si fière
N'eussent pu se vanter d'atteindre à ses cheveux.
Trente palmes au moins se montraient à nos yeux
A partir du plus haut de l'énorme stature
Jusqu'à ce point où l'homme attache sa ceinture.

« *Zabi raphel ameck almi mai.* » Ces accents[3]
Retentirent soudain mêlés de cris perçants.   70
Quel autre hymne irait mieux dans une telle bouche?
Le bon maître lui dit : « Ame folle et farouche,
Pour amuser ta rage et tromper ton courroux,
Contente-toi du cor dont tu fus si jaloux :
Cherche autour de tes reins le câble qui l'attache :
Il est tel que sous lui ton vaste dos se cache. »
Puis, s'adressant à moi : « Lui-même il s'est trahi :
C'est Nemrod. Par son art trop justement haï,
Notre monde a cessé d'avoir un seul langage.
Viens : à quoi servirait de parler davantage?   80
Il ne comprend personne et nul ne le comprend. »

Il dit et prit à gauche un détour assez grand.

---

(2) Haute de 4 mètres, et qui orne maintenant les jardins du Belvédère.
(3) Syllabes bizarres et sans aucune signification, pour indiquer la confusion des langues, et bien placées dans la bouche de Nemrod.
Suivent les noms de quelques Titans.

Le second apparut, à deux traits d'arbalète,
Bien plus grand et si grand que, pour ployer sa tête
Il fallait un pouvoir que je ne comprends pas.
Une pesante chaîne attachait ses deux bras
Serrés l'un sur son dos, l'autre sur sa poitrine.
Forgée assurément par une main divine,
Elle prenait au col et cinq fois enlaçait
Tout ce qui du géant hors du puits dépassait. 90
« Ce superbe a voulu, me dit l'Ame que j'aime,
Se mesurer un jour à Jupiter lui-même :
Tu vois sa récompense. Éphialte est son nom ;
Il fit reculer Mars, il fit pâlir Junon,
Et ne peut plus mouvoir ce bras jadis agile.
— Ne puis-je un seul instant, demandai-je à Virgile,
Voir de mes propres yeux Briarée aux cent bras? »
— Bientôt, répondit-il, près d'ici tu verras
L'énorme Antée : il parle, il est libre et j'espère
Qu'il nous déposera dans la neuvième sphère. 100
Briarée est plus loin dans l'infernal étui ;
Non moins grand qu'Éphialte, enchaîné comme lui,
Ses traits sont seulement plus fiers et plus sauvages. »

Quand des vents souterrains ébranlent nos rivages,
De la base à la cime on voit trembler les tours :
Tel s'agita le monstre entendant ce discours.
Je n'avais cru jamais mon heure si prochaine :
J'allais mourir de peur quand j'aperçus sa chaîne.

Je suivis la grande Ame en côtoyant les bords ;
Puis Antée apparut : la moitié de son corps 110
De dix brasses au moins dépassait, sans la tête.
« O toi, dit au géant l'intrépide poëte,
Toi qui pris en un jour cent lions pour ta part,
Dans la riche contrée où Scipion plus tard
Mit en fuite Annibal et se couvrit de gloire,
Toi qui contre Dieu même, à ce que dit l'histoire,

Aurais pu triompher si, dans ces grands combats,
Ta famille eût trouvé le secours de ton bras,
Pose-nous à tes pieds, où l'éternelle glace
Resserre le Cocyte... Allons!... point de menace! 120
Sinon, j'irai trouver Tiphée ou Tisias :
Ce mortel peut là-haut ce qu'on veut ici-bas...
Prends-nous... Ne fronce pas ton sourcil avec rage;
Mon fils peut relever ton nom que l'on outrage.
Il vit, et de longs jours éclaireront ses yeux,
S'il n'est avant le temps rappelé dans les cieux. »

Le géant devenu soudain doux et placide,
Étendit cette main si rude au grand Alcide.
Mon maître, se sentant saisir, me dit : « Viens! viens! »
Et me prit dans ses bras, mais par de tels liens, 130
Que deux ne faisaient qu'un pour l'étrange voyage.
Telle la Carisende : il suffit d'un nuage [4]
Qui passe au-dessus d'elle emporté dans son vol,
Pour croire que la tour se penche vers le sol :
Tel m'apparut le monstre, alors que sous la voûte
Il allait s'abaissant... Moi, par toute autre route,
J'eusse aimé, j'en conviens, me tirer de l'enfer;
Mais dans le fond qui tient Judas et Lucifer,
Le géant doucement nous posa sans rien dire,
Puis il se releva comme un mât de navire. 140

---

(4) Ou *Torre-Mozza*, sur la place Mineure à Bologne : haute de 130 pieds, avec une inclinaison d'un pied. Celle de Pise a un surplomb de 13 pieds.

Texte 145.
Traduction 140.

CHANT XXXII.

ARGUMENT. — Neuvième et dernier cercle : Le Cocyte. — Premier circuit ou giron de Caïn, les traîtres envers la famille. — Giron d'Anténor, les traîtres envers la patrie. — Épisode d'Ugolin.

Que n'avez-vous, mes vers, la sombre majesté
Qui seule conviendrait à ce lac détesté
Sur qui de tout son poids pèse la gémonie !
J'exprimerais plus pur le suc de mon génie ;
Mais je marche avec vous en tremblant, ô mes vers.
Exposer au grand jour le fond de l'univers
N'est pas pour le poëte une œuvre de caprice,
Ou quelque jeu d'enfant bercé par sa nourrice.
Daignent les chastes Sœurs m'octroyer le secours [1]
Qu'Amphion implora pour relever ses tours ! 10
Puisse au rude labeur mon humble voix suffire !
Et vous, hôtes du lac où j'ose à peine lire,
Êtres vils entre tous, mieux eût valu pour vous
Naître ici-bas du sang des moutons ou des loups.

Nous voilà donc au fond du puits sombre et sonore,
Sous les pieds du géant, mais bien plus bas encore.

---

[1] ......Vos, precor, adspirate canenti...
Dicitur Amphion Thebanæ conditor arcis
Saxa movere sono testudinis..... (Horace)

Et moi j'en admirais les immenses contours,
Quand une voix cria : « Prends donc garde où tu cours ;
N'écrase pas le front de ton malheureux frère. »
Je tournai vivement mes regards sur la terre..... 20
Tout glacé, devant moi, sous mes pieds, je crus voir
Un grand lac, ou plutôt un immense miroir.
Ni sur le Tanaïs voisin de la Grande-Ourse[2],
Ni sur le vieux Danube arrêté dans sa course,
Jamais un froid si lourd en hiver ne plana.
Les monts de Tambernick et de Piétrapiana,
Écroulés à la fois sur l'infernale glace,
N'eussent pas seulement fait craquer sa surface.
Et comme la grenouille, à travers les roseaux,
Élève en croassant sa tête hors des eaux, 30
Quand la moisson se mêle aux rêves du village,
Je ne vis des pêcheurs que leur pâle visage.
La glace les recouvre et ne laisse en dehors
Que ce miroir de l'âme où se peint le remords.
Leurs dents s'entrechoquaient comme les becs des grues[3] ;
Tous sous le poids du froid baissaient leurs têtes nues ;
Leur bouche frémissante et leurs yeux pleins de pleurs
Disaient éloquemment d'ineffables douleurs.

J'avais tourné d'abord mes regards dans le vide,
Puis à mes pieds.... Et là je vis un front livide 40
Près d'un autre, et si près, qu'ils mêlaient leurs cheveux :
« Vous qui semblez unis par de si tristes nœuds,
M'écriai-je, parlez ; dites-moi qui vous êtes. »
Tous deux, non sans efforts, redressèrent leurs têtes ;
De leurs yeux jusqu'à nous relevés un moment,
Quelques larmes d'abord coulèrent lentement ;

---

(2) Don ou Tanaïs, fleuve qui sépare l'Europe de l'Asie. — Tambernick, en Esclavonie ; Piétrapiana, en Toscane.

(3)   Ipsa sibi plaudit crepitante ciconia rostro   (Ovid. *Métam.* — 6.)
Nous entrons dans le giron (*girone*) de Caïn, où sont punis les traîtres envers la famille.

Puis, comme le ciment scelle ensemble deux pierres,
Le froid, en les glaçant, resserra leurs paupières.
Vaincus par la fureur, l'un à l'autre liés,
L'un l'autre ils se heurtaient comme font les béliers. 50

Un pécheur dont le froid rongeait les deux oreilles :
« Saurons-nous de quel droit, maudit, tu nous surveilles?
Dit-il sans relever son visage et ses yeux ;
Tu veux savoir les noms de ce couple odieux⁴?
Ils ont, après Albert, tenu sous leur puissance
La riante vallée où coule le Bisence.
Un seul flanc les porta : cherche dans tout Caïn,
Tu n'en trouveras pas un seul, j'en suis certain,
Plus digne de transir dans la glace infernale :
Ni ce Focaccia, ni cet autre plus pâle, 60
Dont le corps fut percé d'un tel coup de revers,
Que le soleil, dit-on, se fit jour au travers ;
Ni celui dont la tête intercepte ma vue...
Si tu naquis Toscan, cette ombre t'est connue.
Sassol Mascheroni fut son nom ; quant au mien,
(Pour que vous n'ayez plus à me demander rien),
Camiccion de' Pazzi... l'on m'a maudit à Rome;
Mais j'attends Carlino pour paraître un saint homme. »

Je voyais par milliers, dans un rayon étroit,
Ces fronts rendus violets par la rigueur du froid. 70
Aussi l'eau de ce lac, par l'enfer condensée,
Est et sera toujours horrible à ma pensée.

---

(4) Deux fils d'Albert degli Alberti. Ils finirent par s'entr'égorger.
  Focaccia, noble de Pistoie qui coupa la main d'un de ses cousins.
  Mordrec, fils d'Arthur, qui le perça d'un coup d'épée pour n'être pas assassiné par lui.
  Sassol Mascheroni, Florentin qui tua un de ses oncles; celui qui parle tua par trahison Ubertino son parent.
  Carlino, *traître à la patrie*, livra le château Piano di tre Vigne aux *Noirs* de Florence.

Et plus je descendais vers le secret milieu [5]
Où tendent tous les corps par une loi de Dieu,
Plus un frisson mortel agitait tout mon être.
Par hasard, par malheur..., par volonté peut-être,
Sur le front d'un maudit mon pied vint à heurter [6] :
« Pourquoi, s'écria-t-il en pleurant, m'insulter?
Viens-tu de Mont-Ouvert accroître la vengeance?
Pourquoi me frappes-tu du pied, maudite engeance? 80
—Maître, dis-je au Romain, daigne attendre un moment;
Permets-moi d'éclaircir un doute seulement,
Puis tu pourras presser ma course obéissante. »

Il s'arrêta. Je dis à l'Ombre rugissante
Qui n'était pas à bout d'injures contre nous :
« Dis-moi ton nom, ô toi qu'aveugle un tel courroux.
— Et toi, dis-moi le tien, toi qui heurtes sans cesse
Les hôtes d'Anténor avec tant de rudesse
Que, fusses-tu vivant, tes coups seraient moins forts.
— Je suis vivant, repris-je, et puis servir les morts. 90
Dois-je parler de toi là-haut? dis : il me tarde
D'ajouter ta prière à celles que je garde.
— Ce que je veux, dit-il, c'est qu'on m'oublie... Assez!
Ne me tourmentez pas plus longtemps, et passez.
Toi, tu sais mal flatter dans le cercle où nous sommes. »

Je le pris par la nuque : « Il faut que tu te nommes,
Ou de ton front maudit j'arrache les cheveux.
— Arrache, reprit-il, arrache... ; je ne veux,
Dusses-tu me meurtrir mille fois davantage,
Ni prononcer mon nom ni montrer mon visage. » 100
Et pendant qu'il baissait la tête en rugissant,
Je le tirais à moi par un effort puissant.

---

(5) Nous entrons dans le giron d'Anténor, où sont punis les *traîtres à la patrie*, du nom d'Antenor, qui aurait passé des Troyens aux Grecs. (Voir Purgat. — ch. V, note 3.)

(6) Bocca degli Abbati qui, par trahison, fit perdre aux Guelfes la bataille de Monte-Aperto. (V. *Vie de Dante*.)

Déjà de ses cheveux j'avais une main pleine...
Soudain une autre voix fit retentir la plaine :
« A quel diable en as-tu ? N'es-tu donc pas content
Du grincement criard qui nous fatigue tant,
Sans aboyer ainsi, Bocca ? » Je repris : « Traître,
Je n'ai donc plus besoin de toi pour te connaître !
Là-haut, pour le maudire, on redira ton nom. »
— Va-t-en, te dis-je, va ! Qu'on me maudisse ou non !
Mais si tu sors d'ici, rappelle au moins la honte
Du damné dont la langue à trahir est si prompte.
Il pleure les florins qu'il reçut des Français :
Dans la glace où Satan tient les pécheurs au frais,
De Duera, diras-tu, j'ai vu l'Ombre maudite[7].
A citer d'autres noms si même l'on t'invite,
Regarde près de moi l'Ame de Beccara,
Que de son corps un jour Florence sépara.
Un peu plus loin, je crois, pleure Jean Soldanière,
Près de Tebaldello, qui, brave à sa manière, 120
Ouvrit, la nuit, Faënze au chevalier félon.
Tu dois voir derrière eux le traître Ganelon.

Plus loin, suivant toujours le prince des poëtes,
D'un glaçon entr'ouvert je vis sortir deux têtes
Dont l'une coiffait l'autre ; et, comme sur du pain
Se jette un mendiant stimulé par la faim,
Le maître avait posé la dent sur son esclave,
A la place où le col dans le cerveau s'enclave.
Tel Tydée, en mourant, par un suprême effort[8],
Rongeait le crâne ouvert de Ménalippe mort : 130

---

(7) Buoso de Duera, de Crémone, Gibelin qui laissa passer, sans les attaquer, les Français commandés par Gui de Montfort. — Beccara (et mieux Beccaria), de Pavie ou de Parme, légat du Pape à Florence, qui conspira contre les Guelfes et fut décapité. — Soldanière, Gibelin qui favorisa les Guelfes. Tebaldello, de Faënza, Gibelin, qui livra cette ville aux Français. — Ganelon, gentilhomme de Mayence, qui trahit Charlemagne à Roncevaux (V. *Roland furieux.*)

(8) Un des héros de Stace :

.....Perfusam tabe cerebrum
Aspicit, etc.

Tel faisait le maudit. « O pécheur, m'écriai-je,
Qui révèles si haut ta haine sacrilége,
En aiguisant tes dents sur cet horrible mets,
Révèle-m'en la cause, et, je te le promets,
Pour peu qu'aux yeux du monde elle soit légitime,
Quand je saurai vos noms, quand je saurai son crime,
Dans l'esprit des vivants tu te relèveras,
Si ma langue en parlant ne se dessèche pas. »

Texte   139
Traduction 138

CHANT XXXIII

ARGUMENT. — Suite de l'épisode d'Ugolin. — Troisième circuit, dit giron de Ptolémée : Les Traîtres envers les amis.

Je vis se soulever la bouche du profane;
Je la vis s'essuyer aux longs cheveux du crâne
Qu'il avait par derrière horriblement rongé :
« Pour t'obéir, dit-il, et pour être vengé,
Il faut renouveler un mal sans espérance[1],
Qui me brise le cœur d'un surcroît de souffrance,
Même avant d'en parler, rien qu'à m'en souvenir.
Si pourtant quelques mots semés dans l'avenir
Font germer l'infamie autour du nom d'un traître,
Je dirai tout : mes pleurs le permettront peut-être. 10

» Je ne sais d'où tu viens, et ne devine pas
Quel pouvoir jusqu'à nous a dirigé tes pas;
A ton accent du moins je te crois de Florence,
L'archevêque Roger te fut connu je pense...
Regarde : le voilà ! moi, je fus Ugolin...
Malheur ! malheur à lui de m'avoir pour voisin !

---

(1) Infandum, regina, jubes renovare dolorem.   (*Énéide*, ch. II).
Roger degli Ubaldini, archevêque de Pise, jaloux de l'influence qu'exerçait le comte Ugolin de la Gherardesca, l'enferma avec ses quatre fils dans une tour et les y laissa mourir de faim (Villani, liv. VII).

Trompant ma confiance, excité par l'envie,
Qu'il m'ait emprisonné, qu'il ait tranché ma vie,
Pas n'est besoin, je crois, de le redire ici.
Ce qui te reste obscur et veut être éclairci,   20
C'est combien il m'a fait cette mort inhumaine :
Écoute et tu sauras s'il a droit à ma haine.

» Dans la *tour de la Faim*, qui de moi prit son nom
Et que plus d'un encor doit avoir pour prison,
Dix fois, par une fente ouverte à la lumière,
Nous avions vu la lune achever sa carrière,
Quand un songe funèbre à mes yeux dévoila
Le funèbre avenir... Celui que tu vois là,
Comme un maître et seigneur semblait, la tête haute,
Chasser les louveteaux et le loup vers la côte[2]   30
Qui cache les Pisans aux regards des Lucquois.
Les Gualand, les Lanfranc, les Sismonde à sa voix
Et devant lui, couraient, excitant à la quête
Des chiens maigres, ardents, dressés pour cette fête.
La course dura peu. Je crus voir tout à coup
Les jeunes louveteaux tomber avec le loup,
Hors d'haleine... Et la meute, ardente à la curée,
Plongeait des crocs aigus dans leur chair déchirée.
Quand je rouvris les yeux avant le lendemain,
Mes fils dormaient encor (dans la tour de la Faim   40
On avait enfermé les fils avec le père)...
Ils pleuraient en dormant; sans lever la paupière,
Ils demandaient du pain... Tu serais bien cruel,
Si tu n'as peur déjà pour ce cœur paternel
Qu'un songe prophétique avait rempli d'alarmes:
Si tu ne pleures pas, pour qui donc sont tes larmes?

» Nous étions éveillés ; c'était l'heure où la tour
S'ouvrait pour nous jeter le pain de chaque jour :

---

(2) La montagne Saint-Julien.

Chacun de nous craignait d'interpréter son rêve [3].
Du fond du noir cachot soudain un bruit s'élève... 50
La clef tourne... puis rien!... Sans faire un mouvement,
Je jetai sur mes fils un regard seulement;
Mais je ne pleurai pas : mon cœur s'était fait pierre.
Eux pleuraient... Mon Anselme, un bel enfant : « *Mon père,*
Me dit-il, *« qu'as-tu donc? tu nous regardes bien!* »
Et sans pleurer encor, je ne répondis rien.
Tel je fus tout le jour et tel la nuit suivante;
Mais dès que le soleil, dans ce lieu d'épouvante,
Eut d'un faible rayon blanchi nos sombres murs,
Reconnaissant mes traits dans leurs traits doux et purs, 60
Je mordis mes deux mains de douleur et de rage.
Ils crurent que la faim abattait mon courage :
« *Père,* me dirent-ils, en se relevant tous,
Nous souffrirons bien moins, si tu manges de nous.
Ces misérables chairs que tu nous a données,
Reprends-les : que nos jours prolongent tes années! »
Je parus calme alors pour les moins désoler.
Nous restâmes ce jour et l'autre sans parler.
Et tu ne t'ouvris pas, terre, terre inhumaine!
Le quatrième jour nous éclairait à peine... 70
Gaddo tout étendu vint tomber dans mes bras,
Disant : « Bon père aimé, ne m'aideras-tu pas? »
Il mourut... Tu me vois : eh bien! j'ai vu de même,
Après le jour suivant, mais avant le sixième,
Les trois autres tomber, un par un abattus...
Je me mis à ramper, n'y voyant déjà plus,
Les cherchant sous mes mains entre les froides pierres.
Je les appelai morts, trois jours, trois nuits entières...
Puis la faim fit pour moi plus que le désespoir. »

Il dit, roule un regard qu'il me semble encor voir; 80

---

(3) *Suo sogno* et non pas *mon* rêve.

Puis sa dent se reprend dans le crâne du traître,
Et comme un croc de dogue au fond des os pénètre.

Pise, refuge impur du pécheur endurci,
Opprobre de la terre où résonne le *si*[4],
Si l'homme tarde trop à briser ta couronne,
Puisse la Capraïa rouler sur la Gorgone,
L'Arno franchir sa rive et de ses flots grossis
Submerger dans tes murs le dernier de tes fils!
Ugolin, je le sais, livra ta citadelle;
Mais quel crime ont commis ses fils, Thèbes nouvelle? 90
L'âge de Brigata le faisait innocent;
A peine Ugon naissait... qu'as-tu fait de leur sang?
Et ses deux autres fils, qu'en as-tu fait, barbare?

Nous avions traversé la ligne qui sépare[5]
Ce circuit du troisième, où les suppliciés
Sont dans leurs langes froids plus rudement liés.
Au lieu d'être en avant sur le sein abaissées,
Les têtes étaient là sur le dos renversées;
Là les pleurs, les pleurs même empêchent de pleurer.
Retenus sous les cils qu'ils ne font qu'effleurer, 100
Refoulés vers le cœur, ils doublent son supplice.
Le froid permet que l'œil de larmes se remplisse;
Mais elles restent là, sous le souffle fatal,
Et couvrent l'œil éteint d'un voile de cristal.

Moi, par l'excès du froid qui glaçait mon visage,
De mes sens engourdis j'avais perdu l'usage,
Comme un corps tout meurtri qui ne sent plus les coups;
Je crus pourtant sentir un souffle autour de nous.

---

(4) L'Italie. — Le Capraïa et la Gorgone, deux îlots de la Méditerranée qui semblent garder l'embouchure de l'Arno.

(5) Le giron d'Anténor, ou giron de Ptolémée, du nom du roi d'Egypte qui trahit Pompée, son bienfaiteur et son hôte.

« Ce souffle, d'où vient-il? dis-je rempli de crainte,
Toute vapeur ici n'est-elle pas éteinte? »   110
Virgile alors : « Mon fils, encore quelques pas,
Tes yeux te répondront; car à tes yeux, là-bas,
La source de ce vent paraîtra tout à l'heure⁶. »

Un des hôtes maudits de la froide demeure :
« O vous, nous cria-t-il, que le crime a conduits
Aux glaces du Cocyte, au dernier des circuits,
Soulevez de mes yeux la visière infernale;
Que par mes pleurs au moins ma souffrance s'exhale,
Avant qu'à ma paupière ils s'arrêtent glacés !
— Tu demandes secours : tu souffres, c'est assez;   120
Dis-moi ton nom, repris-je, et qu'au fond de la glace,
Si tu n'es soulagé, l'enfer m'ouvre une place !
— Je suis frère Albéric, répondit-il soudain⁷,
Illustré par les fruits d'un funeste jardin;
Et je cueille aujourd'hui des dattes pour des figues.
— Déjà mort! — Oui, là-haut, au milieu des intrigues,
Qu'est devenu mon corps ? Je n'en sais rien, vraiment;
Car notre Ptolémée offre cet agrément,
Que dans ses fraîches eaux tombe souvent une Ame,
Bien avant qu'Atropos mette un doigt sur sa trame.   130
Sache, pour que bientôt ta main se prête mieux
A briser le cristal qui me ferme les yeux,
Sache que quand une Ame a trahi sur la terre
Comme j'ai trahi, moi... je n'en fais pas mystère,
Un démon prend son corps et le gouverne seul,
Jusqu'à l'heure où sur lui se ferme le linceul.
L'Ame en attendant tombe à la froide citerne :
Là-haut, peut-être encore un Ange noir gouverne

---

(6) Les ailes de Satan.

(7) Albéric de Manfredi, seigneur de Faënza: encore un Frère-Joyeux.
(v. ch. XXIII, note 7). Il fit assassiner tous ses proches dans un festin,
au moment où l'on apportait les fruits sur la table.

Le corps de mon voisin, et tu dois le savoir,
Si tu vécus naguère au terrestre manoir : 140
C'est Branca d'Oria : depuis plus d'une année[8],
Au supplice du froid son âme est condamnée.
— Oh ! tu mens, m'écriai-je ; oui, tu mens, j'en suis sûr.
D'Oria n'est point mort : sous le céleste azur,
Il mange, il boit, il dort, il raisonne, il respire. »
Mais l'Ombre : « A Malebranche, au bienheureux empire
Où bouillonne la poix, Sanche manquait encor,
Que déjà d'Oria, prenant son triste essor
Avec certain parent complice de son crime,
Avait laissé son corps au démon qui l'anime. 150
J'ai dit : toi, maintenant, étends la main en bas ;
Rouvre mes yeux... » Mais moi je ne les rouvris pas :
C'est presque les flatter, que de trahir les traîtres.

O Génois ! les plus faux et les plus vils des êtres !
Que n'êtes-vous enfin rayés de l'univers !
J'ai vu, chez les maudits, l'Esprit le plus pervers
Que jamais ait peut-être enfanté la Romagne ;
Et l'Ame d'un des tiens, ô Gêne, est sa compagne.
Ses crimes sont payés... Tandis que, parmi nous,
Il semble vivre encor, riche, envié de tous, 160
Son âme criminelle et justement maudite
Déjà baigne à jamais dans les eaux du Cocyte.

---

(8) Génois qui tua par trahison Don Sanche de Logodor (v ch XVII)

Texte 157
Traduction 162

CHANT XXXIV ET DERNIER

ARGUMENT. — Quatrième et dernier circuit du neuvième cercle, ou giron de Judas : Les Traîtres envers le prince et envers Dieu. — Satan. — Sortie de l'enfer. — Entrée en purgatoire.

« *En vexilla Regis prodeunt inferni*[1] :
Vois-tu le Révolté qui du ciel fut banni ?
Il est là, » dit mon maître. Ainsi, sur la colline,
Pendant un sombre orage ou quand le jour décline,
Apparaît un moulin que le vent fait mouvoir :
Tel le noir monument que je crus entrevoir.
Le vent devint plus fort, et derrière Virgile
Je me blottis... le lac n'offrait pas d'autre asile.

Dans le dernier circuit, en croira-t-on mes chants ?
La glace transparente absorbait les méchants,   10
Comme des brins de paille incrustés dans le verre,
Tous noyés sous le poids d'une main plus sévère,
Là recourbés en arc, ici couchés en long,
Les uns droits sur leurs pieds, d'autres la tête au fond.

Quand je fus assez près pour qu'il plût à mon maître
De laisser sans obstacle et sans voile apparaître

---

(1) Sublime ironie et non pas *grossière profanation*, comme le prétend le Père Venturi. Début (sauf *inferni*) de la belle hymne due à Fortunat, évêque de Poitiers, qui vivait au IVe siècle. Nous entrons dans le quatrième et dernier giron du neuvième et dernier cercle, dans le giron de Judas.

Celui qui fut la gloire et l'ornement des cieux,
Il se mit de côté, me fit lever les yeux
Et dit : « Voici Satan ! voici, voici la place
Où ton cœur doit s'armer de courage et d'audace. » 20

Quelle horreur me saisit ! quel froid glaça mes sens !
Pour l'exprimer, lecteur, les mots sont impuissants.
Je vivais... j'étais mort.... et si, dans ta pensée
La dernière lueur ne s'est pas éclipsée,
Je te laisse à juger ce que je dus souffrir,
Immobile, glacé, sans vivre et sans mourir.

L'Empereur qui commande à l'immense ruine
S'élevait sur le lac de toute sa poitrine.
J'égalerais plutôt la taille d'un Titan
Que le plus haut d'entre eux un des bras de Satan. 30
C'est mesurer d'un mot la stature du diable :
Et s'il fut beau jadis plus qu'il n'est effroyable,
Si de son Créateur il repoussa l'appui,
On comprend que tout mal nous soit venu de lui.
Oh ! l'étrange merveille à troubler les plus sages
Que cette tête immense avec ses trois visages[2] !
Celui de face est rouge et les autres s'en vont,
Sur chaque épaule assis, se joindre en haut du front.
A droite la couleur tient du blanc et du jaune ;
L'autre enfin fait penser aux gens nés sous la zone 40
Où tombe en mugissant le Nil à son berceau.
Six ailes, deux par deux, dignes d'un tel oiseau,
Manœuvraient à ses flancs ; mais jamais les étoiles
Ne servirent de guide à de si larges voiles.
Elles étaient sans plume, en cartilages gris,
Comme les ailerons de la chauve-souris.
C'est en les agitant que le démon suscite
Trois vents qui jusqu'au fond vont glacer le Cocyte.

---

(2) Figurant les trois parties du monde alors connues.

Ses pleurs, sur trois mentons par six yeux descendus,
Découlent dans l'écume et le sang confondus.   50
Chaque bouche, à grand bruit, comme un lin sous la presse,
Triture entre ses dents une Ame pécheresse.
Ainsi trois à la fois sont punis; mais c'est peu
De la terrible dent pour l'Ame du milieu :
L'ongle fouille ses chairs des pieds à la figure
Et met à nu les os à chaque égratignure.

« Le plus martyrisé, celui-là dont le corps,
Tordu par la douleur, paraît seul au dehors,
C'est le traître Judas, l'opprobre des apôtres[3] :
Tu vois, la tête en bas, s'agiter les deux autres :   60
Au museau noir Brutus par les pieds est pendu.
Il se tord sans gémir. Le dernier, si membru,
C'est Cassius... Mais viens, le jour va disparaître,
Rien ne nous reste à voir. »

      Ainsi parla le maître.
Je me pris à son cou, comme il me l'avait dit.
Il guetta le moment, et quand l'Autre étendit
Ses ailes dans les airs, mon intrépide maître
S'attacha fortement aux flancs velus du traître
Et descendit ainsi de flocons en flocons,
Entre la toison rude et les épais glaçons.   70
Mais quand il atteignit, moi l'aidant à la tâche,
Le point où le fémur à la hanche s'attache,
Tournant avec effort ses membres repliés,
Mon guide mit sa tête où reposaient ses pieds,
Et ressaisit les crins comme un homme qui monte.
Je crus que je rentrais dans l'*éternelle honte*.
« Tiens-toi bien ! tiens-toi bien !... Voilà par quels degrés
Nous irons de l'enfer, mon fils, aux lieux sacrés »,

---

(3) Judas l'Iscariote, traître à Dieu Brutus et Cassius, traîtres au prince.

Dit mon chef haletant et d'une voix éteinte.
Puis, des flancs du rocher gagnant une autre enceinte, 80
Il s'assit avec moi, mais lui plus près du bord⁴.

Ayant levé les yeux, je m'attendais d'abord
A revoir le démon tel qu'il était naguère :
Je vis ses pieds en haut... et ce monde vulgaire
Qui certes comprend mal par où j'avais passé,
Comprendra si je fus moi-même embarrassé :
« Debout, mon fils, debout! me dit le grand Virgile.
Le but est loin encor, le chemin difficile,
A mi-tierce déjà monte l'astre du jour⁵. »

Nos pieds ne posaient pas sur des tapis de cour, 90
Mais sur d'âpres rochers ténébreux et sauvages :
« Avant de m'arracher aux douloureux rivages,
Dis-je à mon protecteur dès que je fus debout,
Dissipe encore un doute... Un seul mot, et c'est tout.
Qu'est devenu le lac? Comment le mauvais Ange
A-t-il la tête en bas? Par quelle route étrange
Le jour a-t-il repris si vite son essor?
— Tu t'abuses, mon fils, si tu crois être encor
Au delà de ce centre où, par son crin immonde,
J'ai saisi le *grand Ver* qui traverse le monde. 100
C'est là que nous étions, tant que je descendis ;
Quand je me retournai le long des flancs maudits,
Tu traversais le centre où tendent les corps graves.
Te voilà, libre enfin de tes lourdes entraves,
A l'opposé du sol que l'homme foule aux pieds⁶,
A l'opposé du mont où furent expiés

---

(4) *L'accorto passo*, la place courtoise, la plus exposée (v. *Purgat.* ch. 1ᵉʳ, note 3).

(5) *Terza*, en latin *tertia*, il est une heure et demie du matin (v. *Purgat*, ch. 1ᵉʳ).

(6) *La gran secca*, la grande sèche, le monde habité, par opposition à l'autre hémisphère, que Dante croyait être une immense étendue d'eau, *senza gente*. Nous sommes à l'antipode du Calvaire, d'où sont partis les deux voyageurs (voir ch. 1ᵉʳ, note 4).

Nos crimes par le sang de l'Homme né sans tache.
Le point où maintenant s'achève notre tâche
Du cercle de Judas est l'antipode; ainsi,
Quand le jour finit là, le jour commence ici,   110
Et celui dont le crin nous a servi d'échelle
Est toujours là, debout dans sa fosse éternelle.
C'est par ici qu'il fut précipité des cieux;
La terre qui jadis couvrait ces tristes lieux,
A son aspect trembla de peur et de colère,
Et, fuyant sous les flots, gagna notre hémisphère.
C'est en se retirant que peut-être, ô mon fils!
Elle vida l'espace où pleurent les maudits,
Et forma la montagne, à nos pieds opposée,
Qui du sang de Jésus fut plus tard arrosée. »   120

Il est un lieu caché, distant de Lucifer
De toute la longueur qu'il occupe en enfer.
L'œil ne l'aperçoit pas; l'oreille le devine,
Au bruit d'un filet d'eau qui serpente et s'incline
Dans le flanc d'un rocher qu'il creuse en descendant.
C'est un rude sentier. Je montais cependant,
Sans songer au repos, oubliant ma fatigue,
Pour revoir ce beau ciel de trésors si prodigue.
Nous gravîmes longtemps, lui premier, moi second.
Une lueur d'abord perça l'antre profond;   130
Puis les splendeurs du ciel apparurent sans voiles...
Et je revis enfin la clarté des étoiles.

                       Texte   139.
                       Traduction 132.

FIN DE L'ENFER.

RÉSUMÉ COMPARATIF

DU NOMBRE DE VERS COMPRIS DANS LE TEXTE
ET DANS LA TRADUCTION :

Texte . 4722.
Traduction 4582.

LE PURGATOIRE

> Lettor, tu vedi ben com' io innalzo
> La mia materia.
> (*Purgat.*, canto **IX**, v. 68.)
>
> .... Son contenti
> Nel fuoco, perchè speran.........
> (*Inferno,* canto I°.)

ANALYSE DU PURGATOIRE

C'est le matin du vendredi-saint, 4 avril 1300, que Dante, sortant de la forêt sombre, a rencontré Virgile au pied du Calvaire. (*Enfer*, ch. Ier.) C'est le soir du même jour que les deux poëtes ont pénétré dans l'abîme. Il leur a fallu ensuite une nuit et un jour pour arriver le samedi au soir, en face de Satan, au fond de l'enfer. (Ch. XXXIV, note 1re.)

Le lendemain matin, jour de Pâques, avant l'aube, ils ont atteint, à l'antipode du Calvaire, l'île au milieu de laquelle s'élève la montagne du purgatoire.

Dante mettra trois jours et trois nuits à gravir la sainte montagne. (Première nuit, ch. VIII; deuxième nuit, ch. XVII et XVIII; troisième nuit, ch. XXVII.)

C'est donc le mercredi 9 avril 1300 que Dante, conduit par Béatrix, s'élancera de la terre vers le ciel.

Le purgatoire est une petite île (*isoletta*), baignée de tous côtés par cet océan qui, du temps de Dante, n'avait pas encore abaissé ses barrières et déchiré ses voiles.

Le purgatoire est, comme l'enfer, un cône, mais là-bas renversé, ici droit sur sa base. Il pèse sur la pyramide infernale, dont il est séparé par ce long conduit, âpre, obscur, étroit, où Satan est resserré comme dans un étui.

Ici comme dans l'Enfer, les cercles vont se rétrécissant toujours du premier au dernier, avec cette différence que, là-bas, plus on descend, plus le chemin est rude, et qu'ici, plus on monte, plus la route devient facile :

  Quanto uom più va sù, e men fa male... (*Purgat.*, ch. IV.)

Les Ames sont amenées au rivage sur la barque d'un ange de lumière qui est allé les prendre à l'embouchure du Tibre (près de Rome, centre du monde chrétien); Caton d'Utique les reçoit et leur montre, à l'extrémité de la vallée, la montagne où elles s'empressent d'aller chercher le doux martyre.

Mais avant d'atteindre au seuil désiré, il faut traverser deux régions intermédiaires, qui sont comme le vestibule du vrai purgatoire. D'abord, au pied même de la montagne et circulant à l'entour, la tribu des pécheurs maudits par le Saint-Père (ch. III) puis, sur la première plate-forme, la foule immense des *négligents* qui ont attendu l'heure de la mort pour se repentir (ch. IV). Ces deux divisions correspondent d'un côté à la région des neutres et des limbes qui précède le véritable enfer, de l'autre aux sphères de l'air et du feu qui précèdent le véritable paradis.

Ici, comme en enfer, les cercles sont au nombre de neuf, si l'on y comprend la sphère des *négligents* et le paradis terrestre. Mais à bien prendre, il n'y a vraiment que sept cercles, en nombre égal aux sept péchés capitaux.

Dans l'enfer, on arrive devant Minos avec le cinquième chant; dans le purgatoire, c'est avec le neuvième seulement que l'on atteint la porte gardée par un ange. De la pointe de son glaive, le lieutenant de saint Pierre grave sept fois la lettre *P* sur le front des pécheurs : la porte s'ouvre devant eux avec fracas; on entre dans le premier cercle, où souffre l'*orgueil*.

Dans les cercles supérieurs, on rencontre successivement l'Envie, la Colère, la Paresse, l'Avarice et la Prodigalité (double forme du même vice), la Gourmandise et la Luxure.

La division est ici purement orthodoxe et ne se complique pas, comme en enfer, des subdivisions de la *violence* et de la *fraude* empruntées à la philosophie d'Aristote.

Au-dessus du septième cercle, nous sommes dans le paradis terrestre, où les plus splendides apparitions vont entourer le poëte. La mission de Virgile est terminée, comme il l'avait prédit à son élève : il disparaît. Béatrix le remplace; Béatrix, l'adorée de Dante, figure mystique de la théologie, qui, à son tour, va guider le poète et l'aider à monter jusqu'au sein de Dieu même.

LE PURGATOIRE

CHANT PREMIER.

ARGUMENT. — L'île du Purgatoire gardée par Caton d'Utique. Au nom de Béatrix, les deux poëtes obtiennent la permission de gravir la montagne.

Pour courir plus léger vers de plus doux rivages,
Loin de la sombre mer où grondent tant d'orages,
La nef de mon génie ouvre sa voile au vent.
Je chante la montagne où, toujours s'élevant,
L'âme se purifie et dans les pleurs aspire
A monter radieuse au radieux empire.
O Muses, relevez mes chants d'entre les morts[1] !
A moi qui suis à vous inspirez vos transports.
Toi-même quelquefois, sainte Calliopée,
Prête à mon humble chant la fière mélopée   10
Qui, s'emparant des cœurs, sitôt que tu parus,
Ravit toute espérance aux filles de Piérus.

Je venais d'échapper à l'atmosphère éteinte
Dont mes yeux et mon cœur avaient subi l'étreinte ;

---

(1) Enfer, ch. I, notes 3 et 15. Plus bas, Calliopée, la muse des chants héroïques. Les filles de Piérus (ou Piérius) qui, ayant défié les Muses, au combat du chant, furent changées en pies.

L'oriental saphir, au coloris si doux,
Jusques au premier ciel montait autour de nous[2].
Déjà du renouveau la fraîche et pure haleine
Chassait le noir poison dont mon âme était pleine ;
Déjà l'astre si beau qui convie à l'amour,
Escorté des *Poissons*, les voilait à son tour   20
Et faisait rayonner l'orient de sa flamme.
Je m'étais retourné vers la droite, et mon âme
Déjà vers l'autre pôle avait pris son essor.
Je vis, heureux mortel, les quatre étoiles d'or[3]
Que nul ne vit jamais, hors la race première ;
Et le ciel paraissait sourire à leur lumière.
Vous que ce doux rayon n'a jamais visités,
Pleurez, enfants du nord, enfants déshérités !

Quand du fanal divin j'eus reporté ma vue
Vers le pôle, où déjà l'Ourse était descendue,   30
A mes yeux apparut un vieillard dont l'aspect,
Comme celui d'un père, imposait le respect.
Sa barbe et ses cheveux, de la blancheur du cygne,
Séparaient sur son sein leur ondoyante ligne.
Les quatre étoiles d'or, du haut du firmament,
Illuminaient son front d'un tel rayonnement
Que je crus voir briller l'astre qui nous éclaire :
« Qui va là ? » cria-t-il, calme dans sa colère,
En agitant les flots de sa blanche toison[4].
« Comment avez-vous fui l'infernale prison,   40
Contre le cours du fleuve avare de sa proie ?
Quel bras vous a guidés dans la lugubre voie ?
Quels flambeaux, allumés de circuit en circuit,
Ont éclairé vos pas dans l'éternelle nuit ?

---

(2) Le ciel de la lune. Voy. *Paradis*, ch. II. *L'astre si beau*, Vénus, dont l'éclat efface celui des Poissons, deux heures avant l'aube.

(3) Au propre, la Croix du sud ; au figuré, les quatre vertus cardinales (Voy. ch. VIII, note 6 et ch. XXXI, v. 98).

(4) *Quelle oneste piume.*

L'Enfer a-t-il brisé sa chaîne? ou Dieu lui-même
Change-t-il les décrets de son conseil suprême,
Que vous venez, maudits, braver ici mes lois? »

Mon guide alors, s'aidant du geste et de la voix,
Fit baisser mes genoux et mes yeux vers la terre :
« Je ne viens pas par moi, dit-il au solitaire : 50
Une Dame du ciel descendit jusqu'à moi [5]
Et daigna confier ce mortel à ma foi.
Mais puisque ton désir est de nous mieux connaître,
Ton désir est pour moi comme l'ordre d'un maître.
Je ne veux rien te taire et tu vas tout savoir.

» Mon fils n'a pas encore atteint son dernier soir;
Mais peu s'en est fallu : telle fut sa folie
Qu'à peine il eut le temps de rentrer dans la vie,
Quand je fus appelé comme je te l'ai dit.
La seule issue était celle où je l'ai conduit. 60
Nous avons visité la race des infâmes;
Je désire à présent lui faire voir les Ames
Qui, sous ta garde, ici se lavent dans les pleurs.
Le temps manque, ô vieillard, pour dire nos labeurs;
Mais sois sûr que d'en haut on daigne nous défendre.
Quand mon fils vient à toi pour te voir et t'entendre,
Reçois-le doucement et sans trop de fierté.
Il va par tous chemins cherchant la liberté [6],
La liberté si chère à qui mourut pour elle,
Si chère au grand Caton qui se la fit si belle, 70
Dans les vieux murs d'Utique, où gît le vêtement [7]
Qui brillera sans tache au jour du jugement.
Le Ciel ne nous hait pas; lui, Caton, il respire,
Et sur moi qui suis mort Minos n'a pas d'empire.

---

(5) Voy. *Enfer*, ch. II.
(6) Voy. *Vie de Dante*.
(7) Sa dépouille mortelle.

J'appartiens à ce cercle, entre l'ombre et les cieux [8],
Où de ta Marcia brillent les chastes yeux,
Qui demandent encore à Dieu, comme une grâce,
Que dans ce noble cœur tu lui gardes sa place.
Au nom de son amour, adoucis ton courroux !
Que tes sept régions s'entr'ouvrent devant nous !   80
Et, si tu le permets, ton épouse fidèle
Bientôt saura par moi ce que tu penses d'elle. »

   L'autre dit : « Marcia plaisait tant à mes yeux
Que jusqu'au dernier jour ses vœux furent mes vœux;
Mais elle est en enfer, quoique posée au faîte,
Et je dois l'oublier par la loi qui fut faite,
Quand Dieu me délivra du milieu des maudits [9].
Passons; et s'il est vrai, comme tu me le dis,
Qu'une Dame du ciel t'envoie et te dirige,
Me prier en son nom, c'est dire : *Je l'exige*.   90
Il n'était pas besoin de me flatter... Va donc;
Serre autour de ses reins une tresse de jonc [10];
Mais prends soin, avant tout, de lui laver la face,
Pour que toute souillure à l'instant s'en efface.
Siérait-il de lever un regard obscurci
Sur le premier gardien qui veille près d'ici ?
Sachez qu'il vient du ciel, sachez que c'est un ange.
Autour de cet îlot, tout en bas, dans la fange
Nuit et jour exposée aux coups des grandes eaux,
Rien ne peut prendre vie à côté des roseaux.   100
Il n'est arbre ni plante, il n'est bois ni feuillage
Qui tînt contre les flots déchaînés sur la plage.
Allez ! et par ici vous ne reviendrez pas :
Le soleil qui paraît vous fera voir là-bas,
Pour gravir la montagne, un sentier moins rapide. »

   Il dit et disparut. Sans parler à mon guide,

---

(8) Les Limbes, voy. *Enfer*, ch. II, v. 48.
(9) Quand Notre-Seigneur ressuscité visita l'enfer (*Enfer, passim.*).
(10) Symbole d'humilité.

Je me levai, confus à la fois et joyeux,
Et je tournai vers lui mon espoir et mes yeux :
« Viens, suis-moi, me dit-il, retournons en arrière.
C'est par là qu'on descend vers l'humide barrière. » 110

Devant l'aube avaient fui les ombres du matin,
Et je voyais trembler la mer dans le lointain.
Nous allions à travers la muette étendue,
Comme l'homme qui cherche une route perdue,
Et croit marcher en vain s'il ne la trouve pas.
Quand nous eûmes atteint, sans dévier d'un pas,
Le val où le soleil lutte avec la rosée
Qui le brave, dans l'ombre où la nuit l'a posée,
Le bon maître, docile aux ordres de Caton,
Des deux mains doucement effleura le gazon ; 120
Et moi qui pressentais l'intention du sage,
Vers lui, baigné de pleurs, je penchai mon visage,
Et bientôt la fraîcheur du coloris humain,
Effacé par l'enfer, reparut sous sa main.
Puis nous vîmes de près la grande mer déserte
Où nul ne naviga sans courir à sa perte[11],
Où nul n'apprit jamais à revoir d'autres bords.
Comme il plaisait à *l'Autre* on me ceignit le corps :
Un roseau fut cueilli ; mais l'arbuste, ô prodige !
A peine détaché, renaquit sur sa tige. 130

---

(11) Analyse du *Purgat.* — *Enfer*, ch. XXVI, *in fine*, épisode d'Ulysse.

Texte 136
Traduction 130

CHANT II.

ARGUMENT. — Arrivée d'une barque chargée d'Ames. — Le trouvère Casella.

Le soleil cependant montait à l'horizon,
Par le méridien qui traverse Sion [1],
Et la nuit, qui toujours contraire à lui s'avance,
Sortait des eaux du Gange, élevant la Balance
Qui lui tombe des mains, quand, puissante à son tour [2],
Elle prend le dessus et triomphe du jour :
Blanche et rose d'abord, comme une chaste femme,
L'aurore avait rougi sous ce baiser de flamme :
La mer baignait nos pieds, et le sage Romain
Ressemblait à ces gens qui rêvent leur chemin, 10
Immobiles de corps, marchant par la pensée.

Tel, perçant la vapeur sur les flots condensée,
Mars rougit l'occident à l'heure du matin :
Telle je vis surgir, à l'horizon lointain
(Puissé-je la revoir!) une lueur si prompte
Qu'au vol de l'épervier sa course aurait fait honte.
Le temps d'interroger mon maître avec mes yeux,
L'astre déjà brillait plus grand, plus radieux;

---

[1] A l'antipode du purgatoire. — *Enfer*, ch. XXXIV, v. 115 et suiv. — *Hic*, ch. IV, v. 65 et suiv. — La Balance, un des douze signes du zodiaque, à l'opposé du Bélier, sous lequel se lève le soleil en ce moment (avril, 1300). — Analyse de l'*Enfer*, *Enfer*, ch. 1er, v. 41 et 42 et note 9. — *Hic*, ch. VIII, *in fine*.

[2] A partir du solstice d'été jusqu'à l'hiver.

Puis de chaque côté parut à notre vue
Je ne sais quoi de blanc, comme une blanche nue ; 20
Puis une autre au-dessous se forma lentement.

Virgile ne dit rien, tant qu'il vit seulement
La première blancheur poindre sur les flots sombres;
Mais dès qu'il reconnut le pilote des Ombres :
« A genoux! me dit-il. C'est un ange de Dieu.
D'autres t'apparaîtront souvent dans ce saint lieu.
Vois s'il est dédaigneux de l'industrie humaine.
Ce n'est pas l'aviron qui de si loin l'amène.
Vous avez, vous, la voile : il a ses ailes, lui,
Qu'il dresse vers le ciel, son guide et son appui; 30
Vois comme il traîne l'air dans leur plume éternelle
Qui ne s'altère pas comme une chair mortelle. »

Plus il se rapprochait, plus de l'oiseau divin
Grandissait la splendeur, si vive qu'à la fin
Mon regard ébloui n'en put souffrir la vue,
Et je baissai les yeux. Lui, sur la plage nue
Il aborde, montant un esquif si léger
Qu'il volait sur les flots presque sans y plonger.
L'ange était à la poupe, et sa noble attitude
Portait le sceau divin de la béatitude. 40
Les Esprits, par centaine, assis sur le vieux bois,
Chantaient *In exitu* d'une commune voix[3],
Sans omettre un seul mot du glorieux cantique.
L'ange traça sur eux le signe évangélique;
Après quoi, sur la plage ils se jetèrent tous.
Comme il était venu, lui, s'éloigna de nous,
Rapide.
          Cependant la foule abandonnée
Promenait à l'entour une vue étonnée,

---

(3) *In exitu Israël de Egypto* (David, Ps. cxiii). Ces âmes ont échappé au péché, comme les Hébreux à Pharaon.

Des regards inquiets, comme on fait ici-bas,
A l'aspect d'un pays que l'on ne connaît pas. 50
Le soleil, effleurant la quatrième borne⁴,
De son trône enflammé chassait le Capricorne
Et foudroyait les airs de ses traits radieux,
Quand les nouveaux venus, levant sur nous les yeux :
« Pourriez-vous, dirent-ils, à travers la campagne,
Nous montrer le chemin qui mène à la montagne? »
Virgile répondit : « Peut-être pensez-vous
Que cet îlot béni n'est pas nouveau pour nous;
Mais, étrangers tous deux, frères, comme vous l'êtes,
Nous venons d'arriver par des routes secrètes, 60
Si rudes pour les pieds, les mains et les genoux,
Que gravir désormais n'est plus qu'un jeu pour nous. »

Les Ames cependant ont vu que je respire :
Et d'abord on pâlit, on s'étonne, on admire,
Puis, comme sur les pas d'un messager de paix,
Le peuple curieux se presse à flots épais,
Peu soucieux des gens foulés sur son passage :
De même, se pressant pour mieux voir mon visage,
La race bienheureuse oubliait quelque peu
D'aller se faire belle aux épreuves du feu. 70

L'un d'eux, pour m'embrasser, se tira de la presse,
Avec de tels transports de joie et de tendresse
Que je courus à lui, tendre et joyeux... Hélas!
Vaine Ombre qui semblait être et qui n'était pas!
Trois fois derrière lui mes deux mains se pressèrent⁵
Et trois fois sur mon sein, vides, se reposèrent.

---

(4) La quatrième heure. Le soleil est au quart de sa course diurne et de sa course annuelle, puisqu'il entre dans le Bélier, quatrième signe du zodiaque (Voy. *hic*, note 1).

(5)   Ter conatus ibi collo dare brachia circum,
    Ter frustra comprensa manus effugit imago.
        (*Enéide*, ch. II; *Iliade*, ch. XVI; *Henriade*, ch. VI.)

L'étonnement, je crois, se peignit sur mon front,
Car l'Ombre en souriant recula... Non moins prompt,
Je m'avançai, jaloux d'empêcher sa retraite.
Elle me dit alors d'une voix douce : « Arrête. »   80
Moi je la reconnus et j'exprimai le vœu
Qu'elle daignât rester pour me parler un peu.
« Ainsi que je t'aimai prisonnière, de même
Libre de mes liens, reprit l'Ame, je t'aime.
Je reste donc; mais toi, que vas-tu chercher là?
— Si je fais ce voyage, ô bien cher Casella,
C'est pour revoir un jour cette sainte demeure.
Mais qui donc si longtemps a retardé ton heure?
—L'ange qui peut nous prendre ou ne nous prendre pas
Ne m'a fait nul outrage en me laissant là-bas :   90
Je ne saurais m'en plaindre, ô mon bien-aimé frère :
Tout ce qu'il veut est bien ; il fait ce qu'il doit faire.
J'étais, depuis trois mois, sur le bord de la mer,
Où le Tibre si doux se mêle au flot amer.
Le nocher prit d'abord les âmes les plus belles,
Puis daigna m'accueillir, et déploya ses ailes
Vers ce rivage heureux où toujours il conduit
Ceux qui ne tombent pas dans l'éternelle nuit.
— Si la nouvelle loi, dis-je au bienheureux sage,
Ne t'a pas enlevé la mémoire ou l'usage   100
Des doux chants qui là-bas m'ont charmé tant de fois,
Daigne chanter encor, mon frère : que ta voix
Console, s'il se peut, mon âme qui déplore
D'avoir vu cette rive et d'être esclave encore.
— *Amour*, commença-t-il avec tant de douceur
Qu'un écho de ses chants vibre encor dans mon cœur,
Amour, qui de mes sens purifias la fange...[6] »
Mon maître et moi, tous ceux qu'avait amenés l'ange,
Nous écoutions charmés : il semblait, à nous voir,
Que nul autre penser ne pût nous émouvoir.   110

---

(6) Début d'une *canzone* de Dante :
    Amor che nella mente mi ragiona.

Nous étions là, pressés, suspendus à ses notes,
Quand soudain apparut le vieux gardien des grottes [7] :
« Esprits lents, criait-il avec un saint courroux,
D'où vous vient ce retard? Qu'est-ce? qu'attendez-vous?
Courez à la montagne, et que l'ombre s'efface
Qui vous empêche encor de voir Dieu face à face. »

Tels ces ramiers fuyards qui, par bande assemblés,
Vont glanant à travers les seigles et les blés,
A leurs fières amours un instant infidèles :
Si quelqu'un leur fait peur, soudain, à tire-d'ailes, 120
Ils partent laissant là le festin commencé,
Et, pris entre deux soins, courent au plus pressé :
Tels, dès les premiers mots, je vis les nouveaux hôtes,
Oubliant les chansons, s'élancer vers les côtes,
Comme gens affolés qui vont sans frein ni loi;
Et Virgile fuyait non moins vite avec moi.

---

(7) Caton.

Texte 133
Traduction 126

CHANT III.

ARGUMENT. — Le pied de la montagne. — Les maudits du Saint-Père. — Mainfroi, roi de Sicile.

Les Esprits cependant, dispersés par la crainte,
Fuyaient, les yeux tournés vers la montagne sainte
Où *rigueur* est *justice*. Et moi, non sans courir,
Je suivais l'ami sûr, prêt à me secourir.
Qu'aurais-je fait sans lui? Tremblant, faible, fragile,
Comment gravir là-haut sans l'appui de Virgile?
Virgile cependant paraissait abattu....
O noble conscience! o sublime vertu!
Pour un tort si léger fallait-il tant de honte?

Quand il eut ralenti cette allure trop prompte   10
Qui même à la sagesse ôte sa dignité,
Je sentis mon esprit à son tour agité :
Je sentis s'élargir, s'élever ma pensée ;
Et mon regard monta vers la cime élancée
Par-dessus tous les monts qui dominent les flots[1].
Le soleil cependant flamboyait sur mon dos ;
Et mon corps, éclairé seulement en arrière,
A ses rayons brisés opposait sa barrière.
Mon dos était sans ombre et mon front sans clarté.
Tremblant je me tournai vivement de côté :   20
Au-devant de moi seul voyant noircir la terre,
Je me crus délaissé sur le mont solitaire ;

---

(1) Voy. *Enfer*, ch. XXVI, *in fine*.

Mais l'autre, se tournant face à face avec moi :
« Que crains-tu ? Ton ami n'est-il plus avec toi ?
Ne suis-je plus ton guide ? A cette heure, il fait sombre [2]
Aux lieux où gît le corps par lequel j'ai fait ombre
Et qui de Brinde un jour à Naples fut porté.
Si je ne marche plus de mon ombre escorté,
Ne t'en étonne pas : est-ce que, dans l'espace,
Un rayon obscurcit l'autre rayon qui passe ?   30
Pour souffrir les tourments de la glace et du feu,
De tels corps nous sont faits par une loi de Dieu [3].
Mais les décrets d'en haut sont pour l'homme un mystère.
Malheur à l'insensé, malheur au ver de terre
Qui croirait pénétrer les sentiers infinis
Où trônent en un seul trois Êtres réunis !
Contentez-vous, mortels, d'un *parce que* modeste [4].
S'il vous était donné de comprendre le reste,
Il n'eût servi de rien que Marie eût un Fils.
Combien ont proclamé, par d'orgueilleux défis,   40
Le désir d'appeler Dieu même dans la lice !
Combien dont ce désir est l'éternel supplice ;
Aristote, Platon.... hélas ! d'autres encor [5]... »

Un grand trouble, à ces mots, fit pâlir mon mentor :
Il se tut et baissa son front sur sa poitrine.

Nous étions parvenus au pied de la colline
Dont une roche à pic hérisse les contours.
Là, le pied le plus ferme est d'un faible secours.
De Lérisse à Turbi la pente la plus dure [6]
Est en comparaison douce, facile et sûre.   50

---

(2) Il fait nuit à Naples, où repose mon corps.
       Mantua me genuit, Calabri rapuere, tenet nunc
       Parthenope.   (Épitaphe gravée sur le tombeau de Virgile.)
(3) *Infra*, ch. XXV, v. 86 et suiv.
(4) C'est le *quia* des écoles... *Quia complacuit* (Genèse).
(5) Virgile lui-même.
(6) Deux châteaux des États de Gênes.

Le maître s'arrêta, puis il dit : « Maintenant,
Qui sait de quel côté ce roc va s'inclinant?
Et comment y gravir sans ailes ? »
                                Mon pöete,
Tout en cherchant sa route, avait baissé la tête.
Pendant qu'il observait rêveur, silencieux,
Moi, le long des rochers je promenais mes yeux ;
Et voilà qu'à main gauche une foule se montre [7]
Qui me semblait de loin venir à ma rencontre,
Mais telle qu'on eût dit qu'elle ne marchait pas.
« Maître, lève les yeux : des Ames sont là-bas   60
Qui te pourront, j'espère, indiquer une issue
Que ton œil cherche encor sans l'avoir aperçue. »
Et lui, me regardant, répondit avec feu :
« Allons vite à ces gens qui se pressent si peu :
Mon fils, espérons tout d'une haute assistance. »

Quand nous eûmes marché mille pas, la distance
Qui du peuple inconnu nous séparait encor
Était celle qu'un trait franchit d'un seul essor.
La troupe avait fait halte et restait adossée
Contre les blocs massifs de l'étroite chaussée,   70
L'œil fixe, l'air troublé, semblable au pèlerin
Qui s'arrête et regarde en cherchant son chemin.
Le bon maître leur dit: « Vous, dont la mort fut belle,
Heureux prédestinés ! par la paix éternelle
Où tous vous aspirez, où vous entrerez tous,
Dites où la montagne a des degrés plus doux ;
A qui veut s'élever indiquez un passage [8] :
Le temps a plus de prix pour quiconque est plus sage. »

Au sortir du bercail, un par un, deux par deux,
Les moutons font un pas ; le troupeau, derrière eux, 80

---

(7) Ceux que le Saint-Père a maudits par erreur (Voy. v. 129 et suiv. ch. IV, *in fine*).

(8)   .... Doceas iter et sacra ostia pandas.   (*Enéide*, ch. VI.)

Se presse tout timide et portant bas la tête;
L'un marche où l'autre va : si le premier s'arrête,
Le second, sur son dos appuyé, reste coi,
Simple, doux et bêlant, sans trop savoir pourquoi :
Tels ces heureux Esprits, dont la première ligne
Se rapprochait de nous d'un air modeste et digne.
Mais sitôt qu'à ma droite, en travers du chemin,
Ils virent s'allonger l'ombre d'un être humain,
Ils firent en tremblant quelques pas en arrière.
Ceux qui venaient après, de la même manière   90
Et sans savoir pourquoi, s'arrêtèrent aussi.
« Frères, c'est bien un corps que vous voyez ici;
Sans être interrogé j'en conviens, saintes Ames :
C'est lui qui du soleil intercepte les flammes;
Ne vous étonnez plus : croyez, Esprits bénis,
Qu'il ne chercherait pas à franchir ces granits,
Sans avoir la vertu qui vient des hautes sphères, »

Ainsi parla Virgile, et nos bienheureux frères,
Nous faisant une enseigne à l'aide de leur main :
« Retournez et montez : voilà votre chemin, »   100
Dirent-ils. Et l'un d'eux : « En cherchant le passage,
Qui que tu sois, sur moi tourne un peu ton visage :
Regarde si mes traits ne te rappellent rien... »
Je me tournai vers lui; je le regardai bien.
C'était un homme blond, beau, de noble figure,
Qui portait au sourcil une large blessure;
Et quand j'eus humblement imploré sa merci,
Pour ne l'avoir pas vu dans le monde : « Et ceci? »
(Montrant sur sa poitrine une autre cicatrice[9].)
Constance, ajouta-t-il, la noble impératrice,   110

---

(9) Mainfroi, fils de l'empereur Frédéric II; roi de la Pouille et de Sicile, tué à la bataille de Céperano par Charles d'Anjou (V. *Vie de Dante, Enfer*, ch. XXVIII). — Constance, mère de Frédéric II et femme de Henri V, empereur. « *Ma sainte fille* », Constance aussi, mère de Frédéric, roi de Sicile et de Jacques, roi d'Aragon.

Constance est mon aïeule ; et toi, frère, au retour,
Va voir ma sainte fille, objet de tant d'amour.
C'est d'elle que naquit, dans un royal asile,
L'honneur de l'Aragon, l'honneur de la Sicile.
Dis-lui la vérité : tous ne la disent pas.
Quand, percé de deux coups, je touchais au trépas,
Je me livrai pleurant au juge qui pardonne.
J'ai grandement péché, péché plus que personne ;
Mais si grands sont les bras du Dieu bon, qu'il y prend
Tout pécheur qui vers lui se tourne et se repent. 120
Si donc, mieux inspiré, le pasteur de Cosence[10]
Eût mieux lu dans le cœur de la divine Essence,
Alors qu'à ma recherche il fut mis par Clément,
Mes os seraient encore au pont de Bénévent,
Sous la protection d'un lourd amas de pierres.
Loin de ma terre, hélas ! sans flambeaux, sans prières,
Sur les bords de la Verde ils vont se soulevant,
Flagellés par la pluie et battus par le vent.
Mais la malédiction des hommes n'est pas telle,
Qu'elle puisse arracher à l'amour immortelle 130
Une âme où l'espérance épanouit ses fleurs.
Il est vrai cependant, en dépit de nos pleurs,
Et bien que le remords dise au mourant : *Espère*,
Quiconque meurt frappé des foudres du Saint-Père
Doit demeurer ici, hors du bienheureux seuil,
Trente fois tout le temps qu'il vécut dans l'orgueil,
A moins qu'aux vœux fervents de nos amis propice,
Celui qui fit la loi n'abrége le supplice.
Tu peux venir en aide à l'âme de Mainfroi.
Va voir ma fille, va : qu'elle apprenne de toi 140
La place où tu m'as vu, le lien qui m'arrête.
Prier pour moi là-bas, c'est m'approcher du faîte. »

---

(10) L'archevêque de Cosence fut chargé par le pape Clément IV d'exhumer les restes de Mainfroi et de les jeter dans la Verde.

Texte 145
Traduction 142

CHANT IV.

ARGUMENT. — La tribu des Négligents ou Repentants de la dernière heure. — Bellacqua, ami de Dante.

Quand une impression de peine ou de plaisir
Pèse sur l'âme humaine, assez pour la saisir
Et la soumettre au joug d'une puissante étreinte,
Toute autre faculté semble un moment éteinte ;
Et par là je repousse une erreur qui prétend
Que par-dessus notre âme une autre âme s'étend [1].
Ainsi, vous entendez, vous voyez une chose
Où se prend fortement l'esprit qui s'y repose :
Le temps passe et l'esprit ne s'en aperçoit pas ;
Car l'ouïe et la vue ont alors pris le pas   10
Sur d'autres facultés qui dorment inactives :
L'une est libre, en un mot, les autres sont captives.
Ce que je dis de vous, je l'éprouvai pour moi,
Tandis qu'en l'écoutant je regardais Mainfroi ;
Car déjà le soleil, et je n'y pouvais croire,
De cinquante degrés s'élevait dans sa gloire,
Au moment où soudain nos guides arrêtés
S'écrièrent : « Voilà ce que vous souhaitez. »

Quand la vigne revêt ses couleurs purpurines,
Il suffit au manant d'un seul fagot d'épines,   20

---

[1] Système d'Averroes réfuté par saint Thomas d'Aquin et condamné par le concile de Latran, sous Léon X.

Pour fermer un sentier plus large que celui
Où, seuls, abandonnés, sans guide, sans appui,
Nous montions, un par un, lui premier, moi deuxième.

On peut gravir à pied Bismantoue; on va même [2]
A Noli si profond, à Saint-Léon si haut :
Mais il me faut ici des ailes! il me faut
Les ailes du désir, pour suivre la bannière
Qui porte dans ses plis Espérance et Lumière.
Nous montions haletants, au flanc des rochers droits
Qui nous tenaient serrés dans leurs âpres parois,   30
Des mains comme des pieds il fallait faire usage.
Nous avions presque atteint le faîte du passage
Où le sol escarpé s'abaisse et s'aplanit :
« Que faire? m'écriai-je. — Embrasser le granit,
Te traîner jusqu'à moi, me répondit le maître.
Aidons-nous et le ciel nous aidera peut-être. »

Le rocher se dressait, plus droit dans son élan
Que l'aiguille arrêtée au plus haut du cadran;
Mais la cime du mont triomphait de ma vue.
J'étais las; je criai d'une voix éperdue :   40
« Bon père, tourne-toi... regarde... tu verras
Comme je reste seul, si tu ne m'attends pas. »
Lui, m'indiquant du doigt un rocher, me dit : « Ferme!
Encore un pas, mon fils, et nous touchons au terme.
Un plateau large et doux couronne ce sillon. »
Ces mots m'avaient percé d'un si vif aiguillon
Que je fis un effort en rampant sur sa trace,
Et je me relevai maître enfin de la place.

Nous voilà donc assis sur les granits domptés,
Regardant l'orient d'où nous étions montés,   50

---

2 Bismantoue, montagne aux environs de Reggio. — Noli, port de mer entre Finole et la Savéna — Saint-Leon, ville du duché d'Urbino.

Car tout homme aime à voir la route parcourue.
Vers la plaine d'abord j'avais baissé ma vue :
Quand je la relevai, je fus tout stupéfait
De voir que le soleil à gauche m'échauffait³.
Virgile s'aperçut que, d'un regard avide,
Sans faire un mouvement, je suivais dans le vide
Le char de la lumière entre nous et le nord :
« O mon fils, me dit-il, si Pollux et Castor
Servaient déjà d'escorte à ce miroir du monde
Qui va semant partout sa lumière féconde, 60
Sur son axe enflammé déjà tu le verrais
Côtoyer la Grande-Ourse encore de plus près,
A moins qu'il ne sortît de son antique route.
Mais veux-tu dissiper jusqu'à l'ombre d'un doute?
Figure-toi Sion et ce mont radieux,
Disposés sur le globe, en sorte que tous deux
Ont un seul horizon pour un double hémisphère :
Tu dois avoir compris, si la raison t'éclaire,
Pourquoi, comment, la route où luit le grand fanal
(La route où Phaéton se dirigea si mal) 70
Suit la droite à Sion, la gauche au purgatoire.

— Grâce à toi, m'écriai-je, ô mon maître, ô ma gloire,
Jamais je ne vis clair comme à présent je vois,
Dans l'ombre où mon esprit s'égara tant de fois.
Entre le plus haut ciel et la terre où nous sommes,
Il est autour de nous un cercle que les hommes
Ont nommé l'équateur et par où le soleil
Fait tour à tour l'hiver sombre et l'été vermeil.
Vu chez le peuple hébreu, c'est le sud qui l'attire;
Vu du point où je suis, c'est au nord qu'il aspire.., 80

---

3 Antipode du point de départ, donc etc. — *Pollux et Castor*, le signe des Gémeaux. Plus bas. vers 65 *Sion*; voy. ch. II, v. 1ᵉʳ et suiv. :
   Ignotum vobis, Arabes, venistis in orbem,
   Ombras mirati nemorum non ire sinistras,
           (Lucrèce, *De Natura rerum.*)

Mais, si tu le veux bien, j'apprendrais volontiers
Quel temps il nous faudra gravir de tels sentiers :
Mes yeux montent moins haut que ce terrible faîte.
— La montagne où tu vas, mon fils, est ainsi faite
Que pour tous et toujours, rude au premier assaut,
Elle devient plus douce à qui monte plus haut.
Quand elle semblera, sous tes pieds qu'elle brise,
Plus douce que l'esquif balancé par la brise,
Tu toucheras au but : c'est seulement alors,
Mon fils, qu'il sera temps de reposer ton corps.   90
Je ne dis rien de plus ; mais crois à ma promesse. »

Soudain, interrompant le prince du Permesse,
Une voix près de nous jeta ces mots railleurs :
« Peut-être faudra-t-il d'abord s'asseoir ailleurs [1] ».
Tous deux, tournant la tête, au trait qu'on nous décoche,
Nous découvrons à gauche un grand quartier de roche,
Invisible d'abord pour moi comme pour lui.
A l'ombre du rocher qui leur servait d'appui,
Des Esprits sommeillaient étendus en silence,
Comme font les vivants nourris dans l'indolence.   100
L'un d'eux, qui me parut plus fatigué que nous,
Etait assis, les bras autour de ses genoux,
Et jusqu'à ses genoux laissait tomber sa tête :
« Regarde celui-ci ; regarde, ô mon poëte :
La Paresse en personne aurait été sa sœur,
Que pour lui l'indolence aurait moins de douceur. »

L'Ame se retourna d'un air de lassitude,
Souleva ses regards, sans changer d'attitude,
Et dit : « Monte donc, toi, si leste et si dispos ! »
Je reconnus l'Esprit qui m'avait dit ces mots :   110
Malgré l'épuisement qui me privait d'haleine,
J'allai vers lui ; mais lui, levant la tête à peine,

---

(1) C'est-à-dire s'arrêter ici, comme moi, dans le cercle des négligents.

Quand je fus arrivé, me dit avec effort :
« As-tu bien vu pourquoi le soleil suit le nord? »

Ses mouvements si lents, sa parole si brève,
Invitèrent ma bouche à sourire : « Est-ce un rêve?
Bellacqua, désormais je ne te plaindrai plus.
Mais parle : attends-tu là, gisant comme un perclus,
Qu'un ange te conduise à la béatitude?
Ou bien est-ce un retour à ta vieille habitude? 120
— A quoi bon me presser? répondit-il; hélas!
L'ange qui veille au seuil ne me l'ouvrirait pas.
Je suis indigne encor d'aller au doux martyre.
Il convient que le ciel loin de moi se retire
Aussi longtemps que moi je m'éloignai de lui...
(Et j'ai tardé longtemps à chercher son appui),
A moins que d'un cœur pur l'innocente prière
Du ciel avant le temps ne m'ouvre la barrière.
Toute autre est comme rien : Dieu ne l'écoute pas. »

Virgile cependant allait pressant le pas : 130
« Viens, dit-il, le soleil à son zénith arrive [5]; »
Et déjà du Maroc la nuit couvre la rive. »

---

(5) — Dum loquor, Hisperio positas in littore metas
    Humida nox tetigit.   *Ovide.*)

                        Texte   139
                      Traduction 132

CHANT V.

ARGUMENT. — Les Négligents (Suite).

Déja je m'éloignais des Esprits attardés,
Quand l'un d'eux, me montrant, s'écria : « Regardez :
Celui-là qui s'en va, suivant la première Ombre,
Fait obstacle aux rayons : son côté gauche est sombre...
On dirait un vivant. »
　　　　　　　　　Au son de cette voix,
Je retourne mes yeux vers la foule, et je vois
Mille et mille regards fixés avec surprise
Sur moi seul, sur ce corps où le soleil se brise :
« Où se perd ton esprit? qui te retient là-bas?
Dit mon maître, et quel trouble a ralenti tes pas?　10
Que te fait leur babil, mon fils? Laisse-les dire.
Viens : suis de près l'ami chargé de te conduire.
Tiens bon comme la tour qui, dans l'air s'élevant,
Résiste inébranlable aux vains efforts du vent.
Tout homme qui se perd de pensée en pensée,
Dont l'une chasse l'autre et par l'autre est chassée,
Cesse de voir le phare et s'éloigne du port. »
Que lui dire? *Je viens*... et je le dis d'abord,
Non sans avoir au front cette rougeur confuse
Qui trahit le coupable et quelquefois l'excuse.　　20

Une tribu venait à nous par le travers,
Chantant *Miserere* lentement, vers par vers.
Quand on vit que mon corps, derrière le grand sage,
Aux rayons du soleil refusait le passage,

En un *oh!* long et sourd les chants furent changés.
Tout à coup deux d'entre eux, comme deux messagers,
Accoururent vers nous en s'écriant : « De grâce,
Dites-nous votre nom, le nom de votre race.
— Retournez, dit mon maître, et qui que vous soyez,
Redites à ceux-là qui vous ont envoyés   30
Que le corps de cet homme est de chair vraie et vive.
Si, comme je le pense, ils restent sur la rive
Pour observer son ombre, ils en savent assez.
Qu'on l'honore! et, vivant, qu'il aide aux trépassés! »

Non, je ne vis jamais, d'un cours aussi rapide,
Les étoiles filer dans une nuit limpide;
Les nuages d'août, au coucher du soleil,
N'ont jamais fui plus vite à l'horizon vermeil
Que les deux messagers retournant à leur place.
Ils arrivent : soudain tous ont fait volte-face,   40
Comme ces escadrons qui vont courant sans frein;
« Ils arrivent sur nous, en foule, à fond de train :
Tous ils vont te prier, mon fils, dit le poëte;
Marche et, tout en marchant, écoute leur requête.
— Esprit qui vas si vite au bienheureux séjour,
Revêtu de ton corps comme à ton premier jour,
Criaient-ils en courant, daigne marcher moins vite!
Et regarde en passant la foule qui t'invite.
Ne reconnais-tu pas quelque Ame autour de toi,
Dont tu puisses parler dans l'autre monde?... Eh quoi! 50
Ne saurais-tu donc prendre une allure plus lente?
Nous avons péri tous d'une mort violente,
Et nous fûmes pécheurs jusqu'à la fin; nos yeux
Se sont alors ouverts à la clarté des cieux.
Pardonnant, pardonnés nous quittâmes la vie,
En paix avec ce Dieu qui, nous l'ayant ravie,
Nous donne pour tourment le désir de le voir.
— J'ai beau scruter vos traits, je cherche sans pouvoir

En reconnaître un seul parmi vous, m'écriai-je ;
Mais si de vous servir j'ai le doux privilége, 60
Parlez, Esprits bien nés : je plaiderai pour vous.
J'en jure par la paix où nous aspirons tous,
Par la paix que je vais cherchant de sphère en sphère,
Sur les pas d'un tel guide ou plutôt d'un tel père. »

 Un des Élus reprit : « Pour garantir ta foi,
Ne fais pas de serments : nous nous fions à toi.
Puisse à ton bon vouloir répondre ta puissance !
Puisque seul avant tous, je parle en ta présence,
Mon frère, si jamais ton pied touche le sol,
Entre le fief de Charle et l'Etat romagnol [1], 70
Intercède pour moi dans ma propre patrie.
Fais appel aux bons cœurs ; que Fano pleure et prie,
Pour alléger le poids qui sur moi pèse encor.
Je naquis à Fano ; mais, aux champs d'Anténor,
Je reçus dans le flanc la blessure profonde
D'où s'échappa le sang qui m'enchaînait au monde.
Où j'avais cru mieux être à l'abri de tout mal,
D'Este m'a fait mourir, d'Este cruel rival,
Qui, plus que de raison, m'écrasa de sa haine.
Non loin d'Oriago, quand j'atteignis la plaine, 80
Si j'avais côtoyé la Mire aux flots mouvants,
J'aspirerais encor l'air impur des vivants.
Je courus au marais où les joncs et la fange
M'embarrassèrent tant que l'impure phalange
Fit un lac de mon sang. » .

     Une autre Ame à son tour :
« Si tu parviens au faîte où t'appelle l'amour,

---

[1] La marche d'Ancône, entre la Romagne et le royaume de Naples, alors possédé par Charles d'Anjou, deuxième du nom. Celui qui parle est Jacques de Cassero, tué dans les champs de Padoue, ville bâtie, dit-on, par le Troyen Anténor (Voy. *Enfer*, ch. xxxiii).

Prête-moi ton appui : tu peux m'aider peut-être.
Buonconte fut mon nom, Montfeltre m'a vu naître [2].
Jeanne et d'autres, hélas! n'ont de moi nul souci.
Pour cela, le front bas, je reste avec ceux-ci. »   90

Je repris : « Buonconte, dis-moi quelle aventure,
Loin de Campaldino cacha ta sépulture,
Si bien que nul jamais n'a connu ton destin. »

Et l'Ombre : « Un ruisseau coule au pied du Casentin,
Qui, dans les Apennins, sous l'Ermo prend sa source.
Le crâne ouvert, fuyant à pied, seul, sans ressource,
Aux lieux où l'Archiano perd son nom en passant,
J'étais venu, marquant chaque pas de mon sang.
C'est là que je perdis la parole et la vie,
Là que mon dernier mot fut le nom de *Marie*,   100
Là que je délaissai mes misérables chairs.
Reporte ma parole à ceux qui me sont chers :
L'ange de Dieu me prit ; l'autre venu des flammes :
« *Eh! fils du Ciel, pourquoi me voles-tu mes Ames?*
Criait-il : *pour un rien, pour un tout petit pleur,*
Tu prends de celui-ci l'éternel, le meilleur [3] !
A moi donc l'autre part! Nous jouterons ensemble. »
Frère, tu sais comment dans les airs se rassemble,
Cette humide vapeur qui nous revient en eau,
Sitôt qu'avec l'air froid elle a pris son niveau :   110
Eh bien! par la vertu qu'il tient de son essence,
Le démon mit en œuvre à la fois sa puissance
Et le mauvais vouloir qui tend toujours au mal.
Il souffla les brouillards et le vent sur le val,
Puis, de Pratomagno jusques à la montagne,
De nuages épais il couvrit la campagne.

---

2 Fils de Gui de Montefeltro (*Enfer.* ch. XXVII) tué au combat de Campaldino. — (*Vie de Dante*). Plus bas, v. 104 et suiv. — V. *Enfer*, ch. XXVII, v. 102 et suiv.

(3) L'éternel, c-à-d l'âme. — L'autre part, le corps.

Le jour en fut éteint et le ciel si chargé
Que, sous leur pression, l'air en eau fut changé.
Alors la pluie à flots couvrit la vaste plaine,
Et, se faisant un lit de la terre trop pleine,
Emportant, brisant tout, se rua dans l'Arno. 120
Par l'orage gonflé, le fougueux Archiano
Prit, reprit, entraîna ma dépouille glacée,
Et, loin du bord fangeux où je l'avais laissée,
La jetant dans le fleuve, il brisa sur mon sein
La croix que de mes bras j'avais faite à dessein,
Quand, vaincu par la mort, je reconnus mes fautes.
Il me roula longtemps sous les flots, sur les côtes,
Puis il ensevelit mes restes profanés
Sous les débris sans nom dans sa course entraînés. » 130

Une troisième voix fit taire la seconde :
« Quand, au but arrivé, tu reverras le monde,
Souviens-toi de Pia, prends pitié de son sort[4].
J'ai vu le jour à Sienne, à Maremme la mort.
Il le sait, celui-là qui m'avait enchaînée,
En passant à mon doigt la bague d'hyménée. »

---

(4) Noble siennoise qui, soupçonnée d'adultère, fut reléguée par son mari dans la Maremme, où elle mourut.

Texte 136
Traduction 136

CHANT VI.

—

ARGUMENT. — Les Négligents (suite). — Sordello, poëte de Mantoúe. — Apostrophe à l'Italie.

Au jeu de la zara, le perdant délaissé [1]
Reste seul à l'écart, triste, le front baissé :
Il repasse les coups, il pèse, il étudie.
Avec l'heureux vainqueur va la foule étourdie ;
L'un le presse en arrière, un autre par devant,
Celui-là de côté, tous partout le suivant.
Lui ne s'arrête pas, entend l'un, parle à l'autre ;
Si vous serrez sa main, il effleure la vôtre,
Et fait tant qu'il échappe aux flots d'un fol encens :
Tel j'allais à travers mes pâles courtisans,   10
Deçà, delà tournant, retournant mon visage,
Souriant, promettant pour forcer le passage.
Je vis l'Arétin mort sous les coups de Ghino [2],
Et celui que la chasse emporta dans l'Arno.
A mains jointes Novel m'adressait sa prière ;
Puis venait le Pisan qui fit voir si son père,
Si le vieux Marzucco porte un cœur noble et fort.
Je vis le comte Orso près de l'illustre mort
Qui dit avec raison que l'astuce et l'envie
L'ont, bien plus que sa faute, arraché de la vie :   20

---

(1) Jeu de trois dés, importé, dit-on, en France par Catherine de Médicis.
2 L'*Arétin*, le jurisconsulte Bénincasa, d'Arezzo. — *Marzucco*, qui, en signe de charité, baisa la main qui avait assassiné son fils. — Pierre de la Brosse, ministre de Philippe le Bel, accusé par la reine.

C'est Pierre de la Brosse... O dame de Brabant,
Puisque tu vis encor, prends bien garde en tombant,
D'aller plus bas que lui dans des sentiers plus sombres!

  Quand je fus délivré de cette foule d'Ombres,
Qui priait qu'on priât d'avancer l'heureux jour
Où, sainte, elle entrerait au céleste séjour,
Je dis : « O pur flambeau qui luis sur ma carrière,
N'as-tu pas quelque part nié que la prière[3]
Eût le don de fléchir une inflexible loi?
Pourtant ici l'on prie : est-ce un excès de foi?   30
Se berce-t-on ici d'une espérance folle?
Ou n'ai-je pas plutôt mal compris ta parole?
— En m'étudiant mieux, reprit-il, tu verrais
Que les Esprits font bien et que mes vers sont vrais.
Dire que par l'amour la loi s'est satisfaite,
Est-ce donc de la loi tant abaisser le faîte?
N'ai-je pas dû d'ailleurs insister sur ce point
Qu'à prier dans l'enfer on ne s'amende point?
Là, le ciel a rompu même avec la prière.
A tes doutes, mon fils, oppose une barrière :   40
Le doute est dangereux, à moins d'être éclairci
Par la sainte Beauté qui, bientôt près d'ici,
Des ombres de la nuit dégagera ta route.
Cette sainte Beauté, tu l'as compris, sans doute,
Mon fils, c'est Béatrix. Au faîte de ce mont,
Tu la verras, riante et l'auréole au front. »

  Et moi : « Marchons plus vite, ô mon vénéré maître!
Déjà je suis moins las et je me sens renaître.
Vois le faîte : déjà l'ombre glisse sur lui.
— Nous irons aussi loin que possible aujourd'hui;   50

---

(3)   Desine fata deum flecti sperare precando   (*Énéide*.)
Oui, pour les damnés, répond Virgile, mais non pour les âmes du purgatoire (V. chants IV, V, VIII; ch. XI, v. 29 et suiv.)

Mais le chemin n'est pas tel que tu le supposes.
Bien avant qu'au sommet du mont tu te réposes,
Nous reverrons celui dont tu ne brises plus [4]
Les traits déjà voilés par le mont des Élus.....
Mais vois-tu cet Esprit séparé de sa race,
Qui, nous suivant des yeux, reste seul à sa place?
Il va nous enseigner à tourner le rempart. »

Nous fîmes quelques pas vers cette Ame... O Lombard,
Que j'aimais à te voir dans ta noble attitude!
Quel feu dans ton regard et quelle quiétude! 60
Fier lion au repos, en nous suivant des yeux [5],
Il nous laissait venir, calme et silencieux.
Virgile, s'avançant, le pria de nous dire
Quel chemin vers le but pourrait mieux nous conduire.
Et lui ne répondit que par des questions :
Quels lieux nous avaient vus naître, et qui nous étions.
« Mantoue..... » A ce seul mot du poëte que j'aime,
L'Esprit, tout replié jusque-là sur lui-même,
Se lève : « Mantouan! je le suis comme toi.....
Mon nom est Sordello... Viens, frère!... embrasse-moi. » 70

Et tous deux se tenaient embrassés..... Italie!
Esclave que le joug a brisée, a salie!
Asile de douleurs, navire sans nochers
Poussé par la tempête à travers les rochers!
Reine hier, aujourd'hui courtisane flétrie,
Vois sur de nobles cœurs ce que peut la patrie.
Vois comme à ce seul mot le dédain et l'orgueil
Ont fait place aux transports d'un fraternel accueil!
Tes fils, hélas! bercés par la guerre civile,
Nourris du même pain, nés dans la même ville, 80

---

(4) Le soleil, déjà couché.
(5) Imité par le Tasse :
    A guisa di leon che si posa.   (*Jérus. déliv.*, ch. X).
Sordello, poëte lombard oublié de nos jours.

Se serrent de plus près pour se dévorer mieux.
Vois autour de tes ports, tourne, tourne les yeux
Jusqu'en ton propre sein, et puis ose nous dire
Qu'un peu de paix habite un coin de ton empire.
A quoi sert-il qu'un jour Justinien pour toi
Ait forgé ce frein d'or qui s'appelle la loi [6] ?
Dis, à quoi bon le frein, tant que la selle est vide ?
César y devrait être assis, race perfide,
Si tu savais mieux lire au grand livre des cieux.
Vois comme le coursier s'est fait capricieux,   90
Parce qu'il ne sent plus les éperons du maître,
Depuis qu'au nouveau joug espérant le soumettre,
Tu posas en tremblant ta faible main sur lui.
Albert d'Autriche, ô toi dont j'espérais l'appui,
Puisqu'au lieu d'enfourcher ta rebelle monture,
Tu la laisses courir et paître à l'aventure,
Puisse bientôt sur toi, sur tous ceux de ton sang
Tomber du haut des cieux, terrible et tout-puissant,
L'arrêt d'une justice impitoyable et sainte,
Tel que ton successeur en pâlisse de crainte !   100
Si l'on a déserté les jardins de César.
C'est que ton père et toi, nous livrant au hasard,
Vous vous êtes complus dans vos lointaines guerres.
Viens voir, bien que nos pleurs ne te touchent plus guères,
Viens voir les Capulet et les Philipeschi ;
Viens voir, homme sans cœur, Monalde et Montecchi,
Ceux-là déjà brisés, ceux-ci bien près de l'être ;
Viens voir abandonnés de leur seigneur et maître,
Tes vassaux dans les fers, tes amis outragés,
Santafior avili... viens ! et qu'ils soient vengés !   110
Viens voir ta veuve en deuil, ta Rome qui soupire,
Rome qui, nuit et jour, crie au chef de l'empire :

---

6 (Voir *Parad.* ch. VI). — Plus bas : Albert d'Autriche, Albert II, fils de Rodolphe (Voir *Vie de Dante*, et *infra*, ch. VII, vers 96.

« *César, ô mon César, pourquoi me laisses-tu?* »
Viens voir combien ce peuple aime encor la vertu ;
Et si tu n'as pitié d'une race qui t'aime,
Songe à la gloire, Albert! Prends pitié de toi-même.
Daigne entendre ma voix, Dieu puissant, Dieu si doux,
Qui fus, au Golgotha, crucifié pour nous...
As-tu donc détourné tes yeux de notre terre?
Ou bien dans tes desseins, insondable mystère,   120
Est-ce pour notre bien que nos maux sont si grands?
La terre d'Italie est pleine de tyrans,
Et le premier manant, dont le souffle nous souille,
Se croit un Marcellus, sitôt qu'il nous dépouille...

Tu dois, mon doux pays, être content de moi :
Les écarts de mes vers ne vont pas jusqu'à toi,
Florence! Tes enfants font si bien leur office!
Au plus profond du cœur d'autres ont la justice
Et, plus lents à juger, jugent plus sûrement...
Toi, tu l'as sur le bord des lèvres seulement.   130
D'autres vont refusant les honneurs, les richesses...
Toi, sans autre souci que de remplir tes caisses,
Sans te faire prier, sans te lasser jamais,
Tu vas criant bien haut : *Donnez! je me soumets.*
Tout cela te rend fière, et c'est ton droit, Florence!
Florence, à toi la paix, la force, l'opulence!
Florence, ai-je dit vrai, disant ce que je vois ?
Lacédémone, Athène, avec leurs vieilles lois,
Ont laissé, j'en conviens, un grand nom dans l'histoire :
Qu'est-ce que leur grandeur à côté de ta gloire?   140
Toi qui sus élever à de telles hauteurs
L'art sublime entre tous, l'art des législateurs,
Que de trente décrets nés à peine en novembre
Pas un seul n'est debout à la fin de décembre!
Qui peut, depuis vingt ans, dire combien de fois
Tu changeas ta monnaie et tes mœurs et tes lois?

Combien tu fis tomber d'officiers et d'offices?...
Mais sais-tu le plus clair de tant de sacrifices?
Comme un malade au lit, Florence, en t'agitant,
Tu cherches le repos : c'est la mort qui t'attend.   150

                              Texte   151
                              Traduction 150

CHANT VII.

ARGUMENT. — Les Négligents (*suite*). — Le jardin des Ames d'élite.

Quand trois et quatre fois, en signe d'allégresse,
Ils eurent échangé leur pieuse caresse,
Sordello recula, disant : « Qui donc est-tu ?
— Avant que sur ce mont Dieu guidât la vertu [1]
Digne de s'élever jusqu'aux sphères célestes,
Auguste avait à Brinde enseveli mes restes.
Je suis Virgile : Dieu m'est à jamais caché,
Car je n'eus pas la foi ; c'est là mon seul péché. »

Telle fut en deux mots la réponse du maître.
Quand sur votre chemin soudain vient à paraître   10
Quelque objet merveilleux, vous vous dites tout bas
Tantôt *oui*, tantôt *non*... je crois... je ne crois pas :
Tel parut Sordello ; puis, inclinant la tête
Et revenant à nous, sur les pieds du poëte,
Poëte il déposa le baiser de vassal :
« O l'éternel honneur du doux pays natal !
O gloire des Latins, toi qui fis voir au monde
Ce que peut notre langue en beautés si féconde,
Quelle grâce ou quel droit vous amène ? Etes-vous
Hôtes du sombre enfer ou de ce mont si doux ?   20
Dis, si j'ai mérité d'entendre ta voix sainte.

— A travers les circuits de l'infernale enceinte,

---

[1] Avant la venue du Messie.

Je viens, reprit Virgile : une divine loi
M'ordonna de gravir et gravit avec moi.
Non pour avoir fait mal, mais pour n'avoir su faire,
J'ai perdu tout espoir de te suivre, ô mon frère,
De voir le vrai Soleil que cherche ton regard,
Et que, venu trop tôt, moi, j'ai connu trop tard.
Il est un lieu là-bas qui serait sans souffrance,
N'étaient la nuit profonde et la désespérance : 30
Là, de tristes soupirs, mais pas de cris perçants.
Là, pleurent avec moi les petits innocents[2]
Que la mort a marqués de sa dent éternelle,
Portant encore au front la tache originelle;
Là, pleurent avec moi les Esprits revêtus
De toutes... excepté des trois saintes vertus.....
Mais peux-tu m'indiquer une route facile
Qui mène droit et vite au seuil du saint asile?

— Rien ici ne m'enchaîne à tel ou tel degré :
Je puis faire le tour ou gravir à mon gré. 40
Tant qu'on pourra marcher, maître, je t'accompagne.
Mais, vois : déjà la nuit descend sur la montagne,
Et l'on ne peut là-haut monter pendant la nuit;
Donc, il nous faut chercher un commode réduit.
A droite il est là-bas quelques Ames fidèles :
J'offre, si tu le veux, de te guider près d'elles;
Tu trouverais, je crois, quelque charme à les voir.
— Est-il donc une loi qui me fasse un devoir
De m'attarder? et si cette loi n'est pas faite,
Qui m'empêche, ô Lombard, de marcher vers le faîte? » 50

Quand Virgile eut parlé, le bienheureux Esprit
Fit du doigt un sillon dans le sable et reprit :
« Tu ne franchirais pas seulement cet espace,
Aussitôt que le jour à l'ombre aura fait place.

---

(2) Les limbes (V. *Enfer*, ch. II et IV). — Plus bas : « *Les trois saintes vertus* « c.-à-d. les vertus théologales.

Rien à qui veut monter ne s'oppose et ne nuit,
Rien, hormis la nuit sombre : il suffit de la nuit
Pour glacer dans nos cœurs toute ardeur indiscrète...
Où mon pouvoir finit, ma volonté s'arrête.
Quand l'horizon au jour est fermé, cependant,
Il est permis à tous d'aller en descendant 60
Ou de se promener tout autour de la côte. »

Mon seigneur paraissait émerveillé : « Cher hôte,
Allons! dirige-nous vers l'asile secret
Où l'on peut, disais-tu, s'arrêter sans regret. »

Quand nous eûmes suivi quelque temps l'Ame heureuse,
Je vis que devant nous la montagne était creuse,
Comme on voit les vallons se creuser ici-bas :
« Nous irons là, dit l'Ombre en étendant le bras,
Où le rude coteau s'aplanit et s'efface;
Et nous attendrons là qu'un nouveau jour se fasse. » 70
Entre la basse plaine et les hauts rochers droits,
Un oblique sentier nous conduisit tous trois
Vers un lieu de repos où déjà la colline,
Expirante à demi, plus doucement s'incline.
Le carmin, la céruse et la pourpre de Tyr,
L'or, l'argent, l'émeraude et le brillant saphir,
Quand on vient de tailler ses plus vives arêtes,
Près de l'herbe et des fleurs qui parent ces retraites,
N'eussent pas, à coup sûr, tenu le premier rang,
S'il est vrai que partout le petit cède au grand. 80
Dans ce nouvel Eden, la main de la nature
N'avait pas prodigué seulement la peinture,
Mais de mille parfums mélangés et divers,
L'ineffable douceur s'exhalait dans les airs.

Je vis, parmi les fleurs, sur le gazon couchées,
Des Ames que le pli du sol m'avaient cachées,

Elles chantaient en chœur le *Salve, Regina*.
L'Esprit qui nous guidait vers nous se retourna :
« Tant qu'ici le soleil jette un reste de flammes,
Ne me demandez pas de rejoindre ces Ames. 90
D'ici, mieux que d'en bas et plus facilement³,
Nous pourrons observer leur moindre mouvement.
Celui-là qui domine et qui semble, ô mon frère,
Avoir trop négligé ce qu'il aurait dû faire,
Qui seul aux saints accords ne mêle pas sa voix,
C'est l'empereur Rodolphe. Il pouvait autrefois⁴
Guérir les coups portés au cœur de l'Italie,
Que nul autre après lui ne peut rendre à la vie.
L'autre, qui lui sourit, eut le gouvernement
Du pays où naît l'eau qui porte lentement 100
La Moldave dans l'Elbe et l'Elbe à l'onde amère.
Cet Ottocar, encore allaité par sa mère⁵,
L'emportait sur son fils Venceslas déjà vieux,
Nourri dans l'indolence et vil luxurieux.
L'autre au nez exigu, qui parle en confidence⁶
Au voisin dont l'œil doux respire la prudence,
A défloré ses lis par sa fuite et sa mort.
Regardez : se bat-il la poitrine assez fort!
L'autre, qui de sa main fait un lit pour sa joue,
Soupire en étouffant la honte qui s'avoue. 110
Père, beau-père, hélas! du *Fléau des Français*,
Ils connaissent sa vie et savent ses excès;
De là le deuil profond qui dans leurs yeux déborde.
L'Ame aux membres épais et dont le chant s'accorde⁷

---

(3)   Et tumulum caput unde omnes lungo ordine possit
    Adversos legere et venientum discere vultus   (*Énéid.*)
(4) Ch. VI (note 6).
(5) Gendre de Rodolphe et roi de Bohême.
(6) Philippe III, dit le Hardi ; son voisin est Henri III, roi de Navarre et beau-père de Philippe le Bel, le *Fléau des Français*.
(7) Pierre III, roi d'Aragon, qui s'entretient avec Charles d'Anjou, Iᵉʳ du nom, roi de Sicile. — Le *jouvenceau*, un des fils de Pierre III, mort sans avoir régné.

Avec l'autre au long nez, aux regards abattus,
Semble avoir ceint ses reins d'un cordon de vertus;
Et si le jouvenceau qui derrière lui siége,
De succéder à Pierre eût eu le privilége,
L'honneur de vase en vase eût passé; mais il faut
Des autres héritiers parler beaucoup moins haut. 120
Jacques et Frédéric ont les fiefs en partage,
Mais ils ont délaissé leur plus bel héritage :
La vertu rarement va du tronc aux rameaux,
Celui qui distribue et les biens et les maux,
Accorde la vertu, pourvu qu'on la réclame.
Je dis cela pour Charle aussi bien que pour l'Ame
Qui chante avec lui : Charle, en entrant au cercueil,
A laissé la Provence et la Pouille en grand deuil.
Ici le fruit encor, mieux que l'arbre, mérite[8];
Mais plus que Béatrix et plus que Marguerite, 130
Constance peut vanter son époux qui n'est plus...

» Voyez-vous ce roi seul, loin des autres Élus?
C'est Henri d'Angleterre, aux mœurs simples et franches.
Ici l'arbre a poussé de bien meilleures branches.
Celui qui les regarde, au-dessous d'eux assis,
C'est Guillaume, le brave et malheureux marquis.
Monferrat, Canavèse ont dû pour lui naguères,
Maudire Alexandrie et ses sanglantes guerres.

---

(8) Charles II, dit le Boiteux, a fait regretter Charles Ier, son père. — Béatrix et Marguerite, filles de Bérenger V, comte de Provence, ont épousé, l'une saint Louis, l'autre Charles Ier. — Constance, plus heureuse (suivant notre poële), a épousé Pierre d'Aragon. — Dante *se découvre toujours partial* contre la France (Note de Grangier). Il se gardera bien de nous montrer saint Louis dans son *Paradis*. — Henri III, roi d'Angleterre; Guillaume, marquis de Montferrat et du Canavèse, tué par les habitants d'Alexandrie.

Texte 136
Traduction 138

CHANT VIII.

ARGUMENT. — Les **Négligents** (suite). — Le **Serpent** mis en fuite par deux anges. — **Conrad Malaspina** prédit à Dante son exil.

Et déjà c'était l'heure où, triste et soucieux,
Tournant vers le pays sa pensée et ses yeux,
Le marin s'attendrit rien qu'à la souvenance
De l'adieu qu'il a dit aux doux amis d'enfance ;
L'heure où le pèlerin sent des élans d'amour,
Quand il entend la cloche au loin pleurer le jour
Qui se meurt... On parlait ; mais j'écoutais à peine,
Pour voir un des Élus qui, debout dans la plaine,
Paraissait réclamer le silence ; et d'abord
Il éleva ses mains jointes avec transport :   10
Tournés vers l'orient ses regards semblaient dire :
C'est toi, mon Dieu, c'est toi, toi seul que je désire.
Sa bouche alors s'ouvrit : le *Te lucis ante* [1]
Avec tant de douceur et d'élan fut chanté,
Que l'admiration me ravit à moi-même.
Les Ames, l'œil fixé sur le Ciel qui les aime,
Avec le même élan et la même douceur,
Répétèrent le chant de leur dévote sœur.

Maintenant, ô lecteur, aiguise bien ta vue :
Déjà la Vérité se montre à demi-nue ;   20

---

[1] *Te lucis ante terminum,* premiers mots d'un cantique bien connu.

Ton regard aisément peut passer à travers
Le voile si léger dont se couvrent mes vers.

La pieuse oraison à peine terminée,
Je vis la noble foule humblement prosternée ;
Je vis les fronts pâlir ; on se taisait ; les yeux,
D'un air d'inquiétude, interrogeaient les cieux.
Chacun semblait s'attendre à des scènes étranges.
Je vis sortir d'en haut et descendre deux anges,
Qui portaient à la main un glaive flamboyant
Dont on avait rompu la pointe et le taillant².   30
Leur vêtement, plus vert que les feuilles nouvelles,
Doucement agité, grâce à leurs vertes ailes,
Derrière eux ondoyait dans l'air serein et doux.
L'un d'eux, sur un rocher, un peu plus haut que nous
Vint se poser, pendant que son céleste frère
Faisait sa faction sur la rive contraire,
Si bien que les Esprits restaient entre les deux.
Mon regard distinguait l'or de leurs blonds cheveux,
Mais ne put supporter l'éclat de leur visage.....
L'excès de la puissance en affaiblit l'usage.   40

« Du giron de Marie ils viennent chaque soir,
Dit l'Élu, pour garder notre doux reposoir,
Et chasser le Serpent qui nous cherche et nous guette. »
Moi qui ne savais pas d'où sortirait la Bête,
Je regardais partout, tremblant, mort à demi
Et cherchant un refuge aux bras de mon ami :
« Vers ces Ames d'élite il est temps de descendre,
Pour les voir de plus près et pour mieux les entendre.
Votre aspect, j'en suis sûr, ne leur déplaira pas. »

Ainsi dit le trouvère, et trois ou quatre pas   50

---

(2) C'est assez contre le démon plus qu'à demi-vaincu par la passion du Sauveur.

Nous avaient tous ensemble introduits dans la place.
Je vis qu'un des Élus me regardait en face,
Comme pour s'assurer s'il me reconnaissait.
Le ciel de plus en plus déjà s'obscurcissait.
Vu de près cependant, entre moi-même et l'Ombre,
Tel objet se fit clair qui de loin était sombre.
L'Esprit courut à moi ; je m'élançai vers lui :
« Juge intègre, ô Nino, mon plus beau jour a lui,
Puisque je te retrouve au séjour d'allégresse. »
Et tous deux nous rendions caresse pour caresse. 60
Puis il me demanda : « Mon frère, depuis quand [3]
As-tu, des bords du Tibre, abordé notre camp ?
— Des lieux où pour jamais l'espérance est ravie
J'arrive et suis encor dans la première vie,
Bien que l'on gagne l'autre à voir ce que je vois. »

A ces mots le trouvère et le juge à la fois,
Comme des gens saisis d'une frayeur secrète,
Reculèrent d'un pas, l'un vers mon doux poëte,
L'autre vers un Esprit assis dans le saint lieu :
« Debout, Conrad ! Viens voir un miracle de Dieu. » 70
Puis, se tournant vers moi : « Par la reconnaissance
Que tu dois, me dit-il, à la divine Essence
Dont le premier Pourquoi se cache au fond des cieux,
Sans jamais apparaître à nos profanes yeux !
Quand tu retourneras par delà l'onde amère,
Dis à ma Giovanna de prier pour son père [4].
Qu'elle élève son cœur vers ce Dieu tout-puissant
Qui ne reste pas sourd aux vœux de l'innocent !
Je doute que pour moi sa mère s'inquiète,
Puisqu'elle a délaissé la blanche bandelette 80

---

(3) Il fait nuit : le corps de Dante ne projette plus d'ombre. Nino le croit mort et amené là, comme lui, dans la barque de l'ange. (Ch. II, v. 14 et s., 94 et s.) — Nino de Visconti, juge ou gouverneur de Gallure.

(4) Giovanna, fille de Nino. — Sa mère, Béatrix d'Este, mariée en secondes noces à Galéas Visconti, de Milan. — Au moyen âge, le deuil se portait en blanc.

Qu'un fol hymen bientôt lui fera regretter.
Que son exemple au moins serve à bien attester
Ce que dure l'amour dans le cœur d'une femme,
Quand les yeux ou la main n'attisent pas sa flamme.
Quand pour elle viendra l'heure du long repos,
Le serpent que Milan brode sur ses drapeaux,
Aura-t-il sur sa tombe une plus noble allure
Que le coq si fidèle aux armes de Gallure? »

Et pendant qu'il parlait, ses traits calmes et doux
Semblaient marqués du sceau de ce noble courroux 90
Qui fait battre le cœur sans colère et sans haine.
Moi je plongeais mes yeux dans l'azur de la plaine,
Où les astres plus lents tournent autour des cieux [5],
Comme tourne la roue au plus près des essieux.....
« Que regardes-tu donc là-haut comme un prodige? »
Me dit Virgile. Et moi : « Ces trois feux, répondis-je [6],
Si brillants que le pôle en est tout embrasé.
— Là-bas ont disparu, mon fils, à l'opposé,
Les quatre flambeaux d'or qui, ce matin, sans voiles [7],
Brillaient où maintenant montent ces trois étoiles. » 100

Comme il parlait encor, le pieux troubadour
Près de lui l'attira, lui disant à son tour :
« Voilà notre ennemi!.. » Puis, sans quitter la place,
Il dirigeait du doigt nos regards dans l'espace.
Et moi, du point extrême où le sombre jardin
Est ouvert sans défense à tous, je vis soudain
Apparaître un serpent (le même, je présume,
Qui fit mordre la femme au fruit plein d'amertume);

---

(5) Au pôle antarctique.

(6) Probablement *l'Eridan*, le *Vaisseau* et le *Poisson d'or*; au figuré, les trois vertus théologales. (V. ch. I, note 3, ch. XXXI, v. 98 et suiv.)

(7) *Ibid.*

Il venait, le maudit, source de tant de pleurs !
Il venait, se glissant sous l'herbe et sous les fleurs, 110
Tournant deçà, delà sa tête meurtrière,
Comme fait le lion pour lécher sa crinière.
Je ne vis pas dans l'ombre et ne sais point encor
Comment les fils du Ciel avaient pris leur essor ;
Mais ils frappaient les airs de leurs ailes ouvertes.
Le reptile, entendant frémir les plumes vertes,
S'enfuit, et nos gardiens, d'un vol égal et doux,
Reprirent aux deux bords leur poste près de nous.

L'Ame, au cri de Nino près de Nino venue,
Avait suivi l'assaut sans me perdre de vue : 120
« Que le flambeau divin qui te guide là-haut
Trouve dans ta vertu l'aliment qu'il lui faut
Pour briller jusqu'au but de ton pèlerinage !
Si de Valdimagra, si de son voisinage
Tu sais quelque nouvelle où luit la vérité,
Parle : j'ai joui là de quelque autorité.
Conrad Malaspina fut mon nom ; quoique indigne,
Je descends de Conrad l'Ancien en droite ligne.
J'épure ici l'amour que je portais aux miens. »

Et moi : « Je n'ai pas vu vos vassaux ni vos biens ; 130
Mais dans toute l'Europe, où trouver un seul homme
Qui ne vous reconnaisse aussitôt qu'on vous nomme ?
Le monde dit si haut, avec tant de raison,
Les honneurs, les respects dus à votre maison,
Les noms de vos aïeux, le nom de votre Terre,
Que sa gloire pour moi ne peut être un mystère
Et que, sans l'avoir vue encor, je la connais.

Je le jure, ô Conrad, par ce ciel où je vais !
Grande par ses vertus, puissante par le glaive,
Votre race toujours au premier rang s'élève. 140

Doux privilege, acquis aux généreux penchants !
Tandis qu'un monde impur s'abandonne aux méchants,
Seule elle marche droit loin du torrent qui gronde.

— Va ! dit Conrad, avant que le flambeau du monde [8]
Se soit couché sept fois au lit de pourpre et d'or
Que de ses quatre pieds le Bélier couvre encor,
Cette sainte amitié qui pour les miens t'enflamme,
Les miens la fixeront jusqu'au fond de ton âme,
Mieux que les plus longs clous et les plus longs discours,
Si des arrêts divins rien n'arrête le cours. »   150

---

[8] Avant sept ans, tu recevras l'hospitalité dans ma famille, pendant ton exil.

Texte   139
Traduction   150

CHANT IX.

ARGUMENT. — Dante s'endort. — Lucie l'enlève et le dépose à la porte du Purgatoire.

Déja du vieux Tithon la pâle concubine [1],
Arrachée aux douceurs de sa couche divine,
Commençait à blanchir les bords de l'orient.
Sur son front constellé, comme un joyau brillant
Tressé dans les saphirs de sa couronne bleue,
Rampait l'insecte froid qui tue avec sa queue [2].
La Nuit, des quatre points qui divisent son cours
En avait franchi deux pendant nos longs discours,
Et déjà de son aile effleurait le troisième.
Moi, fils du faible Adam et faible aussi moi-même, 10
Vaincu par le sommeil, près de mes quatre amis
Je me couchai sur l'herbe et bientôt m'endormis.

A l'heure où l'hirondelle, au bord du toit gothique,
Commence avant le jour son lai mélancolique,
Comme par souvenir de ses premiers malheurs [3] ;
Quand l'esprit, éclairé de plus vives lueurs,
Moins soumis à la chair dont le joug le domine,
S'enveloppe, en rêvant, d'une vertu divine,

---

(1) L'Aurore ;
    Et jam prima novo spargebet lumine terras
      Tithoni croceum linquens Aurora cubile.   (*Énéide*, ch III.)

(2) Le signe du Scorpion. — Les quatre parties de la nuit : *sero, media nox, galli cantus, mane*.

(3) Les malheurs de Progné, femme de Térée, qui fut changée en hirondelle. (Ovid. *Métam.* lib. VI.)
Au vers suivant : Quand l'esprit. (V. *Enfer*, ch. XXVI, note 1. *Infra*, ch. XXVII, note 4.)

Un aigle m'apparut vêtu de plumes d'or ;
Suspendu dans les airs par un sublime essor, 20
L'aile ouverte, il semblait s'apprêter à descendre.
Moi je foulais aux pieds ces bords mêlés de cendre
Où Ganymède un jour, abandonnant les siens,
Fut ravi par un dieu dans le ciel des païens.
A part moi je disais : « Que faut-il que je croie?
Est-ce un oiseau vulgaire en quête de sa proie?
Ou bien, sous cette forme, est-ce le roi des dieux
Dédaigneux de voler ailleurs que dans les cieux? »
Je crus le voir tourner un instant dans l'espace ;
Puis, plus prompt que la foudre, il fondit à ma place 30
Et parut m'enlever vers la sphère du feu [4].
Mais tous deux nous brûlions, à ce terrible jeu,
D'un feu si dévorant qu'il mit fin à mon rêve.

Quand Thétis, à Chiron dérobant son élève [5],
L'eut, pendant qu'il dormait, transporté dans Scyros
Où la Grèce à son tour vint chercher le héros,
Achille, en s'éveillant, tressaillit, et sa vue
Parcourut inquiète une plage inconnue :
Tel, dès que le sommeil eut fui loin de mes yeux,
Vous m'eussiez vu tremblant, pâle, silencieux, 40
Comme l'homme surpris qu'un soudain effroi glace.
Seul, près de moi, Virgile avait gardé sa place ;
Le soleil s'élevait de deux heures dans l'air,
Et je me retrouvais faisant face à la mer.
« Nous sommes à bon port : ne crains rien, cher élève.
Qu'au lieu de s'affaiblir ta vigueur se relève !
Au purgatoire enfin te voilà parvenu.
Vois ces murs de granit au front sévère et nu :
La porte est ménagée où le roc se sépare.
Naguère, pendant l'heure où le jour se prépare, 50

---

(4) Entre la terre et la lune, suivant le système des anciens.
(5) (Voy. *Enfer*, ch. XII, v. 70. *Iliade, passim*).

Quand ton âme dormait, là-bas, parmi les fleurs
Qui peignent le vallon de leurs vives couleurs,
Une Dame apparut et dit : « *Je suis Lucie*[6].
*Que celui-là qui dort à mes bras se confie :
J'abrégerai pour lui le voyage entrepris.* »
Le trouvère est resté près des nobles Esprits ;
Elle t'a, loin de nous, emporté sur son aile :
Moi, dès qu'il a fait jour, j'ai monté derrière elle[7].
Elle t'a posé là ; l'éclat de ses beaux yeux
A découvert aux miens le seuil qui mène aux cieux ; 60
Puis Elle et le Sommeil ont pris la même route[8]. »

Tel celui qui longtemps a flotté dans le doute,
Change en sérénité son trouble et son ennui,
Dès que la vérité s'est découverte à lui :
Ainsi je me changeai. Quand il me vit sans crainte,
Le poëte gravit vers la pieuse enceinte ;
Moi, je suivais les pas de mon doux protecteur.

Mon sujet s'ennoblit et s'élève, ô lecteur[9] !
Ne t'étonne donc pas qu'à partir de mon rêve,
Ma parole à son tour s'ennoblisse et s'élève.

Où je n'avais cru voir, avant de m'approcher,
Qu'une brèche entr'ouverte au milieu d'un rocher,
Un portique imposant fixa ma vue errante,
Dominant trois degrés de couleur différente.
Sur le plus haut des trois, sans faire un mouvement,
Un ange assis semblait garder le monument ;
Mais quand, pour le mieux voir, j'approchai du passage,
Je ne pus supporter l'éclat de son visage.

---

(6) *Enfer*, ch. II, note 8.
(7) *Vide hic*, ch. VII, v. 53 et suiv.
(8) ...Nox Æneam somnusque reliquit. (*Énéide*)
   Discedunt pariter somnusque deusque. (*Ovid*).
(9) ... Major rerum mihi nacitur ordo,
   Major opus moveo.   (*Énéide* ch. VII).

Le glaive qu'il tenait dressé, la pointe en l'air,
Reflétait ses rayons sur nous, comme un éclair   80
Qui vingt fois fit baisser ma tremblante prunelle :
« Halte ! Que voulez-vous ? cria la sentinelle.
Vos guides, où sont-ils ? Prenez bien garde à vous.
Trop oser peut vous perdre. »

                 Et Virgile à genoux :
« Quelqu'un qui sait les lois de la sainte demeure,
Une Dame d'en haut, nous a dit tout à l'heure :
Allez, la porte est là. »

                 Le saint huissier du ciel
Reprit, mais d'une voix plus douce que le miel :
« Puisse vous mettre à bien Celle qui vous protége !
Montez, mes fils, montez jusqu'au seuil où je siége. » 90

     Le premier des degrés est tout en marbre blanc [10],
Si pur et si poli que je vis, en tremblant,
S'y réfléchir mes traits et mon image entière.
Celui qui vient après est un fragment de pierre
Presque noir, tout brûlé, fendu dans tous les sens.
Le troisième, où posaient deux pieds éblouissants,
Est formé de porphyre et si brillant qu'à peine
Aussi rouge est le sang qui jaillit de la veine.
Là se tient le bel ange, assis dévotement
Sur le seuil qu'on dirait fait d'un seul diamant.   100
Heureux de suivre là le guide que j'honore,
Je franchis les degrés : « Va, mon fils, prie, implore,
Dit-il ; fais que le seuil s'ouvre enfin devant nous. »

     Et moi, très-humblement me jetant à genoux,
Je priai qu'on m'ouvrît la barrière divine ;
Mais à trois fois d'abord je frappai ma poitrine.

---

(10) La foi, la contrition, l'amour

Lui, sept fois de son glaive il traça sur mon front
La lettre P, disant : « Ces traits s'effaceront [11],
Si tu sais les laver, avant de redescendre. »
Sa robe était couleur de poussière ou de cendre : 110
De ses longs plis flottants, je crois le voir encor,
Il tira deux clefs, l'une en argent, l'autre en or.
La clef blanche d'abord, la jaune la dernière
Jouèrent tour à tour, mais de telle manière
Qu'à ma sainte allégresse il ne manqua plus rien.
« Quand l'une de ces clefs, nous dit l'ange gardien,
Fait défaut à l'appel de la sainte serrure,
La porte reste close à l'Ame encore impure.
L'une a plus de valeur, l'autre exige plus d'art;
Au travail d'ouverture elle prend plus de part, 120
Parce que le ressort ne se meut pas sans elle.
Pierre les confia toutes deux à mon zèle,
Et, c'est lui qui l'a dit, dans le doute il sied mieux
D'ouvrir que de fermer le portique des cieux,
Pourvu que le pécheur à nos pieds se prosterne. »

L'ange, à ces mots, poussa la divine poterne,
En nous disant : « Passez, mais retenez ceci :
Qui regarde en arrière est chassé sans merci. »

Quand sur ses gonds d'airain roula la lourde porte,
Elle sembla rugir une rumeur plus forte, 130
Que la Tarpéïa, quand le trésor caché,
Au sage Métellus fut un jour arraché [12].

Pendant que j'écoutais ces rudes harmonies,
A des accords divins de douces voix unies

---

(11) Première lettre du mot *Peccatum*; — *couleur de cendre*, symbole d'humilité.
(12) Par Jules César.
  Tunc rupes Tarpeia sonat, magnoque reclusas
  Testatur stridere fores. (Luc. *Pharsale*, ch. III.)

Chantèrent : *Te Deum, te Deum laudamus.*
Tels d'un pieux transport tous les cœurs sont émus,
Quand, pour honorer Dieu, l'orgue à la voix austère
Alterne avec les chants qu'il provoque ou fait taire.

Texte 145
Traduction 138

CHANT X.

ARGUMENT. — Premier cercle : L'Orgueil. — Sculptures : l'Humilité glorifiée.

Quand j'eus franchi le seuil, qu'on oublie ici-bas,
Grâce au souffle fatal qui, trop souvent, hélas!
Loin des sentiers du Bien vers le Mal nous emporte,
J'entendis à grand bruit se refermer la porte;
Et si vers elle alors j'eusse tourné les yeux,
Quelle voix eût plaidé ma cause dans les cieux[1]?

Nous montions à travers une roche fendue
Qui va dans tous les sens et toujours plus ardue,
Comme le flot qui fuit et revient tour à tour :
« Que l'art, dit mon mentor, seconde ici l'amour! 10
Il faut, pour triompher de la terrible pente,
S'accrocher des deux mains au rocher qui serpente. »
Mais, grâce à ce labeur, si lent fut notre essor
Que dans l'étroit couloir nous combattions encor,
Quand la lune, déjà largement ébréchée,
Descendait, dans son lit plus qu'à demi cachée.

Quand nous eûmes atteint le faîte du granit
Où le rempart recule, où le sol s'aplanit,
Moi haletant, tous deux incertains de la route,
Nous le trouvâmes tel que, moins tristes sans doute 20

---

(1) ch. IX v. 128.

Sont les sentiers perdus au milieu des déserts.
Du pied des hauts rochers qui montent dans les airs
Jusqu'au bord opposé limité par le vide,
La nouvelle esplanade où je suivais mon guide
Eût mesuré trois fois à peine un corps humain.
A ma gauche, à ma droite, en travers du chemin,
Aussi loin que mes yeux volaient à tire-d'aile,
Le roc semblait taillé sur ce triste modèle.

Avant de faire un pas, je vis d'un seul regard
Que l'axe du chemin dressé comme un rempart   30
Est tout en marbre blanc, décoré de sculpture
Qu'envirait Polyclète et même la nature ².

L'ange, qui sur la terre est descendu jadis.³
Pour ouvrir à nos pleurs le seuil du Paradis
Depuis longtemps fermé par notre ingratitude,
Apparaissait si vrai dans son humble attitude,
Que je me dis : *Vit-il ou n'est-il que gravé?*
On eût cru que sa bouche allait nous dire : *Ave.*
Le beau marbre à ses pieds représentait la sainte
Qui fit tourner les clefs de la divine enceinte.   40
La main à la pensée avait bien obéi,
Car sa pose disait : *Sum ancilla Dei.*
Tels revivent parfois dans la cire fidèle
Les contours les plus fins, les traits purs du modèle.

Mon généreux ami qui, du côté du cœur⁴,
Me tenait près de lui, me dit avec douceur :
« Varions nos regards quand la scène varie. »
Je regardai plus loin et, derrière Marie,

---

(2) Polyclète, célèbre sculpteur grec, quatre cent quatre-vingts ans avant J.-C.

(3) L'ange Gabriel; la Salutation angélique.

(4) C'est-à-dire à la droite de son élève (Voy. ch. XIII, note 4).

Dans le roc, en plein marbre, à droite de mon chef,
Je lus une autre histoire écrite en bas-relief. 50
J'avançai pour mieux voir et, sculptés dans la plinthe,
Je vis le char, les bœufs traînant seuls l'arche sainte,
Tant on craint d'usurper un office sacré[5].
Le peuple allait devant, en sept chœurs séparé,
Tel que mes yeux disaient : « *On chante,* » et mon oreille :
« *Non, l'on ne chante pas.* » La lutte était pareille
Pour les parfums d'encens élevés jusqu'aux cieux :
« *Non* », disait l'odorat ; « *Oui* », répondaient les yeux.
Au-dessus de la foule, en parure de fête,
Devant le vase saint dansait le roi-prophète, 60
Qui me parut alors et moins et plus qu'un roi.
Du haut de son palais, à quelques pas de moi,
L'orgueilleuse Michol, d'un œil superbe et triste[6],
Semblait, comme à regret, suivre l'humble psalmiste.

Au delà de Michol je repris mon élan,
Pour lire une autre page en ce beau livre blanc.
Là brillait l'empereur qui dut à saint Grégoire[7],
Après tant de hauts faits, sa plus belle victoire...
(Je parle de Trajan.) La veuve d'un Romain
Au mords de son cheval osait porter la main, 70
Pâle de désespoir et belle de ses larmes.
Les champs étaient couverts au loin de chevaux, d'armes,
De soldats... Au-dessus, les aigles s'élevant
Flottaient dans leurs plis d'or agités par le vent.
A travers tout ce bruit de guerre et de conquête,
La pauvre femme en pleurs exposait sa requête :
« Seigneur, vengez mon fils ; sa mort me fait mourir. »
Et l'empereur : « Attends que, pour te secourir,

---

(5) Tant on craint le sort d'Oza, frappé de mort pour avoir touché l'arche.
(6) Épouse de David.
(7) Touché des prières de saint Grégoire, Dieu aurait tiré des limbes l'âme de l'empereur Trajan.

Je revienne. » Mais elle, avec cette insistance
Que donne aux malheureux l'excès de la souffrance : 80
« Si tu ne reviens pas ? — Un autre régnera :
Il sera ton vengeur. — Mais le bien qu'il fera,
Que t'en reviendra-t-il, s'il n'est pas ton ouvrage ? »
Et lui : « Je reste : allons, femme, reprends courage !
Je ferai mon devoir comme tu fais le tien.
La justice le veut ; la pitié me retient. »

Celui-là qui sait tout, à qui tout est possible,
Au marbre a pu prêter ce langage visible,
Et nouveau pour nous seuls, si bornés dans notre art.

Pendant que j'admirais, dévorant du regard, 90
De tant d'humilités l'inimitable image,
Et de l'œuvre à l'auteur reportant mon hommage,
Virgile murmurait ces mots : « Je vois là-bas
Une foule d'Esprits avares de leurs pas.
Ils nous dirigeront vers la seconde sphère. »

Ma vue avait ailleurs de quoi se satisfaire ;
Mais j'aime à tout savoir, je cherche le nouveau.
Et mes yeux de ses yeux reprirent le niveau.
Je ne veux pas, lecteur, que tu perdes courage,
En voyant de quels coups Dieu frappe qui l'outrage : 100
Et que nous fait d'ailleurs la forme du tourment ?
Le plus long doit finir au jour du jugement.
Pense à ce qui suivra... Nous mourons pour renaître :
« Ce que je vois là-bas, répondis-je, ô bon maître,
Et qui semble vers nous à pas lents se mouvoir,
N'a pas la forme humaine, autant que je puis voir.
Qu'est-ce donc ?... Je m'y perds... cela tient du prodige.
— Le genre de tourment que le ciel leur inflige,
Vers la terre, ô mon fils, tient leur corps si voûté
Que mes yeux pour les voir ont rudement jouté. 110

Mais regarde et redresse, en fixant ta paupière,
Celui-là qui nous vient écrasé sous sa pierre.
Tu peux déjà mieux voir ce qu'ils souffrent, hélas!
O superbes chrétiens, misérables et las!
Aveugles de l'esprit, vous qui, dans la carrière,
Semblez prendre plaisir à marcher en arrière,
Ne comprenez-vous pas que nous sommes des vers,
Larves du papillon qui, traversant les airs,
Ira brûler son aile à la céleste flamme?
D'où vient l'immense orgueil dont se gonfle votre âme? 120
Vils insectes au loin par un souffle emportés,
Informes vermisseaux, atomes avortés! »

Telles vous avez vu ces bizarres sculptures
Qui, ployant sous le poids de nos lourdes toitures,
Tiennent le front baissé jusque sur les genoux,
Et dont le seul aspect fait souvent naître en nous
Pour de fausses douleurs une pitié sincère :
Tel, et quand de plus près je vis mieux sa misère,
Le groupe m'apparut... Sous les mêmes fardeaux,
Tous, à la vérité, ne courbaient pas le dos; 130
Mais le moins maltraité dans ce triste partage,
Semblait dire en pleurant : *Je ne puis davantage.*

                      Texte   139
                      Traduction 132

CHANT XI.

ARGUMENT. — Les Orgueilleux (*suite*). — L'une des Ames prédit à Dante son exil.

« Notre Père, ô Seigneur qui trônes dans les cieux !
Ton empire est partout ; mais le ciel, à tes yeux,
Est comme un premier-né que ton amour préfère.
Que ton nom soit béni, Seigneur, de sphère en sphère !
Béni soit ton pouvoir dans son immensité !
Bénis soient tes desseins dans leur obscurité !
Que la paix de ton règne à son tour nous arrive !
Tout notre art ne saurait nous conduire à la rive :
Nous n'y pouvons aller... Fais qu'elle vienne à nous !
En chantant l'Hosannah, tes anges à genoux   10
De leur moindre vouloir te font le sacrifice :
Nous t'immolons le nôtre, ô suprême Justice.
Donne-nous aujourd'hui le pain quotidien :
Sans la manne, au désert, courir ne mène à rien.
Comme nous pardonnons les offenses des autres,
Daigne, ô Dieu de bonté, nous pardonner les nôtres,
Et ne nous juge pas sur ce que nous valons.
Garde nos faibles cœurs, partout où nous allons,
Contre les rudes coups de l'antique Adversaire.
Délivre-nous du mal qui de si près nous serre...   20
Ce vœu n'est plus pour nous que tu pris par la main,
Mais pour ceux qui là-bas sont restés en chemin. »

Pour nous comme pour eux murmurant ces prières[1],
Les Esprits à pas lents traînaient de lourdes pierres,
Comme nous en traînons en rêve quelquefois.
Ils ne semblaient pas tous chargés du même poids ;
Mais, pour purifier les souillures du monde,
Tous courbés parcouraient la première rotonde.
Et si de nous, là-haut, ils disent tant de bien,
Pensez-vous qu'ici-bas pour eux ne puisse rien[2]   30
Celui dont la prière a de saintes racines ?
Il peut les avancer vers les sphères divines,
Il peut laver leur front, il peut le soulager
Et, le rendant plus pur, le rendre plus léger.

« Que Justice et Pitié protégent les Fidèles !
Puissiez-vous librement ouvrir bientôt vos ailes
Et voler vers le but où tendent tous vos vœux !
Montrez-nous le sentier qui monte vers les cieux,
Et, s'il en est plusieurs, montrez le moins rapide.
L'Esprit que vous voyez et dont je suis le guide,   40
Chargé des chairs d'Adam et vêtu de son corps,
S'épuise, pour me suivre, en stériles efforts. »

Ainsi parla Virgile, et je ne pus connaître
D'où partait la réponse adressée à mon maître ;
Mais on lui dit : « Venez : sur la droite, en avant,
Vous verrez un sentier que peut suivre un vivant.
Si je n'étais moi-même empêché par la pierre
Qui dompte, en la courbant, cette tête trop fière,
Et qui force mes yeux à regarder en bas,
Je chercherais à voir si je ne connais pas   50
Ce mortel dont le nom est pour nous un mystère.
Je t'intéresserais peut-être à ma misère.

---

(1) Le *Pater noster* paraphrasé par le poëte. Cette prière est commune aux vivants et aux élus, sauf les derniers mots (*Délivre-nous du mal*), ch. XXV, v. 135.

(2) Ch. VI, v. 28 et suiv. et note 3.

Je fus de la Toscane, où ma race a grandi.
Mon père s'appelait Guillaume Aldobrandi.
Je ne sais si ce nom vous est connu, mes frères.
L'antiquité du sang, les exploits de mes pères,
Me rendirent si vain, hélas ! que j'oubliai
Par quels nœuds fraternels l'homme à l'homme est lié.
Je pris en tel dédain toute l'humaine engeance
Que Sienne s'en émut : ma mort fut sa vengeance. 60
Le Campagnatico n'a pas un seul enfant
Qui n'ait connu ma mort et n'en soit triomphant.
Je suis Humbert... l'orgueil en a perdu bien d'autres :
Il a dans ma ruine entraîné tous les nôtres.
Pour l'expier, mon Dieu, je porterai ce poids,
Le temps de satisfaire à tes divines lois.
Vivant j'ai dû beaucoup : mort j'acquitte ma dette. »

Moi, pour mieux écouter, j'avais baissé la tête.
Un autre que celui qui parlait avec nous,
Se tordant sous le poids qui courbait ses genoux, 70
Me voit, me reconnaît, m'appelle et, hors d'haleine,
Fixe sur moi ses yeux relevés à grand'peine,
Pendant que près de lui je marchais, le front bas :
« Odrige, m'écriai-je, oh ! c'est toi, n'est-ce pas,
L'honneur de Gubbio, la gloire, l'espérance.[3]
De cet art que l'on nomme *enluminure* en France ?
— Ami, répondit-il, admire les tableaux
De Frank le Bolonais : ceux-là sont vraiment beaux.
Moi je n'ai que l'honneur d'avoir été son maître.
J'eusse autrement parlé quand je vivais, peut-être, 80
Tant j'avais le désir d'être partout vainqueur
Dans cet art magnifique où j'avais mis mon cœur.
Ici, dans les tourments, un tel orgueil s'expie.
Je souffrirais ailleurs, n'était que moins impie,

---

[3] Gubbio, ville dans le duc d'Urbino. — Miniaturiste célèbre, de l'école de Cimabué.

Je me tournai vers Dieu, pouvant pécher encor.....
O gloire des humains! frêle et pâle décor!
A moins d'avoir grandi dans les siècles barbares[4],
Quel homme a vu mûrir les fruits dont tu te pares?
Cimabué le peintre a pu régner un jour :
Giotto l'a détrôné, Giotto règne à son tour.
Sur un Guido tombé l'autre Guido s'élève[5] :   90
Le maître en poésie est vaincu par l'élève;
Et peut-être déjà respire au milieu d'eux
Un plus grand qui du nid les chassera tous deux :
Qu'est-ce que tout ce bruit de renommée humaine?
Un souffle qui dans l'air au hasard se promène,
Et qui change de nom en changeant de côté[6].
Dans mille ans (et mille ans sont à l'éternité
Ce qu'un clin d'œil serait au cours de ces planètes
Qui le plus lentement circulent sur nos têtes),   100
Dans mille ans, seras-tu plus puissant et plus fort,
Pour être tombé vieux plutôt que d'être mort
En bégayant les mots de *maman*, de *pépère*[7]?
Regarde celui-ci qui, courbé sous sa pierre,
Gagne si peu sur nous : la Toscane autrefois
A retenti, tremblante, au bruit de ses exploits....
Qui parle encor de lui maintenant, même à Sienne?
Là pourtant, toute loi pliait devant la sienne,
Quand Florence à genoux mendiait son appui,
Florence reine alors, courtisane aujourd'hui :   110
Ce brin d'herbe, ô mortels, qu'un souffle fait éclore,
Qu'un souffle fait verdir, qu'un souffle décolore,
Voilà la Renommée. »
                    Et moi je répondis :
« Les grandes vérités, frère, que tu me dis

---

(4) Alors que les concurrents étaient peu nombreux.

(5) Le poète Guido Cavalcante, de Florence, a détrôné Guido Guinicelli, de Bologne (ch. XXVI, v. 93).

(6) Qui s'appelle l'Auster ou l'Aquilon, suivant que, etc.

(7) *Iliad.* (ch. V). « *Ses enfants ne l'appellent plus papa.* » Notre texte porte *Pappo, dindi*, appellations enfantines.

Ont fait tomber l'orgueil dont se gonflait mon âme.
Elle est humble à présent, comme Dieu la réclame...
Mais l'Élu dont tu viens de parler, quel est-il?
— Provenzan Salvani, mon compagnon d'exil.
Pour avoir caressé la superbe folie
De tenir sous sa main Sienne entière avilie,   120
Depuis sa mort il traîne et sa pierre et son deuil,
Double tribut que Dieu fait payer à l'orgueil.
— Quiconque attend la mort pour pleurer sur sa faute,
Doit languir, m'a-t-on dit, au pied de cette côte,
Autant que sur la terre il a compté de jours,
A moins que l'oraison ne vienne à son secours :
Comment donc Provenzan est-il monté si vite?
— Il était au plus haut de sa gloire maudite,
Quand, librement, sans honte, à la face de tous,
Sur la place de Sienne il ploya les genoux,   130
Pour tirer un ami d'un pas bien difficile :
Pour payer sa rançon à Charles de Sicile,
Il soumit à trembler ce cœur fier à l'excès.....
J'ai fini : mon langage est obscur, je le sais,
Mais le jour n'est pas loin où, dans l'autre hémisphère,
Tes voisins me feront mieux comprendre, ô mon frère [8].
Salvani, par cette œuvre expiant son orgueil,
A rompu la barrière et franchi notre seuil. »

---

(8) *Vicini*, c'est-à-dire tes concitoyens, qui, en t'exilant, te feront connaître par toi-même combien il est dur de mendier. (V. *Parad.*, ch. XVII, v. 55 et suiv.)

                                         Texte   142
                                         Traduction   138

CHANT XII.

ARGUMENT. — Les Orgueilleux (*suite*). — Les sculptures : l'Orgueil humilié. — Entrée du deuxième cercle.

De front, comme des bœufs qu'un même joug assemble,
L'Ombre pesante et moi nous allâmes ensemble,
Tant qu'à mon doux mentor il plut de le souffrir.
Mais sitôt qu'il m'eut dit : « C'est assez discourir ;
Quitte cette Ame et viens ; que, suivant son étoile,
Chacun manœuvre ici ses rames et sa voile ! »
Vite, et comme il convient à l'homme pour marcher,
Je redressai mon corps, bien qu'à ne rien cacher,
Je restasse humblement courbé par la pensée.

Donc, au premier appel, le long de la chaussée, 10
J'avais suivi mon guide, et l'on pouvait juger
Si nous allions tous deux d'un pas leste et léger.
Il me dit : « Tourne un peu tes regards vers la terre.
Pour charmer le voyage, il serait salutaire
De regarder le lit où reposent tes pieds. »

Tels, et pour que leurs noms ne soient pas oubliés,
Sur la tombe des morts nous gravons leur image.
Du fond des cœurs pieux, grâce à ce simple hommage,
Le dard du souvenir tire encor bien des pleurs :
Tels, mais bien plus vivants de formes, de couleurs, 20

Et sculptés par la main de Dieu même sans doute,
Je voyais des tableaux encadrés dans la route[1],
Aussi loin qu'elle tourne autour du mont sacré.
Et d'abord j'aperçus celui qui fut créé
Le plus beau, le plus noble entre les créatures.
Sur un des bords du sol enrichi de sculptures,
Il semblait, foudroyé, choir du plus haut des cieux.
En face, Briarée apparut à mes yeux,
Percé d'un trait divin et lourd pour cette terre
Où, glacé par la mort, il gisait solitaire. 30
Mars, Apollon, Minerve, encore tout armés,
Environnaient leur père et regardaient, charmés,
Les membres du géant épars sur le rivage.
Je vis Nemrod, au pied de son immense ouvrage;
L'œil morne, il regardait abaissée aujourd'hui
Sennaar, hier encor superbe comme lui.
O Niobé, dans tes yeux quelle douleur navrante !
Et comme tu pleurais, dans le marbre vivante,
Sur tes quatorze enfants immolés à l'enfer !
Saül, comme tu meurs et par ton propre fer, 40
Sur cette Gelboé qui, de sang arrosée,
N'a plus jamais senti la pluie et la rosée !
Folle Arachné, déjà transformée à demi,
Comme on voit que ta main orgueilleuse a frémi
Sur ces brillants tissus dont tu retiens les restes,
Chefs-d'œuvre de ta main à ta main si funestes !
Où sont donc, Roboam, tes yeux si menaçants ?
Tu trembles sur ton char, hué par les passants...
Fuis !... devance l'arrêt d'un peuple qui t'abhorre.

Le pavé du chemin me laissa voir encore 50
Comme à sa mère un jour Alcméon fit payer[2]
Le funeste présent d'un trop riche collier.

---

(1) Les images de l'humilité *s'élèvent* le long de la route, celles de l'orgueil *gisent* sur le sol et sont foulées aux pieds.
(2) Alcméon, fils d'Amphiaraüs, tua sa mère coupable d'avoir accepté un collier des rois ligués contre Thèbes. (Voy. *Paradis*, ch. IV, v. 110.)

Je vis Sennachérib (terrible et grand exemple),
Que ses fils ont tué, puis laissé dans le temple.
Sur des monceaux de morts dans le sang disparus,
Je voyais Tomyris dire au grand roi Cyrus[3] :
« Tigre altéré de sang, bois : je t'en rassasie. »
Je vis l'Assyrien, fier tyran de l'Asie,
Trembler et fuir alors qu'Holopherne eut vécu ;
Je vis le corps sanglant de l'orgueilleux vaincu. 60
Je vis Troie, un monceau de cendre et de poussière...
Ilion ! Ilion ! comme la blanche pierre,
Te montrait humble et basse à mon œil attristé !

Il irait d'un pas sûr à la postérité
L'artiste aimé du Ciel qui, d'un rayon céleste,
Animerait ainsi la voix, l'ombre, le geste !
Les vivants respiraient et les morts semblaient morts.
Le témoin de ces temps fertiles en remords
N'a pas vu mieux que moi ceux dont je vis l'image,
Tant que, le front baissé, je foulai ce rivage. 70
Vous, fils d'Ève, dressez vos regards vers les cieux :
Enorgueillissez-vous... N'abaissez pas vos yeux
Sur les sentiers du mal où vous marchez sans crainte !...

Nous avions plus tourné dans la première enceinte,
Le soleil dans sa course était plus élevé
Que ne le supposait mon esprit captivé,
Quand celui qui toujours précédait son élève,
Me dit : « Lève la tête et laisse là ton rêve.
Un autre soin t'appelle, un autre soin plus doux :
Vois l'ange qui s'apprête à descendre vers nous. 80
La suivante du jour qui marche la sixième
Est bien près de céder sa place à la septième.

---

(3) *Satia te sanguine quem sitiisti.*

Orne d'un saint respect ton front et ton maintien,
Pour qu'il daigne se faire et mon guide et le tien.
Souviens-toi que ce jour ne doit plus reparaître. »

Il m'avait tant de fois, mon noble et digne maître,
Vanté l'emploi du temps que j'en savais le prix,
Et qu'à peine exprimé son désir fut compris.
Mais déjà s'avançait la belle créature :
Blanche était sa chlamyde, et sa blanche figure 90
Éblouissait mes yeux de l'éclat argentin
Que darde en tremblotant l'étoile du matin.
L'ange étendit les bras, puis, déployant ses ailes,
Il nous dit : « Les degrés sont là ; venez, fidèles !
Désormais sans fatigue on monte vers les cieux.
Bien peu d'Ames, hélas ! répondent à nos vœux.
Mortels que Dieu créa pour voler vers la cime,
Faut-il qu'au moindre vent vous tombiez dans l'abîme ! »

Vers les degrés taillés dans le rocher profond
Il nous guida ; de l'aile il effleura mon front 100
Et daigna me promettre un voyage facile.

Tel on monte au lieu saint qui domine la ville [1]
Où brille la justice, où fleurit la bonté,
Devant, derrière, autour du pont Rubaconté ;
L'homme a brisé l'orgueil de ces pentes rebelles
Et dans les flancs du roc a fixé des échelles,
Au temps où la vertu, présidant aux trafics,
Garantissait les poids et les deniers publics :
Tel, dans les flancs ardus de la montagne sainte
Qui, droite comme un mur, tombe de l'autre enceinte, 110
Un sentier serpentait entre les deux parois.
Nous allions le gravir, quand tout à coup des voix

---

(4) L'église bâtie sur la montagne, au-dessus de Florence, où brille...
etc. (ironie). — *Le Pont Rubaconte*, sur l'Arno.

Chantèrent *Beati pauperes,* mais si belles
Que toute autre eût paru fausse et rude après elles.
Oh! qu'ils sont différents les sentiers des enfers!
Là d'affreux hurlements, ici de doux concerts!

Nous montions cependant et, sans reprendre haleine,
Je me sentais léger bien plus que dans la plaine :
« Maître, dis-je au Romain, que s'est-il donc passé?
De quel pesant fardeau suis-je débarrassé?   120
Je n'éprouve en marchant presque plus de fatigue. »
Et lui : « Quand sur le front de mon enfant prodigue,
Les *P*, que de sa main le bon ange a tracés,
Comme un d'eux l'est déjà, seront tous effacés,
Ses pieds, obéissant au désir qui les mène,
S'affranchiront du joug de la faiblesse humaine :
Ils trouveront du charme à remplir leur devoir. »

Je fis comme celui qui marche sans savoir
Qu'il s'est fait par hasard quelque tache au visage;
Pour peu qu'un geste, un mot l'avertisse au passage, 130
Sa main obéissante est bien vite en chemin :
Ce que l'œil n'a pu faire est l'œuvre de la main :
Elle cherche, elle trouve : ainsi, non moins adroite,
A l'aide de ses doigts étendus, ma main droite
Trouva réduits à six les signes odieux
Que sur mon humble front, le porte-clefs des cieux
Avait gravés naguère en m'ouvrant son empire :
Ce que voyant mon maître, il se prit à sourire.   138

Texte   136
Traduction 138

CHANT XIII.

ARGUMENT. — Le deuxième cercle. — Les Envieux[1]. — Le Fouet et le Frein.

Nous voilà parvenus au faîte du granit :
Pour la seconde fois, devant nous s'aplanit
La rude pente où l'âme en montant se réforme.
Ici du premier cercle on retrouve la forme,
Si ce n'est qu'ici l'arc, tendu de toute part,
Se recourbe plus vite autour du vieux rempart.
Mais plus de marbres blancs ! plus de belle sculpture !
Le rempart, le chemin qui lui sert de ceinture,
Ne sont plus qu'un rocher muet, livide et brut.

« Attendre un guide ici, c'est manquer notre but. 10
C'est perdre bien du temps », dit le roi des poëtes ;
Puis, fixant le soleil qui brillait sur nos têtes,
Du pied droit sur le sol mon guide s'appuya,
Fit tourner son flanc gauche à droite et s'écria :
« O doux flambeau du ciel, si tu veux que sans crainte
J'aborde les sentiers de la seconde enceinte,
Conduis-nous, comme il faut que nous soyons conduits ;
Tu répands ta chaleur dans ce monde où tu luis :
A moins d'être soumis à quelque loi nouvelle,
Tu dois nous être un guide aussi sûr que fidèle. » 20

---

[1] Scudéry a décrit aussi le supplice des envieux (*Alaric*, ch. VI). — *Idem*, Klopstock (*La Messiade*, ch. IX.)

Ce que l'on compterait pour un mille ici-bas,
Nous l'avions parcouru, sans dévier d'un pas,
Tant un puissant désir nous portait vers les cimes !
Mais voilà que dans l'air soudain nous entendîmes
D'invisibles Esprits qui, parlant tour à tour,
S'invitaient à s'asseoir à la table d'amour.
Le premier, en passant dans les airs, à voix haute,
Dit : *Vinum non habent*. Et ces mots d'un bon hôte[2]
Furent, derrière nous, répétés mille fois.
Avant que la distance eût étouffé les voix, 30
Une autre avait passé, criant : « *Je suis Oreste.* »
Toutes s'en vont ainsi ; pas une ne nous reste ;
« Oh ! quelles sont ces voix ? dis-je à mon doux mentor,
Et comme je parlais, voilà qu'une autre encor
S'écrie : « *Aime celui par qui le mal t'arrive.* »

Et mon maître : « Le Ciel frappe sur cette rive
Le péché de l'envie et, vibrant tour à tour,
Les cordes du *fouet* sont aux mains de l'amour[3].
Ce qu'on nomme *le frein* a des accents contraires ;
Tu l'entendras, je pense, au milieu de nos frères, 40
Avant d'avoir atteint le sentier du pardon.....
Mais là-bas, devant nous, mon fils, regarde donc :
Vois-tu ces gens assis le long des hautes pierres ? »

Et moi, plus que jamais écartant mes paupières,
J'aperçus des martyrs, couverts de manteaux gris
Qui de la lave offraient le triste coloris ;
Nous avançons encore, et j'entends que l'on crie :
« Daigne prier pour nous, sainte vierge Marie !
Priez, Pierre, Michel et tous les saints du ciel. »

Serait-il sur la terre un cœur assez cruel 50

(2) Paroles de la sainte Vierge, aux noces de Cana. — *Oreste*, symbole de l'amitié. — *Aime celui*, etc. *Benefacite eis qui oderunt vos.* (Paroles de J.-C. Mathieu, V).

(3) *Le fouet* l'excitation à la charité. *le frein* contre l'envie (ch. XIV, v. 141).

Pour voir, sans se briser, ce que je vis ensuite?
Quand je fus assez près de ces Ames d'élite,
Pour en saisir l'aspect, les gestes, les douleurs,
Ma profonde pitié se trahit par mes pleurs.
Un cilice couvrait leur dos et leur poitrine;
Chaque épaule pesait sur l'épaule voisine,
Toutes, sur le rocher qui borde le chemin.
Tels, aux portes d'un temple et nous tendant la main,
Les malheureux privés du pain et de la vue,
L'un sur l'autre appuyés, posent leur tête nue   60
Et des cœurs les plus durs se font maîtres deux fois,
Par l'aspect du malheur, par l'accent de la voix.
Comme à ces pauvres gens la lumière est ravie,
Elle manque aux pécheurs aveuglés par l'envie.

Tous, ils avaient les yeux cousus d'un fil de fer,
Comme ceux du faucon, quand il fait trop le fier;
Moi, de peur de blesser l'urbanité, que j'aime,
Et tout honteux de voir sans être vu moi-même,
J'interrogeai des yeux le sage et doux Lombard.
Il comprit mon silence, il comprit mon regard :   70
« Va, dit-il sans attendre un geste, une parole;
Va, parle, mais sois bref; songe au temps qui s'envole. »

Virgile m'escortait, en côtoyant le bord [4]
Qui, partout dégarni de rampe et de support,
M'eût exposé peut-être à tomber dans les grottes.
J'avais à l'autre bord les mille Ombres dévotes,
Dont l'horrible soudure aiguisait les douleurs
Traduites sur leur joue en longs ruisseaux de pleurs :
« O vous, leur dis-je, ô vous, race heureuse et certaine
D'ouvrir un jour les yeux à la clarté lointaine,   80
A la clarté suprême où tendent tous vos vœux,
Frères! puisse bientôt, par la grâce des Cieux,

---

(4) V. ch. X, note 3, et *Enfer*, ch. XXXIV, v. 81 et note 5.

L'écume se tarir dans vos cœurs, de manière
Qu'il n'y coule à pleins bords que des flots de lumière !
Dites (et votre aspect m'en paraîtra plus doux),
Quelque âme *italienne* est-elle parmi vous ?
Je puis la secourir ; parlez donc, je vous prie.
— Nous sommes tous enfants de la sainte patrie ;
Mais tu veux dire, ami, si je te comprends bien,
Quelque âme voyageuse au sol italien ? » 90

Ces mots, articulés d'une voix faible et lassé,
Venaient d'un peu plus loin, en avant de la place
Où j'étais arrêté l'œil au guet, le front bas ;
Donc, pour entendre mieux, je fis cinq ou six pas.

Tristement accroupi le long des rochers sombres,
Un Esprit m'apparut parmi les autres Ombres.
Il semblait m'observer... « Comment ? me dira-t-on,
— Comme le fait l'aveugle, en levant le menton.
— Esprit qui, pour monter aux sphères les plus hautes,
Te complais à souffrir en pleurant sur tes fautes ! 100
Puisque, quand je parlais, c'est toi qui répondis,
Esprit, dis-moi ton nom, le nom de ton pays.
— Frère, je fus Siennoise. Au cercle de l'envie
Je lave avec ceux-là les taches de ma vie,
Invoquant par mes pleurs le céleste pardon.
Vivante je fus folle, encor bien que mon nom
Fût *Sapia* ; vivante, et jusqu'au jour suprême⁵,
J'aimai le mal d'autrui plus que mon bonheur même.
Mais pour t'assurer mieux que je ne te mens pas,
Et, comme je l'ai dit, que je fus folle, hélas ! 110
Écoute : je touchais au déclin des années ;
On vit, près de Collé, deux bandes acharnées

---

(5) Jeu de mots. *Sagesse*, en italien *sapia* noble siennoise exilée à Collé.

Combattre — les Siennois contre les Florentins. —
La grâce que du Ciel j'implorais, je l'obtins :
Mon parti dispersé prit lâchement la fuite.
Quand je vis les vainqueurs courir à sa poursuite,
Je fus ivre de joie, et mon transport fut tel
Que, d'un air de défi me dressant vers le ciel,
Je criai : « *Je te brave!* » Ainsi sur votre terre,
Le merle, après l'orage, insulte le tonnerre.   120
Bien que mes derniers jours m'eussent rendue à Dieu,
Je languirais encore aux portes du saint lieu,
Si le bon Pettinagne, à genoux sur la pierre [6],
Ne m'eût prêté l'appui de sa sainte prière...
Mais quel est l'étranger qui visite ces bords,
Qui respire en marchant dans l'empire des morts
Et va, les yeux ouverts, au moins je le suppose?

— Hélas! ma vue aussi par ce fil sera close,
Mais pour bien peu de temps : autour de moi mes yeux
Ont jeté rarement un regard envieux.   130
Mon âme est bien plutôt suspendue à la crainte
De traîner son rocher dans la première enceinte.
Déjà mon front se courbe et le remords me suit.
— Mais qui donc sur ce mont jusqu'à nous t'a conduit?
Et comment penses-tu rentrer dans l'autre vie? »
Je repris : « La voici, l'Ame que j'ai suivie;
Mais mon guide se tait, lui qui parle si bien.
Moi, qui respire encor, pour toi ne puis-je rien?
Je suis prêt à tout faire : ordonne, Ame d'élite.
Pour toi mes pieds mortels iront loin, iront vite.   140
— Ce que j'entends, dit l'Ame, est bien nouveau pour moi,
Et me prouve, ô mortel, que Dieu marche avec toi.
Puisse donc ta prière abréger mon martyre!
Par tout ce que ton cœur plus ardemment désire,

---

(6) Un ermite des environs de Collé (ch. IV, v. 124 et suiv. ch. XI, v. 123 et suiv.).

Au pays des Toscans si tu rentres un jour,
Des êtres que j'aimais va réchauffer l'amour.
Tu les rencontreras chez cette race vaine [7]
Qui croit en Talamon, source de plus de peine
Que n'en coûta jamais la Diane et ses eaux ;
Les plus humiliés seront ses amiraux. »   150

---

(7) Chez les Siennois, qui s'étaient emparés d'un petit port appelé Talamon. *La Diane*, petite rivière souterraine, pour laquelle ils avaient dépensé des sommes folles.

                              Texte   154
                         Traduction 150

CHANT XIV.

ARGUMENT. — Les Envieux (*suite.*) — Deux Ames maudissent la Toscane. — Les Voix dans les airs. — Le Frein.

« Qui donc parcourt ainsi le cercle de l'envie,
Sans avoir pris déjà son vol hors de la vie?
Qui donc marche à son gré, les yeux fermés ou non?
Je sais qu'il n'est pas seul, mais j'ignore son nom.
Puisqu'il est près de toi, demande-le lui, frère,
Mais aussi doucement que tu pourras le faire,
Pour qu'il parle. »

      A ma droite ainsi parlaient de moi,
L'un sur l'autre appuyés, deux des fils de la Foi;
Puis, pour m'interroger, ils dressèrent la tête,
Et l'un deux : « O mortel, dit-il, esprit honnête, 10
Qui montes vers les cieux, dans tes chairs abrité,
Frère, console-nous : dis-nous par charité
Ton nom et d'où tu viens; notre surprise est telle
Que l'exige de nous la grâce qui t'appelle :
C'est chose merveilleuse et qu'on ne vit jamais.
— Frères, chez les Toscans, au pays que j'aimais,
Dans le mont Falterone un fleuve prend sa source,
Dont cent milles et plus n'ont point lassé la course.
C'est de là que chez vous j'arrive avec mon corps;
Mais je dirais mon nom vainement chez les morts. 20

Chez les vivants sa gloire à peine est commencée[1].
— Si mon intelligence a compris ta pensée,
Dit l'Ame qui parlait pour la seconde fois,
Ce fleuve c'est l'Arno. »

                      L'autre, élevant la voix :
« Pourquoi taire ce nom, comme on fait dans le monde,
Quand on n'ose nommer quelque chose d'immonde? »
L'Ame à qui ce discours s'adressait répondit :
« Périsse jusqu'au nom de ce fleuve maudit!
Des sources de l'Arno, veuves du mont Pélore[2],
Qui, se vidant toujours, sont si pleines encore   30
Que nul vallon ailleurs n'est si bien arrosé,
Jusqu'à la vaste mer où son flot reposé
Rend ce qu'il a reçu, pour que rivière ou fleuve,
Par un secret échange, à son tour s'en abreuve,
Partout, soit par penchant, soit par fatalité,
Comme on craint un serpent, on craint la vérité.
Sur les bords fécondés par la grande rivière,
L'homme a si bien changé sa nature première
Que Circé semble encor le nourrir de sa main.
L'Arno trouve d'abord sur son triste chemin   40
Des pourceaux qui devraient, dans la forêt prochaine[3],
Au lieu d'un noble pain, manger les fruits du chêne :
Plus bas sont des roquets moins vaillants que hargneux.
Le grand fleuve leur jette un regard dédaigneux :
Il détourne la tête, et plus son lit se creuse,
Plus aussi, dans la fosse infâme, abjecte, affreuse,
Il trouve en descendant le chien devenu loup.
Tombé plus bas encore, il surprend tout à coup
Le renard si rusé, si fin qu'il ne craint guère
Chiens ni chasseurs ligués pour lui faire la guerre. 50

---

    (1) V. ch. XXX, v. 57 et note et *Vie de Dante*.
    (2) Détaché de l'Apennin par quelque grande convulsion de la nature.
    (3) Les Casentinois. Plus bas, Arezzo (les roquets), Florence (les loups), Pise (les renards).

Bien qu'un vivant m'écoute, ami, je veux parler ;
Et même il serait bon qu'il pût se rappeler
Tout ce que l'Esprit-Saint devant mes yeux déroule.

» Je vois ton petit-fils entouré par la foule [4] ;
Sur les bords du grand fleuve autrefois si vantés,
Il chasse nuit et jour les loups épouvantés.
Il vend au plus offrant leur chair encor vivante ;
Comme des bœufs vieillis il les tue et s'en vante.
Beaucoup perdent la vie ; il perd, lui, son honneur.
Il rentre tout sanglant, le terrible veneur, 60
Et laisse la forêt telle que mille années
Ne reverdiront pas ses parures fanées. »

Tel s'entendant prédire un coup inattendu,
L'homme pâlit, écoute et regarde éperdu,
De quelque part que vienne et gronde la tempête :
Tel, ayant recueilli les accents du prophète,
Nous vîmes s'attrister et pâlir l'envieux
Qui s'était retourné pour nous entendre mieux.
L'un, par son air ému, l'autre par son langage,
Me firent curieux d'en savoir davantage, 70
Et je les suppliai de se nommer.
                         L'Esprit
Qui déjà le premier m'avait parlé, reprit :
« Soit : tu veux que pour toi nous fassions, ô mon frère,
Ce qu'en notre faveur tu refuses de faire.
Puisque Dieu t'a doué d'un si précieux don,
Je ne te serai pas avare. Sache donc
Que mon nom fut Guido del Duca dans la vie.
Tout mon sang d'un tel feu fut brûlé par l'envie
Qu'à voir un homme heureux, un homme aimé du Ciel,
Mon cœur suait la haine et distillait le fiel. 80

---

(4) Folciere de' Calboli, persécuteur du parti *blanc*. (Voy. *Vie de Dante*).
La forêt (Florence.)

Vois quels gains j'ai tirés d'une telle semence.
O race des humains! O funeste démence!
Faut-il que votre cœur s'use et s'épuise, hélas!
A convoiter *des biens qu'on ne partage pas*[5] !
Toscan, voici René, le glorieux symbole,
L'honneur de la maison des comtes de Calbole,
Où nul de ses vertus ne se fit l'héritier ;
Et son fils n'a pas seul déserté le sentier
Où se trouve le vrai que la paix accompagne.
De l'Adige à la mer, du Rène à la montagne,   90
Tant de plants vénéneux infestent le terrain
Que désormais la bêche y passerait en vain.
Ce Licio si bon, ce Manardi si digne,
Pierre Traversaro, Guido de la Carpigne,
Où sont-ils?.. ô Romagne, ô peuple abâtardi!
Bologne, qu'as-tu fait de Fabre le Hardi?
Géant issu d'un nain, grandi par sa vaillance,
Un Bernard de Fosco reste-t-il à Faënze?

» Si je pleure, ô Toscan, ne t'en étonne pas.
C'est qu'en te les nommant je me rappelle, hélas!   100
Les Gui de la Prata, le bon Ugolin d'Aze
Qui vécut avec nous, la famille Anastaze,
La race des Tignase et des Traversari,
Dont le sang généreux dans sa source a tari,
Et les fiers chevaliers et les gentilles dames,
Leur noble courtoisie et leurs pudiques flammes,
Leurs chansons, leurs combats, leurs gloires, leurs revers,
Dans ces champs où les cœurs se sont faits si pervers.
Brettinore, à ton tour que ne prends-tu la fuite[6]?
Vois tes plus nobles fils et d'autres à leur suite :   110

---

(5) V. ch. XV, v. 49. — Suivent des noms illustres alors, oubliés aujourd'hui.

(6) Ville où était né l'Esprit qui parle et dont les habitants avaient fui pour se soustraire aux persécutions des *Noirs*.

Pour se soustraire au crime ils ont fui triomphants.
J'aime Bagnacaval qui ne veut plus d'enfants.
Castrocare a mal fait, Conio plus mal encore,
En créant des tyrans dont le joug déshonore.
Les pauvres Pagani se ressentiront bien
Du jour où leur démon disparaîtra ; mais rien
Ne saurait désormais relever leur mémoire.
Hugues Fantolino... toi, sois sûr de ta gloire :
Nul ne profanera le nom que tu te fis,
Heureux Fantolino... car tu n'as pas de fils...   120

» Maintenant, suis ta route, ô mon frère ! A cette heure,
Pleurer plus que parler me convient, et je pleure,
Rappelé par ta voix à ceux qui ne sont plus. »

Il dit : Nous étions sûrs que tous ces chers Élus
Nous entendaient marcher ; et pour nous leur silence
Semblait dire : marchez en toute confiance.
A peine étions-nous seuls, quand tout à coup dans l'air
Vint au-devant de nous, plus prompte que l'éclair
Qui fend le noir nuage, une voix inconnue
Disant : « *Que celui-là qui me prendra me tue*[7] *!* »   130
Puis, au loin s'enfuyait la voix, comme s'enfuit
La foudre en déchirant la nue où l'éclair luit.
Le bruit cessait à peine et je tremblais encore.
Une seconde voix s'éleva, si sonore
Qu'on eût dit un tonnerre à l'autre succédant :
« *Je fus Aglaur... Je suis rocher*[8]. »
                                      Moi cependant,
A demi-mort de peur je fis dans la carrière,
Non deux pas en avant, mais deux pas en arrière,
Pour me faire un rempart du maître bien-aimé.

Et quand de toutes parts l'air enfin fut calmé :   140

---

(7) *Omnis qui invenerit me, occidat me.* (Genèse ; paroles de Caïn, après son crime.)

(8) Aglaure, fille de Cécrops, changée en rocher pour avoir porté envie à sa sœur Hersé.

« Voilà le rude frein, dit-il d'une voix forte [9],
Qui devrait retenir l'homme, quand il s'emporte.
Mais vous mordez si vite à l'appât du plaisir,
Que l'antique adversaire est prompt à vous saisir :
Ni le *frein* ni le *fouet* ne sert plus à personne.
En vain de ses splendeurs le Ciel vous environne,
Il vous appelle en vain, déployant à vos yeux
Les éternels attraits de son front radieux :
Vous abaissez toujours vos regards vers la fange...
Mais Celui qui voit tout vous flagelle et se venge. » 150

---

(9) Voy. ch. XIII, v. 38.

Texte   151
Traduction 150

CHANT XV.

ARGUMENT. — Le troisième cercle : la Colère. — Une visio :
modèles de douceur et de modération. — La nuée.

Entre la troisième heure et l'heure du matin [1],
Autant il reste encore, à l'horizon lointain,
D'espace à parcourir pour la céleste roue
Qui va tournant sans fin comme l'enfant qui joue :
Autant notre soleil me parut en avoir
A franchir pour gagner son lit (Lorsque le soir
Se fait là-haut, minuit sonne sur nos rivages).
Ses rayons nous frappaient alors en pleins visages,
Car nous avions tourné la montagne en marchant,
Et les deux voyageurs allaient droit au couchant.   10
Là je sentis mon front chargé d'une lumière [2]
Bien plus resplendissante encor que la première.
Ignorant le pourquoi, je restais soucieux ;
Et levant mes deux mains au-dessus de mes yeux,
J'en fis une visière à ma vue attentive,
Pour affaiblir les traits d'une clarté trop vive.

Comme l'expérience et l'art nous ont fait voir
Qu'un rayon réfléchi dans l'onde ou le miroir
Remonte le chemin par où descend la pierre
Et, se brisant, fait angle au foyer de lumière ;   20

---

(1) De 3 à 6 heures du matin, le soleil a parcouru quarante-cinq degrés de la sphère ; il lui en reste autant à parcourir, avant de se coucher . il est 3 heures du soir.

(2) La splendeur de l'ange. (Voy. vers 28).

De même, par devant je crus être frappé
D'un reflet lumineux à sa source échappé,
Et tel que mes regards furent prompts à la fuite.
Je m'écriai : « Quelle est cette splendeur subite
Que mon œil ébloui ne saurait soutenir,
Bon père, et qui d'en haut vers nous semble venir?
— O mon fils, répondit le maître que j'honore,
Si les enfants du ciel t'éblouissent encore,
Ne t'en étonne pas. L'un d'eux vient aujourd'hui
Inviter qui le cherche à monter avec lui.   30
L'heure approche où, reçu dans la région sainte,
Tu pourras contempler ces choses-là sans crainte ;
Elles te donneront même autant de plaisir
Que ta faible nature a le droit d'en saisir. »

Ainsi parla Virgile ; et quand nous arrivâmes
En face du bel ange : « Entrez, mes chères Ames,
Dit-il d'une voix tendre en se tournant vers nous ;
Ici, plus loin du seuil, les degrés sont plus doux. »

Nous montions, loin déjà du cercle de l'envie,
Derrière nous soudain notre oreille ravie   40
Entendit : *Beati qui misericordes!*
Beati, beati, quoniam mercedes [3]*!...*

Resté seul cependant avec l'Esprit sublime,
Je songeais à part moi, tout en gagnant la cime,
A grossir mon trésor de ses dons précieux ;
Donc, j'élevai vers lui ma parole et mes yeux
Et je lui demandai ce qu'avait voulu dire
L'Esprit de la Romagne, allégeant son martyre
A nous parler *des biens qu'on ne partage pas* [4].
Virgile répondit : « C'est qu'il connaît, hélas !   50

---

(3) Paroles de J.-C. (Saint Mathieu, III). *Gaudete, quoniam merces in cœlis.*
(4) Ch. XIV, v. 83.

Les écueils du penchant qui fut son plus grand vice
Te le faisant haïr, il te rendait service.
Moins attachés au mal, vous en souffririez moins,
O mortels qui donnez vos désirs et vos soins
Aux biens dont le *partage* attriste votre vie.
Le soufflet de la forge, excité par l'envie,
Exhale de ses flancs des soupirs et des pleurs ;
Mais ni pleurs ni soupirs ne gonfleraient vos cœurs,
Si l'amour élevait jusqu'aux sphères suprêmes
Vos aspirations, vos désirs et vous-mêmes.   60
Oui, là-haut, plus on dit *le nôtre* au lieu *du mien*,
Plus chacun a pour soi de richesse et de bien ;
Plus de la charité brûle l'ardente flamme. »

Et moi : « J'eusse mieux fait de me taire, ô belle Ame.
Plus qu'avant d'avoir bu je me sens altéré :
Au fond de mon esprit le doute a pénétré.
Se peut-il, en effet, qu'un bien mis en partage
Donne à dix héritiers un plus riche héritage
Que n'en aurait un seul ayant tout pour sa part ?
— Aux choses de la terre attachant ton regard,   70
Du vrai jour, ô mon fils, tu tires la nuit sombre.
Cet ineffable bien sans limite et sans ombre,
La charité, là-haut court sans cesse à l'amour,
Comme au cristal brillant vont les rayons du jour.
Plus il reçoit de feux, mon fils, plus il en donne ;
Plus il étend ses bras sur ce qui l'environne,
Plus en lui s'agrandit *l'Éternelle-Valeur*.
Là, du sein qu'on réchauffe on reçoit la chaleur,
On récolte un épi pour un grain que l'on sème ;
Plus on se sent aimé, plus il faut que l'on aime.   80
Si je n'ai pas levé tes doutes, avant peu
Ta Dame comblera jusqu'à ton moindre vœu
Et guidera tes pas dans des routes plus sûres.
Mais hâte-toi d'abord de panser tes blessures [5],

---

(5) (Ch. IX, v. 107). C'est-à-dire d'effacer les *P* de ton front.

Deux ont disparu : cinq souillent encor ton front.
Plus haut, par la souffrance, elles disparaîtront. »

J'allais dire : « *Merci; mon âme est satisfaite* » :
Je vis que des degrés j'avais atteint le faîte.
Je me tus pour laisser le champ libre à mes yeux.
Transporté par l'extase en je ne sais quels lieux,　90
Je vis un temple ouvert et plein de multitude.
Une femme était là, dans la douce attitude
D'une mère et disait : « Pourquoi, mon Fils, pourquoi[6]
En user de la sorte envers ton père et moi ?
Nous t'avons, en pleurant, cherché de rue en rue. »

Elle se tut ; avec la Dame disparue
Tout s'était effacé ; mais j'en revis soudain
Une autre au front superbe et chargé de dédain,
Dont les yeux distillaient, en brûlante rosée,
Ces pleurs dont notre joue est parfois arrosée,　100
Quand la haine et l'orgueil nous les tirent du cœur.
« Pisistrate, dit-elle, invincible vainqueur,
S'il est vrai que tu sois seigneur de cette ville,
Source de toute gloire, ou guerrière ou civile,
Et pour qui les dieux même eurent de longs débats,
Venge-toi, venge-moi ; charge de fers les bras
Dont un audacieux enlaça notre fille. »
Mais, bon et généreux, le père de famille
A ces cris répondait, d'un air tranquille et doux :
« A qui nous veut du mal, femme, que ferons-nous,　110
Si nous donnons la mort à celui qui nous aime[7] ? »

L'image disparut ; je vis à l'instant même
Se presser un concours furieux, effrayant,
De gens qui lapidaient un jeune homme, en criant :

---

(6) Paroles de la sainte Vierge à son divin Fils.
(7) Contraste de *colère* et de *modération*.

« *Martyr! martyr!* » Et lui, je le vis vers la terre[8],
Sous le poids de la mort, baisser son front austère.
Ses yeux resplendissaient ; son âme, par ses yeux,
Semblait déjà s'ouvrir un chemin vers les cieux.
De cet air suppliant qui force à la clémence,
Brisé, mis en lambeaux par un peuple en démence, 120
Le martyr priait Dieu pour ses persécuteurs.

Quand mon esprit revint de ces tableaux menteurs
Aux choses du dehors exemptes de mensonge,
Je connus que le vrai peut apparaître en songe[9].
Le généreux ami qui me voyait pareil
A celui qui secoue un lourd et long sommeil :
« Qu'as-tu donc? Ne peux-tu marcher droit, cher élève?
Depuis un mille et plus tu foules cette grève,
Chancelant sur tes pieds, les yeux clos à demi,
Comme ferait un homme ivre ou bien endormi. » 130

Je lui dis à mon tour : « Si tu veux le permettre,
Si tu veux m'écouter, ô bon père, ô bon maître,
Ma bouche te dira tout ce que j'ai cru voir,
Quand mon pied chancelant faisait mal son devoir.
— Crois-le bien, ô mon fils, interrompit le sage :
Dix masques vainement couvriraient ton visage :
Tes plus secrets pensers éclatent à mes yeux.
Les choses que tu vis sont un appel des cieux ;
On veut baigner ton cœur dans la piscine sainte
Dont la source est là-haut dans l'éternelle enceinte. 140
Quand j'ai dit *Qu'as-tu donc?* je ne te voyais pas
Avec ces yeux du corps qui se ferment là-bas,
Quand il ne reste plus de l'arbre que l'écorce ;
J'ai voulu seulement rendre à tes pieds la force :
Fustigeons la paresse, accélérons l'essor
Des cœurs qui, réveillés, semblent dormir encor. »

---

(8) Saint Étienne.
(9) Ch. IX, v. 13 et suiv. — *Enfer*, ch XXVI, v. 7.

Nous allions par le soir, muets pour mieux entendre,
Regardant devant nous, autant que peut s'étendre
Un regard ébloui par le soleil couchant.
Voilà que par degrés, et toujours s'approchant,   150
Nous vîmes s'élever une épaisse fumée,
Impénétrable à l'œil comme une nuit fermée.
Nul moyen d'échapper à ce nuage obscur
Qui nous cachait la terre et le céleste azur.

                              Texte   145.
                        Traduction 154.

CHANT XVI.

ARGUMENT. — Cinquième cercle (suite). — La fumée. — Le libre arbitre. — Le Spirituel et le Temporel des papes.

Les brumes de l'enfer et les lugubres voiles
D'une éternelle nuit sous un ciel sans étoiles,
Quelle que fût l'horreur ce ces terribles lieux,
D'un bandeau moins épais avaient chargé mes yeux,
Et déchiré mes sens de flèches moins aiguës
Que ces lourdes vapeurs sur nos fronts étendues.
Comme je ne pouvais tenir les yeux ouverts,
L'ami fidèle et sûr dont j'aime tant les vers
Me prêta son épaule; et moi, sous cette égide,
Comme l'aveugle va, suivant de près son guide,   10
De peur de se heurter, de se perdre ou de choir,
Je marchais à travers le flot amer et noir,
Attentif à la voix qui me disait : « Prends garde !
Crains qu'en nous séparant, mon fils, on nous retarde. »

J'entendis des Élus qui, dans l'ombre cachés,
Priaient l'Agneau divin qui lave les péchés.
Ils semblaient demander paix et miséricorde :
« *Agnus, Agnus Dei* », tel était leur exorde[1].
Et ces chants, vers le ciel élevés à la fois,
Dans leur touchant accord ne formaient qu'une voix : 20

---

[1] *Agnus Dei, qui tollis peccata mundi*, etc., versets qui se chantent surtout aux messes des morts.

« Quels sont donc les Esprits que j'entends, ô bon maître?»
Virgile répondit : « Apprends à les connaître.
Ici de la *colère* on détache le joug.
— Qui donc es-tu? me dit une voix tout à coup,
Toi qui parles de nous en traversant nos landes,
Comme si tu comptais encore par calendes[2].
— Réponds, me dit le maître, et demande aux Esprits
Si c'est bien par ici qu'on monte. »
       Je repris :
« Toi qui vas, préparant ta parure de fête,
Afin d'arriver belle à Celui qui t'a faite,   30
Ame, écoute et suis-moi : je t'émerveillerai.
— Autant qu'il m'est permis, frère, je te suivrai.
Si je ne puis te voir sous cette sombre nue,
Que l'oreille me serve à défaut de la vue. »

Et moi : « Je vais là-haut, captif dans les liens
Que détache la mort, et parmi vous je viens
A travers les tourments de l'infernale race.
Si Dieu m'ouvrit si grand le trésor de sa grâce
Qu'il m'appelle à sa cour par de secrets chemins
Interdits de nos jours aux profanes humains,   40
Dis quel fut ton pays, ton nom parmi les hommes;
Dis si l'on monte au but par la route où nous sommes,
Et que ta sainte voix nous dirige à son tour.
— Je fus Marc le Lombard au terrestre séjour[3].
J'aimai, quoique vivant au milieu du tumulte,
Ces vertus dont le monde a déserté le culte.
Va tout droit pour monter... Daigne prier pour moi,
Quand tu seras là-haut.
      — Je t'en donne ma foi,
Il sera fait suivant ton désir, m'écriai-je;
Mais daigne m'affranchir d'un doute qui m'assiége 50

---

(2) Comme font les vivants.
(3) Grand personnage de Venise.

Et qui tient sous son joug mon esprit accablé;
Simple était le lien; c'est toi qui l'as doublé,
En confirmant, hélas! par ta parole sage
Ce que j'ai recueilli partout sur mon passage.
Tu l'as dit, et c'est vrai, notre monde est perdu :
Il est plein de malice et vide de vertu;
Mais de sa perte au moins dévoile-moi la cause;
Que je la voie, afin qu'à d'autres je l'expose :
L'un la met sur la terre et l'autre dans les cieux » [1].

L'Esprit quelques moments resta silencieux; 60
Puis, avec le soupir d'une douleur profonde :
« Ce monde est bien aveugle et tu tiens bien du monde !
Dit-il. Vous qui vivez pleins d'orgueil et de fiel,
Vous demandez raison de toute chose au ciel,
Comme si toute chose en ce monde était mue
Par une loi fatale, implacable, absolue.
D'un arbre ainsi planté vois quel serait le fruit;
Vois que le *libre arbitre* en vous serait détruit;
Tu trouverais alors bien injuste, je pense,
Qu'au mal revînt la peine, au bien la récompense. 70
Le ciel guide vos pas... oh! je ne dis pas *tous*,
Mais prends que je l'ai dit : la lumière est en vous
Pour voir et pour choisir entre bien et malice.
Libre est votre vouloir en entrant dans la lice.
S'il cède aux premiers coups que le ciel portera,
Revenez à la charge, et le ciel cédera.
Une force plus grande, une meilleure essence
Vous retient librement soumis à sa puissance:
C'est elle qui vous pousse à ce sentier du bien,
Où, pour vous égarer, nul astre ne peut rien. 80

---

(1) C'est-à-dire dans l'influence des planètes, sur laquelle notre poëte revient très-souvent. (*Voy. Vie de Dante*, et *Enfer*, ch. XIV, *Parad.* ch. V et *infra*, ch. XX, v. 13 et suiv.)

Si, loin du droit sentier l'homme fait fausse route,
La faute en est à lui ; pour t'en convaincre, écoute
D'un secret important l'humble révélateur.

» Chère, même avant d'être, au divin Créateur,
Simple comme l'enfant qui pleure ou rit sans cause,
L'âme sort de ses mains ignorant toute chose,
Si ce n'est qu'arrachée au sein qui la nourrit,
Elle va par instinct vers ce qui lui sourit.
Des biens mortels d'abord l'âcre parfum l'enivre.
Trompée, elle les suit et se plaît à les suivre,   90
Si la bride ou le frein ne règle son essor.
Le frein est dans la loi ; mais il lui faut encor
Un cavalier qui puisse au moins, et de loin même,
Entrevoir les remparts de la cité suprême.
Les lois sont, mais personne, hélas! n'y tient la main.
Si le pasteur rumine en montrant le chemin[5],
Il n'a pas, à coup sûr, la patte bien fendue.
Cela fait que la troupe, assez mal défendue,
Voyant courir son guide à l'herbe qui lui plaît,
Sans songer à mieux faire, y court et s'en repaît.   100
Donc, si l'homme se perd, courant à l'aventure,
Il ne faut pas, ami, s'en prendre à sa nature,
Mais à son mauvais guide, au gardien de ses lois.
Rome, qui fit le monde humble et bon autrefois,
Rome avait deux soleils dont l'éclat salutaire[6]
Montrait les deux sentiers du ciel et de la terre.
L'un a dévoré l'autre, et vous voyez, humains,
La houlette et le glaive entre les mêmes mains.

---

(5) Moïse, au Lévitique, ch. IX, déclare *impurs* tous les animaux qui ne *ruminent* pas et qui n'ont pas *la patte fendue*. Le pasteur (le pape) a peut-être quelques vertus (*il rumine*), mais les a-t-il toutes? (*a-t-il la patte fendue*)?

(6) C'est-à-dire deux pouvoirs distincts. le *spirituel* et le *temporel* (le pape et l'empereur).

Violence fatale aux fils du saint Apôtre !
Deux droits sont confondus : l'un n'a plus peur de l'autre... 110
Si tu ne me crois pas, observe les épis,
Juge l'herbe à sa graine... hélas ! dans le pays
Que baignent de leurs flots l'Éridan et l'Adige,
Avant que Frédéric eût ouvert le litige[7],
On trouvait la valeur jointe à l'urbanité.
A suivre ce chemin quiconque eût hésité
Par la peur d'y trouver la vertu noble et sainte,
Aujourd'hui, tu le sais, peut y marcher sans crainte.
Trois vieillards cependant y respirent encor,
Qui, dans l'âge de fer, rappellent l'âge d'or. 120
Mais le ciel tarde bien, au gré de leur envie,
A leur ouvrir l'accès d'une meilleure vie :
C'est Conrad Palazzo, c'est le pieux Ghérard,
C'est Guido du Castel, ou mieux le *bon Lombard*
(Puisque de ce doux nom en français on le nomme).
Va ! tu peux dire à tous que l'Église de Rome,
Pour avoir sur son front réuni deux bandeaux,
Dans la fange est tombée avec ses deux fardeaux.

— Ami, dis-je à mon tour, tu parles comme un sage.
Grâce à toi, je comprends pourquoi de l'héritage 130
Les enfants de Lévi jadis furent exclus[8].
Mais quel est ce débris des temps qui ne sont plus,
Ce Ghérard dont tu fais un modèle, et qui reste
Comme un vivant reproche à ce siècle funeste ?
— Ou ton accent me trompe ou tu me tentes... Quoi !
Ghérard, le bon Ghérard n'est pas connu de toi !
Et tu parles toscan !... Je ne connais cet homme
Par nul autre surnom, à moins qu'on ne te nomme

---

(7) C'est-à-dire avant que Frédéric II eût perdu la cause du pouvoir temporel, en succombant dans sa lutte contre les papes. (*Voy. Vie de Dante et Enfer*, ch. X, v. 113.)

(8) Quand Dieu partagea entre les tribus la terre de Chanaan. C'est que la tribu de Lévi, chargée du sacerdoce, ne pouvait prendre part au pouvoir temporel.

Gaïa[9] sa fille... Adieu! Le ciel soit avec vous!
Moi, je ne puis aller plus avant : devant nous, 140
Vois la lueur qui filtre à travers la fumée
Et qui blanchit la route à mes désirs fermée.
L'ange est là : je dois fuir sans le voir. »
        A ces mots,
Sans plus vouloir m'entendre, il nous tourna le dos.

---

(9) Gaia, *miroir de chasteté,* suivant les uns. Une Sapho *très-tendre à la tentation,* suivant quelques autres; mais plus célèbre que son père, Ghérard di Cammino.

           Texte   145
           Traduction 144

CHANT XVII.

ARGUMENT. — Troisième cercle (*suite*). — Une seconde vision — Entrée du quatrième cercle : la Paresse.

Rappelle-toi, lecteur : si jamais la tempête
Sur les sommets alpins t'enveloppa la tête,
Tu sais qu'on ne voit guère, à travers ce rideau,
Mieux que l'aveugle taupe à travers son bandeau.
Tu sais comment, plus tard, dans le liquide opale,
Le disque du soleil perce, débile et pâle,
Quand l'épaisse vapeur commence à s'épurer.
Or, si tu te souviens, tu peux te figurer
Ce qu'était ce soleil, quand, voilé par la nue
Et prêt à se coucher, il parut à ma vue.   10

Réglant toujours mes pas sur les pas du Latin,
Je sortis du nuage, au reflet incertain
Du bel astre endormi dans les profondes grèves.
Imagination ! qui si bien nous enlèves
Aux choses du dehors, que l'homme reste sourd
A vingt clairons sonnant dans les champs d'alentour !
Si tu ne viens des sens, qu'es-tu donc, ô problème?
Un feu qui dans le ciel s'allume, ou par soi-même,
Ou par la volonté qui le dérobe au ciel.
C'est par toi que j'ai vu la femme au cœur cruel[1] 20

---

[1] Deuxième vision, Philomèle, qui servit à Térée, son beau-frère, les membres de son fils. Elle fut changée en rossignol.

Qui, nous cachant ses traits sous un nouveau plumage,
N'est plus qu'un oiseau fier de son divin ramage.
Mon esprit s'absorbait dans sa vue, et si bien,
Que de l'extérieur il ne recevait rien ;
Puis, m'emportant au vol de l'imaginative,
Un grand crucifié tint mon âme captive [2],
Dédaigneux, le front haut... et tel il se mourait.
D'illustres curieux un groupe l'entourait;
Le grand Assuérus, Esther pudique et fière,
Et Mardochée habile à bien dire, à bien faire.   30
Tels ces globules d'air si vite disparus :
Si l'eau qui les forma leur manque, ils ne sont plus :
Ainsi la vision s'éclipsa d'elle-même.
Puis une belle enfant m'apparut, le front blême [3],
Tout en pleurs et disant : « C'est par colère, hélas!
Que tu mourus, ô reine, en me tendant les bras.
Tu péris par la peur de perdre Lavinie,
Mais tu la perds bien plus par ton ignominie :
C'est elle qui sur toi verse aujourd'hui des pleurs
Qui peut-être étaient dus, mère, à d'autres douleurs. »   40

Après la sombre nuit, quand la naissante aurore
Vient à frapper soudain nos yeux fermés encore,
Le sommeil fuit et meurt, mais non pas sans combats :
Tel, blessé d'un rayon si perçant qu'ici-bas
Contre un moins rude assaut nul ne peut se défendre,
Des régions du rêve il me fallut descendre.
Me retournant pour voir où j'étais, j'entendis :
« Venez! C'est par ici qu'on monte au paradis. »
Cette voix m'éloigna de toute autre pensée,
Et fit ma volonté tellement empressée   50
De regarder celui qui me disait ces mots,
Qu'avant de l'avoir vu je n'eus point de repos.

---

(2) Aman, favori d'Assuérus.

(3) Lavinie, fille de Latinus et fiancée de Turnus. Sa mère s'était pendue pour ne pas la voir livrée à Énée (*Énéide*).

Mais comme le soleil, par excès de puissance,
Échappe aux yeux, voilé dans sa magnificence :
Tel, à force d'éclat, je ne distinguais plus.

« C'est un ange, ô mon fils : à travers les Élus,
Il va nous diriger; il nous vient sans prière,
De lui-même, vêtu de sa propre lumière.
Comme un autre toi-même il veut ce que tu veux.
Mon fils, l'homme est bien près de rejeter nos vœux, 60
Quand, nous voyant souffrir, il attend qu'on l'appelle.
Pour répondre à l'invite allons au-devant d'elle :
Hâtons-nous de gravir avant qu'il fasse nuit.
Gravir est défendu, si le soleil ne luit[4]. »

Ainsi parla mon guide, et tous deux nous tournâmes,
Lui premier, moi second, vers l'échelle des Ames.
Dès que j'eus fait un pas sur le premier degré,
D'un souffle frais et doux mon front fut effleuré[5],
Et j'entendis frémir comme un battement d'aile ;
Puis une voix disait : « *Paix à l'âme fidèle!* 70
Beati, beati qui sunt pacifici[6] *!*

Les derniers feux du jour à l'horizon noirci
S'étaient tous effacés, et déjà, sous leurs voiles
Brillaient de toutes parts étoiles sur étoiles.
La nuit était venue : « O courage! ô vertu!
Me disais-je à part moi, pourquoi t'affaiblis-tu? »
Car mes pieds vacillants refusaient leur office.
Parvenus cependant au point de l'édifice
Où, sans monter plus haut, on touche un autre bord,
Nous restions arrêtés comme un navire au port. 80
J'attends... j'écoute... Rien! Dans l'enceinte nouvelle,
A mes sens attentifs nul bruit ne se révèle.

---

(4) V. ch. VII.
(5) Par l'aile de l'ange, comme à l'entrée des cercles précédents.
(6) Paroles du Sauveur, suivant saint Mathieu.

Me tournant vers mon guide : « O toi qui me conduis,
Quel péché punit-on dans le cercle où je suis?
Si ton pied reste oisif, laisse aller ta parole. »

   Virgile répondit : « A cette rude école,
L'amour qui s'égarait se refait droit et fort[7] :
Le fouet frappe à grands coups le rameur qui s'endort.
Mais, pour mieux nous entendre en si haute matière,
Tourne de mon côté ton âme tout entière ;   90
Et notre halte même aura porté ses fruits :

   » Nul ne fut sans amour, tu le sais, mon cher fils ;
Qu'il vienne de *l'esprit* ou bien de la *nature*,
Il tient au Créateur comme à la créature.
L'un, l'amour naturel, ne dévia jamais ;
L'autre peut s'égarer, soit par un but mauvais,
Soit par trop de ferveur, soit par trop de faiblesse.
Tant qu'aux trésors du ciel le cœur humain s'adresse,
Ou qu'aux biens de la terre il va modérément,
Rien n'est à redouter d'un tel attachement ;   100
Mais quand il tourne au mal, mais quand vers le bien même,
Il va trop lentement ou d'une ardeur extrême,
Contre le bienfaiteur il tourne le bienfait.
De là tu dois, mon fils, induire qu'en effet
L'amour est dans vos cœurs comme une source vive,
De qui toute sagesse et tout péché dérive.
Et comme cet amour veut d'abord, à tout prix,
Le salut de l'objet dont il se sent épris,
L'homme ne risque pas de se haïr soi-même ;
Puis, comme on ne saurait admettre sans blasphème 110
Une œuvre sans auteur et sans cause un effet.
L'homme ne peut haïr le Seigneur qui l'a fait ;

---

(7) Les écarts de l'amour envers Dieu, envers le prochain, envers soi-
même. C'est le plan du purgatoire tout entier, c'est le pendant du ch. XI
de *l'Enfer* — Nous sommes ici dans le cercle de la *paresse* (amour trop
lent).

Donc, si j'ai divisé ma thèse avec logique,
Au prochain seulement l'amour du mal s'applique,
Et naît sous trois aspects de votre impur limon[8].
Tel, n'ayant d'autre but que de se faire un nom,
Sur ses rivaux brisés élève sa puissance;
Tel s'attache aux honneurs, au rang, à la naissance,
Moins par amour de soi que par haine d'autrui :
Le bonheur du prochain est un malheur pour lui. 120
Tel autre semble atteint de démence et de rage,
Tant il brûle à tout prix de venger un outrage.
De là pour le prochain des larmes, des combats.
Ce triple amour du mal pleure ici, mais plus bas.
L'autre, je te l'ai dit, aspire au bien suprême,
Mais sans règle et sans frein; car, au fond de soi-même,
Chacun sent vaguement et désire un bonheur
Où puisse tôt ou tard se reposer son cœur.
Chacun, diversement soumis à son empire,
Par des sentiers divers au même but aspire. 130
Si d'un amour trop lent, pour l'atteindre ou le voir,
L'homme au but désiré ne va que par devoir,
Et s'il s'est repenti, vivant parmi les hommes,
Il lave son péché dans le cercle où nous sommes[9].

» Il est un autre bien qui ne rend pas heureux,
Qui n'est pas le bonheur, qui d'un fruit savoureux
Ne fut jamais la fleur ni même la racine.
L'amour qui vers ce bien trop vivement s'incline,
Pleure au-dessus de nous dans trois cercles divers...[10]
Punir de trois tourments un seul instinct pervers! 140
Pourquoi?... cherche, ô mon fils, la clef de ce mystère,
Il me convient à moi d'attendre et de me taire. »

---

(8) L'orgueil, l'envie, la colère, punis dans les trois cercles précédents.
(9) La paresse. — (10) L'avarice, la gourmandise, la luxure, formes diverses du mauvais amour doivent subir des supplices divers.

Texte   139
Traduction   142

CHANT XVIII.

ARGUMENT. — Quatrième cercle : La Paresse (*suite*). — La course. — Encore le libre arbitre.

Le sublime docteur a cessé de parler,
Mais ses yeux dans mes yeux cherchent à démêler
Si l'explication m'aura paru complète.
Non : ma soif redoublait au souffle du poëte,
Et, muet au dehors, je me disais tout bas :
« A l'interroger trop ne l'offenses-tu pas ? »
Mais lui qui dans mon cœur avait déjà su lire
Ce que je désirais, ce que je n'osais dire,
En parlant m'enhardit à parler... Je repris :
« Tes rayons, ô grande Ame, éclairent mes esprits.   10
Je vois très-nettement, je distingue, je touche
Tout ce que la raison révèle par ta bouche.
Donc, ô mon noble maître, ô mon père, apprends-moi
Ce que c'est que l'amour d'où viennent, selon toi,
Le vice et la vertu de notre humaine engeance.
— Aiguise bien le dard de ton intelligence,
Dit Virgile, et connais enfin ces faux docteurs,
Aveugles, comme toi, qui se font conducteurs.
L'âme, que Dieu créa pour l'aimer, bonne et tendre,
Par tout ce qui lui plaît, sans combat, se fait prendre,   20
Sitôt qu'elle s'éveille à l'attrait du plaisir.
L'appréhensive[1] aidant, l'âme prompte à saisir,

---

(1) Terme d'école : la faculté qui saisit les objets extérieurs.

Se tourne vers l'idole, en refléchit l'image
Et se replie en soi pour lui mieux rendre hommage.
Ce doux recueillement, ô mon fils, c'est l'amour.
C'est un instinct nouveau qui s'éveille à son tour,
Et qui, pour la charmer, s'enchaîne avec notre âme.
Puis, comme vous voyez monter toujours la flamme,
Parce que son essence est de monter toujours
Au lieu dont elle espère aliment et secours [2] :   30
Tel, mû par le désir qui dans l'âme a sa cause,
Le cœur, une fois pris, jamais ne se repose,
Tant que l'objet aimé n'a pas comblé ses vœux.
Tu peux voir à présent, mon fils, si tu le veux,
Combien le vrai se cache à ceux qui semblent croire
Que tout amour est chose honnête et méritoire
Parce que l'élément en serait bon... Hélas !
Souvent la cire est pure et le sceau ne l'est pas. »

J'insistai : « Tes discours dont mon esprit s'enivre
M'ont expliqué l'amour mieux que le plus beau livre. 40
Mais, loin de s'affaiblir, mes doutes sont plus forts.
Si dans le cœur humain l'amour vient du dehors,
Et si d'un pas fatal le cœur va vers son hôte,
Qu'il marche droit ou non, maître, est-ce donc sa faute ?
— Tout ce que la raison, mon fils, peut concevoir,
Je te l'ai dit ; mais là s'arrête mon pouvoir,
Car l'œuvre de la foi n'est pas une œuvre humaine.
Attends donc Béatrix : la foi c'est son domaine :

» Substantielle en soi, distincte, même alors
Que par attraction elle s'unit aux corps,   50
Toute forme recèle une vertu complète
Qui par les actes seuls s'affirme et se reflète,
De même que la plante, échappée aux hivers,
Manifeste sa vie en beaux ombrages verts.

---

(2) A la sphère du feu, suivant le système des anciens.

Notre esprit ne sait pas (telle est son indigence !)
D'où part le premier jet de notre intelligence,
Ni d'où lui sont venus les divers appétits
Innés en nous, mauvais ou bons, grands ou petits,
Comme l'instinct du miel est inné dans l'abeille.
Ni louange ni blâme à l'instinct qui sommeille ! 60
Mais comme tout dépend de ce premier vouloir,
La *vertu qui conseille* est là, dont le pouvoir
Semble garder le seuil des facultés de l'âme.
C'est le point de départ pour l'éloge ou le blâme,
Suivant que notre amour est bon ou malfaisant.
Cette liberté sainte, on l'apporte en naissant.
De sublimes penseurs qui vont au fond des choses,
Pour avoir découvert sa nature et ses causes,
Ont légué la Morale à notre humanité.
Supposons maintenant que la fatalité 70
Engendre tout amour allumé dans votre âme :
Vous avez tout pouvoir pour en régler la flamme.
C'est dans ce libre arbitre, abattant, abattu
Que Béatrix a mis la suprême vertu [3].
Songe à t'en souvenir, s'il te prenait l'envie
D'interroger la Sainte au séjour de la vie. »

Il est près de minuit : tardive en son essor [4],
La lune brille au ciel comme une coupe d'or,
Et fait paraître à l'œil les étoiles plus rares.
Contraire au cours des cieux où s'allument ces phares, 80
Elle suit le chemin qu'enflamme le soleil,
Quand Rome le voit choir au sein du flot vermeil
Qui de la rive sarde à la Corse se joue.
L'Esprit, par qui Piétole est plus grand que Mantoue [5],
S'était par la science aisément dégagé
Du poids des questions dont je l'avais chargé.

---

(3) Voy. *Paradis*, ch. V, v. 19 et suiv.
(4) La lune est à son déclin depuis cinq jours (ch. XXIII, v. 119 et note.)
(5) Piétola, village où naquit Virgile, tout près de Mantoue.

Moi, j'avais recueilli, par la voix de mon hôte,
Cette raison si claire à la fois et si haute;
J'allais, comme enivré dans un vague sommeil,
Quand soudain apparut, pour hâter mon réveil,   90
Une autre légion qui sur le sable aride
Venait derrière nous courant à toute bride.

   Tels les bords de l'Ismène et de l'Asope ont vu
Courir pendant la nuit, haletants, le front nu,
Les Thébains furieux quand, sourd à leur prière,
Bacchus faisait défaut à la cité guerrière :
Tels dans ce nouveau cercle ouvert à nos regards,
Se hâtaient les pécheurs que presse de ses dards
Un légitime amour, une volonté forte.
Ils m'eurent vite atteint, tant leur sainte cohorte   100
Allait impétueuse et rapide en courant.

   Deux précédaient la foule et criaient en pleurant :
« Marie en toute hâte a gagné la montagne[6].
César a pris Marseille et volé vers l'Espagne,
Pour ranger à son tour Ilerda sous ses lois.
— Vite! vite! criaient mille et mille autres voix,
Pas un moment à perdre! et que rien ne nous lasse!
Vite! l'amour de Dieu fait refleurir sa grâce!

   — Esprits, qui rachetez par une sainte ardeur
La longue négligence et la molle tiédeur   110
Que peut-être là-bas vous mettiez à bien faire,
Ce vivant (car il vit, croyez-en votre frère)
Veut, pour monter plus haut, quitter cette prison,
Sitôt que le soleil dorera l'horizon;
Daignez donc m'indiquer le plus voisin passage. »

   Tel furent les seuls mots prononcés par le sage.

---

(6) Deux citations tirées de l'Ecriture sainte et de l'histoire, comme modèles d'énergie et d'activité. (*Le fouet*, ch. XIII.)

Une Ame répondit : « Venez derrière nous ;
Vous trouverez l'issue où nous aspirons tous.
Nous sommes si brûlants du désir d'aller vite
Qu'à vous attendre en vain la charité m'invite.   120
Nous ne pouvons rester ; frère, pardonne-moi,
Si je te fais injure en respectant la loi.
Vivant je fus abbé de Zénon, à Vérone,
Quand le bon Barberousse honorait la couronne... [7]
Milan, qui fume encor, ne l'a pas oublié.
Tel autre dans sa fosse a déjà mis un pied,
Qui pleurera bientôt sur la sainte abbaye
Et se repentira de l'avoir envahie.
Puissant, au vrai Pasteur il ravit le pouvoir,
Pour en doter son fils... un monstre horrible à voir, 130
Et dont l'âme est plus laide encor que le visage :
Cacher qu'il était né, certe, eût été plus sage.»

Je ne sais s'il se tut ou suivit son discours,
Tant le torrent fuyait emporté dans son cours ;
Mais j'entendis ces mots qu'il m'a plu de redire.
Celui qui vers le but sut toujours me conduire,
Me dit : « Retourne-toi : ces deux-là, moins ardents,
Sur la Paresse encor mordent à belles dents. »
Ils s'en allaient, criant derrière la cohorte :
« La race à qui la mer ouvrit ses flots est morte [8], 140
Avant que le Jourdain ait vu grandir ses fils.
L'autre race qui, sourde à de nobles défis,
S'arrêta dans la route au fils d'Anchise ouverte,
A vivre sans honneur s'est d'elle-même offerte. »

Lorsque enfin ces Élus, qu'entrainait le devoir,
Furent si loin de nous que je ne pus les voir,

---

(7) Ironie : Barberousse était cruel et avait brûlé Milan. — Aux vers suiv. Albert de la Scala, qui fit donner l'abbaye de Zénon à son fils, homme difforme et méchant.

(8) V. l'Ancien Testament et l'Enéide — Exemples de lenteur et de mollesse punies. (Le frein.)

Mon esprit accueillit de nouvelles pensées,
Puis d'autres, tour à tour ou folles ou sensées,
Errant de l'une à l'autre, au gré capricieux
D'un désir qui finit par me fermer les yeux.   150
Fatigué du combat, au combat je fis trêve,
Et ma pensée alors ne fut plus qu'un long rêve.

Texte 145
Traduction 152

CHANT XIX.

ARGUMENT. — Suite du quatrième cercle : la Paresse. — Troisième vision : la Sirène. — Cinquième cercle : l'Avarice. — Le pape Adrien V.

Tout dormait : c'était l'heure où la chaleur du jour.
Triomphante d'abord, mais vaincue à son tour,
Ne peut plus attiédir la froideur de la lune :
L'heure où le nécromant voit sa *Grande-Fortune* [1]
Monter à l'orient par un sombre sentier
Que l'aube va bientôt éclairer tout entier.
Je vis venir en songe une femme hideuse [2],
A qui les mains manquaient, louche, bègue, boiteuse.
Au visage blafard.... Je la suivais des yeux ;
Et comme le soleil ranime de ses feux 10
Nos corps appesantis par une nuit glacée,
Mon regard déliait sa parole enlacée.
Son corps se redressa ; son front blême à son tour
Revêtit l'incarnat qui convie à l'amour.
Puis, sitôt que la voix eut brisé ses entraves,
Elle chanta, formant des accords si suaves
Que je ne pouvais plus en détourner mes sens :
« Écoutez la sirène aux magiques accents,
C'est moi qui sur l'écueil fais échouer les flottes,
Tant l'attrait de ma voix enivre les pilotes. 20

---

(1) Groupe d'étoiles auxquelles les astrologues attribuaient une grande influence.

(2) La luxure (V. ch. XXV).

Grâce à mes chants, Ulysse a perdu son chemin.
Le jour où l'on me suit n'a pas de lendemain,
Tant j'enlace avec art les fous qui m'ont aimée. »

Elle dit; mais sa bouche à peine était fermée,
Quand une femme sainte et qui venait des cieux
Soudain, pour la confondre, apparut à mes yeux.
Elle dit fièrement : « O Virgile, Virgile,
Que nous veut cette infâme? » Et lui, d'un pied agile,
Ne voyant que la sainte, il venait... Tout à coup,
Elle prit à deux mains le monstre par le cou,   30
Déchira le lambeau d'étoffe purpurine
Qui cachait à demi son ventre et sa poitrine.....
A l'aspect du cancer qui lui rongeait les os,
Je m'éveillai. Le maître alors me dit ces mots :
« Voilà trois fois au moins, mon fils, que je t'appelle :
Viens et cherchons le seuil d'une rampe nouvelle. »

Déjà j'étais debout, déjà le mont sacré
Des feux brillants du jour était tout éclairé,
Et le nouveau soleil nous guidait sur le sable.
Mais moi, comme un rêveur que la pensée accable,   40
Je suivais mon ami, sans relever le front,
Presque à demi courbé comme une arche de pont....
« *Venez! on monte ici.* » Ces mots à mon oreille
Semblaient si caressants qu'une douceur pareille
N'est plus faite, ô mortels, ni pour moi ni pour vous.
Celui qui nous parlait un langage si doux,
Entre les deux parois des roches éternelles,
Comme une double voile étendit ses deux ailes,
Dont le cygne eût à peine égalé la blancheur;
Puis il daigna tourner ses yeux vers le pécheur,   50
Et, du bout de sa plume effleurant mon visage,
Il chanta : « *Beati qui lugent!*... Paix au sage!
L'heure approche où là-haut, ses pleurs se sécheront.
— Qu'as-tu donc? et pourquoi baisser ainsi le front? »

Dit mon guide, en montant à quelques pas de l'Ange.
« Une autre vision, bon maître, un songe étrange
M'obsède tellement, à ne te rien cacher,
Que mon esprit vaincu ne s'en peut détacher.
— Aurais-tu vu, mon fils, l'antique enchanteresse
Qui, là-haut, seule, expie une coupable ivresse[3]? 60
As-tu vu comment l'homme échappe à ses liens?...
C'est assez : secouons nos sandales et viens.
Tourne-toi vers l'appeau qu'avec ses grandes ailes,
Dieu fait mouvoir du haut des sphères éternelles. »

Le faucon dont les yeux semblaient cloués au sol
Se redresse à l'appel du chasseur, prend son vol
Et s'élance dans l'air où l'attire sa proie :
Tel, tant que le rocher m'offrit sa rude voie,
Je gravis, en courant, l'escalier de granit,
Jusqu'au point où la côte en tournant s'aplanit. 70

Là, que de nouveaux pleurs pour un nouveau supplice!
Les fronts des bienheureux, prosternés dans la lice,
Y semblaient attachés comme par un étau.
Je compris qu'ils disaient : « *Meâ pavimento
Adhœsit anima,* » mais d'une voix si pleine
De sanglots étouffés, que j'entendais à peine :
« O vous, les saints élus d'un Dieu juste et clément!
O vous, dont l'espérance adoucit le tourment,
Daignez nous diriger vers des sphères plus hautes.
— Si le prosternement ne punit pas vos fautes, 80
Si vous voulez monter plus vite à d'autres bords,
Marchez tenant toujours votre droite en dehors[4]. »

De mon guide, en deux mots, telle fut la requête :
Telle fut la réponse adressée au poëte

---

(3) *Là-haut,* dans le septième cercle, ch. XXV.
(4) Du côté du vide, du côté de la plaine.

Par un des prosternés à quelques pas de là.
Ses traits étaient cachés : sa voix le révéla.
J'interrogeai des yeux les yeux de mon bon père
Qui, d'un signe, approuva ma muette prière.
Dès que je pus agir, libre et selon mon choix,　　90
J'abordai vivement l'Ame qui, par sa voix,
S'était, sans le vouloir, à mes yeux exposée :
« O toi qui fais mûrir par la sainte rosée,
Le droit et le pouvoir de monter vers les cieux,
Sèche pour moi les pleurs qui coulent de tes yeux ;
Dis ton nom, dis pourquoi vos fronts touchent la terre ;
Dis si je puis t'offrir un concours salutaire
Dans ce monde mortel d'où je sortis vivant.
— Oui, mon fils, tu sauras pourquoi, dans ce couvent,
Le ciel ne permet pas qu'on le regarde en face ;
Mais qu'à ton premier vœu d'abord je satisfasse !　100
Unus ego fui successorum Petri [5].
Entre l'humble Chiavère et l'humble Siestri,
Un beau fleuve s'abîme, à qui notre famille
Prit le titre et le nom sous lesquels elle brille.
J'ai su, pendant un mois, combien est lourd et dur
Le grand manteau papal à qui le garde pur.
Tout fardeau, près de lui, pèse moins que la plume.
Du vice, hélas ! bien tard j'ai rejeté l'écume ;
Mais du troupeau de Dieu dès que je fus pasteur,
Je sentis le néant de ce monde imposteur ;　　110
Je compris que les cœurs n'y sont jamais tranquilles,
Que l'on y perd ses pas dans des sentiers stériles ;
Pour ce monde où je suis je m'enflammai d'amour.
Vil esclave de l'or, j'étais, avant ce jour,
Une âme misérable et de Dieu séparée.
Tu vois comment ma faute est ici réparée.

---

(5) « Je fus un des successeurs de Pierre » Le pape Adrien V, qui occupa pendant trente-neuf jours seulement le trône pontifical. — De la maison Fieschi de Lavagno. — Lavagno, nom du fleuve qui, etc. (v. 103).

Pour punir le pécheur que la grâce a touché,
Dieu reproduit ici l'image du péché.
La montagne n'a pas de peine plus austère.
De même qu'attachée aux choses de la terre, 120
L'avarice jamais ne regarde les cieux,
La justice à la terre attache ici nos yeux.
Et comme l'avarice enchaîne avec notre âme
La sainte charité dont elle éteint la flamme,
La justice nous tient, par les mains et les pieds,
Dans l'étroite prison étroitement liés :
Et tant que le voudra notre Seigneur et Maître,
Immobiles, courbés, nous devrons nous soumettre. »

Et moi, je m'étais mis à genoux pour parler ;
Mais, comme en m'écoutant, et sans me regarder, 130
Il s'était aperçu de mon humble posture :
« Pourquoi te prosterner devant la créature? »
Dit-il. Je répondis : « C'est votre dignité
Qui me fait un devoir de mon humilité.
— Non, non, relève-toi, ne baisse plus la tête,
Et songe une autre fois à mieux payer ta dette.
L'homme devant Dieu seul doit fléchir les genoux :
Ce Dieu que nous servons, tu le sers comme nous.
Si le *neque nubent* du très-saint Évangile [6]
Laisse son souvenir dans ton esprit fragile, 140
Tu comprends, n'est-ce pas, pourquoi je parle ainsi.
Et maintenant, adieu! Ne reste pas ici,
Tu retardes mes pleurs, et leur cours qui commence
Doit mûrir, tu l'as dit, la suprême clémence.
J'ai là-bas une nièce; Alagie est son nom.
Noble et bon cœur!... Pourvu que de notre maison

---

(6) ..... *Neque nubentur mortui.* (Évang. selon saint Marc.) La mort a rompu les liens qui m'attachaient à la terre et à ses vanités.

Elle ne suive pas l'exemple trop funeste !
Va ! dans ce monde impie elle seule me reste.

                              Texte   145
                              Traduction 148

CHANT XX.

ARGUMENT. — Cinquième cercle (*suite*) : **Huges Capet maudit sa race.** — **Le tremblement de la montagne.**

E désir lutte mal contre un meilleur désir [1] ;
Donc, par obéissance, à mon grand déplaisir,
Je retirai de l'eau l'éponge encore avide :
Je marchai. Devant moi déjà marchait mon guide,
Côtoyant le rocher dressé de toutes parts,
Comme on va se serrant sous l'abri des remparts ;
Car de l'autre côté, jusqu'au bord de la route,
Gisaient ceux dont les yeux rejettent goutte à goutte
Le mal qui sous son joug tient le monde abattu.
O Louve, antique Louve ! Oh, maudite sois-tu [2],   10
Bête avide et cruelle entre toutes les autres,
Toi dont la soif s'accroît du sang où tu te vautres !
Étoiles, qui parfois révélez à nos yeux [3]
Les destins de la terre et les secrets des cieux,
Dites : quand donc viendra le chasseur magnanime [4]
Qui doit précipiter le monstre dans l'abîme ?

---

(1) Le désir que j'éprouvais d'interroger dut céder au désir de prier exprimé par le saint-père. (Voy. ch. XIX, v. 142).

(2) *Enfer*, ch. I, notes 8 et 10, *hic*, v. 84.

(3) Encore un tribut à l'astrologie (*Enfer*, ch. XV, v. 50, ch. XXVI, v. 23 ; *hic*, ch. XVI, note 4).

(4) *Can Grande della Scala* (v. *Enfer*, ch. Ier ; *Parad.*, ch XVII, v. 66 et suiv., *Vie de Dante*).

Je marchais à pas lents, attentif aux Esprits
Dont les pieux soupirs, les larmes et les cris
Faisaient mes sens émus et mon âme marrie.
J'entendis par hasard que l'on disait : *Marie!* 20
Avec des cris plaintifs comme ceux qu'on entend
Au chevet de la femme en proie au mal d'enfant.
On ajouta : « Tu fus pauvre, autant qu'on peut l'être,
Dans l'étable où naquit notre Seigneur et Maître...
O bon Fabricius, continuait la voix [5],
Tu préféras rester pauvre et pur à la fois,
Plutôt que d'être riche en devenant infâme. »
Ce langage pieux plaisait tant à mon âme
Que je fis quelques pas vers le groupe innocent
D'où me semblait venir le douloureux accent. 30
L'Esprit parlait encor de ces grandes largesses
Qui de Saint-Nicolas tarirent les richesses,
Pour guider la pudeur au port de la vertu [6].

— Toi qui parles si bien, dis-moi, qui donc es-tu?
M'écriai-je, et pourquoi seul, dans ce purgatoire,
Rappelles-tu des faits si dignes de l'histoire?
Va! ta parole aura sa récompense un jour,
Si je rentre vivant au terrestre séjour,
Pour y finir un temps qui vole vers son terme.
— Je n'attends rien des cœurs que le monde renferme; 40
Si donc je te réponds, c'est pour honorer mieux
La grâce que tu dois à la faveur des cieux [7].

» La plante, dont je fus l'humble racine, étale
Sur la terre chrétienne une ombre si fatale
Qu'il est bien rare, hélas! d'y cueillir un bon fruit.
Déjà, pour vous venger, l'arbre serait détruit,

---

(5) Général romain qui refusa les présents de Pyrrhus.
(6) Pour marier les vierges sages.
(7) La grâce de parcourir vivant l'empire des morts.

Si la cité de Gand, si Douai, Lille et Bruge
Pouvaient ce que ma voix demande au divin Juge.
Je fus Hugues Capet dans ce monde où tu vis,
Et j'ai donné le jour aux Philippe, aux Louis 50
Dont les Francs aujourd'hui subissent la puissance.
D'un boucher de Paris j'ai reçu la naissance [8].
De leurs antiques rois quand il ne resta plus
Qu'un rejeton caché sous l'habit d'un reclus,
C'est moi qui pris en main les rênes de l'empire.
Le pouvoir, les amis que le pouvoir attire,
M'avaient rendu si fort qu'ils eurent bientôt mis
Cette couronne veuve au front d'un de mes fils ;
Et par lui commença cette race exécrée
Que l'huile du Seigneur a pourtant consacrée. 60
Tant que la riche dot du comté provençal
N'eut pas mêlé l'orgueil à ce sang de vassal,
Il valait peu ; pourtant il végétait sans crimes ;
Mais, dès qu'il devient riche, il lui faut des victimes.
Après la Normandie, et pour apaiser Dieu,
Il unit la Gascogne au comté de Ponthieu.
Et pour apaiser Dieu, Charles vient en Sicile,
Massacre Conradin dans son dernier asile ;
Puis, pour apaiser Dieu, fourbe autant que cruel,
Il rend par le poison Thomas d'Aquin au ciel. 70
Le jour vient, jour voisin du moment où je parle,
Où la France enverra chez vous un autre Charle [9].
Pour faire mieux connaître et ses amis et lui,
Il marche sans armée ; il a pour tout appui
La lance de Judas qui, du sein de Florence,
Tire le sang et l'or dont se gorge la France.
Il ne gagnera pas de fiefs à ce marché ;
Mais il y gagnera la honte et le péché,

---

(8) Non, mais fils de Hugues le Grand, duc de France et comte de Paris. Comme la passion politique égare notre poëte ! et combien il se montre injuste envers notre glorieuse monarchie ! Pour le reste de la tirade, voy. *Vie de Dante* et histoire. (Voy. ch. VII, note 8.)

(9) Charles de Valois, frère de Philippe le Bel, venu de France en 1301.

Péché d'autant plus lourd, d'autant plus lourde honte,
Que de pareils fardeaux il tiendra moins de compte. 80
Un autre encore est pris sur mer : homme sans cœur [10],
Il vend pour un peu d'or sa fille à son vainqueur,
Comme un lâche forban vend de pauvres esclaves.
O Louve, applaudis-toi ! Tu règnes sans entraves [11],
Puisque mes fils, courbés sous tes ongles de fer,
A titre de rançon livrent leur propre chair...

» Mais le mal qu'ils ont fait ou qui leur reste à faire,
Près de ce que je vois, compte à peine, ô mon frère.
Je vois les lis entrer dans Alagna ; je vois
Le vicaire du Christ à son tour mis en croix [12] : 90
Le vinaigre et le fiel sont l'encens qu'il respire ;
Puis, entre les larrons triomphants, il expire.
Je le vois si cruel, ce Pilate nouveau [13],
Qu'il ne lui suffit plus d'être juge et bourreau.
Sans loi que son caprice, au mépris du Saint-Siége,
Il porte sur le temple une main sacrilége...
Quand serai-je, ô Seigneur, assez heureux pour voir
Ta vengeance éclater égale à ton pouvoir,
Et qui, longtemps cachée, en sera plus jalouse ?

« A la mère du Christ, à la divine épouse 100
J'adressais mes soupirs, quand tu vins près de moi
Pour savoir le secret que je livre à ta foi.
C'est ainsi que, le jour, je prie avec mes frères ;
La nuit, nous rappelons des exemples contraires [14],

---

(10) Charles II, fils de Charles Ier, roi de Sicile, pris par Roger Doria, amiral du roi d'Aragon. Il maria sa fille Béatrice à Azzon IV, de la maison d'Este.

(11) *Vide sup* v. 10 et note.

(12) Boniface VIII, arrêté par ordre de Philippe le Bel. Le lis, la bannière du roi de France, Alagna, nommée aujourd'hui Anagni, ville des Etats pontificaux. Ne prenons pas ceci au pied de la lettre. Boniface VIII fut non pas crucifié, mais seulement arrêté en 1303 et mourut de chagrin un mois après.

(13) Philippe le Bel.

(14) *Vide sup*. v. 20. Le frein après le fouet, ch. XIV, v. 141.

Soit ce Pygmalion qui, par amour de l'or,
Fut voleur, parricide et traître; ou bien encor,
Ce malheureux Midas dont l'avare délire,
Puni par son excès, prête encore à sourire.
Quand nous parlons d'Acham qui pilla Jéricho,
Du courroux de Josué nos voix semblent l'écho.   110
Avec son lâche époux nous accusons Saphire,
Héliodor qu'un cheval foule aux pieds et déchire.
Nous crions anathème à ce Polymnestor
Qui, pour le dépouiller, égorgea Polydor.
Chacun crie à la fin : « *Crassus, héros sans gloire,*
« *Dis-nous, car tu le sais, si l'or est doux à boire* [15]. »
Ainsi nous nous parlons ou plus haut ou plus bas,
Suivant que le sujet prête ou ne prête pas,
Suivant que l'aiguillon plus ou moins nous stimule.
Ne t'imagine pas que je sois sans émule,   120
Quand l'éloge du bien revient avec le jour :
Quand tu m'as entendu je parlais à mon tour. »

Déjà je m'éloignais, brûlant, comme mon maître,
De gravir, si pourtant on daignait le permettre.
Tout à coup sous mes pas s'ébranla le rocher,
Tel que des flancs du mont il semblait s'arracher.
Je sentis dans mon cœur passer un froid de glace,
Comme le condamné qui voit la mort en face.
Délos a dû trembler moins fort, avant le jour [16]
Où Latone, à nos yeux dérobant son amour,   130
Vint cacher sur ses bords les deux flambeaux du monde.
Puis, de partout, sortit une clameur profonde,

---

(15) Pygmalion assassina Sichée, époux de Didon, pour s'emparer de ses richesses. Saphire et Ananias, en faisant vœu de pauvreté, avaient mis de l'or en réserve. Héliodore pilla le temple de Jérusalem. Polymnestor tua Polydore, l'un des fils de Priam, pour le voler: Crassus, général romain très-cupide. Les Parthes, l'ayant pris, lui firent avaler de l'or fondu.

(16) L'île de Délos, suivant la Fable, flottait çà et là dans la mer Méditerranée, avant que Latone en eût fait le berceau d'Apollon et de Diane.

Telle que mon tuteur se retourna vers moi,
Et me dit : « Ne crains rien quand je suis près de toi. »
Tous, autant que du moins put me le faire croire
Le chant de mes voisins, tous en chœur chantaient : *Gloire*[17]*!*
Gloire au plus haut des cieux, d'où nous vient le pardon! »

Nous, comme ces bergers à qui Dieu fit le don
D'entendre les premiers ce doux chant, nous restâmes,
Immobiles, sans voix, parmi les saintes Ames,   140
Tant que le sol trembla, tant que dura le chant.
Puis mon guide partit ; et moi, tout en marchant,
J'observais les Esprits étendus sur la pierre,
Où retombaient déjà les pleurs et la prière.

Si ma mémoire est sûre et ne me trompe pas,
Jamais je n'ai senti de si rudes combats
Entre mon ignorance et la soif de m'instruire...
La pensée avec soi porte aussi son martyre !
Je n'ose interroger : me taire est mon devoir ;
Par moi-même pourtant je ne puis rien savoir...   150
Donc, le long des rochers, sur les pas du poëte,
Je m'en allais rêveur et portant bas la tête.

---

(17) *Gloria in excelsis Deo*, chanté par les Anges; le jour de la naissance du Christ et entendu par des bergers de Bethléem.

                             Texte   151.
                             Traduction 152.

CHANT XXI.

ARGUMENT. — Cinquième cercle (*suite*).
Le poëte Stace.

Je brûlais de la soif qui nous prend au berceau [1],
Qui, grandissant toujours, ne s'éteint que dans l'eau
Où la Samaritaine un jour puisa la grâce [2] ;
Et, suivant de plus près la vénérable trace,
Je regagnai la voie où notre charité
Pleurait sur un tourment, hélas ! trop mérité.

Au livre de saint Luc vous l'avez lu sans doute,
Le Christ à deux passants apparut sur la route,
Quand il sortit vivant du sépulcre jaloux :
Telle une Ombre, à pas lents, venait derrière nous,   10
Regardant à ses pieds l'humble foule des Ames.
Nous ne l'avions pas vue et ne nous retournâmes
Qu'en l'entendant parler : « Frères, disait la voix,
Que Dieu soit avec vous ! » Et d'un salut courtois,
Mon maître répondit comme il devait le faire ;
Puis il dit : « Que le Dieu juste et bon, ô mon frère,
T'admette avec sa paix dans la céleste cour,
Comme il m'a relégué dans le sombre séjour !
— Si Dieu, reprit l'Élu, sans ralentir sa marche,
Ne vous a pas jugés dignes d'entrer dans l'arche,   20

---

(1) La soif de savoir.
(2) *Domine, da mihi hanc aquam, ut non sitiam.*

Qui donc vous guide ainsi de circuit en circuit?
— Si tu regardes bien ce vivant qui me suit,
Tu verras à son front, marqué du sceau de l'ange[3],
Qu'il n'est pas déplacé dans la sainte phalange.
Celle qui, nuit et jour, file et livre aux ciseaux
Le chanvre dont sa sœur a chargé ses fuseaux,
Est encore en travail pour cette âme chrétienne...
Et cette âme, ma sœur aussi bien que la tienne,
Ne pouvait monter seule à l'échelle des cieux ;
Car elle ne voit pas, vivante, avec nos yeux.   30
Donc, pour guider ses pas et lui servir d'escorte,
Je fus tiré du gouffre à la béante porte,
Et j'entends la conduire avec fidélité,
Tant qu'il sera permis à mon indignité.
Mais toi, si tu le sais, dis pourquoi, tout à l'heure,
A tressailli si fort cette sainte demeure,
Pourquoi, du pied du mont jusqu'au faîte à la fois,
Tous n'ont fait qu'un seul cri de mille et mille voix. »

Ces seuls mots, prononcés par une bouche auguste,
Au cœur de mon désir avaient frappé si juste,   40
Que déjà de savoir j'étais moins altéré.
L'inconnu répondit : « Sur ce mont vénéré
Où viennent de Dieu seul nos douleurs et nos fêtes,
Rien n'entrave le cours des lois qui nous sont faites.
Nulle altération n'est possible en ces lieux[4] :
Le départ d'un Esprit rappelé dans les cieux,
D'un saint tressaillement peut seul être la cause.
La pluie et les brouillards dont la terre s'arrose,
Les neiges, les frimas par la terre engendrés,
Expirent au-dessous du seuil aux trois degrés.   50
On ne voit point ici s'épaissir le nuage,
L'éclair briller, rougir l'Iris au doux présage,

---

(3) La lettre P (V. ch. IX, v. 107).
(4) V. ch. XXVIII, v. 88 et suiv.

LE PURGATOIRE. — CHANT XXI.

Tout ce qui change l'air au pays que j'aimais :
Les arides vapeurs ne s'élèvent jamais
Au delà du portique où, sur la triple pierre,
Siége avec ses deux clefs le délégué de Pierre.
Les souffles souterrains, je ne sais trop comment,
Peuvent, au pied du mont, produire un tremblement;
Mais nous bravons ici leur impuissante injure.
Quand le sol tremble ici, c'est que, se sentant pure, 60
Une Ame se relève ou se meut pour gravir.
L'hymne la suit au Ciel, qui daigne la ravir.
Seul de sa pureté son vouloir est la preuve :
Libre de s'élever et de changer d'épreuve,
L'Ame cède : elle veut et se plaît à vouloir.
Ce désir était né, mais soumis au devoir;
Car, avec le désir, la divine Justice
A qui commit le crime impose le supplice.
Moi qui te parle, moi qui, cinq cents ans et plus,
Mêlai mes pleurs aux pleurs de ces pieux reclus, 70
Pour la première fois, j'ai senti tout à l'heure
La libre volonté d'une couche meilleure :
De là ce tremblement, ce chant universel
Qui, glorifiant Dieu, lui demande le ciel. »

Il cessa de parler; et moi, comme il arrive
Qu'à boire on se plaît mieux quand la soif est plus vive,
Je ne puis exprimer quel plaisir fut le mien.
« A présent, dit mon guide, à présent je vois bien
Quel filet tour à tour vous retient, vous renvoie,
Pourquoi ce tremblement, pourquoi ces cris de joie; 80
Mais daigne m'accorder la faveur que j'attends :
Dis-moi quel fut ton nom, et pourquoi si longtemps
Tu demeuras gisant dans cette triste baie.
— Au temps où, Dieu l'aidant, Titus vengea la plaie [5]
Par où coula le sang que Judas a vendu,
J'ai respiré là-bas, nous fut-il répondu,

---

(5) Au temps où Jérusalem fut prise par Titus.

Sous le nom qui le plus nous charme et nous honore,
Grand déjà par mes vers, mais chrétien pas encore.
Le souffle de ma voix fut si doux qu'en son sein
Rome un jour appela le chantre toulousain⁶, 90
Et du myrte sacré lui fit une couronne.
Stace est encor le nom que là-bas on me donne.
J'ai chanté Thèbe, ensuite Achille, jusqu'au jour⁷
Où je tombai brisé sous ce fardeau trop lourd.
L'étincelant foyer des grandes harmonies,
Où se sont enflammés tant de nobles génies,
Où s'échauffait mon âme, où mon cœur se brûlait,
Le sein qui si longtemps m'a nourri de son lait,
C'est l'*Énéide*... Oui, sans ce grand et beau livre,
Mes vers eussent pesé trop peu pour me survivre. 100
Ah ! pour avoir vécu quand vivait son auteur,
Je donnerais un an de l'éternel bonheur,
Je voudrais, parmi ceux dont je fus le complice,
Tout un soleil encor prolonger mon supplice. »

Et Virgile, à ces mots, avait tourné vers moi
Ses yeux qui, sans parler, semblaient dire : Tais-toi.
Mais la *vertu qui veut* n'est pas toujours maîtresse :
Les plus fermes esprits ont leur part de faiblesse,
Et le rire et les pleurs suivent l'impulsion
Moins de la volonté que de la passion. 110
Mon secret à demi perçait dans mon sourire :
L'Ame se tut, cherchant dans mes yeux pour y lire...
(Les yeux de nos pensers sont le plus sûr miroir)⁸.
« Puisse un jour le succès répondre à ton espoir !
Mais pourquoi ce sourire, ajouta le vieux sage,
A-t-il comme un éclair passé sur ton visage ? »

---

(6) Erreur de Dante. Stace, l'auteur de *la Thébaïde*, était de Naples et non pas de Toulouse.

(7)   Curritur ad vicem jucundam et carmen amica‧
      Thebaidos   (Juvénal, *satire* VII)

(8)   L'anima dimostrasi negli occhi manifesta.   (*Il Convivio*)

Me voilà maintenant pris comme entre deux lacs :
Ici l'on me dit *Parle*, et là, *Ne parle pas*.
Je soupirai : je fus compris. « Va, dit mon maître,
Réponds et ne crains rien, mon fils ; fais-lui connaître   120
Ce qu'avec tant d'instance il te demande. »

                                       Et moi :
« Si, pour avoir souri, je t'ai mise en émoi,
Sainte Ame, en m'écoutant tu vas crier merveille.
Celui qui me conduit, celui qui me surveille,
C'est lui, c'est ce Virgile aux chants mélodieux,
Qui t'apprit à chanter les hommes et les dieux.
Ce que tu lui disais, Stace, et non autre chose,
D'un innocent sourire est l'innocente cause. »

Et Stace avait déjà les deux genoux pliés,
Pour honorer le maître et lui baiser les pieds[9].   130
Celui-ci, l'arrêtant, lui dit : « Qu'allais-tu faire ?
Tu n'es qu'une Ombre, et moi que suis-je donc, mon frère ? »

L'autre, se relevant, répondit à son tour :
« Tu peux juger ainsi jusqu'où va mon amour.
J'oubliais que le pouls ne bat plus sous ta veine...
Je prenais pour un corps, vaine Ombre, une Ombre vaine.

---

(9) *Sic*, ch. VII, v. 14 et 15 ; — ch. XIX, v. 132 et suiv.

                                            Texte   136
                                      Traduction 136

CHANT XXII.

ARGUMENT. — Sixième cercle : La Gourmandise. — Le fruit défendu.

Nous avions dépassé, lui premier, moi second,
L'ange qui de son aile avait touché mon front.
Nous voilà donc admis dans le sixième hospice !
Ceux qui, là-haut, ont faim et soif de la justice
Ayant dit : *Beati qui nunc esuriunt* [1] *!*
S'arrêtaient à dessein sur le mot *sitiunt*.
De plus en plus léger, moi, le long de la digue
Je marchais d'un tel pas que, presque sans fatigue,
Je semblais suivre au vol mon léger conducteur.

   Virgile dit à Stace en gagnant la hauteur :   10
« Toujours un pur amour allume une autre flamme,
Dès que son doux rayon jaillit du fond de l'âme :
Ce qui fait que, du jour où notre Juvénal
Eut pris rang parmi nous dans le limbe infernal,
Et que je sus par lui quel amour tu me portes,
Mon cœur s'unit au tien par des chaînes si fortes
Que jamais inconnu ne causa tant d'émoi,
Et que ce long chemin sera court avec toi.
Mais parlons comme on parle entre amis, et pardonne
L'extrême liberté que l'amitié me donne :   20

---

(1) *Beati qui esuriunt et sitiunt justitiam* (saint Mathieu). Les voix s'arrêtent au mot *sitiunt*, parce que, dans ce cercle, les pécheurs ont faim et soif, non pas seulement de justice, mais d'aliments matériels.

Dis : comment, dans ce cœur si généreux, si fort,
Et que de grands pensers emplissaient jusqu'au bord,
Dis, comment l'avarice a-t-elle trouvé place? »

 Ces mots firent d'abord sourire le bon Stace;
Puis il dit : « Chaque mot du plus grand des esprits
Est un gage d'amour dont je sens tout le prix.
Mais trop souvent, mon frère, on juge mal les choses
Pour n'en avoir pas su les véritables causes;
Ainsi, par ta demande il m'est bien démontré
Qu'en raison de la place où tu m'as rencontré,   30
Tu me crois entaché d'avarice : au contraire,
J'avais pour ce péché trop d'horreur, ô mon frère,
Et des milliers de mois pour cela j'ai souffert :
Si je n'habite pas le cercle de l'enfer
Où l'on va se heurtant dans l'éternelle joute [2],
Je le dois à tes vers... Tu m'as montré la route,
Quand, au remords peut-être ouvrant un noble essor,
Tu criais aux mortels : *Fatale soif de l'or* [3]*!*
Où n'entraines-tu pas les cœurs dont tu disposes?
Je reconnus alors, avec bien d'autres choses,   40
Qu'il était périlleux de trop ouvrir la main.
Je pleurai mes péchés et changeai de chemin.
Combien, le front rasé, se lèveront peut-être [4]
Au jour du jugement, faute, hélas! de connaître
Que, pour laver notre âme il suffit d'un remord,
D'une larme versée à l'heure de la mort!
Tout péché qui contraste avec un autre vice
Pleure avec lui, puni par le même supplice,
Et sous le même vent dessèche ses rameaux.
Donc, avec ces pécheurs, souffrant les mêmes maux, 50

---

(2) *Enfer* ch VII. — Les avares et les prodigues.
(3)   Auri sacra fames, quo non mortalia cogis
  Pectora!   (*Enéide*, lib. VIII)
(4) Voy, *Enfer*, ch. VII. — Les prodigues (le front rasé).

Si Dieu m'a confondu, c'est que rien ne sépare
Deux coupables égaux, le prodigue et l'avare. »

Le chantre harmonieux des bucoliques vers
Reprit : « Quand tu chantas le duel de deux pervers [5]
Qui firent à Jocaste une double agonie,
Dans tes vers où Clio seconda ton génie,
La foi, si j'ai bien lu, n'apparaît pas encor;
Sans la foi cependant la clef manque au trésor.
Mais, s'il en est ainsi, quel flambeau, quelle étoile
T'ont si bien éclairé, mon frère, que ta voile   60
Se rallia plus tard à la nef du Pêcheur?
— C'est toi qui le premier, Virgile, ô doux prêcheur,
Aux sources du Parnasse as trempé mon poëme
Et m'as montré ce Dieu que je crains et que j'aime.
Tu fus le conducteur qui, voyageant la nuit,
Sans s'éclairer soi-même, éclaire qui le suit
Aux lueurs du flambeau qu'il élève en arrière.
Quand tu dis : *Un grand siècle entre dans la carrière* [6] :
La justice revient au monde renaissant...
Le fils d'un Dieu nouveau du haut des cieux descend...   70
Je fus chrétien par toi, par toi je fus poëte;
Mais je veux qu'à tes yeux l'image soit complète :
Colorons le tableau que je n'ai qu'ébauché.
Le monde, trop longtemps flétri par le péché,
Etait comme imprégné de la semence vraie
Que les saints messagers jetaient parmi l'ivraie.
Tes vers, que j'ai cités semblaient, nobles rivaux,
Courir si bien au but des apôtres nouveaux
Que de les visiter je contractai l'usage.
Bientôt dans chacun d'eux je trouvai plus qu'un sage, 80

---

(5) Le duel d'Étéocle et de Polynice (*Thébaïde*).

(6)   Magnus ab integro seclorum nascitur ordo.   (Virg *Eglog* IV)
Saint Augustin a dit comme Stace : « Nonne, quando poeta ille dicebat :
Magnus, etc. Christo testimonium perhibebat¹

Et quand Domitien les fit souffrir, mes pleurs
Ne firent pas défaut à leurs saintes douleurs.
Tant que je fus comme eux rélégué sur la terre,
Je les aidai : leur vie irréprochable, austère,
Me fit prendre l'Olympe en un profond dédain.
Je reçus le baptême, avant qu'au sol thébain
J'eusse conduit les Grecs par mon droit de poëte.
Mais j'avais peur : ma foi resta longtemps secrète,
Et, chrétien, aux faux dieux je prodiguai l'encens :
Cette lâche tiédeur, plus de quatre cents ans,   90
M'a donné pour prison la quatrième enceinte.
Toi donc qui dissipas, d'un mot de ta voix sainte,
L'ombre qui me cachait la véritable loi,
Pendant que nous montons vers la cime, dis-moi
Où sont Plaute et Térence et Varron et Cécile.
Sais-tu, s'ils sont damnés, quel cercle est leur asile ?
— Avec moi, répondit mon sage et doux mentor,
Avec notre ami Perse et bien d'autres encor,
Les Ames de ceux-là sont à jamais recluses
Où pleure aussi ce Grec, l'enfant gâté des Muses [7].   100
C'est le premier circuit des aveugles prisons.
Pour charmer notre exil, souvent nous devisons
De la colline chère à nos chastes nourrices.
Plusieurs, qui de la Grèce ont été les délices
Et qu'elle a couronnés du laurier d'Apollon,
Simonide, Antiphonte, Euripide, Agathon,
D'autres Ames encor, par le talent divines,
Se retrouvent chez nous avec tes héroïnes [8],
Antigone, Argia, Deidamie et ses sœurs,
Ismène triste encor comme elle fut ailleurs,   110
La fille de Thoas, l'imprudente Hypsipyle,
Et Daphné l'inspirée et la mère d'Achille. »

---

(7) Homère Voy. *Enfer*, ch. IV.
(8) *Vide* la *Thébaïde*, de Stace.

Tous deux ayant parlé, puis se taisant tous deux,
Les Esprits de nouveau regardaient autour d'eux.
La roche était franchie et nous tenions le faîte.
Quatre filles du Jour avaient leur tâche faite.
La cinquième déjà s'enfuyait en volant
Et poussait au zénith le char étincelant :
« Sur le bord du chemin, ne faut-il pas encore
Appuyer le flanc droit? dit l'ami que j'honore.   120
Ce que nous avons fait ne le ferons-nous pas? »

Ainsi l'expérience allait guider nos pas.
Déjà moins inquiets, à droite nous tournâmes,
Quand Stace eut approuvé son ami.
                                         Les deux Ames
Cheminaient en avant, et moi, comme toujours,
Je les suivais de près, écoutant leurs discours,
Pour m'ouvrir au Parnasse une route inconnue.
Ces entretiens si doux cessèrent, à la vue
D'un bel arbre touffu qui barrait le chemin [9],
Et dont les fruits tentaient l'odorat et la main.   130
De même que le pin, dans son élan sublime,
Va se rétrécissant du pied jusqu'à la cime,
L'arbre, mince à la base, est large par le haut,
Pour repousser, je pense, un sacrilége assaut.
Des flancs noirs du rocher qui barre le passage,
Une eau claire coulait à travers son feuillage.

Mes guides s'approchaient... Du milieu des rameaux
Une voix s'éleva qui prononça ces mots :
« Ne touchez pas ce fruit » Elle ajouta : « Marie [10],
Qui vous défend là-haut, qui pour vous pleure et prie,   140
S'occupait à Cana des honneurs du festin,
Plus que de satisfaire et sa soif et sa faim :

---

(9) Voy. ch. XXXII, v. 40.
(10) Exemples de sobriété le *Fouet*, (voy. ch. XIII).

L'eau pure suffisait aux antiques Romaines :
Daniel, inaccessible aux faiblesses humaines,
Trouva dans l'abstinence un éternel trésor.
Le monde au premier âge, était pur comme l'or :
La faim aux glands amers, la soif à l'eau des nues
Ajoutaient des saveurs maintenant inconnues.
Saint Jean, dans son désert, pour mériter le ciel,
S'est nourri quarante ans d'insectes et de miel ; 150
Et c'est là ce qui fit sa grandeur et sa gloire,
Comme l'enseigne à tous une divine histoire [11]. »

(11) *Inter natos mulierum non fuit unus major Johanne Baptista.* (Evang.)

Texte 154
Traduction 152

CHANT XXIII.

ARGUMENT. — Suite du cercle des Gourmands. — Forèse, ami de Dante.

Je dévorais des yeux le beau feuillage vert,
Comme font ces rêveurs dont le regard se perd
A suivre au loin le vol de l'hirondelle agile.
Celui qui fut pour moi plus qu'un père, Virgile
S'écria : « Les instants qui nous sont octroyés
Méritent, mon cher fils, d'être mieux employés. »
Je ramenai ma vue et mes pas, au plus vite,
Sur le chemin suivi par ces Ames d'élite
Qui me charmaient si bien par leurs sages discours,
Que de plus longs trajets m'eussent paru trop courts. 10

On pleure autour de nous, autour de nous on chante
Domine, labia... d'une voix si touchante[1]
Que la joie et le deuil se partagent mes sens :
« Qu'entends-je, ô doux mentor? D'où partent ces accents?
— Du cœur des Bienheureux occupés, je suppose,
A détacher le nœud que le Ciel leur impose. »

Tel, quand un pèlerin, voyageant à grands pas,
Rejoint des inconnus, il ne s'arrête pas,
Et sur eux en passant jette à peine la vue :
Telle, derrière nous, mais plus vite accourue, 20

---

(1) ... *mea aperies*. (David, ps. L.)

Une foule d'Esprits dévots, silencieux,
Qui sur nous, en passant, n'arrêtaient que les yeux...
Mais quels regards éteints au fond de ces yeux caves!
Quels fronts pâles! quels traits décharnés, maigres, hâves!
Comme les os marquaient leur forme sur la peau!
Erésichthon lui-même, à son dernier morceau[2],
Quand la faim l'effraya de ses plus noirs présages,
Dut sembler moins défait que ces tristes visages.

« Certe, on a, me disais-je, assemblé dans ce lieu
La race qui perdit la cité chère à Dieu,   30
Quand les enfants servaient de pâture à leurs pères[3], »
De tels yeux ressemblaient à des chatons sans pierres.
Ceux qui lisent °M° sur le visage humain[4],
N'eussent vu que des M dans ce triste chemin.
Qui croirait, ne sachant le *pourquoi* du mystère,
Que l'odeur d'une eau pure ou d'un fruit de la terre
Exerce un tel ravage, allume un tel désir!
Pour moi qui ne savais et ne pouvais saisir
Comment un pur Esprit sent la soif et s'affame,
Je contemplais, ému jusques au fond de l'âme,   40
Leur étrange maigreur et leur aspect hideux.
Tout à coup, et du fond de sa tête, l'un d'eux
Jette un regard sur moi, fixement m'examine
Et s'écrie : « O faveur de la grâce divine! »

Pour savoir qui parlait j'ouvrais en vain les yeux :
C'est au son de la voix que je reconnus mieux
L'Esprit trop bien caché sous son lugubre voile:
Comme la nuit s'éclaire aux lueurs d'une étoile,

---

(2) Condamné par Cérès a souffrir d'une faim éternelle.

(3) Les habitants de Jérusalem assiégés par Titus. (V. Josèphe, *de Bello Judaico*.)

(4) *Homo*, homme. Les deux yeux forment les deux *oo* ; le nez est figuré par l'*M*.
    ... Quandoque bonus dormitat Homerus

Rappelant, recueillant mes souvenirs épars,
Sur cette bouche pâle et dans ces yeux hagards 50
Je retrouvais Forèse : « Oh! dit-il, je t'en prie,
Frère, occupe-toi moins de ma bouche flétrie,
De mes os décharnés, de mes traits amaigris.
Parlons de toi : dis-nous quels sont ces deux Esprits
Qui, marchant devant toi, paraissent te conduire,
Et ne me quitte pas, frère, sans me le dire.

— Toi que je pleurai mort, l'état où je te vois
Permet que je te pleure une seconde fois.
Mais quel vent peut ainsi t'effeuiller et te fondre?
Au lieu d'interroger, ami, daigne répondre : 60
Qui brûle d'écouter est un triste orateur. »
Forèse répondit : « Le divin Créateur
Dans ce fruit, dans cette eau que je laisse en arrière,
A fait tomber d'en haut la vertu meurtrière
Qui me fait tant maigrir et dont je souffre tant.
Cette foule d'Esprits qui pleurent en chantant,
Pour avoir à la bouche obéi sans mesure,
Par la soif et la faim se refait sobre et pure.
Ce fruit, cette eau qui court à travers les rameaux,
Exhalent un parfum qui, pour doubler nos maux, 70
Nous brûle du désir de manger ou de boire.
Or, dans ce long voyage autour du purgatoire,
Ce n'est pas une fois que le pauvre pécheur
Sent raviver sa peine... ou plutôt son bonheur ;
Car le même désir vers ce fruit nous renvoie,
Qui conduisit Jésus à crier avec joie :
Éli! quand tout son sang fut répandu pour nous. »

Et moi : « Depuis le jour à la fois triste et doux,
Où se changea ta vie en une autre meilleure,
A peine on compterait cinq ans jusqu'à cette heure : 80
Si, là-bas, tu perdis le pouvoir de pécher,
Avant que le remords aidât à rapprocher

Le pécheur repentant du Dieu bon qui l'invite,
Comment si haut, Forèse, es-tu monté si vite?
Je croyais te revoir dans ce lieu séparé⁵,
Où le temps par le temps est, dit-on, réparé.

— Si j'ai goûté sitôt les douceurs du martyre,
Je le dois à Nella qui sur moi les attire..,
Nella dont les soupirs, les pleurs, l'amour constant
M'ont si vite arraché du cercle où l'on attend.   90
Grâce à ma Nella, grâce à cette fleur des veuves,
A peine ai-je passé par les autres épreuves.
Je l'aime d'autant plus, à ne te cacher rien,
Qu'elle est plus seule, hélas! à pratiquer le bien.
Crois-moi, votre Barbage, avec ses mœurs infâmes⁶,
A des cœurs moins impurs et de plus chastes femmes
Que cette autre Barbage où j'ai laissé Nella.
Que pourrais-je, ô mon frère, ajouter à cela?
Je vois venir un jour, non loin de nous peut-être,
Où, du haut de la chaire et par la voix du prêtre, 100
Aux dames de Florence il sera défendu
D'aller partout, le front sans voile et le sein nu.
Quelle femme attendrait, barbare ou Sarrazine,
Les foudres de la loi séculière ou divine,
Pour dérober aux yeux ce qu'on ne doit point voir?
O filles sans pudeur, si vous pouviez savoir
Ce que le Ciel réserve à votre folle ivresse,
Vous jetteriez au vent bien des cris de détresse.
Oui, si je ne m'abuse en mes prévisions,
Vous verrez s'envoler bien des illusions,   110
Avant que le duvet ait recouvert la joue
De l'enfant au berceau qui dans vos bras se joue.....

---

(5) Dans la vallée d'attente (ch. IV et V).

(6) La Barbage, province de Sardaigne, citée pour les mœurs dépravées de ses habitants. — Nella, veuve de Forèse, demeurait à Florence. — L'autre Barbage, Florence.

J'ai dit. Mais à ton tour, mon frère, explique-toi,
Et non pas pour moi seul : tous, aussi bien que moi,
Admirent en passant l'ombre que tu projettes.

— Ami, s'il te souvient quelles étaient nos fêtes,
Quel tu fus avec moi, quel avec toi je fus,
Tu dois souffrir encor de ce temps qui n'est plus.
L'autre hier, quand la sœur de cet astre était ronde [7]
(Je montrai le soleil), je fus de notre monde 120
Détourné par celui qui marche devant moi.
C'est lui qui m'a guidé, pour affermir ma foi,
A travers les vrais morts et la vraie épouvante.
Moi, je le suis partout avec ma chair vivante,
Aidé par sa sagesse, appuyé sur son bras.
Chère Ame, jusqu'à toi je suis venu d'en bas,
Tournant ou gravissant ces roches suspendues
Qui vous redressent, vous que le monde a tordues.
Je serai, m'a-t-il dit, ton guide jusqu'au lieu
Où t'attend Béatrix : là, te disant adieu [8], 130
L'appui fera défaut à la plante fragile.
Celui qui parle ainsi, le voilà !... c'est Virgile
(Et le nommant ainsi, je l'indiquais du doigt);
L'autre au cinquième cercle a payé ce qu'il doit [9];
Quand il s'est détaché de sa triste demeure,
C'est pour lui que le mont a tremblé tout à l'heure. »

---

(7) Le vendredi-saint. (V. *Enfer*, ch. Ier et analyses de l'*Enfer* et du *Purgat.*)
(8) V. ch. XXX, v. 50.
(9) Stace,.... au cercle des Prodigues, ch. XXI.

Texte 133.
Traduction 136.

CHANT XXIV.

ARGUMENT. — Sixième cercle (*suite.*) — Le poëte s'entretient avec plusieurs Ames. — Entrée du septième cercle

Tous deux, menant de front la marche et le discours[1],
Cheminant, discourant, nous avancions toujours,
Légers comme la nef qu'un vent propice emporte.
Des Esprits affamés la foule deux fois morte
Tirait de ses yeux creux des regards tout surpris
De me voir, moi vivant, au milieu des Esprits.
Et moi, continuant ma phrase à moitié dite :
« Ce bienheureux peut-être au ciel irait plus vite,
N'était que pour nous plaire il ralentit le pas.
Mais toi, de Piccarda ne me parles-tu pas ?　　　　10
Dans cette légion qui me presse et m'observe,
N'est-il pas quelques noms bons à mettre en réserve ?
— Ma sœur, répondit-il, cet ange de bonté,
De qui la vertu seule égalait la beauté,
Déjà dans le haut ciel trône avec l'auréole[2]. »
L'Ombre fit une pause et reprit la parole :
« Je puis répondre, ami, sans enfreindre nos lois ;
Mais il faut te nommer chaque Ame que tu vois,
Tant nos traits sont, hélas ! changés par la famine. »
Et, dirigeant son doigt vers une Ame voisine :　　　　20

---

(1) Dante et Forèse.
(2) *Parad.*, ch. III.

« C'est Buonagiunta, de Lucques : celui-ci [3],
Qui semble par la faim plus qu'un autre aminci,
A tenu dans ses bras l'Église toujours jeune.
Tours l'a vu naître; il paie ici, par un long jeûne,
L'anguille de Bolsène apprêtée au vin blanc. »

D'autres noms furent dits, chacun suivant son rang;
Et ce dénombrement parut plaire à chaque Ombre,
Car je n'aperçus pas un seul visage sombre.
Je vis mâcher à vide Ubaldin de Pila.
Torturé par la faim, Boniface était là,   30
Lui dont le verbe saint en a nourri tant d'autres;
Je vis le vieux marquis, hier encore un des nôtres,
Qui naguère à Forli, sans se rassasier,
D'un meilleur vin, hélas! humectait son gosier.
Moi, comme fait celui qui va de rue en rue,
Et presque à son insu, pour arrêter sa vue,
Choisit ceux qui pour lui témoignent plus d'égards,
Sur Buonagiunta j'arrêtai mes regards.
Il murmurait un nom. Tout bas, sous cette lèvre
Que le Juge divin sèche au feu de la fièvre,   40
Le nom de Gentucca me paraissait trembler [4] :
« Toi qui sembles me suivre et vouloir me parler,
Parle, mais parle haut : tu désires sans doute
Satisfaire et toi-même et celui qui t'écoute.
— Il est une beauté, dit-il, frêle trésor
Que le voile jaloux ne cache pas encor,
Elle te rendra douce et chère ma patrie,
Quels que soient les mépris dont vous l'avez flétrie.
Que ma prédiction te suive à ton retour!
Et par l'événement tu connaîtras un jour   50

---

(3) Buonagiunta, poëte contemporain de Dante. — Le pape Martin IV. L'anguille nourrie dans les rivières de Bolséna. — Boniface de Fieschi, archevêque de Ravenne. — Le marquis de Rigogliosi, seigneur de Forli.

(4) Gentucca, aimée de Dante (ch XXXI, v. 54).

Si j'ai d'un vain murmure abusé tes oreilles.
Mais parle : es-tu celui qui tira de ses veilles
Les vers, nouveaux encor, qui commencent ainsi :
Femmes qui de l'amour avez le doux souci [5] ».

Et moi : « J'écris des vers quand Amour les inspire.
Ce qu'il dicte à mon cœur, je ne fais que l'écrire.
— Frère, répondit-il, je vois mieux, grâce à toi,
Quel lien nous retint, Guitton, Notaire et moi,
Loin du style nouveau qu'il m'est si doux d'entendre.
Vos ailes, je le vois, ont appris à s'étendre,   60
Serrant de près leur guide, au contraire de nous
Qui, dépassant le but, avons perdu nos coups :
Notre style est au pied du mont; le vôtre au faîte. »

Et l'Ame, se taisant, paraissait satisfaite.

Tels, fuyant vers le Nil l'approche de l'hiver,
Les oiseaux qui, tantôt par groupes fendent l'air
Et tantôt plus pressés se suivent à la file :
Ainsi, lasse déjà d'un spectacle futile [6],
La foule repartit d'un pas précipité,
Légère par maigreur, moins que par volonté.   70
Et comme le chasseur, las de courir la plaine,
Suit de loin ses amis pour mieux reprendre haleine,
Ainsi, laissant passer la foule devant soi,
Forèse s'en allait derrière elle avec moi,
En me disant : « Ami, quand te retrouverai-je ?
— Je ne sais : plaise à Dieu que mon exil s'abrége !
Mais je n'entrerai pas tellement vite au port,
Que mon ardent désir n'y soit entré d'abord ;
Car la place où, là-bas, Dieu m'ordonne de vivre,
Du fardeau des vertus chaque jour se délivre...   80

---

(5)   Donne ch' avete intelletto d'amore,
premier vers d'une *canzone* de Dante, insérée dans la *Vita nuova*.
(6) La vue d'un vivant.

Qui sait quelle ruine en tombera sur nous !...
— Va, reprit-il, je vois le plus méchant de tous [7]
Par un coursier fougueux emporté vers l'abîme,
Où les pleurs du remords ne lavent pas le crime.
Le corps du malheureux traîne, la tête en bas.
Le furieux galop redouble à chaque pas,
Et le fier cavalier, sanglant, méconnaissable,
N'est plus qu'un bloc informe oublié dans le sable.
Avant que ces soleils (il regardait les cieux)
Aient tourné bien longtemps, tu verras par tes yeux 90
Ce que je ne saurais montrer par mon langage.
Ne m'arrête donc pas à parler davantage :
Adieu ! Le temps est cher dans ce royaume, et moi,
Je le perds à marcher pas à pas avec toi. »

Tel, jaloux de porter le premier coup de lance,
Hors des rangs quelquefois un cavalier s'élance :
Telle et plus vite encor l'Ame prit les devants,
Me laissant sur la route avec les deux savants
Dont les vers ont servi d'enseignement au monde.
L'autre plongeait déjà dans la foule profonde, 100
Qu'avec mes faibles yeux je le suivais toujours,
Comme avec mon esprit je suivais ses discours.
Or, voilà qu'au détour du haut rempart de marbre,
Chargé de beaux fruits mûrs, je vis un second arbre,
Dont les joyeux rameaux pendaient sur le chemin.
Je vis nombre d'Esprits vers eux tendre la main,
Et crier je ne sais quelles vaines paroles.
Ainsi font les enfants curieux et frivoles :
Ils ont beau vous prier : vous ne répondez pas ;
Et pour mieux aiguiser leur désir, votre bras 110
Éloigne en le montrant le jouet qui les invite.

Désabusée enfin, la foule partit vite,

---

(7) Corso Donati, guelfe noir, persécuteur de Dante. (V. *Vie de Dante.*)

Et nous vîmes de près l'arbre aux vives couleurs
Qui repousse à la fois la prière et les pleurs.
« Passez; n'approchez pas. Le bois mordu par Ève [8]
Est plus haut : celui-ci de celui-là relève. »
Je ne sais qui parlait ainsi dans les rameaux ;
Mais Stace, l'autre et moi, retenus par ces mots,
Entre l'arbre et la côte humblement nous passâmes.
La voix continua : « Songez à ces infâmes, 120
A ces fils de la nue, homme et brute à la fois [9],
Que le vin et Thésée ont su mettre aux abois;
A ces lâches Hébreux agenouillés pour boire,
Que le grand Gédéon n'admit pas à sa gloire,
Quand des monts d'alentour à Madian il courut. »

Nous allions, de plus près serrant le rocher brut,
Écoutant ces récits d'abjecte gourmandise,
Toujours payée au prix que vaut la marchandise.
Puis, reprenant le large et seuls dans le sentier,
Nous fîmes en avant au moins un mille entier, 130
Chacun autour de soi regardant sans rien dire.
« Où courez-vous ainsi seuls? et qui vous attire? »
Dit une voix soudaine; et moi je tressaillis
Comme un daim, quand le cor fait trembler le taillis.
Pour voir ce que c'était, je relevai la tête...
Dans les fourneaux brûlants quand la matière est prête,
Le verre ou le métal jamais n'étincela
Comme l'être divin qui nous dit : « C'est par là !
S'il vous plaît de monter à de plus hautes sphères,
Ceux qui cherchent la paix montent par là, mes frères. » 140

J'avais perdu la vue à ce splendide aspect.
J'obéis donc, suivant mes chefs avec respect,

---

(8) Dans le Paradis terrestre, ch. XXXII, v. 39.
(9) Les centaures aux noces de Pirithoüs.

Comme un aveugle marche à la voix qui l'appelle.
Tel, précurseur joyeux de l'aurore nouvelle,
Le vent de mai s'élève, en semant les odeurs
Dont il s'est imprégné dans l'herbe et dans les fleurs :
Tel, quand je fus touché par la plume au passage,
Un parfum d'ambroisie inonda mon visage ;
Puis j'entendis chanter : « Heureux sera là-haut
Celui qui sait là-bas jeûner quand il le faut ! 150
C'est la grâce du ciel dans son cœur allumée,
Qui des instincts grossiers dissipe la fumée. »

                         Texte   154
                         Traduction 152

CHANT XXV.

ARGUMENT. — Comment les Ames peuvent maigrir et revêtir une forme visible. — Le septième cercle : La Luxure.

Mal me fût advenu de boiter : l'œil des cieux
Cédait l'ardent zénith au Taureau radieux
Et la nuit au Scorpion vainqueur de la Balance[1].

Comme le voyageur qui va, court et s'élance,
Sans perdre un seul moment, sans perdre un seul regard,
Quand un soin important le presse de son dard ;
Par une sente ardue, un par un nous passâmes,
Pour gravir librement cette échelle où les Ames
Ne peuvent aller deux, tant l'espace est étroit.
Tel l'aiglon, essayant son essor maladroit,   10
Ouvre l'aile, la ferme et reste sur la cime,
Retenu par la peur, attiré par l'abîme :
Tel, sans dire un seul mot, je me laissais aller
Jusqu'à ce mouvement qui dit : *Je vais parler...*
Je voulais, je n'osais interroger mon guide ;
Mais lui, sans ôter rien à sa marche rapide :
« Tends ton arc jusqu'au fer de la flèche, ô mon fils. »
Ouvrant la bouche alors sans peur, je répondis :

---

(1) Pour dire qu'il est plus de 2 heures après midi. (*Supra*, ch. II, au début et note 1.)

« Comment donc peut maigrir un Esprit qui, pour être,
N'a certes pas besoin d'aliments? » Et le maître : 20
« Méléagre, brûlant quand brûlait un tison [2],
Devrait te satisfaire et nous donner raison.
J'ai touché l'argument : faut-il que je l'épuise?
Consulte ton miroir et vois comme à ta guise
Son cristal reproduit avec fidélité
Les traits et les couleurs de la réalité...
Mais, pour qu'au fond du vrai tu plonges mieux encore,
Stace est là, mon cher fils, et c'est lui que j'implore :
Qu'il soit le guérisseur de ta blessure! »

          Et lui : 30
« Me sied-il, devant toi, son maître et son appui,
D'ouvrir ses faibles yeux à la vue éternelle?
Mais tu le veux : j'accours à ta voix qui m'appelle. »

 Puis, se tournant vers moi : « Si ton entendement
S'abreuve et se nourrit de mon raisonnement,
Tes questions, mon fils, n'auront pas été vaines.
Le sang pur et parfait n'est pas bu par nos veines.
Il se garde en dehors, semblable à certains mets
Qu'on pose sur la table et qu'on n'offre jamais.
Il puise dans le cœur la *vertu formative*,
D'où les membres humains tirent leur force vive. 40
L'autre sang, celui-là que les veines ont bu,
Par un autre chemin tend vers le même but.
Épuré plus encore, il coule avec mystère
Jusqu'au centre caché que la pudeur doit taire.
C'est de là qu'il jaillit, impétueux, puissant :
Dans un vase de chair il trouve un autre sang,
Se confond avec lui dans une même sphère,
L'un prêt à tout subir, l'autre prêt à tout faire,

---

(2) Ovide, *Métamorphoses*, VIII.

Tant est parfait le centre où se fait leur accord !
Le travail suit de près le mélange, et d'abord 50
Le sang générateur cherche, assemble, ravive
Ces grains qui, pour germer, n'attendaient qu'une eau vive ;
Et le *principe actif* se fait âme, en ce sens
Qu'il végète et grandit comme l'herbe des champs.
Distinguons cependant : tu devines sans doute
Que si l'herbe est au but, l'âme est encore en route.
Puis le travail est tel que l'être, né du sang,
Comme un corail marin, se meut, respire et sent ;
Que, pour organiser ses forces, il commence
A demander la séve au suc de la semence. 60
Déjà se développe et croît avec vigueur
Ce principe secret, ce sang venu du cœur
Où la nature active a mis dans un atome
Toutes les facultés, tous les membres de l'homme.

» Tu ne vois pas encore, ou du moins tu vois mal
Comment l'homme, après tout, descend dans l'animal.
C'est le point délicat : mon fils, dans cette voie
Un plus sage que toi bien souvent se fourvoie,
Quand, creusant la matière, il croit apercevoir
Que l'intellect agit par son propre pouvoir ; 70
C'est qu'il n'a pas compris qu'une impalpable essence
Aux organes du corps puisse unir sa puissance ;
Mais à la vérité qui vient et se fait jour
Ouvre les yeux, mon fils, et comprends à ton tour :
Sitôt que du cerveau la structure est complète
Dans le fœtus humain qui jusque-là végète,
L'Architecte divin y repose les yeux,
Se sourit à soi-même et, du plus haut des cieux,
Souffle sur son ouvrage une vertu nouvelle
Qui, par la *force active*, agit et se révèle. 80
C'est l'âme, l'âme simple avec ses triples droits[3],
Qui végète, qui sent et raisonne à la fois.

---

(3) *Supra* ch. IV, v. 5 et note.

Et pour que mon discours te semble moins étrange,
Vois comme du soleil la chaleur se mélange
A l'humeur de la vigne et se transforme en vin.

» Sitôt que Lachésis vient à manquer de lin[4],
L'âme quitte la chair, emportant avec elle
Sa puissance divine et sa vertu mortelle[5].
Les sens restent muets : tout s'endort, excepté
Mémoire, intelligence et libre volonté, 90
Plus vives que jamais... O merveilleux problème !
L'âme va sans tarder et tombe d'elle-même
Sur l'un ou l'autre bord, conduite par l'instinct
Qui lui montre à la fois sa route et son destin.
Elle a touché le but où sa loi l'aiguillonne :
La *vertu formative* autour d'elle rayonne,
Comme elle rayonnait captive dans le corps ;
Et comme le rayon, qui nous vient du dehors,
Réfléchit ses couleurs dans l'air chargé de pluie :
Tel, aux formes du corps l'air ambiant se plie, 100
Quand l'âme, s'arrêtant et cherchant un appui,
Par sa propre vertu les imprime sur lui.
Cette forme nouvelle, à l'instar de la flamme
Qui suit le feu partout, partout s'attache à l'âme.
On appelle *Ombre* ici ce corps aérien :
C'est par lui que les sens ne nous refusent rien,
Par lui que l'âme voit, pleure, entend et soupire[6].
A lui seul nous devons de parler, de sourire,
Comme, en nous observant, frère, tu l'as pu voir.
Cette ombre réfléchit nos craintes, notre espoir, 110
Les regrets, les désirs dont l'âme se compose...
De ce qui t'étonnait, frère, telle est la cause. »

---

(4) Une des trois Parques.
(5) *Sic*, Milton, *Paradis perdu*. Mais il va plus loin et prête aux anges mêmes un appétit tel qu'Adam s'en étonne.
(6) .. ..Hinc metuunt, cupiuntque dolentque.   (*Énéide*, ch VI)
Probatur animas defunctorum sensibus suis non privari. (Le Maître des Sentences, lib. IV, distiq XLIV)

Il dit ; et, par la droite ayant longtemps marché,
Nous étions parvenus au septième péché.
Un autre soin alors s'empara de mon âme.
Là, du haut des rochers, roule un torrent de flamme
Que, loin de l'autre rive, un souffle surhumain
Refoule plus ardent au milieu du chemin.
Il fallut donc marcher sur le bord de la plinthe,
Un par un, escortés par une double crainte, 120
La flamme à gauche, à droite un abîme mortel.
Et mon ami disait : « Viens : ce chemin est tel
Qu'il faut serrer le frein aux yeux, quand on y passe.
Le péril s'agrandit où s'amoindrit l'espace. »

« *Summæ, summæ Deus clementiæ.* » Ce chant [7],
Sorti de la fournaise, en était plus touchant,
Et je me retournai, malgré l'avis de l'Ame.
J'aperçus des Esprits cheminant dans la flamme ;
Et je les escortais, sur moi-même et sur eux
Tournant à chaque pas et retournant mes yeux. 130
Après les derniers vers, pleins du deuil de leur faute :
« *Virum non cognosco* », disaient-ils à voix haute [8].
Puis ils recommençaient leur chant à demi-voix,
Et, l'hymne terminé, tous criaient à la fois :
« Diane a surpris dans l'ombre un homme et sa complice :
Elle a chassé du bois la trop coupable Hélice,
Pour avoir de Vénus goûté le doux poison. »
Tous alors, reprenant la pieuse oraison,
Ils disaient tour à tour les époux et les femmes
Dont le cœur fut brûlé d'une pudique flamme, 140
Comme le veut l'honneur, comme le veut l'hymen.
Ainsi font-ils, je crois, tout le long du chemin,

---

(7) Premières paroles d'un cantique qui se termine par ces mots : *Luxu remoto pessimo.*

(8) Paroles de la sainte Vierge à l'ange Gabriel (Evang. suivant saint Luc.)

Tant que du feu vengeur ils sentent les morsures.
C'est un baume divin qui guérit leurs blessures.

Texte 139
Traduction 144

CHANT XXVI.

ARGUMENT. — Les Luxurieux (*suite*). — Les poëtes contemporains.

Nous allions près du bord, l'un l'autre nous suivant,
Et mon guide attentif me répétait souvent :
« Prends garde! souviens-toi que la berge est étroite. »
Le soleil me frappait d'aplomb l'épaule droite,
Et, perçant de ses traits l'occident radieux,
Commençait à blanchir l'azur brillant des cieux [1] :
Plus rouges, sous mon ombre, étincelaient les flammes.
Je vis qu'un tel prodige inquiétait les Ames,
Et ce fut, pour plusieurs prises d'un saint émoi,
Comme un point de départ pour s'occuper de moi. 10
Elles s'entre-disaient : « C'est le vrai corps d'un frère. »
Quelques-unes, autant qu'elles pouvaient le faire,
De la place où j'étais s'approchèrent un peu,
Sans pourtant se soustraire aux morsures du feu :
« Toi qui vas le troisième et marchant à distance,
Peut-être par respect plus que par impuissance,
Réponds-moi : le désir brûle autant que le feu ;
Réponds-moi : tous ici forment le même vœu.
Le pécheur qui te prie et ceux pour qui je prêche
Ont plus soif de ta voix que l'Indien d'eau fraîche. 20

---

[1] Le poëte indique avec soin les divisions du jour en aube, aurore, midi, soir et nuit. (*Vide passim, hic*, ch. Ier, v. 21 et suiv ; ch. VIII, IX, XV, XIX, XXV, XXVII, etc.

Comment par le soleil n'es-tu pas pénétré ?
Aux filets de la Mort n'es-tu donc pas entré ? »

    Et moi j'allais répondre à cette Ame inconnue,
Quand un nouveau spectacle offert à notre vue,
Tint ma langue captive et mon esprit charmé.
Je vis, par le milieu du chemin enflammé,
Une tribu venir au-devant de la nôtre.
Je les vis toutes deux courir l'une vers l'autre,
Je les vis toutes deux, prêtes à se croiser,
Échanger en passant un fraternel baiser[2],   30
Heureuses toutes deux d'une trop courte joie.
Ainsi, quand deux fourmis se croisent dans la voie,
On les voit bec à bec, semblant s'interroger
Sur le chemin à suivre ou le grain à loger.
La pieuse accolade acceptée et rendue,
L'une des deux tribus, la dernière venue,
Avant de s'éloigner, répéta mille fois :
« O Sodome ! O Gomhor !... » L'autre, élévant la voix,
Criait : « Pasiphaé transformée en génisse,
De ses impurs désirs fit le taureau complice. »   40
Et comme les oiseaux qui, par instincts divers,
Redoutant le soleil ou fuyant les hivers,
S'envolent divisés en deux bandes semblables,
Les uns aux monts Riphés, les autres vers les sables[3] :
Telle une légion s'en va quand l'autre vient,
Et chacune retourne au chant qui la soutient,
Au pleur qui l'embellit, au cri qui la signale.

    Ceux qui m'avaient parlé d'une voix amicale
S'approchèrent encore, attentifs et tout prêts
A me bien écouter dès que je parlerais.   50

---

(2) Allusion à une coutume des premiers chrétiens. *In osculo sancto.*
(3) La Russie septentrionale et les sables du désert africain.

Touché déjà deux fois de tant de courtoisie,
Je leur tins ce discours : « Race heureuse et choisie
Pour goûter tôt ou tard la paix sur d'autres bords,
Je n'ai pas, jeune ou vieux, laissé là-bas mon corps.
Il chemine avec moi parmi les Ombres vaines,
Avec son sang, sa chair, ses fibres et ses veines.
Je vais d'ici là-haut pour dessiller mes yeux.
Une Dame est au ciel, dont l'appui glorieux
Me dirige vivant à travers votre monde.
Dites, et qu'à vos vœux bientôt le ciel réponde !   60
Et puisse-t-il bientôt, frères, ouvrir pour vous
Ce sein rempli d'amour et le plus grand de tous !
Dites, pour qu'en mes vers vous preniez votre place,
Vos noms, votre patrie et quelle est cette race
Qui, vous tournant le dos, échappe à mon regard ? »

  Tel se montre à nos yeux le rude montagnard,
Quand, du haut des rochers qui lui servent d'asile,
Pour la première fois il descend vers la ville.
Il admire, ébahi, muet d'étonnement :
Telle m'apparaissait chaque Ombre en ce moment.   70
Mais, secouant bientôt cette surprise vaine
Dont un cœur élevé brise aisément la chaîne,
Mon interlocuteur me dit : « Béni des cieux
Celui qui nous aborde et qui, pour vivre mieux,
Emmène son vaisseau chargé d'expérience !
Ceux qui s'en vont là-bas ont sur la conscience
Le péché pour lequel César, dieu des combats,
Fut un jour appelé *reine* par ses soldats [4].
Ils marchent, s'accusant par ce cri de *Sodome*
Qui t'a déjà frappé dans ce triste royaume :   80
La honte vient en aide au supplice du feu.
Frère, notre péché du leur diffère un peu :

---

(4) *Nicomedus subegit Cæsarem* (Suétone, ch. XLVII).

Il fut hermaphrodite à force de luxure.
Pour avoir méconnu les lois de la nature
Et suivi nos instincts comme les animaux,
Nous ajoutons l'opprobre en surcroît à nos maux ;
Nous citons, par horreur d'une effroyable chute,
Celle qui s'abrutit dans la peau d'une brute.
Donc, tu sais quel péché nous a fait tomber tous.
Je ne puis te nommer, frère, chacun de nous : 90
Trop court serait le temps pour une moindre tâche.
De mille noms pourtant qu'un seul nom se détache!
Guido Guinicelli, parmi vous, fut le mien.
Si je me lave ici, c'est que, mort en chrétien [5],
J'avais versé sur moi plus d'une larme amère. »

Tels deux fils se jetaient au-devant de leur mère,
Quand Lycurgue irrrité préparait son trépas [6] :
Tel, mais d'un peu plus loin, moi je tendis les bras,
En entendant nommer mon père par lui-même,
Lui, le meilleur poëte entre tous ceux que j'aime, 100
Lui, qu'en ses chants d'amour nul ne sut égaler.
Longtemps sans rien entendre et longtemps sans parler,
Je m'en allais pensif, admirant la belle Ame,
Mais n'osant m'approcher à cause de la flamme.

Quand j'eus de son aspect rassasié mes yeux,
J'offris de le servir sur terre et dans les cieux...
J'avais, en promettant, cet accent qui fait croire.
Et lui : « Ce que j'entends reste dans ma mémoire,
Si clair et si profond, que par l'eau du Léthé
Un si doux souvenir ne saurait m'être ôté. 110
Mais dis : si tes serments n'ont pas été frivoles,
Pourquoi dans tes regards, pourquoi dans tes paroles

---

(5) Si je ne suis pas en enfer, dans le septième cercle. (*Enfer*, ch. XIV et *supra*, ch. XI, v. 91 et note 5.)

(6) Au-devant d'Hypsipyle, fille de Toas, captive de Lycurgue, roi de Némée. (V. ch. XXII, v. 111.)

Laisses-tu donc percer tant de signes d'amour?
— Guido, j'aime vos vers, m'écriai-je à mon tour.
Tant que le nouveau rhythme au soleil aura place [7],
J'aimerai jusqu'à l'encre, ô Guido, qui les trace.
— Celui que je te montre avec mon doigt, là-bas
(Et vers un autre Esprit il étendait son bras) [8]
Mania mieux que moi la langue maternelle.
Oui, sa prose et ses vers sont d'une douceur telle, 120
Qu'en prose comme en vers il nous surpasse tous.
D'autres donnent la palme au chantre de Limoux [9] :
Laisse dire les sots : pour plaire à la sottise,
C'est peu que d'être grand, c'est beaucoup qu'on le dise.
Ses jugements sans règle et jetés au hasard
Devancent la raison et se moquent de l'art.
Nos anciens pour Guitton ont ainsi fait, mon frère :
A force de vanter sa gloire, ils l'ont su faire,
Jusqu'au jour où le Vrai, levant son sceptre d'or,
A brisé cette idole et bien d'autres encor. 130
Maintenant, si tel est, frère, ton privilége,
Que tu puisses monter jusqu'au sacré collége
Qui reconnaît pour chef Notre-Seigneur Jésus,
Fais dire en ma faveur, par quelqu'un des Élus,
Les strophes du *Pater* qu'avec fruit on peut dire [10]
Pour nous, sur qui le mal n'exerce plus d'empire. »

Puis, comme s'il cédait le pas à son voisin,
Et semblable au poisson qui fuit dans un bassin,
Celui qui me parlait disparut dans la flamme.
J'approchai de la place où je voyais l'autre Ame : 140
Je jurai qu'à son nom grand comme son bonheur,
Mon souvenir gardait une place d'honneur.

---

(7) Le vers en langue moderne (V. *Vie de Dante*, *Enfer*, ch. 1er, v. 90, *supra*, ch. XI, v. 91 et note 5, ch. XXIV, v. 55 et suiv.)

(8) Daniel Arnault, poëte provençal. (V. vers 140 et suiv.)

(9) Guitton d'Arezzo. (V. ch. XXIV, v. 58.)

(10) V. ch. XI, v. 20 et 21 et note.

L'Esprit me répondit avec un franc sourire [11] :
  « Ie non puesc ne vueill a vos cobrire,
Tan m'abellis vostre cortes deman !
Je sui Arnaut che plor et vai cantan
Con si tost vei la passada folor :
E vei iauzen lo iorn que esper, denan.
  Sovengaus a temps de ma dolor
  A raus prec per aquella valor   150
Que vos guida al som de la scaline [12]. »
Puis il chercha la flamme où l'âme se raffine.

---

(11) Petrarque a classé tous ces poetes. « *Tra tutti il* PRIMO *Arnaldo Daniello, gran maestro d'amor..... Guitton d'Arezzo, che di non esser primo par ch'ira aggia..... Ecco Dante e Beatrice.* (Dante à peine nommé !) (*Trionfo d'amor.*)

(12) « Je ne puis ni ne veux vous cacher mon nom, tant votre courtoise prière m'a charmé. Je suis Arnault qui vais chantant et pleurant mes fautes passées. J'entrevois le jour que j'espère. Souvenez-vous à temps de ma douleur je vous en prie, par cette puissance qui vous guide au sommet de l'echelle

Texte 148
Traduction 152

CHANT XXVII.

ARGUMENT. — Dante soumis à l'épreuve du feu. — Le Paradis terrestre. — Adieux de Virgile.

Et déjà c'était l'heure où le soleil naissant
Brille aux lieux que le Christ a rougis de son sang,
L'heure où l'Indus prend feu sous les traits qu'il lui lance,
L'heure où l'Èbre endormi coule sous la Balance,
L'heure où l'éclat du jour s'éteignait dans ce lieu
Où je vis resplendir un bel ange de Dieu.
En dehors du brasier, debout au pied des roches,
Il chantait : « *Heureux ceux dont l'âme est sans reproches!* »
Mais d'un accent plus doux et plus vif à la fois
Que ne sont ici-bas nos plus brillantes voix.   10
« On ne va pas plus loin, dit-il, ô saintes Ames,
Sans d'abord se soumettre aux morsures des flammes.
Entrez, l'oreille ouverte à d'autres chants plus doux. »

Comme il disait ces mots, l'ange était près de nous.
Je me sentis pâlir, trembler, rien qu'à l'entendre,
Comme si dans ma fosse il m'eût dit de descendre.
Je joignais, je tendais mes suppliantes mains,
Je regardais le feu, songeant aux corps humains
Que j'avais vu brûler par arrêt de justice,
Et dont le souvenir commençait mon supplice.   20

---

(1) V. ch. XXVI, v. 6 et note.

Mes deux guides émus se tournèrent vers moi,
Et Virgile me dit : « Mon fils, rassure-toi :
On peut souffrir ici, mais non mourir... Courage !
Souviens-toi... Ton salut fut déjà mon ouvrage.
Si, Géryon aidant, je t'ai sauvé là-bas [2],
Ici, plus près de Dieu, que ne ferais-je pas ?
Tu resterais mille ans dans ce feu qui t'arrête,
Sans qu'il tombât, mon fils, un cheveu de ta tête..
Tiens cela pour certain. Si du doutes de moi,
A toi-même peut-être au moins auras-tu foi. 30
Livre donc à la flamme un lambeau de ta toge :
Laisse, laisse la peur : reste digne d'éloge...
Tourne-toi vers le feu, viens et ne tremble pas. »

Sourd au cri de mon cœur, je n'osais faire un pas.
Quand Virgile me vit si rebelle et si ferme,
Il parut se troubler et dit : « Si près du terme !...
Quand Béatrix est là, derrière ce rempart !... »

Tel, au nom de Thisbé, ranimant son regard,
Pyrame presque mort tourna les yeux vers elle,
Quand le beau mûrier blanc prit sa couleur nouvelle : 40
Tel je sentis ma foi plus forte que ma peur,
En entendant le nom qui fait battre mon cœur,
Et je me retournai vers le sage poëte...
« Comment ! s'écria-t-il en secouant la tête,
Voulons-nous rester là, mon fils ?... » Puis il sourit,
Comme on fait à l'enfant vaincu par un beau fruit.
Ensuite, et devant moi, se mettant dans la flamme,
En arrière il plaça la pieuse et belle Ame [3]
Qui toujours jusque-là se tenait entre nous.

Quand je fus dans le feu, j'eusse trouvé plus doux 50

---

(2) V. *Enfer*, ch. XVI.
(3) Stace.

Un bain d'huile bouillante ou de verre liquide.
Pour me réconforter, en marchant, mon bon guide
Parlait de Béatrix en termes gracieux,
Disant : « Je crois déjà voir l'azur de ses yeux. »

Une voix devant nous, mais en dehors des flammes,
Chantait. Guidés par elle enfin nous arrivâmes,
Et sortîmes tous trois au pied du haut lambris,
Et ces mots : « *Venite, benedicti Patris* »,
Jaillirent près de là d'un foyer de lumière
Si vive que je dus abaisser ma paupière : 60
« Le jour fuit, la nuit vient, nous disait-elle encor ;
Ne vous arrêtez pas et prenez votre essor,
Avant qu'à l'occident l'horizon s'obscurcisse. »

Le sentier dans le roc s'élevait droit et lisse,
Tellement dirigé qu'au-devant de mes pas
J'arrêtais les rayons du soleil déjà las.
Nous avions peu gravi quand, avec les deux Ames,
A mon ombre effacée aisément nous jugeâmes
Qu'enfin couché pour nous l'astre nous échappait.
Avant que, dans un seul et monotone aspect, 70
Notre immense horizon fût devenu plus sombre
Et que la nuit partout eût déployé son ombre,
Chacun sur les degrés s'arrangea de son mieux.
Il fallait s'arrêter : la nature des lieux,
Nous laissant le désir, nous ôtait la puissance.
Telles sans frein ni lois avant la dépaissance,
Les chèvres, quand vient l'heure où le ciel est en feu,
A l'ombre, en ruminant, se reposent un peu,
Pendant que le berger, courbé sur sa houlette,
Ouvre, en sommeillant même, un œil qui toujours guette; 80
Tel encor, dans les champs, parqué pendant la nuit,
Le pâtre rôde autour du troupeau qu'il conduit,
Écoutant, regardant si quelque loup s'approche :
Tels nous voilà tous trois, étendus sur la roche

Qui nous tenait serrés entre les deux hauteurs,
Moi semblable à la chèvre, eux comme les pasteurs.

  Ma vue était gênée à travers de tels voiles ;
Mais si peu que je vis, le monde des étoiles
Me parut bien plus grand, bien plus brillant qu'ici.
Tout en les admirant, tout en rêvant ainsi,   90
Le sommeil me surprit, sommeil plein de mystère[1],
Qui prédit quelquefois l'avenir à la terre.
A l'heure, je suppose, où le mont des Élus
Voit poindre à l'orient l'étoile de Vénus
Que l'amour semble encore embraser de sa flamme,
Jeune, belle, à mes yeux apparut une femme
Dans un de ces grands prés d'où l'œil au loin s'étend.
Elle cueillait des fleurs et disait en chantant :
« Je suis Lia : qui veut mon nom me le demande[5] !
De mes deux belles mains je tresse ma guirlande, 100
Cueillant deçà, delà mille fleurs ; sans m'asseoir
Et contente de moi, je souris au miroir.
Ma sœur Rachel jamais du sien ne se détache.
Assise tout le jour elle n'a d'autre tâche
Que d'admirer le ciel dans l'azur de ses yeux.
Me parer de mes mains en courant me plaît mieux.
J'agis : elle contemple. »
                     Alors que la nuit pâle
Cédait de tous côtés à ces lueurs d'opale
Douces au pèlerin, quand de loin il revoit
L'azur de son clocher, le chaume de son toit,   110
Avec l'ombre s'enfuit mon sommeil et mon rêve.
Les deux maîtres debout faisaient honte à l'élève...

---

(4) Encore le sommeil du matin ! (*Enfer*, ch. XXVI, *supra*, ch. III et *passim*.) (Troisième aurore depuis notre entrée dans l'île, mardi 8 avril 1300.)

(5) Fille de Laban, figure de la vie militante ; sœur de Rachel, symbole de la vie contemplative. Le miroir, c'est Dieu. Mais, d'après le Deutéronome, Lia était laide et *avait les yeux chassieux*. (*Vide infra*, ch. XXVIII, v. 43, Mathilde.)

Je me levai; Virgile alors me dit ces mots :
« Ce fruit mystérieux que par tant de rameaux [6]
L'homme s'en va cherchant dans ce monde qu'il aime,
Apaisera ta faim, mon fils, aujourd'hui même. »

Dits par lui, dits pour moi, ces deux mots valaient mieux
Que le don le plus riche et le plus précieux.
Le désir que j'avais des rives éternelles
S'accrut d'un tel désir que je sentais mes ailes   120
Grandir à chaque pas pour alléger mon vol.
Quand nous eûmes quitté le rocher pour le sol [7],
Et que l'échelle entière eut été parcourue,
L'Ombre me dit encor, fixant sur moi la vue :
« Je t'ai fait voir, mon fils, avant d'entrer au ciel,
Et l'éternelle flamme et le feu temporel [8];
Mais te voilà venu dans une haute sphère,
Où par moi je ne puis ni rien voir ni rien faire.
Ici je t'ai conduit avec art et bonté :
Ici ne prends conseil que de ta volonté.   130
Plus de chemins ardus! plus de frein qui t'arrête!
Vois là-haut ce soleil qui brille sur ta tête,
Vois ces arbres, ces fleurs, ce gazon doux et fin
Que la terre produit d'elle-même et sans fin.
Tu peux marcher, t'asseoir, au gré de ton caprice,
Jusqu'à l'heure où viendra la sainte Protectrice
Dont les yeux en pleurant m'ont fait venir à toi.
N'attends plus un seul mot, plus un signe de moi.
Captive jusqu'ici dans sa prison étroite,
Désormais ta pensée est libre, saine et droite,   140
Et ce serait faillir que d'entraver ses vœux.
Fais donc ce que tu dois, faisant ce que tu veux.

---

(6) Le vrai : la science de Dieu figurée par Béatrix (Ch XXIX.)
(7) L'escalier de granit, pour le plateau suprême qui fut le paradis terrestre.
(8) Les feux de l'enfer et du purgatoire.

Pour dominer toi-même et ce qui t'environne,
Je pose sur ton front la mitre et la couronne [9]...

---

[9] Pour figurer la puissance illimitée (temporelle et spirituelle).

Texte   142
Traduction   144

CHANT XXVIII.

ARGUMENT. — Le Paradis terrestre (*suite*). — Le Léthé. — Mathilde.

Oh! comme il me tardait de prendre un libre essor
Dans la forêt divine, où le jour, pâle encor,
Éclairait doucement gazons, fleurs et feuillage!
Donc, sans perdre un moment, je délaissai la plage
Et marchai pas à pas dans les prés toujours verts,
D'où s'exhalent sans fin mille parfums divers.
Un vent harmonieux que jamais rien ne change [1],
Qui d'éléments impurs jamais ne se mélange,
Me frappait droit au front, si léger que les coups
Du plus léger zéphyr eussent été moins doux.   10
Les feuilles, frémissant sous sa suave haleine,
Mollement s'inclinaient du côté de la plaine,
Où la sainte montagne ainsi chaque matin,
Jette sa première ombre à l'horizon lointain [2].
Mais ce souffle est si doux, si doux est son murmure,
Que les petits oiseaux, cachés dans la ramure,
N'en exercent pas moins leur art aimé des cieux.
Ils saluaient le jour de mille accords joyeux,
A travers les rameaux dont le murmure antique
Formait comme la basse à ce brillant cantique.   20

---

[1] Imité par Milton :
    Vernal airs breathing.
[2] Le souffle vient de l'orient et penche les rameaux du côté du couchant.

Aux rives de Chiassé, tel se recueille et court[3],
A travers les grands pins, un bruissement sourd,
Quand de l'antre d'Éole, à travers bois et plaine,
Le fougueux Sirocco tout à coup se déchaîne.

Dans l'antique forêt nous avions pénétré,
Assez pour ne plus voir par où j'étais entré,
Bien que j'eusse marché d'un pas lent et paisible ;
Mais faire un pas de plus devenait impossible,
Car voilà qu'un ruisseau vers ma gauche descend,
Qui de ses petits flots fait ployer, en passant,   30
L'herbe qui naît et croît sur sa rive féconde.
Le plus pur des beaux lacs que l'on vante en ce monde
Semblerait trouble encor près de ce beau miroir
Qui, jusqu'au fond des eaux nous permet de tout voir,
Pendant qu'elles s'en vont, s'écoulant sombres, sombres,
Sous l'éternel abri de ces paisibles ombres
Que nul astre jamais ne perça de son dard.
Arrêté par les pieds, je franchis du regard
La barrière, admirant en extase muette
Tous ces beaux *mais* plantés pour l'éternelle fête.   40
Soudain, comme l'aspect d'un objet merveilleux
Qui de tout autre objet détournerait nos yeux,
Une femme à ma vue apparut solitaire[4],
Qui s'en allait chantant et prenant à la terre,
Comme un brillant tapis étendu sous ses pas,
Des fleurs, puis d'autres fleurs qu'elle n'épuisait pas.

« O Beauté que l'amour échauffe de sa flamme
(S'il est vrai que les yeux soient le miroir de l'âme)[5],
Daigne combler mes vœux, lui dis-je en m'approchant,
Et qu'il me soit permis d'entendre mieux ton chant !   50

---

(3) Forêt de pins, près de Ravenne.
(4) La célèbre comtesse Mathilde, qui avait laissé de grands biens à l'Église.
(5) V. ch XXI, v 113.

A voir tant de fraîcheur et de grâce divine,
Je me suis rappelé la jeune Proserpine⁶,
Alors qu'on enlevait, sans pitié pour ses pleurs,
Une fille à sa mère, une vierge à ses fleurs. »

Ainsi, croisant ses pieds, sur soi-même, en cadence,
Tourne, sans faire un pas, une dame qui danse :
Telle, pour satisfaire à ma pieuse ardeur,
Les yeux modestement voilés par la pudeur,
Elle se retourna, faisant ployer à peine
Ces fleurs d'azur et d'or dont la forêt est pleine⁷.   60
Et je la vis venir à moi, si près des bords,
Que j'entendais sa voix dans ses moindres accords.
Parvenue à la rive où l'herbe est arrosée
Par le flot qui lui verse une douce rosée,
Elle me fit le don de lever ses beaux yeux.
Un éclair dut jaillir, moins doux, moins radieux
Sous les cils de Vénus, quand son fils l'eut frappée,
L'imprudent! d'une flèche à son arc échappée⁸.
Là, sur la rive droite, et fleur parmi les fleurs,
Elle allait souriant, moissonnant les couleurs,   70
Que la terre là-haut fait germer sans semence.
Trois pas nous séparaient... trois pas, espace immense!
L'Hellespont où Xercès se frayait un chemin
Et qui refrène encor l'orgueil du genre humain,
Parut moins odieux à l'amoureux Léandre,
Quand d'Abyde à Sestos il aimait à se rendre,
Que ne le fut pour moi ce rempart de trois pas
Qui ne me cachait rien, mais qui ne s'ouvrait pas.

« Vous arrivez, dit-elle, et me blâmez peut-être
De rire en un lieu saint dont le souverain Maître   80

---

(6) Fille de Cérès, enlevée par Pluton, dans une plaine de Sicile.
(7)   Illa vel intactæ segetis per summa volabat.   (*Énéide*, ch. VII.)
(8)   Inscius extanti perstrinxit arundine pectus.   (Ovide, *Métam.*, liv XI.

Fit le berceau d'un monde, hélas! bien perverti.
Lisez, pour m'excuser, le chant *Delectasti*[9].
Toi qui vas en avant, toi qui m'as dit : « *Arrête!* »
Veux-tu m'entendre encor? Dis-le-moi, je suis prête
A toute question ; je t'écoute et j'atttends.

— Ce ruisseau que je vois, ce bruit sourd que j'entends,
Combattent une foi nouvelle que m'a faite[10]
Un doux enseignement, avant d'atteindre au faîte.
— De tout ce qui t'étonne et te tient en émoi,
Frère, je te dirai le *comment*, le *pourquoi* ;   90
Par moi tu verras clair dans cet obscur problème.

» Le vrai Bien, qui là-haut seul se plaît en soi-même,
Créa l'homme apte au bien et lui donna ce lieu
Comme arrhes d'un bonheur éternel comme Dieu.
Mais le pécheur resta bien peu dans l'arche sainte[11].
Il changea par sa faute en pleurs amers, en plainte,
Et l'honnête sourire et les chastes ébats.
Pour soustraire sa race à ces troubles d'en bas,
A ces exhalaisons des eaux et de la terre,
Qui suivent à l'envi la chaleur délétère,   100
Dieu fit monter bien haut notre mont tant aimé,
Libre à partir du cercle où le seuil est fermé[12].
Maintenant, comme l'air, en tournant dans le vide,
Suit l'élan primitif qu'il reçut de son guide,
A moins que dans son cours il ne soit arrêté,
Sur ces libres hauteurs il souffle en liberté.
La forêt retentit parce qu'elle est touffue.
Chaque plante qu'il frappe en passant est pourvue[13]

---

(9) *Delectasti me, Domine, in factura tua* (David, ps. iv).
(10) V ch. XXI, v. 34 et suiv.
(11) Treize heures seulement. (V. *Paradis*, ch XXVI *in fine* et note.)
(12) *Supra* v. 86 et note.
(13) Imité par Ronsard :
    Là sont par la nature encloses, etc.

De certaines vertus dont il reste imprégné
Et qu'il sème au hasard dans un monde éloigné. 110
Votre terre, suivant son climat, sa nature,
Des germes dans son sein déposés se sature ;
Puis, au terme, elle enfante et met au jour des fruits,
Divers comme les grains qui les ont reproduits.
Pourquoi donc t'étonner que l'autre monde enferme
Des fruits dont nul ne semble avoir semé le germe ?
Sache que le jardin où tu viens de monter,
De tout ce qui se sème est pourvu, sans compter
Le fruit dont la semence ailleurs resterait vaine.
L'eau qui coule à tes pieds ne sort pas d'une veine 120
Où les vapeurs de l'air s'amassent par le froid,
Et qui, suivant le temps, se tarit ou s'accroît :
Elle vient d'une source immuable, éternelle,
Que le vouloir de Dieu sans cesse renouvelle,
Et qui s'échappe au loin en deux ruisseaux divers.
Celui qui vient à nous sous ces ombrages verts,
Des pechés expiés efface la mémoire ;
L'autre rappelle au cœur toute œuvre méritoire.
Le Lethé, le voici ; plus loin est l'Eunoé [14],
Qui serait sans vertu si les fils de Noé 130
Ne se désaltéraient d'abord sur ce rivage.....
Tout breuvage est amer après un tel breuvage.

» Bien qu'à tes questions j'aie assez répondu
Pour payer largement tout ce qui t'était dû,
Je veux bien par faveur ajouter quelque chose.
Mes discours n'auront pas moins de prix, je suppose,
Pour être allés plus loin que je n'avais promis.
De sublimes rêveurs, sur le Pinde endormis,
En chantant l'âge d'or ont pu, sans le connaître,
Rêver ce doux royaume et l'entrevoir peut-être. 140

---

(14) De deux mots grecs qui signifient *bon souvenir*.

Là vécut innocent le père des humains ;
Là, toujours le printemps !... là, toujours sous les mains [15]
Des fruits mûrs, et toujours, pour d'éternelles fêtes,
Ce nectar si souvent chanté par vos poëtes ! »

A ces mots j'observai mes deux nobles amis :
Ils riaient doucement du charitable avis
Que peuvent s'appliquer ceux qu'Apollon enflamme...
Je reportai mes yeux sur l'adorable femme.

---

(15) *Saturnia regna.....*
        Ver erat æternum, placidique tepentibus auris
        Mulcebant zephyri natos sine semine flores   (Ovid.)

Texte   148
Tarduction   148

CHANT XXIX.

ARGUMENT. — Le Paradis terrestre (*suite*). — Le cortége de Béatrix.

D'un accent plein d'amour la madone chanta :
« *O beati quorum tecta sunt peccata!* »
Et comme, dans leurs jeux, les nymphes du bocage
S'en vont, l'une évitant, l'autre cherchant l'ombrage,
Elle suivait l'eau sainte en remontant son cours ;
Lentement, mais de près, je la suivais toujours.
A peine de cent pas j'étais séparé d'Elle,
Quand l'eau, se détournant, prit une marche telle
Qu'en côtoyant le bord j'allais droit au levant.
Nous avions fait ainsi quelques pas en avant,   10
Quand, se tournant vers nous, elle me dit : « Prends garde !
Le moment est venu, frère : écoute et regarde. »

Voilà qu'une clarté, tout à coup, comme un trait [1],
Perça de tous côtés la profonde forêt :
On eût dit un éclair, si, dans l'ombre enflammée,
Elle se fût éteinte aussitôt qu'allumée ;
Mais comme elle durait plus grande à chaque pas :
« D'où viennent ces rayons ? » me disais-je tout bas,
Et dans l'air lumineux courait une harmonie
Si douce que, contre Ève et son mauvais génie   20

---

[1] Ici commence, dans le genre apocalyptique, une description admirable qui ne finira qu'avec le poëme du *Purgatoire*.

Me laissant emporter par un zèle pieux :
« Quoi ! quand tout obéit sur terre et dans les cieux,
La femme seule, hélas ! la femme à peine née,
Veut briser le seul nœud qui la tienne enchaînée !
Que n'est-elle restée humble et soumise à Dieu !
J'aurais, heureux mortel, goûté dans ce saint lieu,
Plus tôt et plus longtemps, d'ineffables délices. »

Et pendant qu'à travers de si douces prémices,
Enivré de bonheur, mais non pas sans désirs,
J'entrevoyais au loin les éternels plaisirs, 30
Voilà que tout à coup, sous la voûte agrandie,
L'air parut s'embraser d'un immense incendie ;
Et le divin concert, se rapprochant de nous,
Semblait, mieux entendu, former des sons plus doux.
O filles d'Apollon fécondes en merveilles !
Si j'ai souffert pour vous la faim, le froid, les veilles,
Le moment est venu de m'octroyer un don :
Faites que je m'abreuve aux sources d'Hélicon !
Qu'Uranie et ses sœurs, vers le ciel élancées,
M'aident à mettre en vers de sublimes pensées ! » 40

Trompé par la distance où nous étions encor,
Je crus voir devant moi briller sept arbres d'or ;
Mais quand je fus plus près de l'admirable phare,
Quand l'aspect général, où l'œil de loin s'égare,
M'eut permis, moins confus, de voir plus clairement,
La vertu qui conduit l'âme au raisonnement
M'apprit que sept flambeaux marchaient sous le portique
Et que les voix chantaient l'*Hosannah* du cantique.
Les candélabres d'or faisaient flamboyer l'air,
Plus que la blanche lune au milieu d'un ciel clair, 50
Quand, dans la pleine nuit, plein est son doux visage.
Moi je me retournai, tout saisi, vers le sage ;
Et si, comme toujours, ses yeux étaient sans peur,
Comme les miens du moins ils peignaient la stupeur.

Puis je me reportai vers les torches brûlantes
Qui de notre côté s'avançaient, mais plus lentes
Que la nouvelle épouse approchant de l'autel.
La Dame s'écria : « Ton regard, ô mortel,
A ces vives clartés va-t-il brûler ses ailes ?
Que ne regardes-tu ce qui vient après elles ? » 60
Et, comme on suit un chef, le cortége, à pas lents,
Suivait les sept flambeaux, dans de longs voiles blancs...
Rien n'égale ici-bas la blancheur de ces voiles.

A gauche l'eau brillait comme un ciel plein d'étoiles,
Et du côté du cœur me permettait de voir
Mon profil réfléchi comme dans un miroir.
Quand j'eus assez marché pour que nul autre obstacle
Ne me tînt séparé du merveilleux spectacle,
Je fis trêve à mes pas pour mieux voir, et je vis
Les flammes s'avancer sous les sacrés parvis, 70
Laissant sur le chemin des sillons de lumières
Que le vent déployait en flottantes bannières.
Dans leurs plis ondoyants, ces divines lueurs
Faisaient distinctement briller les sept couleurs
Dont Phœbus fait son arc et Phœbé sa ceinture.
Loin, bien loin s'effaçait la brillante peinture.
D'une couleur à l'autre on eût compté dix pas [2].

Sous ce pavois décrit trop faiblement, hélas !
Vingt-quatre beaux vieillards formaient un long cortége [3] :
Deux à deux, couronnés de lis blancs comme neige, 80
Tous ils chantaient en chœur ces mots de Gabriel [4] :
« Bénis soient à jamais tes attraits dans le ciel,
O Vierge ! sois bénie entre les filles d'Ève. »

Quand, en face de moi, le long de l'autre grève,

---

(2) Peut-être les dix commandements de Dieu. — Les sept couleurs seraient les sept sacrements ou les sept dons du Saint-Esprit.
(3) Les vingt-quatre livres de l'ancien Testament, ou les rois et les prophètes venus avant le Christ.
(4) *Ave, Maria,* etc.

Le gazon et les fleurs ne furent plus foulés
Par le flot des Élus lentement écoulés,
Soudain, comme dans l'air l'étoile suit l'étoile,
D'un mystère nouveau se déchira le voile.
Derrière les vieillards je vis quatre animaux [5]
Qui marchaient couronnés de verdoyants rameaux. 90
De leurs flancs veloutés partaient six grandes ailes,
Toutes couvertes d'yeux aux mobiles prunelles
Qui me firent penser au vigilant Argus.
Pour les peindre, lecteur, je ne dis rien de plus :
Je ne puis sur un chant m'étendre davantage :
D'autres chants de mes vers exigent le partage :
Mais lis Ezéchiel qui les a peints d'abord,
Tels qu'il les vit venir des régions du nord,
Avec le vent, l'éclair, la foudre et les nuées :
Tels je les vis dressant leurs ailes déployées, 100
Six ailes (sur ce point, j'en atteste le ciel,
C'est saint Jean qu'il faut croire et non Ezéchiel [6]).
Au milieu d'eux venait, sur une double roue,
Un grand char triomphal, attelé par la proue :
Un Griffon le traînait ; ses ailes, au fond bleu,
Entre les sept couleurs passaient par le milieu,
Sans en blesser aucune, et si loin étendues
Que leurs extrémités ne pouvaient être vues.
L'Aigle était tout en or ; sa croupe de lion,
Plus blanche qu'un beau lis mêlé de vermillon. 110
Moins beaux furent les chars des héros que l'on nomme
Auguste ou Scipion, triomphateurs de Rome ;
Moins beau même le char monté par Phaéton,
Et qui, mal dirigé, fut foudroyé, dit-on,
Quand Jupiter, cédant aux vœux de notre race,
Fut secrètement juste en ne faisant pas grâce.

---

(5) Symbole des quatre évangélistes.
(6) Saint Jean, l'auteur de *l'Apocalypse.* « *Habebant senas alas.* » Le grand char, l'Eglise. Les deux roues, les deux Testaments. Le Griffon, Jesus-Christ, homme et Dieu. Les trois Dames, la Foi, l'Espérance et la Charité. Le brillant quatuor, les quatre vertus cardinales.

Trois Dames, qui dansaient à la droite du char,
Par leur étrange aspect fixèrent mon regard :
L'une avait la rougeur d'un rubis : dans la flamme,
On n'eût pas distingué l'éblouissante Dame. 120
La seconde semblait avoir pris, en naissant,
D'une pure émeraude et sa chair et son sang.
La troisième brillait plus blanche que la neige,
Quand, loin du sol impur, l'air encor la protége.
Parfois c'était la Blanche et la Rouge parfois
Qui conduisait le char aux accords de sa voix,
Dans un cercle sans fin l'une à l'autre enchaînées,
Tour à tour entraînant, tour à tour entraînées.
A la gauche du char, un brillant quatuor
Formait un autre chœur vêtu de pourpre et d'or. 130
Toujours prête à donner la note, la première,
Par trois yeux, recevait et rendait la lumière[7].

A la suite du char et des saintes *Vertus*,
S'avançaient deux vieillards diversement vêtus[8],
Égaux par cet air grave où la sagesse éclate.
L'un d'eux semblait un fils de ce grand Hippocrate
Que jadis la nature a revêtu de chairs,
Pour ceux de ses enfants qui lui sont les plus chers.
L'autre, bien différent, brandissait une lame
Aiguë, et d'où sortaient de tels rayons de flamme 140
Que j'eus peur... Le ruisseau ne me rassurait pas.
Derrière eux, à leur tour, l'air humble, le front bas,
Quatre autres s'avançaient dans le chemin de l'arche[9] :
Un grand vieillard enfin semblait fermer la marche,
Seul, paraissant rêver, les yeux clos à demi;
Mais son esprit veillait dans son corps endormi[10].

---

[7] La Prudence ayant vue sur le passé, le présent et l'avenir.
[8] Saint Luc, médecin et saint Paul, soldat de la foi.
[9] Jacques, Pierre, Simon et Jude, apôtres.
[10] Jean l'Apocalyptique.

Ils étaient sept en tout, formant le second groupe,
Pareils par le costume à la première troupe ;
Seulement, pour couronne, au lieu de fleurs de lis,
Des fleurs d'un rouge ardent ornaient leurs fronts pâlis[11] ; 150
On eût dit, à les voir de loin entre les branches,
Qu'un grand cercle de feu ceignait leurs têtes blanches.

Quand le char fut venu juste en face de moi,
La foudre retentit : le cortége en émoi
Sembla ne pouvoir plus faire un pas. A ce signe,
Tout s'arrêta d'un bout à l'autre de la ligne.

---

(11) Signes du martyre

Texte . 154
Traduction 156

CHANT XXX.

ARGUMENT. — *Suite.* — **Le char de Béatrix. La disparition de Virgile.** — **Les reproches de Béatrix.**

J'avais vu s'arrêter le guide universel,
L'ardent Septentrion qui brille au premier ciel[1].
Astre sans orient ni couchant, que nos fautes
Peuvent seules voiler dans des sphères si hautes :
Il guidait au devoir le chœur des Bienheureux,
Comme l'Ourse, ici-bas, éclaire de ses feux
Le port où l'on conduit nos fiers palais de planches[2].
Je vis au même instant les saints aux barbes blanches,
Qui suivaient le fanal, priant avec ferveur,
Se tourner vers le char comme vers un sauveur. 10
L'un d'eux, qui me parut l'envoyé de Dieu même,
Modulant un accord d'une douceur suprême,
Chanta : « *Veni, sponsa, de Libano* », trois fois[3],
Et le chœur des vieillards répondit à sa voix.
Tels les Élus, un jour, aux sons de la trompette,
Du fond de leurs tombeaux relèveront la tête,

---

(1) Le chandelier aux sept branches, le flambeau de l'Église,
(2) La Grande-Ourse composée de sept étoiles, guide des navigateurs avant l'invention de la boussole.
(3) Le *Cantique des cantiques* de Salomon.

Et reprendront la voix pour dire *Alleluia ;*
Ainsi du fond du char que Dieu leur confia,
Les divins messagers de l'éternelle vie,
Se lèvent par centaine au cri qui les convie, 20
Et tous : « *Benedictus,* disaient-ils, *qui venis*[4]. »
Puis : « *Manibus date jam lilia plenis.* »
Et pour qu'au même instant la loi fût accomplie,
Mille fleurs, de leurs mains, tombaient comme une pluie.

J'ai vu notre orient légèrement rosé,
Quand l'aurore se lève, et quand, à l'opposé,
Dans un limpide azur pâlissent les étoiles ;
J'ai vu le blond soleil sourire, sous les voiles
Que jette le matin sur ses traits éclatants ;
Mes faibles yeux alors l'ont pu fixer longtemps : 30
Tel, du milieu des fleurs qui, de la main des anges,
Montaient pour redescendre en gracieux mélanges
Parmi les fleurs du char et les fleurs du sentier,
Sous un long voile blanc couronné d'olivier,
Sous sa mante aux couleurs d'espérance et de flamme,
J'entrevis les attraits d'une céleste femme :
Et bien que, dès longtemps, l'aspect de mon vainqueur
N'eût pas charmé ma vue et fait battre mon cœur ;
Bien qu'à demi cachée à mon œil infidèle,
Tel était cependant le charme émané d'Elle 40
Que mon antique amour reprit tout son pouvoir.

Sitôt que par mes yeux, et presque sans la voir,
J'eus senti pénétrer cette invisible flamme
Qui, dès ma tendre enfance, avait brûlé mon âme[5],
Je retournai la tête, ainsi qu'un faible enfant
Qui vers sa mère accourt, ou peureux ou souffrant,

---

(4) Paroles des Juifs, lors de l'entrée de Jésus-Christ à Jérusalem. — *Manibus date,* etc., (Virgile)

(5) Voy. *Vie de Dante)*

Pour dire au bon Virgile : « *Il n'est pas, ce me semble,*
Une goutte de sang qui dans mon cœur ne tremble...
Je reconnais la voix des premières amours [6]... »
Virgile avait, hélas! disparu pour toujours!   50
Virgile, mon sauveur, mon bon père, Virgile,
Le ferme et doux appui de ma vertu fragile !
Au milieu des trésors qu'Adam avait perdus,
Que j'avais désirés et qui m'étaient rendus,
Ma joue, humide encor de la sainte rosée,
Par un torrent de pleurs se sentit arrosée :

« Dante, pour n'avoir plus ton vertueux mentor,
Dante, ne pleure pas, ne pleure pas encor [7].
Dante, attends pour pleurer les coups d'un autre glaive. »
Tel un brave amiral, au bruit du vent, se lève,   60
De la poupe à la proue allant, venant, pour voir
Si les autres vaisseaux remplissent leur devoir,
Excitant, ranimant le courage ou le zèle :
Telle, à gauche du char, la sainte Damoiselle.
Quand je tournai la tête, au nom que j'ai cité
Non certes par orgueil, mais par nécessité,
Celle dont j'avais vu d'abord la noble tête
Se voiler sous les fleurs de l'angélique fête,
M'apparut, radieuse en sa fière beauté,
Dirigeant comme un dard ses yeux de mon côté,   70
Sous ce voile enlacé du rameau de Minerve.
Puis, comme un orateur qui tiendrait en réserve
Le trait le plus perçant pour la fin d'un discours,
Sans dévoiler ses yeux, mais me fixant toujours :
« Va, regarde-moi bien, regarde, reprit-elle :
C'est moi, c'est Béatrix! Comment, sous ma tutelle,
As-tu daigné gravir le sentier douloureux ?.....
Ne savais-tu donc pas qu'ici l'homme est heureux ? »

---

(6) ..... Agnosco veteris vestigia flammæ.   (*Énéide*, lib IV)
(7) Voy. *Vie de Dante*, note 5 et *supra*, ch. XIV, v 20 et 21.

A l'accent imprévu de cette voix hautaine,
J'avais baissé les yeux vers la claire fontaine ; 80
Mais je les détournai, quand le miroir vengeur
Trahit mon front chargé de honte et de rougeur.
Et comme, pour un fils, les leçons d'une mère,
Puisent dans l'amour même une saveur amère,
Ainsi je l'écoutais, honteux quoique ravi.

Elle se tut : « *In te, Domine, speravi,* »
Tel est l'hymne divin que les anges chantèrent,
Mais à *pedes meos* ensemble ils s'arrêtèrent[8].
De même que la neige, à travers les grands pins,
Se durcit en glaçons aux flancs des Apennins, 90
Quand viennent à souffler les vents d'Esclavonie[9] :
Quand l'Afrique à son tour souffle sur l'Ausonie,
La neige se refait liquide jusqu'au fond,
Comme la cire au feu s'amollit et se fond :
Tel, avant ce doux chant que nos bienheureux frères
Unissaient aux accords des éternelles sphères,
J'étais resté muet, sans soupirs et sans pleurs ;
Mais dès qu'ils prirent part à mes vives douleurs,
Par des chants qui semblaient dire : « *O sainte Madone,
Pourquoi tant de courroux ? Sois clémente ! pardonne !* » 100
La glace qui d'abord m'avait serré le cœur,
Se fondit en sanglots, en larmes, et ma sœur
Par ma bouche et mes yeux lut au fond de mon âme.

Alors, du haut du char, l'éblouissante Dame
Tourna ses fiers accents vers les Elus du ciel
Et leur dit : « Vous veillez dans un jour éternel :
La nuit ni le sommeil ne vous cachent la voie
Où, d'écueils en écueils, le siècle se fourvoie.

---

(8) *David*, ps. XXX. — Ils s'arrêtèrent à *pedes meos*, parce que le reste du psaume ne s'applique pas à la situation.

(9) Le vent du nord.

Si donc je parle encore, anges, c'est moins pour vous
Que pour lui qui là-bas souffre et pleure à genoux : 110
Il faut que son remords soit égal à ses fautes.
C'est peu qu'il eût pour lui les sphères les plus hautes
Qui poussent bien ou mal les fils d'Ève en naissant,
Suivant que l'astre luit funeste ou bienfaisant;
C'est peu... car les torrents de la grâce divine,
Dont la source est si haut que rien ne l'avoisine
Et que nos faibles yeux ne l'aperçoivent pas,
Ont abreuvé sa lèvre, et dès ses premiers pas
La plus simple culture eût tiré de son âme
Les fruits délicieux que la vertu réclame. 120
Mais plus le sol est riche et plus il est fatal
A qui l'emplit d'ivraie ou le cultive mal.
Longtemps je le soutins rien que par mon visage,
Et je le conduisis dans les sentiers du sage
Rien qu'en tournant sur lui mes regards enfantins.
Mais quand le second âge eut changé mes destins,
Quand j'eus touché le seuil de l'éternelle vie,
D'autres prirent son âme... elle me fut ravie.
De la chair à l'esprit sitôt que j'eus monté,
Agrandie en vertus, agrandie en beauté, 130
Je lui devins moins chère et lui parus moins belle.
Vers des chemins trompeurs tournant son pied rebelle,
Il suivit les faux biens avec les faux amis
Qui nous donnent toujours bien moins qu'ils n'ont promis.
Des inspirations en vain j'obtins la grâce;
Des songes vainement le mirent sur ma trace...
Il s'était fait aveugle, il voulut être sourd;
Puis il tomba si bas, chargé d'un poids si lourd
Qu'un seul moyen restait de le sauver du gouffre [10],
C'était de lui montrer les tourments qu'on y souffre. 140
Pour lui je visitai les portes de la mort :
A celui qui depuis l'a guidé sur ce bord

---

(10) V. *Enfer*, ch. Ier, note 2. — *Ibid*, ch. II.

Je portai, tout en pleurs, ma fervente prière :
Mais de la loi divine il romprait la barrière,
S'il passait le Léthé, s'il buvait le nectar,
Sans donner au remords des pleurs venus trop tard. »

Texte   145
Traduction 146

CHANT XXXI.

ARGUMENT. — Reproches de Béatrix (*suite*). — Dante est plongé dans le Léthé, puis conduit par les quatre Vertus cardinales aux pieds de Béatrix.

« Toi, poursuivit la voix impitoyable et brève,
En retournant sur moi la pointe de ce glaive
Dont le tranchant déjà me déchirait le sein,
Toi que je vois là-bas au bord du fleuve saint,
Parle : ai-je dit vrai? Parle : un si rude anathème
Veut être confirmé par le pécheur lui-même. »

Un tel trouble agitait mon esprit éperdu
Que je ne pus parler comme je l'aurais dû,
Et ma voix se glaça dans mon gosier pressée.
L'autre attendit un peu ; puis : « Quelle est ta pensée ? 10
Réponds : le souvenir de ta fragilité
N'a pas encor péri dans les eaux du Léthé. »

La peur et le remords qui déchiraient mon âme
Tirèrent de ma bouche un *oui* tel que ma Dame,
Pour l'entendre, eut besoin du secours de ses yeux.
Tel parfois, au plus fort d'un combat furieux,
L'arc, s'il est trop tendu, se rompt; la corde casse,
Et le trait, loin du but s'égare dans l'espace :
De même, trop chargé, je pliai sous le poids.
Les larmes, les soupirs m'étouffaient, et ma voix 20

Se perdit lentement dans un vague murmure.
Béatrix ajouta : « Quand, sévère au parjure,
Mon amour te guidait à n'aimer que le Bien,
Le vrai Bien, hors duquel tout le reste n'est rien,
Quels écueils t'ont brisé? quel piége, quelle entrave
T'ont fait tomber vaincu, t'ont fait servir esclave?
Quels regards, quel sourire armaient donc ton vainqueur,
Pour le faire passer avant moi dans ton cœur? »

Après un long soupir qui s'exhalait à peine,
Ma voix péniblement rompit enfin sa chaîne, 30
Et je dis en pleurant : « Dès qu'à mes yeux, hélas!
Vos yeux furent cachés, je tombai dans les lacs
Que les objets présents nous tendent sur la terre.
— Il t'aurait peu servi de nier ou de taire
Ce que ta bouche avoue et qui fut un péché.
Pour toi je suis un juge à qui rien n'est caché;
Mais lorsque le pécheur, menacé d'anathème,
De soi-même s'accuse et se livre soi-même,
La meule, en notre Cour implacable au méchant,
Tourne pour émousser la pointe et le tranchant. 40
Pourtant, comme à ton cœur il faut serrer les rênes[1]
Et le rendre enfin sourd à la voix des sirènes,
Sèche tes pleurs; écoute et tu sauras comment,
Vers un tout autre but et bien plus sûrement,
Aurait dû te guider ma chair ensevelie.
Quand j'habitais encor la prison qui te lie,
Dis, la nature et l'art t'offrirent-ils jamais
Tout le bonheur promis par ces jeunes attraits
Que la terre a repris, pétris de terre eux-mêmes?
Si ma mort t'a ravi les délices suprêmes, 50
Pourquoi porter ailleurs tes volages désirs?
Aux premiers traits du monde et de ses faux plaisirs,

---

(1) Le volage poete aura bientôt oublié les reproches de la Sainte. (Voy. ch. XXIV, v. 4, et suiv.)

Tu devais t'élever derrière l'Immortelle,
Et tu ne devais pas appesantir ton aile,
Subir de nouveaux coups, servir un autre amour,
Et chercher des bonheurs qui ne durent qu'un jour.
L'aiglon étourdiment voltige autour du piége ;
L'aigle brave d'en haut la flèche qui l'assiége :
Le filet pour le prendre est vainement tendu. »

J'étais comme l'enfant muet et confondu, 60
Qui, le front bas, écoute une voix ferme et haute,
Pleure, demande grâce et déteste sa faute :
« Ma voix te fait rougir ; mais, pour me venger mieux,
Lève, lève ta barbe et jettes-y les yeux. »
Et moi je résistai plus longtemps que le chêne,
Quand le vent d'Iarbas ou du nord se déchaîne [2] ;
Mais sur ma barbe épaisse un regard abaissé
Me fit sentir le trait qui m'était adressé [3].
Je reportai mes yeux tout autour de l'enceinte :
Les fleurs avaient cessé de pleuvoir sur la Sainte. 70
Je vis (bien que mon trouble, hélas ! me servît mal)
Ma Dame se tourner vers le noble Animal
Qui forme un être seul sous sa double nature.
Vue ainsi sous son voile au delà de l'eau pure,
Elle triomphait plus de ses premiers appas
Que ceux-là des beautés qu'on adore ici-bas.
La flèche du remords qui me perçait fut telle
Que plus tout autre amour m'avait détourné d'elle,
Plus il m'apparaissait à présent odieux.
Je me sentis si vil que je fermai les yeux 80
Et je tombai vaincu... Ce que devint ma vie,
Elle seule le sait qui me l'avait ravie.

---

(2) Iarbas, roi d'une région de l'Afrique.
          Despectus Iarbas.   (Enéide)
(3) Car la jeunesse n'excusait plus mes fautes :
    Quædam cum prima rescentur crimina barba   (Juvén.

Quand la force à la fin me fut rentrée au cœur,
Je plongeais jusqu'au cou dans la sainte liqueur.
La Dame qui m'avait apparu la première[4]
Penchait sur moi son front inondé de lumière :
« Tiens-moi, » me disait-elle en me traînant sur l'eau
Que ses pieds effleuraient plus légers que l'oiseau.

L'*Asperges* fut chanté quand je touchai la rive[5],
Mais trop divinement pour que ma main l'écrive,   90
Pour que même, à moi seul, je le dise tout bas.
La Dame en souriant alors m'ouvrit ses bras :
Elle me prit la tête et la tint tout entière
Plongée au plus profond de la sainte rivière ;
Puis, me tirant des flots tout ruisselant encor,
Elle me fit entrer dans le beau quatuor,
Où je fus enlacé par les quatre compagnes :

« Étoiles dans le ciel, nymphes dans ces campagnes[6],
Avant que Béatrix descendît parmi vous,
Notre tâche est ici de la servir... Suis-nous,   100
Frère ; devant ses yeux nous allons te conduire.
Dans leur brillant miroir d'abord tu verras luire
Nos trois sœurs qui là-bas ont l'auréole au front,
Et qui jettent sur elle un regard si profond. »

Ayant ainsi parlé, les saintes Damoiselles
Du côté du Griffon m'entraînaient après elles,
Où trônait Béatrix face à face avec moi :
« Plonge au fond de ses yeux, mon frère : enivre-toi.
Les voilà ces saphirs ! la voilà cette flamme
D'où l'Amour a tiré ses flèches sur ton âme ! »   110

Déjà mille désirs, brûlant de mille feux,
Attachaient mes regards à l'éclat de ses yeux

---

(4) Mathilde.
(5) *Asperges me hyssopo et mundabor.* (David, ps LI.)
(6) Sup. ch Ier, v 24 et note.

Qui semblaient ne chercher que la divine Bête.
Comme dans un miroir le soleil se reflète,
Ainsi le beau Griffon, sous mille aspects divers,
Rayonnait dans ces yeux dont rayonnent mes vers.
Comment croire, ô lecteur, une chose incroyable?
La cause du reflet restait invariable[7],
Et le reflet lui-même à tout moment changeait.

Étonné mais joyeux, mon esprit se plongeait   120
Dans ce flot de délice ignoré de la terre,
Qui sans fin nous enivre et sans fin nous altère.
Les trois Sœurs, dont l'aspect annonçait le haut rang,
Au-devant du Griffon vinrent en l'adorant,
Et toujours en dansant comme dansent les anges.
Leurs douces voix disaient : « Reine de nos phalanges,
Sur ton fidèle ami tourne le beau miroir.
Il a fait bien des pas, Béatrix, pour te voir !
Par grâce, par pitié, daigne, ô Vertu sans taches,
Dévoiler à ses yeux la bouche que tu caches :   130
Laisse, laisse entrevoir ta seconde beauté. »

O vivante Splendeur d'éternelle clarté !
Quel homme, eût-il tari les flots de l'Hippocrène,
Eût-il pâli sous l'ombre où la Muse m'entraîne,
Quel homme, s'il n'est fou, tenterait, dans ses vers,
De te montrer mêlée aux célestes concerts,
Telle que je te vis briller sans autres voiles
Que les rayons du ciel et l'ombre des étoiles !...

---

(7) Dieu est un, mais il se manifeste sous mille formes diverses.

                 Texte   145.
                 Traduction 138.

CHANT XXXII.

—

ARGUMENT. — La marche du Cortége. — L'arbre de la Science du bien et du mal. — Les Mystères.

Mes faibles yeux bientôt se firent si puissants
Pour se désaltérer d'une soif de dix ans,
Que dans mes autres sens la vie était éteinte :
C'est qu'ils semblaient liés par une forte étreinte,
Ces yeux, si longtemps veufs, et que l'antique attrait
D'un sourire enchanteur dans ses lacs attirait !
Mais à gauche il fallut retourner mon visage,
Quand les nymphes du ciel crièrent : « Sois plus sage. »

  L'homme risque sa vue en fixant le soleil :
Ma contemplation me fit un sort pareil :   10
J'étais comme aveuglé par l'éclat de la fête.
Quand ma vue à la fin se fut un peu refaite...
Un peu, dis-je, en raison de l'extrême clarté
D'où mon regard jaloux venait d'être écarté,
Je vis qu'à mon flanc droit la pacifique armée
Avait changé de front et s'était reformée,
Faisant face au soleil ainsi qu'aux sept flambeaux.
Tel, ayant pour abris boucliers et drapeaux,
Au signal de ses chefs un escadron s'arrête
Et tourne bride, avant la charge ou la retraite :   20
Telle avait manœuvré la milice des cieux,
Défilant tour à tour devant les saints essieux.

Avant que le timon eût tourné sur lui-même,
Chaque Dame reprit le beau poste qu'elle aime,
Et le Griffon tira ses précieux fardeaux,
Sans qu'une seule plume eût frémi sur son dos.
Je suivis la Beauté qui, dans les eaux du fleuve,
M'avait fait la faveur d'une si douce épreuve.
Stace allait avec nous tout près de l'essieu droit
Qui décrivait alors un cercle plus étroit. 30

Dans ces jardins changés en désert par la femme,
Quand elle succomba, victime de l'Infâme,
Nos pas étaient réglés par d'angéliques chants.
Une flèche, trois fois tirée à travers champs,
Eût de notre parcours mesuré l'étendue,
Quand je vis Béatrix de son char descendue.
J'entendis murmurer partout le nom d'Adam ;
Puis la foule entoura, par un pieux élan,
Un arbre à qui la feuille et les fleurs faisaient faute,
Dont la tige plus large, en se faisant plus haute[1], 40
Eût surpris l'Indien si fier de ses grands bois.
Anges, nymphes, vieillards dirent tous à la fois :
« O Griffon ! sois béni : de cette douce écorce
Ton bec n'a pas touché la dangereuse amorce[2]
Fatale aux flancs percés par son rude aiguillon.
— Ainsi, dit à son tour la bête Aigle-et-Lion,
La semence du bien se conserve dans l'arche. »
Tourné vers le timon qu'il avait mis en marche,
Et l'attirant au pied de l'arbre desséché,
Il y laissa le char fortement attaché. 50

Quand aux feux du Bélier l'astre qui nous éclaire
Mêle de ses rayons la chaleur tutélaire,

---

[1] V. ch. XXII, v. 129 et suiv. et ch. XXIV, v. 115.
[2] Jésus-Christ ne s'est pas laissé tenter par Satan. (*Evang.*)

La séve se réveille et le bouton grossit,
Puis sous les rameaux verts l'ombrage s'épaissit,
Avant que le soleil, courant de ligne en ligne,
Ait soumis ses coursiers au joug d'un autre signe :
Tel je vis le grand arbre, auparavant si nu,
Se parer tout à coup d'un feuillage inconnu,
Au sombre coloris plus violet que rose.
Je n'entendis jamais et jamais, je suppose, 60
On ne chante ici-bas l'hymne mystérieux
Que chantèrent en chœur les bien-aimés des cieux.
Je n'en supportai pas la divine harmonie.
Que ne puis-je, inspiré d'un plus puissant génie,
Dire comment, vaincu par Mercure et Syrinx,
L'impitoyable Argus ferma ses yeux de lynx [3],
Et paya chèrement leur veille trop fidèle !
Peintre deux fois heureux, peintre d'après modèle,
Je dirais dans mes vers comment je m'endormis.
Aux secrets du sommeil si quelqu'un est admis, 70
Qu'il se lève, qu'il parle et me montre la route !...
Moi je passe au réveil pour dire à qui m'écoute :
Une lueur soudaine et ce cri : *Que fais-tu ?*
Chassèrent le sommeil sur mes sens abattu.

Tels Pierre, Jacque et Jean, cédant au doux prestige [4],
Avaient cru voir des fleurs pendantes à la tige
Dont le fruit, savouré par la race du ciel,
L'abreuve de nectar et la nourrit de miel.
Tels, plus tard, éveillés par la voix douce et grave
Qui d'un sommeil plus lourd eût pu briser l'entrave, 80
Ils cherchèrent en vain leur cortége autour d'eux :
Moïse, Élie au ciel étaient rentrés tous deux,
Et la nouvelle robe enveloppait leur Maître :
Tel je revins à moi ; telle je vis paraître,

---

(3) Mercure endormit Argus et le tua.
(4) Comparaison empruntée à la scène de la Transfiguration.

Se penchant sur mon front la Dame aux doux ébats,
Qui, le long de l'eau sainte, avait guidé mes pas.
Je me sentis troublé : « Béatrix ! m'écriai-je,
Où donc est Béatrix ? — Là, mon frère : elle siége
Sous le nouveau feuillage, au pied de l'arbre saint.
Près d'Elle sont mes sœurs : le radieux essaim   90
D'anges et de vieillards qui t'apparut naguère,
Avec des chants plus doux ignorés du vulgaire,
Reconduit le Griffon au séjour des Élus. »

Me fut-il dit alors quelque chose de plus ?
Je ne sais : j'avais vu la Sainte que j'adore...
Près d'Elle quelle voix pouvais-je entendre encore ?
Sur le rude terrain seule, assise à l'écart,
Elle semblait veiller à la garde du char
Que j'avais vu lier par le Griffon fidèle.
Les sept nymphes formaient un rempart autour d'Elle[5], 100
Tenant les sept flambeaux qui, dans le haut vallon,
Bravent le rude Auster et le fier Aquilon :
« Tu n'es, là qu'en passant, mon frère ; mais la grâce,
Près de moi pour toujours te réserve une place
Dans la Rome céleste où le Christ est Romain.
Rappelle, en attendant, le monde au droit chemin :
Regarde bien le char et, rentré chez les hommes,
Ecris ce que tu vois dans le cercle où nous sommes. »

Ainsi dit Béatrix et moi, dévotement,
Humble et soumis aux pieds de son commandement,   110
Je tournai vers le char mes regards et mon âme.

Rapide comme un trait j'ai vu souvent la flamme
Sur un chêne pleuvoir du haut du sombre éther :
Tel sur l'arbre fondit l'oiseau de Jupiter[6],

---

(5) Les trois Vertus théologales et les quatre Vertus cardinales.
(6) L'aigle, symbole de l'empire. — Les persécutions d'abord, puis,
(*Infra*, v. 126), les largesses de Constantin plus funestes encore.

Brisant tout, feuille et fleurs, tout jusques à l'écorce.
Il frappa sur le char, mais avec tant de force
Que l'Arche du Seigneur ploya comme l'esquif
Que la vague et le vent battent sur un récif.
Après lui, se glissa dans la nef immortelle
Un renard, à l'œil louche, et d'une maigreur telle [7] 120
Qu'il paraissait nourri de fange ou de poison.
D'un seul geste, d'un mot la Dame en eut raison.
Le lâche prit la fuite, et plus vite peut-être
Que ses os décharnés ne semblaient le permettre.
Par le même chemin l'Aigle revint encor;
Puis il laissa le char plein de ses plumes d'or.
Et comme un cri de deuil sort d'un cœur qu'on immole,
Une voix vint du ciel qui dit cette parole :
« Comme on te charge mal, ô navire des cieux ! »
La terre alors s'ouvrit entre les deux essieux : 130
Un Dragon, en sifflant, se dressa dans l'enceinte [8],
Puis il plongea son dard au pied de l'arche sainte,
Et, l'ayant retiré comme un dard de frelon,
Il traîna les débris à travers le vallon.
Deçà, delà rampant, triomphant et superbe.
Comme un terrain fertile est vite rempli d'herbe,
Ce qui restait du char fût soudain recouvert
Du plumage brillant que l'aigle avait offert
Dans un but qui semblait généreux, je l'avoue [9].
Il couvrit le timon, il couvrit chaque roue, 140
Peut-être en moins de temps qu'on n'exhale un soupir.
L'édifice sacré que j'avais vu souffrir,
Allait subir bientôt d'autres métamorphoses.
Sept têtes à la fois, dans différentes poses,
Etalèrent soudain leurs fronts chargés de fard,
Trois sur le timon, quatre aux quatre coins du char.

---

[7] L'Hérésie : *Vulpes hereticos significat* (saint Augustin).

[8] Satan ou Mahomet. Plus loin, le Géant, le pouvoir temporel des papes? La Prostituée, l'Eglise avilie. (*Enfer*, ch. XIX, v. 100 et suiv.)

[9] Vid. *Sup.* note 6, *in fine*.

Les trois, comme le bœuf, avaient au front deux cornes.
Les autres, une seule, ainsi que les licornes.
Non, un monstre pareil ne s'était jamais vu.
Sur son dos se dressait, l'œil ardent, le sein nu, 150
Tranquille comme un roc sur un mont solitaire,
Une prostituée ; et près d'elle, par terre,
Un géant tout armé, comme pour empêcher
Qu'à la garde du monstre on ne vînt l'arracher.
Ils échangeaient parfois des baisers pleins de flamme ;
Mais les yeux provoquants de l'impudique femme
M'attaquaient si souvent que son amant jaloux
Leva le bras sur elle et l'accabla de coups.
Puis, ivre de fureur, vomissant le blasphème,
Il détacha le monstre et le traîna lui-même 160
Si loin que la forêt me fut un bouclier
Contre la courtisane et son vil chevalier.

Texte 160
Traduction 162

CHANT XXXIII ET DERNIER.

ARGUMENT. — Réconciliation. — L'Eunoé. — Dante est prêt à monter vers les cieux.

Deus, venerunt gentes : ces tristes gammes[1]
Coulaient avec les pleurs des immortelles Dames
Qui, par trois et par quatre, alternaient en chantant.
Attentive au concert, Béatrix pleurait tant
Qu'on doutait, à la voir, si la Vierge Marie
Fut, au pied de la croix, plus pâle et plus marrie.
Mais sitôt que les voix s'arrêtèrent un peu,
Vivement redressée et le visage en feu :
« *Modicum*, s'écria la Beauté que j'adore[2],
Non me videbitis. » Puis elle dit encore :   10
« *Modicum iterum et videbitis me.* »

Le cortége autour d'Elle était déjà formé :
Les Sœurs d'abord, puis Elle, et, mandés par un signe,
La Dame aux fleurs, le sage et moi le plus indigne[3].
Elle marchait ainsi ; mais je ne pense pas
Qu'Elle eût sur le gazon avancé de dix pas,

---

(1) David, ps. LXVIII. Voy. ch. XXXII, v. 100 et note 5.
(2) Paroles de Jésus-Christ peu de temps avant la Passion. (Évang. selon saint Jean.)
(3) *Le sage*, Stace, un peu oublié.

Quand de ses yeux plongeant dans mes yeux : « Viens plus vite
Dit-elle en souriant : moi-même je t'invite.
Tu pourras, de plus près, mieux m'entendre et me voir. »

J'obéis : mon bonheur était dans mon devoir. 20
« Frère, dit-elle alors, quand nous sommes ensemble,
Tu pourrais m'adresser quelques mots, il me semble. »
Il m'advint comme à ceux qui, troublés à l'aspect
De leurs supérieurs, ne peuvent, par respect,
Tirer d'entre leurs dents une voix nette et pleine.
Je bégayai ces mots qui s'entendaient à peine :
« Madame, ai-je besoin de vous dire tout haut
Et le Bien où j'aspire et le Bien qu'il me faut?
Ne le savez-vous pas? — Je veux, reprit la Sainte,
Qu'avec moi, désormais, tu laisses toute crainte : 30
Ne me parle donc plus comme on parle en rêvant [4].
Le char, que le Dragon jetait naguère au vent,
N'est plus... Sur le Dragon que son crime retombe!
Dieu goûte peu les vins versés sur une tombe [5].
L'Aigle ne sera pas toujours sans héritier [6].
D'autres, à d'autres soins fiers de s'initier,
Ne recouvriront pas le char d'or et de soie,
N'en feront pas un monstre et du monstre une proie.
Frère, le temps est proche où des astres plus doux
(Je dis ce que je vois) se lèveront pour vous. 40
Un *cinq cent cinq et dix* envoyé de Dieu même [7]
Percera le géant et la phryné qu'il aime.
Ma parole peut-être est douteuse pour toi,
Car le Sphinx et Thémis sont moins obscurs que moi;
Mais les faits parleront, et mieux que la Naïade,
Te donneront le mot de l'obscure charade,

---

(4) La femme reparaît sous la Sainte; voy. v. 116.

(5) Pratique usitée au moyen âge en expiation de quelque grand crime.

(6) L'Empire finira par venger l'Eglise au lieu de la persécuter ou de la corrompre; voy. ch. XXXII, v. 114 et suiv.

(7) En chiffres romains DVX, qui veut dire en même temps un chef, un souverain.

Sans danger pour les grains, sans dam pour les troupeaux[8];
Note donc mes discours : tels qu'ils sont, sans repos,
Prêche-les à ceux-là dont la vie insensée
Est un pas vers la mort.... Grave dans ta pensée, 50
Pour en parler là-bas, l'arbre mystérieux,
L'arbre qui fut deux fois dépouillé sous tes yeux.
Nul ne touche à ses fruits ou même à son écorce,
Sans offenser ce Dieu dont l'appui fait ma force.
Ce Dieu l'a créé saint à son usage seul.
Pour en avoir goûté, notre premier aïeul
Désira, cinq mille ans et plus, le Fils de l'homme,
Et pleura dans l'enfer le larcin de la pomme.
Ton esprit est bien lourd, si tu ne comprends pas
A quels desseins secrets peut servir ici-bas 60
Une tige si haute, une si large cime ;
Et si les vains pensers où ton esprit s'abîme
N'eussent agi sur lui comme l'eau de l'Elsa[9],
Ou le sang que Pyram sur le mûrier versa[10],
Tu verrais clairement, rien qu'à ce double indice,
Que Dieu moralement fit acte de justice,
En interdisant l'arbre à tout autre qu'à Dieu.
Mais puisque ton esprit, peu digne du saint lieu,
S'est déteint dans le vice et par lui s'est fait pierre,
Puisque tu t'éblouis de ma vive lumière, 70
A défaut du burin au moins que tes crayons
En retracent là-bas quelques pâles rayons!....
Cueille au moins une palme aux champs de l'Idumée. »

Et moi : « Je vous rends grâce, ô Sainte bien-aimée!
Comme un sceau dans la cire empreint avec vigueur,
Vos discours à jamais sont gravés dans mon cœur.

---

(8) Les naïades s'étaient arrogé le pouvoir de deviner les oracles de Thémis : celle-ci, pour les punir, ravagea les récoltes et fit mourir les troupeaux.

(9) Rivière de Toscane pétrifiante.

(10) Le sang de Pyrame versé sur le mûrier changea la couleur de ses fruits; *supra*, ch. XXVII, v. 40.

Mais saurai-je pourquoi cette chère parole
Au delà de ma vue, hélas! si haut s'envole,
Que plus je veux l'atteindre et plus elle me fuit?
— C'est que de ses leçons le monde te poursuit; 80
C'est que tu veux trouver, dans ses pauvres doctrines,
Le chemin où s'en vont mes paroles divines,
Plus au-dessus de vous que le plus haut des cieux
N'est au-dessus d'un monde aveugle et vicieux.
— Je ne me souviens pas, répondis-je, et je doute
Que j'aie un seul instant déserté votre route.
Ma conscience est pure et mon cœur sans remords.
— Si de tous tes péchés les souvenirs sont morts,
Dit-elle en souriant, garde au moins en mémoire
L'eau pure du Léthé que ma Sœur t'a fait boire. 90
Et, si par la fumée on démontre le feu,
L'oubli prouve la faute aussi bien que l'aveu.
Sois tranquille, à présent je mettrai mes paroles
Au niveau de tes sens incomplets et frivoles. »

Plus splendide et plus lent, le phare olympien
Marquait l'heure du jour sur le méridien
Qui pour chaque horizon a des heures nouvelles,
Quand je vis s'arrêter les sept nymphes fidèles,
Comme fait une escorte en avant des soldats,
Si quelque objet étrange inquiète ses pas : 100
C'est qu'avec la forêt, l'ombre avait cessé d'être,
Comme ces frais abris que l'Apennin fait naître
Avec ses rameaux noirs et ses feuillages verts;
C'est qu'à leurs pieds semblaient tout à coup découverts
L'Euphratès et le Tigre ayant la même source,
Lents comme deux amis à séparer leur course :
« O lumière du ciel! gloire du genre humain,
Quelle est cette eau qui fuit par un double chemin,
Et d'elle-même ainsi se sépare elle-même? »
Il me fut répondu par la Sainte qui m'aime : 110

LE PURGATOIRE. — CHANT XXXIII.

« Interroge Mathilde. » Et le bel échanson,
Du ton d'un accusé qui repousse un soupçon :
« Mais je l'ai déjà dit, avec mainte autre chose ;
Et de ces vérités, aucune, je suppose,
N'est restée en oubli dans les eaux du Léthé.
— Peut-être son esprit, Mathilde, a-t-il été [11]
En proie à quelque soin, à quelque souci grave.
Parfois dans de tels nœuds la mémoire s'entrave.
Mais voici l'Eunoé : sur sa rive, ô ma Sœur,
Fidèle à ta coutume, emmène ce pécheur,   120
Et fais revivre en lui sa vertu deux fois morte. »

Tels les cœurs généreux que la nature emporte
Courent au moindre appel pour vous prêter appui
Et font leur volonté des volontés d'autrui :
Telle, ayant pris ma main, la noble et sainte Dame
Dit à Stace : « Avec moi, viens aussi, viens, chère Ame. »

Si la place, ô lecteur, ne manquait à mes chants,
Je voudrais consacrer quelques accords touchants
A cette eau dont j'étais, en buvant, plus avide.
Mais puisque j'ai rempli le cadre, longtemps vide,   130
Que j'avais réservé pour mon second tableau,
Le frein de l'art m'arrête et j'éteins mon flambeau.

Je sortis rajeuni de l'onde sanctissime,
Semblable à l'arbrisseau qui, du pied à la cime,
Renouvelle au printemps son voile gracieux.
J'étais beau, pur et prêt à monter vers les cieux.

---

(11) Voy. *supra*, note 4.

Texte 145
Traduction 136

RÉSUMÉ COMPARATIF

DU NOMBRE DE VERS COMPRIS DANS LE TEXTE
ET DANS LA TRADUCTION :

    Texte   4755
    Traduction   4744

LE PARADIS

... Fissi gli occhi al sole oltre a nostr' uso
(*Parad*... canto I.)

ANALYSE DU PARADIS.

Nous avons vu que l'enfer et le purgatoire font partie de notre globe terrestre : deux cônes ayant un seul et même axe. A l'un des sommets, la montagne du Calvaire ; à l'autre celle du Purgatoire.

Le système du paradis est tout différent.

Dante, purifié par la souffrance et par les enseignements, est parvenu au centre de l'Éden, au point le plus élevé du purgatoire. Son âme et son corps ne tiennent plus à la terre par les liens du péché. Il suffit au poëte de regarder Béatrix pour s'élever avec elle de ciel en ciel, jusqu'aux pieds de Dieu même.

Le premier ciel, le plus rapproché de la terre, la moindre des sphères célestes, est la lune. De là les deux voyageurs, s'élevant toujours, visitent successivement Mercure, Vénus, le soleil, Mars, Jupiter, Saturne, les deux Gémeaux qui sont le huitième ciel, puis le neuvième ciel, autrement dit *premier Mobile*. (Ch. XXX, v. 39 et 40.)

La terre est le centre immobile de neuf sphères tournant avec d'autant plus de rapidité qu'elles sont plus éloignées d'elle et plus rapprochées de Dieu. Le premier Mobile est donc le cercle qui tourne le plus vite. Il communique aux autres l'impulsion qu'il reçoit lui-même de l'empyrée, autre cercle immense qui enferme et domine tous les autres et qui est la résidence de Dieu même (1).

Dieu (*la sainte Trinité, le premier Amour, l'éternelle Valeur*) est figuré au centre de l'empyrée par un point d'une extrême ténuité et d'une ineffable splendeur. Le *point* et la terre sont comme les deux pôles de l'univers, immobiles tous deux de par la loi des extrêmes. Autour de ce *point* immuable se meuvent,

---

(1) Au sujet des planètes du premier Mobile et de l'empyrée, voy. *la Lusiade* (ch. X) et les curieux emprunts faits par le Camoëns à Dante. — Voy. en outre Aristote, saint Augustin, saint Basile, Albert le Grand, saint Thomas.

en neuf cercles distincts, neuf légions de Bienheureux correspondant par un lien secret aux neuf cieux inférieurs. Leur mouvement et leur éclat sont en raison directe de leur distance, par rapport au centre commun, qui est Dieu. Elles sont ainsi composées, en commençant par les plus voisines de Dieu : premier ternaire : les Séraphins, les Chérubins, les Trônes ; second ternaire : les Dominations, les Vertus, les Puissances ; troisième ternaire : les Principautés, les Archanges, les Anges, ceux-ci confondus avec les Saints, qui forment la Rose mystique, au-dessus de laquelle trône Marie, la mère du Sauveur.

Dans la Rose, chaque feuille est un trône sur lequel est assis un Saint. C'est le senat du Roi des rois. Ce sont les pairs du royaume éternel. Les rangs sont au complet dans la partie occupée par les anciens Hébreux ; des trônes, au contraire, restent vacants dans la moitié réservée aux Saints venus ou à venir depuis la Rédemption.

Dans les neuf cieux inférieurs, les Ames se présentent au poëte cachées dans leur propre splendeur. Les plus élevées en mérite tournent sur elles-mêmes (symbole d'éternité) ; leur lumière scintille plus ou moins vive, suivant qu'elles éprouvent plus ou moins d'allégresse. Leurs yeux sont toujours élevés vers le *point*, où elles lisent, comme dans un livre ou dans un miroir, les événements avant qu'ils soient accomplis, les pensées avant qu'elles s'expriment par la parole.

Parvenu au sommet de l'échelle céleste, Dante n'a plus rien à voir que Dieu même. Sa vue, douée d'une puissance surhumaine, plonge tout entière dans le *point*, qui, ainsi vu de près, se subdivise, sans cesser d'être *un*, en trois cercles concentriques d'une splendeur incomparable, et dans lesquels notre poëte discerne la *Forme universelle*, le *Principe premier* de toutes choses. Le but est atteint : la vision s'efface ; mais à ceux qui ont suivi le poëte dans son mystérieux voyage il reste une œuvre immortelle : il reste la *Divine Comédie*.

LE PARADIS

CHANT PREMIER.

ARGUMENT. — L'Invocation. — Le regard de Béatrix. — L'ascension.

La gloire de *Celui* qui gouverne le monde
D'inégales splendeurs le pénètre ou l'inonde ;
Mais moi j'ai visité la sphère où ses rayons
Brillent plus éclatants au front des légions ;
Dans le sein de Dieu même un instant j'ai pu lire
Des choses qu'au retour nul ne saurait redire[1] ;
Car, pour atteindre au faîte où le désir n'est plus,
L'esprit monte si haut à travers les Élus
Qu'avant de retomber la mémoire est éteinte.
Mais des trésors semés dans la divine enceinte
Tout ce que j'aurai pu recueillir en marchant,
Je le lègue à la terre avec mon dernier chant[2].

O puissant Apollon, pour ce divin cantique,
Fais de moi comme un vase à ce feu poétique

---

[1] *Raptus est in paradisum et audivit arcana verba quæ non licet homini loqui.* (Saint Paul.) — Au vers suiv. « *Où le désir n'est plus* » (Voy. ch. XXXIII, v. 44 et 45).

[2] La traduction littérale de ce dernier vers eût déparé un si beau début.

Dont tu dois nous brûler, pour donner aux mortels
Le laurier tant aimé qui pare tes autels.
J'ai pu, jusqu'à ce jour et par faveur divine,
Atteindre un des sommets de la double colline;
Je dois vers l'autre cime élever mon essor
Pour vaincre dans l'arène où je combats encor. 20
Prête à ma faible voix les accords que ta lyre
Fit résonner un jour, quand, vainqueur du Satyre[3],
Tu tiras du fourreau ses membres frémissants.
S'il te plaît, ô Vertu, d'inspirer mes accents,
Si, grâce à toi, je montre aux palais comme au chaume
L'ombre de l'éternel et bienheureux royaume,
Tel que j'en ai gardé le pieux souvenir,
A ton arbuste aimé tu me verras venir
Et couronner mon front du glorieux insigne
Dont mon labeur et toi vous m'aurez rendu digne. 30
Il est si rare, hélas! que poëte ou guerrier,
Pour orner son triomphe ait cueilli ton laurier,
Que si l'un d'entre nous apparaît qui s'attache
A couvrir cette honte, à laver cette tache,
Le rameau pénéen dans le sacré vallon[4]
Doit tressaillir de joie, ô divin Apollon.
D'une faible étincelle un vaste feu peut naître :
Un jour, derrière moi, d'autres viendront peut-être,
Avec des chants meilleurs pour qui s'adoucira
Le regard des neuf Sœurs qu'on adore à Cyrrha[5]. 40

Plus d'un seuil donne accès au jour sur notre terre;
Mais le soleil plus doux brille plus salutaire,

---

[3] Marsyas écorché vif par Apollon son vainqueur.
   Vos, ô Calliope, precor, adspirate canenti.   (Virg.)

[4] *Pénéen*, de *Pénée*, fleuve de la Thessalie qui traverse la vallée de Tempé consacrée à Apollon.

[5] Ville entre le mont Cyrphis et le mont Parnasse, consacrée aux Muses.

Quand il darde ses feux par la porte où je vois
Quatre cercles unis avec la triple croix [6].
Tout alors se ranime, et la cire du monde
S'amollit aux rayons du jour qui la féconde.

C'est par là qu'il venait, ramenant le matin.
Déjà brillait dans l'ombre un éclat argentin ;
L'horizon blanchissait aux lueurs de l'aurore,
Et sur l'autre hémisphère il était nuit encore,   50
Quand soudain, faisant face à l'horizon vermeil,
Ma Dame fixement regarda le soleil
Mieux que l'aigle ici-bas ne l'a jamais pu faire.
De même qu'un rayon, brisé dans une eau claire,
Va toujours remontant à vos yeux éblouis,
Semblable au pèlerin qui retourne au pays :
Tels ses yeux dans les miens réfléchissaient l'image
Du bel astre où déjà s'élevait mon hommage
Et que j'osai fixer pour la première fois.
Si la terre et l'Éden n'ont pas les mêmes droits,   60
C'est qu'en nous reléguant dans l'abîme où nous sommes,
Dieu mesura la force à la vertu des hommes.

Mon regard fut rapide, assez long cependant
Pour voir le feu jaillir de l'astre plus ardent
Que le fer au sortir de la forge... O merveille !
Le jour brillait plus pur, la clarté plus vermeille :
Celui-là qui peut tout semblait subitement
Avoir de deux soleils orné le firmament.

Béatrix, tout entière aux sphères éternelles,
Les contemplait muette et s'absorbait en elles,   70
Tandis que mes regards, se détachant des cieux,
Puisaient force et bonheur dans l'azur de ses yeux :

---

(6) Nous sommes au printemps, sous le signe du Bélier. Le soleil se lève sur ce point de l'horizon où se croisent avec lui et entre eux les trois grands cercles de la sphère : le zodiaque, l'équateur et le colure équinoxial.

Tel Glaucus, en goûtant à l'herbe vénérée,
Se fit l'égal des dieux à la cour de Nérée.....
O sainte apothéose ! on tenterait en vain
De te faire comprendre avec le verbe humain :
Qu'un exemple suffise à ceux-là que la grâce
Dans le même chemin conduira sur ma trace.

Amour ! toi dont le ciel subit la sainte loi ;
Tu sais si je traînais le vieil homme après moi, 80
Moi qui montais au ciel porté par ta lumière.
Quand mon attention se donna tout entière
Au cours harmonieux de l'immense circuit
Qui, par toi dirigé, jusqu'à toi nous conduit
Par l'attrait du désir que ton souffle éternise,
Ce beau ciel, dont l'entrée enfin m'était permise,
M'apparut inondé par les feux du soleil :
Jamais pluie ou torrent ne fit un lac pareil.
La lumière, le bruit, la nouveauté des choses
Me brûlaient du désir d'en pénétrer les causes : 90
Jamais désir plus vif ne m'imposa sa loi.
Celle qui dans mon cœur lit aussi bien que moi,
Pour me rendre le calme ouvrit sa bouche auguste
Et, prévenant mes vœux : « Ton esprit n'est pas juste :
Il t'abuse, il grossit sans mesure à tes yeux
Ce que, plus éclairé, frère, tu verrais mieux.
Tu n'es plus sur la terre où tu crois être encore.
Le tonnerre, en tombant de son palais sonore,
Vient moins vite vers toi que tu ne vas vers lui. »

Si dans mon premier doute un rayon avait lui, 100
Grâce à ces quelques mots qu'elle semblait sourire,
Un autre plus étroit m'enlaçait. J'osai dire :
« Mon esprit agité se fait calme à présent ;
Mais je m'étonne encor que moi, moi si pesant,
Sur des corps si légers sans efforts je m'élève. »

La Sainte, en soupirant, regarda son élève

De l'air dont une mère envisage son fils,
Quand un soudain délire a troublé ses esprits :
« Toutes choses, dit-elle enfin, gardent entre elles
L'ordre, le rang fixés par les lois éternelles 110
Qui veulent que tout tende à s'élever vers Dieu :
Tout esprit éclairé voit marquée en tout lieu
La trace du Pouvoir souverain, fin suprême
De cette grande loi qu'il créa pour lui-même.
Dans cet ordre parfait qui règle l'univers,
Toute chose gravite avec des sorts divers.
Suivant qu'elle est plus loin ou plus proche du Maître,
Vers des ports différents, sur l'océan de l'être,
Elle vogue où l'entraîne un merveilleux instinct.
Phare mystérieux qui jamais ne s'éteint, 120
C'est lui qui donne au feu son élan vers la lune,
Lui qui soumet les sens à la règle commune,
Lui qui retient la terre à des liens secrets [7].
L'instinct ne poursuit pas seulement de ses traits
Les êtres sans raison : il perce aussi, mon frère,
Ceux que l'amour conduit, ceux que l'esprit éclaire.
L'Être qui remplit tout de son immensité
A doté du repos et de l'éternité
Le ciel qui fait ceinture au ciel le plus rapide [8].
C'est là que nous montons, c'est là que je te guide 130
Par la vertu de l'arc, à tous les yeux caché,
Qui toujours mène à bien le trait bien décoché.

» De même cependant que le marbre résiste
Et souvent répond mal au ciseau de l'artiste :
Tel, souvent contre soi tournant sa liberté,
L'homme quitte la route où Dieu l'avait porté ;

---

(7) Les anciens croyaient la terre immobile, au centre de deux sphères tournant autour d'elle.
(8) L'empyrée qui entoure le neuvième ciel ou premier Mobile. Voy. ch. XXVIII et suiv. *passim* et analyse du Paradis.)

Et comme on voit du ciel descendre le tonnerre,
L'aimant des faux plaisirs l'attire vers la terre.
Ne sois pas plus surpris de monter vers les cieux
Que de voir, du plus haut des monts audacieux, 140
L'humble ruisseau descendre aux bas-fonds de la plaine.
Le merveilleux serait qu'ayant rompu ta chaîne,
Tu fusses demeuré là-bas toujours captif :
Comme il serait étrange, à coup sûr, qu'un feu vif
Se traînât sous la cendre[9]. »

      Ayant parlé, la Sainte
Reporta ses regards vers la céleste enceinte.

---

(9) La flamme tend toujours à monter. De même, Dante, dégagé des liens du péché, tend à s'élever vers le ciel.

         Texte 142.
         Traduction 146.

CHANT II.

ARGUMENT. — La Lune, premier ciel. — Origine et nature de ses taches.

Ô vous tous qui, portés sur de frêles esquifs,
Suivez mon grand navire à travers les récifs,
Pour entendre les chants qu'à la mer il envoie,
Retournez aux douceurs d'une paisible voie
Et ne vous risquez pas dans ces lointaines eaux,
Pour perdre, avec ma trace, et vous et vos vaisseaux.
Apollon me conduit, Minerve enfle mes voiles;
J'ai dans l'ombre des nuits, les neuf Sœurs pour étoiles.
Nul ne vogua jamais sur les mers où je cours :
Vous seuls, rares esprits qui, pendant de longs jours, 10
Avez ouvert la bouche à ce vrai pain des anges
Que l'on goûte ici-bas, mais jamais sans mélanges,
Vous seuls pouvez voguer sur ces profondes mers,
En suivant les sillons par ma proue entr'ouverts,
Mais qui derrière moi se refermeront vite.
Vous serez plus surpris que la troupe d'élite
Qui vit les deux taureaux, gardiens de la Toison,
Se courber frémissants sous le joug de Jason.

La soif, innée en nous, qui toujours nous attire [1]
A contempler de près le déiforme empire,   20

---

[1] Voy. *Purgatoire*, ch. XXI, v. 7ᵉʳ et suiv. — *Déiforme empire*, textuel, *deiforme regno*.

Nous emportait plus prompts que la course des cieux.
Celle qui réfléchit leur éclat dans ses yeux,
Regardait en haut; moi je regardais en elle.
En aussi peu de temps que la flèche cruelle
Part, vole et touche au but, moi j'entrais dans le port,
Où l'admiration me saisit tout d'abord.
Riante autant que belle et vers moi retournée,
Celle qui lisait tout dans mon âme étonnée,
Me dit : « Bénis ce Dieu qu'on ne peut trop bénir :
Avec le premier ciel il daigne nous unir. »   30

Un nuage semblait en couvrir la surface,
Brillant, solide, épais, poli comme une glace
Ou comme un diamant frappé par le soleil.
Je pénétrai pourtant dans le joyau vermeil,
Comme un rayon dans l'eau, sans rider son front lisse.
L'homme ne comprend pas qu'un tel fait s'accomplisse,
Qu'un corps impunément puisse entrer dans un corps
Sans troubler sa substance ou briser ses ressorts...
Raison de plus, pécheurs, pour brûler davantage
Du désir d'être admis dans ce saint héritage,   40
Où l'on voit clairement par quels liens si doux
Dieu vers lui nous attire et s'unit avec nous.
Ce qu'ici-bas l'on croit par la foi du baptême,
Là-haut brille aux regards évident par soi-même,
Comme ces vérités premières que l'on croit
Et qui, sans examen, s'imposent de plein droit.

Je répondis : « Madame, autant qu'il m'est possible,
Je lui rends grâce, à Lui dont la main invisible
M'a tiré du milieu des mourants et des morts.
Mais daignez m'expliquer les taches de ce corps,   50
Qui font croire là-bas aux fables enfantines
Du vieux Caïn courbé sous son fagot d'épines. »

Elle sourit d'abord, puis, élevant la voix :
« Il est vrai, me dit-elle, il est vrai : maintes fois

L'opinion du monde à travers champs s'égare,
Faute d'avoir la clef qui redresse et répare
Ces erreurs dont les sens aiment à nous bercer.
Mais les traits de l'erreur devraient-ils te percer,
Toi qui sais maintenant ce que valent les ailes
De la raison soumise à des sens infidèles ! 60
Donc, quel est ton avis sur ces taches ? »

            Et moi :
« Cette diversité qui nous met en émoi
Me semble provenir des corps denses et rares.
— Non, et pour te convaincre, ami, que tu t'égares,
Prête un instant l'oreille à ce que je dirai :

» Dans le huitième ciel, où je te conduirai,
Il est mille clartés qui diffèrent entre elles,
Grandes diversement et diversement belles.
S'il suffisait du vide et de la densité
Pour jeter dans ces corps tant de diversité, 70
Tous seraient animés d'une seule puissance [2],
Plus ou moins divisée au cœur de chaque essence ;
Or, diverses vertus, dans ce vaste univers,
Sont les fruits obligés de principes divers.
Tous, un seul excepté, ces principes de vie
Seront anéantis, si ta règle est suivie :
C'est absurde. Et d'ailleurs si le brun que tu vois
Est un effet du vide ainsi que tu le crois,
Mon frère, il faut choisir, et de deux choses l'une :
Ou bien de part en part le sol manque à la lune, 80
Ou bien ce grand volume a des feuillets divers,
Comme il est dans vos corps des muscles et des chairs.
S'il te plaît d'adopter la première hypothèse,
L'éclipse de soleil te mettra mal à l'aise,

---

(2) C'est-à-dire, la planète appelée *Mars* n'inspirerait plus exclusivement le courage, *Vénus* l'amour, etc. ; tous les astres exerceraient une même et semblable influence.

Car à travers la lune on verrait ses rayons,
Comme à travers l'espace ailleurs nous les voyons;
Or cela n'a pas lieu. Reste le second thème.
Se je l'anéantis, frère, tout ton système
Croule du même coup et tombe renversé.

» Puisque de part en part l'astre n'est pas percé, 90
Il faut une limite au vide, une barrière
Qui, fermant le passage aux traits de la lumière,
La fasse rejaillir, comme un verre étamé
Reflète les rayons sans en être entamé.
Peut-être diras-tu, pour expliquer cette ombre,
Que, venu de plus loin, le rayon est plus sombre,
Pâli par la distance et la réfraction :
Pour détacher les nœuds de cette objection,
Frère, il faut la combattre avec l'expérience,
Principe de vos arts et de votre science. 100
Choisis donc trois miroirs; pose-les avec soin,
Deux à distance égale et l'autre un peu plus loin,
Si bien que sur tous trois l'œil à la fois s'arrête.
Place-toi devant eux et, derrière ta tête,
Fais tenir un flambeau qui les frappe tous trois,
Pour qu'un triple reflet t'en revienne à la fois;
Or, bien que le rayon de la troisième glace,
Revenu de plus loin occupe moins de place,
Tu les verras briller tous d'un éclat pareil.....
Comme se fond la neige aux rayons du soleil 110
Quand le vallon revêt sa robe printanière,
Je prétends affranchir ton âme prisonnière
Et l'éclairer d'un jour si brillant et si pur
Qu'elle semble une étoile en un beau ciel d'azur.

» Dans le ciel de la paix tourne un ciel qui renferme [3]
De tout être créé la semence et le germe.

---

(3) Dans l'Empyrée tourne le neuvième ciel, ou Premier-Mobile (Voyez ch. Ier, note 8).

Le ciel suivant, si riche en spectacles si beaux,
Partage cette vie à ces mille flambeaux
Qu'il contient, mais qui tous ont leur propre existence.
Les autres cieux, suivant la forme et la substance, 120
Classent, comme le veut son principe et sa fin,
Chaque division qui se meut dans leur sein.
De degrés en degrés, ces organes du monde
Vont ainsi, fécondant la vertu qui les fonde,
Et rendant au-dessous ce qui leur vient d'en haut.
Vois si par ces sentiers le pied me fait défaut.
Suis-moi, frère, et bientôt, marchant sous mon égide,
Du gué large et profond tu sortiras sans guide.

» Comme l'art du ciseau dérive du sculpteur,
Le mouvement, la force ont leur divin moteur [4] 130
Qui les souffle sans fin au cœur de chaque sphère.
Le ciel que tant de feux embellissent, mon frère [5],
De ce guide puissant, infaillible, profond,
Porte la sainte image empreinte sur le front.
Et comme l'âme, unie avec votre poussière,
Dans tous les membres va, s'étend ou se resserre,
Sur mille points soumise à mille volontés.
Ainsi l'Intelligence, immense en ses bontés,
De son unité sainte élargissant les voiles,
Se divise et se donne à des milliers d'étoiles. 140
Secrètement unis à ces précieux corps,
Des principes divers forment divers accords.
L'ange pour l'animer, avec l'astre s'allie [6],
Comme avec le feu l'air, comme avec vous la vie.
Pur et brillant reflet du Dieu qui l'a produit,
L'ange s'unit aux corps dans lesquels il reluit,

---

(4) Un ange.

(5) Le huitième ciel, voyez v. 117 et suiv.

(6) En résumé les taches sont le corps même de la lune, l'éclat est un reflet de l'ange préposé à sa garde. L'ange de la terre, c'est la Fortune (Voy. *Enfer*, ch. VII.)

Comme dans vos regards se reflète la joie.
Ainsi, plus ou moins pur, chaque ciel vous envoie,
O mortels, plus d'éclat ou plus d'obscurité.
Ne parlez plus du vide ou de la densité : 150
Maîtresse de ses dons, c'est la *Vertu-Première*
Qui répand tour à tour et l'ombre et la lumière. »

                                    Texte   148
                                  Traduction 152

CHANT III.

—

ARGUMENT. — La Lune (*suite*). Les Sœurs infidèles au monastiques.

Ce Soleil qui brûla mon cœur d'un saint amour[1],
Prouvant et reprouvant, m'avait, dans tout son jour,
Montré la vérité pure, brillante et belle.
Heureux de confesser ma croyance nouvelle,
Je relevai la tête, autant qu'il convenait
Pour faire bien entendre un aveu franc et net...
Mais une vision m'apparut si soudaine
Et qui serra mes yeux d'une si forte chaîne,
Que ma confession s'en alla dans l'oubli.

 Comme dans un cristal transparent et poli,   10
Comme dans un ruisseau profond, pur et sans vagues,
Nos traits sont réfléchis, mais si confus, si vagues,
Qu'avant d'y retrouver un portrait ressemblant,
On verrait une perle au milieu d'un front blanc :
Tels je vis des Esprits au sourire ineffable.
Par une erreur contraire à celle de la Fable,
Qui fit le beau Narcisse amoureux d'un ruisseau,
Je crus n'apercevoir, sous leur brillant réseau,
Qu'un reflet, comme ceux que le miroir nous donne,
Et je me retournai pour les voir en personne.   20

---

(1) Béatrix.

Mais, n'apercevant rien, je reportai mes yeux
Sur le vivant Flambeau qui me venait des cieux.
Dans ses regards brûlants perçait un fin sourire :
« Ce sourire t'étonne, ami : ce qui l'inspire,
C'est ta simplicité : ton puéril essor
Dans le sentier du vrai n'est pas bien sûr encor.
Ton pied, comme toujours, a posé dans le vide.
Ces formes que le ciel montre à ton œil avide,
Ce sont de vrais Esprits, relégués en ce lieu
Pour avoir mal gardé leurs serments envers Dieu. 30
Va, parle ; écoute et crois. Celui qui fait leur joie
Ne laisse pas leur pied s'égarer dans la voie. »

A l'Esprit qui semblait plus pressé de parler
J'adressai donc ces mots, mais non sans me troubler...
Courir trop vite au but fait souvent qu'on dévie :
« Toi qui, sous les rayons de l'éternelle vie,
Savoures à longs traits des flots de voluptés
Qui, pour être compris, veulent être goûtés,
Parle : il me serait doux d'entendre de ta bouche
Ton nom, bienheureuse Ame, et tout ce qui vous touche. » 40

Et l'Ombre répondit en souriant des yeux :
« Notre charité s'ouvre à tout désir pieux,
De par la volonté du puissant et doux Maître
Qui dans toute sa cour aime à se reconnaître.
Je fus chez les vivants vierge-sœur par un vœu.
Si dans tes souvenirs tu descendais un peu,
Tu m'y retrouverais, quoique beaucoup moins belle.
Ne reconnais-t pas Piccarda la rebelle[2],
Piccarda, bienheureuse entre les Bienheureux,
Dans le ciel le plus lent reléguée avec eux? 50
Notre amour vient d'en haut et se nourrit de flammes,
Souffle de l'Esprit-Saint qui gouverne les Ames.

---

(2) Infidèle à ses vœux. Voy. *Purgat.* ch. XXIV, v. 13. — Sœur de l'ordre de Sainte-Claire.

Nous jouissons par Lui, formés suivant ses lois.
Notre sort paraît humble : il répond à nos droits,
Pour avoir négligé nos vœux dans l'autre sphère
Et manqué sur un point à ce qu'il fallait faire. »

Et moi : « Je ne sais quoi de divin dans vos traits
Fait d'un trop vif éclat rayonner vos attraits.
Vous n'êtes plus ici tels que Dieu vous fit naître.
Je fus donc, Piccarda, lent à te reconnaître ;   60
Mais ce que tu me dis me permet à la fin
De retrouver en toi tout ce qui fut latin.
Dis-moi : puisque sur vous le Ciel répand sa grâce,
Ne désirez-vous pas une plus haute place,
Pour lire de plus près dans les secrets de Dieu ? »

Avec elle, à ces mots, je vis sourire un peu
La foule des Élus ; puis la belle prêtresse
Reprit, mais d'un accent si brûlant d'allégresse
Qu'on l'eût dit enflammé des premiers feux d'amour :
« Frère, la charité, dans cet humble séjour,   70
Ne permet le désir que de ce qu'on possède.
Elle nous désaltère, et rien, grâce à son aide,
Ne trouble notre joie ou ne lui fait défaut[3].
Aspirer à grandir, à s'élever plus haut,
Ce serait mettre en lutte un désir indocile
Avec la volonté qui nous fit cet asile.
Si donc la charité triomphe dans les cieux,
Et si tu la comprends, le désir d'être mieux
Ne se peut supposer parmi nous sans blasphème.
C'est la condition de notre bonheur même   80
Que, soumis au Seigneur, nous mettions en commun
Et les désirs de tous et les vœux de chacun.

---

(3)   Ils ont tous un bonheur égal à leur désir,
Et chacun, satisfait du rang que Dieu lui donne,
Termine ses souhaits où finit sa couronne
(Le P. Lemoine, poëme de *Saint Louis*.)

Sur des degrés divers admis dans son empire,
A vouloir ce qu'Il veut chacun de nous aspire.
Notre paix, ô mon frère, est dans sa volonté,
Dans cette mer sans fond de force et de bonté
Où tendent les désirs de toute créature,
Qu'elle ait eu pour auteur Dieu même ou la nature⁴. »

Je vis clair, à ces mots, et compris tout à coup
Que le beau paradis dans le ciel est partout,   90
Bien qu'entre les Élus la grâce divisée
Ne verse pas sur tous une égale rosée.
Mais, ainsi qu'on délaisse, au milieu d'un repas,
Les mets connus pour ceux que l'on ne connaît pas,
Désireux d'y goûter, refusant tout le reste :
Ainsi j'interrogeais de la voix et du geste,
Pour savoir quel malheur, sur la terre d'exil,
Aux mains de l'ouvrière avait rompu le fil :
« D'éminentes vertus, répondit la belle Ame,
Bien au-dessus de nous ont enciellé la femme⁵   100
A l'exemple de qui les filles des mortels
Prennent encor le voile au pied des saints autels,
Pour veiller et dormir, jusqu'à la dernière heure,
Avec l'Époux divin qui, dans l'humble demeure,
Accueille tout désir pieusement dicté
Par la soumission et par la charité.
Du monde, presque enfant, je m'enfuis pour la suivre,
Et sous le saint habit j'avais juré de vivre.
Les hommes, toujours prêts au mal plutôt qu'au bien,
De ma douce prison rompirent le lien.   110
Ce qu'il advint de moi, Dieu le sait. Mais, mon frère,
Vois cette autre Splendeur qui, près de moi, s'éclaire
Des feux les plus brillants de notre paradis.
Ce que j'ai dit de moi, pour elle je le dis.

---

(4) Les créatures supérieures (anges et hommes) sont l'œuvre de Dieu même. La nature produit les autres. (Voy ch. VII, *in fine*)
5) Sainte Claire, *vide sup.*, note 2. *Enciellé*, pour rendre le texte *Inciela*.

Sœur comme je l'étais, son beau front fut de même
Dépouillé de l'abri du chaste diadème ;
Mais le monde avait fait violence à la fois
A ses plus chers désirs comme aux plus saintes lois,
Et toujours dans son cœur elle a gardé le voile.
Constance fut le nom de cette vive Étoile. 120
Femme du second Vent que la Souabe a formé[6],
Elle eut de son hymen un fils qui fut nommé
Le troisième Aquilon, le dernier de sa race. »

Elle dit, et sa voix avec la même grâce,
De l'*Ave Maria* chanta les premiers mots,
Puis elle disparut comme un corps dans les flots.
Je la suivis des yeux tant qu'il me fut possible,
Et quand, trop éloignée, elle fut invisible,
Mon regard, qui cherchait un but plus désiré,
Par ceux de Béatrix fut bien vite attiré : 130
Mais d'un éclair si vif ils percèrent ma vue
Que je ne pus souffrir cette flamme inconnue,
Et, détournant les yeux, pour parler j'attendis
Que le calme revînt à mes sens interdits.

---

[6] Femme d'Henri V de Souabe, empereur, et mère de Frédéric II. Appelés *Vent* et *Aquilon* à cause de leur violence et de leur orgueil. (Voy. *Purgat.*, ch. III, v, 111. *Enfer*, ch. X.)

       Texte 130
       Traduction 134

CHANT IV.

ARGUMENT. — Premier ciel (*suite*). — Dissertation sur la violence et sur la volonté.

Entre deux mets égaux de forme et de substance[1],
Posés sur une table à la même distance,
L'homme libre attendra si longtemps, qu'à la fin,
Avant de faire un choix il sera mort de faim :
De même, entre deux loups dont la dent le menace,
Saisi d'un double effroi, l'agneau demeure en place ;
Le chien entre deux cerfs reste immobile... Eh bien !
Faut-il s'en prendre à moi si je ne disais rien ?
Non : deux doutes égaux pesaient dans la balance ;
Je dus, n'osant choisir, me résoudre au silence.   10
Mon désir cependant se peignait dans mes yeux,
Tel que, pour l'exprimer, ma voix n'eût pas fait mieux,
Et Béatrix alors fit pour son humble élève
Ce qu'avait fait Daniel quand, expliquant un rêve[2],
Il avait apaisé Nabuchodonosor,
Dont l'aveugle courroux allait frapper encor.
« Deux désirs, je le vois, partagent ta pensée
Dans un double lien tellement enlacée,
Que ton trouble au dehors ne se laisse pas voir.
Tu raisonnes ainsi : *Mais si le bon vouloir*   20

---

[1] Comparaisons empruntées au langage des écoles.
[2] Daniel devina le rêve du roi assyrien, avant qu'il lui fût raconté et l'expliqua : telle Béatrix, prévenant ma demande, etc.

Résiste, se peut-il que, par la violence,
On ôte à la vertu sa juste récompense?
Un autre doute encor pèse sur ton esprit :
Platon aurait-il donc raison quand il écrit
Que l'âme, après la mort, retourne à son étoile?
Tu brûles de percer, frère, ce double voile.

» J'éclaircirai d'abord, avec l'aide du Ciel,
Le point qui, plus obscur, distille plus de fiel[3].
Celui des séraphins qui plus s'endivinise,
Marie et les deux Jean, Samuel et Moïse 30
N'ont pas, sache-le bien, leur trône en d'autres cieux
Que la phalange ici dévoilée à tes yeux ;
Et dans les régions qui leur furent données,
Ils ne doivent rester ni plus ni moins d'années :
Tous sont du premier ciel la gloire et l'ornement[4],
Au bonheur éternel admis diversement,
Suivant que l'Esprit-Saint plus ou moins les inspire.
La place où tu les vois est bien moins leur empire
Que le signe apparent des trésors précieux
Que Dieu garde aux Élus dans le moins haut des cieux.
Il faut bien avec vous parler un tel langage : 40
Chez vous, c'est par les sens que d'abord se dégage[5]
La clarté qui, plus tard, luira dans vos esprits.
Aussi, le Livre saint, pour être bien compris,
Daigne à vos facultés aider et condescendre :
A l'homme humainement sa voix se fait entendre,
Il attribue à Dieu des yeux, des pieds, des mains.
L'Église vous fait voir, sous des aspects humains,
Gabriel et Michel et l'autre à qui Tobie
Dut de rouvrir les yeux au beau ciel d'Arabie. 50

---

(3) Le système de Platon — Un seul paradis et non des milliers d'étoiles pour les Élus; l'éternité et non pas un nombre d'années limité. (V. *infra*, v. 53 et suiv.) Au vers suivant *s'endivinise;* s'identifie avec Dieu.

(4) Ch. VI, v 135 — Ici le *premier* ciel veut dire le plus haut, l'Empyrée.

(5) Traduit de saint Thomas d'Aquin : « *Est naturale homini ut per sensibilia ad intelligibilia perveniat*, etc.

Il en est autrement du *Timée* : on croirait
Qu'il pense ce qu'il dit, qu'il est ce qu'il paraît.
L'âme, suivant Platon, *retourne à son étoile*
En délaissant le corps qui lui fut comme un voile,
Quand la Nature un jour lui fit cette prison.
Peut-être ce système a-t-il plus de raison
Qu'il ne semble en avoir ; et si vraiment il prête
A ces sphères du ciel l'influence secrète
Qui, favorable ou non, pèse là-bas sur vous [6],
Le trait a frappé juste et nous satisfait tous ;   60
Mais, mal compris, hélas ! ce philosophe austère
A détourné du vrai presque toute la terre :
Les hommes, abusés un jour, en sont venus
Au point d'adorer Mars, Jupiter et Vénus.

» L'autre doute qui seul reste et te trouble encore
Porte en soi moins de fiel, si même il ne t'honore.
Il ne saurait d'ailleurs, et quel qu'en soit le prix,
D'un frère bien-aimé séparer Béatrix.
Que parfois, ô mortels, la Justice divine
Semble injuste à vos yeux, ce n'est pas, j'imagine,   70
Faire acte d'hérésie : au contraire, et pour moi,
Ce doute est par lui-même une preuve de foi ;
Mais puisque, grâce à Dieu, l'intelligence humaine
Peut de ces vérités visiter le domaine,
Je ferai la lumière et tu seras content.

» Je suppose : on t'a fait violence, et pourtant
Tu ne résistes pas au tyran qui t'opprime :
Tu te rends à nos yeux le complice du crime.
La volonté de l'homme (et tu dois le savoir)
Ne peut s'anéantir, à moins de le vouloir.   80

---

(6) Dante croyait à l'influence des planètes. (*Enfer*, ch XV, x. 50 et 51. — *Purgat*. ch. XX, v. 13 *et passim*.) Pétrarque a franchement adopté le système du *Timée* :
     ..... Nel suo paese
E ritornata par alla sua stella.

Elle ressemble au feu : le vent de la tempête
Peut l'agiter, la tordre et lui courber la tête :
Libre elle se redresse, et son front abattu
Retrouve avec la paix sa force et sa vertu.
Mais quand la volonté plus ou moins s'abandonne,
C'est qu'à la violence elle cède et pardonne,
Comme ont fait ces Élus : quand ils pouvaient, hélas !
Rentrer au sanctuaire, ils n'y rentrèrent pas.
Ah ! que n'ont-ils gardé ce vouloir indomptable
Qui retint saint Laurent sur sa brûlante table, 90
Et qui fit Mutius si sévère à sa main !
Ce guide les eût tous ramenés au chemin
D'où les ont détournés des ravisseurs barbares.
De telles volontés, par malheur, sont bien rares.
Si tu veux méditer, ainsi que tu le dois,
La leçon que le Ciel te donne par ma voix,
Elle dissipera jusqu'à l'ombre du doute
Qui, bien souvent, sans elle, obscurcirait ta route.

» Mais il reste à franchir un autre mauvais pas :
Avant de t'en tirer seul, tu serais bien las, 100
Mon frère ; suis-moi donc. Je t'ai dit tout à l'heure [7]
Qu'on ne saurait mentir dans la sainte demeure,
Puisque là, chacun boit à la source du vrai.
Un mot de Piccarda pourtant, je l'avoûrai,
Semble me contredire en cette circonstance.
Elle a dit, en effet, que l'illustre Constance
Avait toujours gardé le voile dans son cœur [8].
Il arrive souvent, en effet, que la peur
Pousse contre son gré l'âme qu'on désespère, 110
Comme un autre Alcméon qui, pressé par son père [9],

---

(7) Ch. III, v. 34.

(8) Ch. III, v. 119.

(9) Alcméon, fils d'Amphiaraüs (V. *Enfer*, ch. XX, v. 34 ; *Purgat.* ch. XII, v. 31).

Ultusque parente parentem,
Natus erat facto pius et sceleratus eodem   (Ovid. *Metam* IX)

Enfonça le couteau dans le sein maternel,
Et que la peur du crime avait fait criminel.
C'est qu'alors, par le nœud d'une lâche alliance,
La volonté s'unit avec la violence,
Et le péché naîtra de ce pacte fatal.
Le *vouloir absolu* ne consent pas au mal ;
Il lui cède pourtant, craignant, s'il se retire,
D'éviter un filet pour tomber dans un pire.
Donc, mon frère, entre nous c'est un point résolu.
Piccarda te parlait du *vouloir absolu*, 120
Moi de l'autre, et j'ai dit la vérité comme elle. »

Ainsi je m'abreuvais au flot pur que recèle
Cette source d'amour, de lumière et de paix.
Le calme avait suivi mes désirs satisfaits :

« O du Premier-Amour chaste et divine amante,
Votre souffle est si doux au froid qui me tourmente
Qu'il réchauffe mon cœur en dirigeant mes pas.
Mon amour, si profond qu'il soit, ne peut, hélas !
A vos attraits divins rendre grâce pour grâce.
Que Celui-là qui voit et qui peut me remplace ! 130
Je sais que l'homme va sans guide et sans appui,
S'il n'est illuminé des clartés de Celui
Hors duquel rien de vrai n'éclaire notre voie.
Je ressemble au lion reposant sur sa proie,
Dès que j'ai pu goûter à ce nectar divin,
Et je le puis toujours : tout désir serait vain,
S'il n'était par l'espoir soutenu dans sa course.
Mais, comme au pied du mont surgit une humble source,
Le doute au pied du vrai surgit, ambitieux
D'aller de cime en cime interroger les cieux. 140
C'est là qu'un noble instinct semble élever notre âme.
Sans manquer au respect, il m'enhardit, Madame,
A vous parler encor d'une autre vérité
Qui demeure pour moi pleine d'obscurité,

Je veux savoir si l'homme infidèle et parjure
Peut secouer le joug d'une si grave injure
En offrant d'autres vœux, d'autres biens d'un tel prix
Qu'ils trouvent grâce, même aux yeux de Béatrix. »

Elle me regarda : les beaux yeux de ma Dame
Brûlants d'amour, brillaient d'une divine flamme : 150
Tremblant, pâle, éperdu, sous ce regard vainqueur
Je sentis s'abîmer et ma vue et mon cœur.

Texte   142
Traduction   152

CHANT V.

ARGUMENT. — Respect dû aux vœux et aux serments. — Ascension au deuxième ciel (Mercure.)

« Si la flamme d'amour dont mon regard t'inonde
Est plus brûlante ici que dans votre bas monde,
Et si tes yeux vaincus s'abaissent devant moi,
Ne t'en étonne pas, frère : telle est la loi.
Plus la vue est parfaite et plus la vue aspire
A plonger plus avant dans le divin empire :
Déjà dans ton esprit, par le mien escorté,
Resplendit, je le vois, l'éternelle clarté
Qu'il suffit d'entrevoir pour que l'amour s'enflamme.
S'il est quelque autre objet qui séduise votre âme, 10
C'est toujours un rayon de l'immortel foyer,
Qui seulement s'égare et sort du droit sentier.
Frère, tu veux savoir si, par quelque autre offrande,
Ayant rompu ses vœux, il se peut que l'on rende
Assez pour satisfaire au divin Créateur. »

Ainsi dit Béatrix ; puis, comme l'orateur
Dont un mot sûr et prompt sert toujours la pensée,
Elle continua la leçon commencée,
En ajoutant ces mots : « Le plus riche présent
Que Dieu dans sa largesse offre à l'homme en naissant, 20
Le don le plus conforme à sa loi comme aux nôtres,
Le don que le Seigneur préfère à tous les autres,

C'est ce libre vouloir si puissant et si doux
Dont l'être intelligent jouit seul entre tous [1].
Si tu pars de ce point, tu comprendras, j'espère,
De quel prix est le vœu qu'un fils offre à son père.
Car tel est le pouvoir d'une si sainte loi,
Que, t'unissant à Lui, Dieu s'unit avec toi.
Pour consacrer la pacte entre l'homme et Dieu même,
La victime immolée est ce vouloir suprême   30
Qui, librement offert, librement accepté,
Fait, en se donnant même, acte de liberté.
En compensation d'une si riche offrande,
Si l'homme la reprend, que veux-tu qu'il nous rende ?
Placer utilement ce qui n'est plus à toi,
C'est d'un objet volé faire un honnête emploi.
Sur ce point principal te voilà plus à l'aise.
Mais comme, en renonçant au long vœu qui vous pèse,
L'Église, où tout est bien, semble un peu s'éloigner
Du vrai que je me plais, mon frère, à t'enseigner, 40
Reste encore un instant assis à cette table.
Les mets que je te sers d'une main charitable,
Riches de sucs divins, mais peut-être un peu lourds,
Pour être digérés ont besoin de secours.
Veux-tu que ma leçon t'éclaire et te profite ?
Fais que ton âme s'ouvre et se referme vite.
Il n'est pas de science, ami, sans souvenir :
C'est peu de tout apprendre, il faut tout retenir.

» Deux éléments divers entrent dans ce grand acte :
L'offrande est le premier, le second, c'est le pacte. 50
Quant au pacte, crois-moi, de ce que tu promets
Tu ne peux t'acquitter qu'en n'y manquant jamais,
Je te l'ai fait comprendre en posant mes prémisses.
Ainsi les juifs toujours ont dû leurs sacrifices :

---

(1) Le libre arbitre. (Voy. *Purgat.* ch. XVIII, v 73.) — Sic Milton :
..... Ordain'd thy will
By nature free .. ..   (*Parad perdu*, ch V)

S'ils les ont transformés parfois, tu dois savoir
Qu'ils changeaient d'holocauste et non pas de devoir [2].

» Quant à l'autre élément qui s'appelle *l'offrande*,
Tu pourrais, sans commettre une faute bien grande,
Changer en d'autres dons les gages de ta foi ;
Mais il est dangereux de toucher à la loi, 60
De porter le fardeau d'une épaule sur l'autre,
Si l'on n'a fait tourner les deux clefs de l'Apôtre [3].
Le second vœu devra, si tu crois Béatrix,
Rentrer dans le premier comme cinq est dans six.
Quand un joyau, mon frère, est d'une valeur telle
Que tout autre à côté n'est qu'une bagatelle,
Rien ne se peut offrir en dédommagement.
Que l'homme au sérieux prenne donc le serment ;
Mais que, sans être aveugle, il demeure fidèle.
Évitez de Jephté la piété cruelle. 70
S'il eût dit : *J'ai mal fait*, Jephté, par cet aveu,
Eût été moins pécheur qu'en respectant son vœu.
Le roi des rois fut pris d'une égale folie [4],
En livrant au couteau la belle Iphigénie,
Dont les pleurs font pleurer les sages et les fous,
Quand d'un culte ainsi fait on parle devant vous.
Que dans vos cœurs plus mûrs un meilleur feu s'allume,
Chrétiens ! Ne tournez pas au vent comme la plume.
Sachez qu'à vous laver toute eau ne convient pas.
Vous avez, ô chrétiens, pour éclairer vos pas, 80
Et la loi de Jésus et la loi de Moïse
Et la loi du Pasteur qui gouverne l'Église.
N'est-ce donc point assez pour vous rendre meilleurs ?
Si quelque instinct mauvais vous attirait ailleurs,

---

(2) Par exemple, des fruits, des fleurs, des trophées de guerre, au lieu du sang des victimes.
(3) *Purgat.* ch. IX.
(4) Agamemnon.

Laissez ce guide aveugle à la brute en délire,
Et de vous-même aux juifs ne prêtez pas à rire !
N'imitez pas l'agneau qui, joueur éternel,
Délaisse, pour bondir, le doux lait maternel. »

Béatrix me parla comme je le répète.
Puis, toute à ses désirs, elle dressa la tête 90
Vers le ciel qui se meut plus vite au second rang[5].
Son silence, ses yeux en se transfigurant,
Fermèrent de leur sceau mes lèvres indiscrètes,
Où d'autres questions se tenaient déjà prêtes.
Aussi prompts que le trait qui déjà touche au blanc,
Quand la corde de l'arc siffle encore en tremblant,
Nous étions parvenus à la seconde enceinte.
Dès que son pied posa dans la lumière sainte,
Je vis ma Béatrix prendre un air si riant
Que l'astre en paraissait plus pur et plus brillant. 100
Si l'Étoile changeait pour devenir plus belle,
Je dus bien changer, moi, créature mortelle,
Prête à changer en tout, prête à changer toujours.

Comme au bord d'un vivier, quand viennent les beaux jours,
Les poissons par milliers se pressent dans la voie
Où tout ce qui se meut leur paraît une proie :
Ainsi semblaient vers nous nager mille Splendeurs[6] :
« *Voilà qui grandira mes célestes ardeurs.* »
Tel est le doux appel qu'elles faisaient entendre,
En s'approchant de nous, heureux de les attendre, 110
Et leur joie éclatait sous forme de rayons
Qu'elles dardaient au loin en lumineux sillons.

Si je fermais le livre à la première page,
Tu brûlerais, lecteur, d'en savoir davantage.

---

(5) Voy. *Analyse du Paradis* et *infra*, note 7.
(6) Les Ames bienheureuses, ainsi nommées, en raison de l'éclat qui les enveloppe.

Juge donc, d'après toi, si je fus curieux,
Quand je vis les Élus, de les connaître mieux.

« O fortuné mortel que la grâce autorise
A voir dans sa splendeur la triomphante Église,
Avant d'avoir posé le glaive militant[7] !
Nous sommes embrasés de ce feu qui s'étend   120
Sur tous les points du ciel : si tu veux qu'on t'éclaire,
Parle : nous voilà tous empressés à te plaire. »

Ainsi m'interrogeait l'un des pieux Esprits :
« Parle, parle sans crainte, ajouta Béatrix ;
Crois en eux comme en Dieu.
                        — Je vois, ô sainte Étoile,
Comment de vos splendeurs vous vous faites un voile,
Comment l'éclat déborde et jaillit de tes yeux
Qui, dès que tu souris, brillent si radieux.
Mais j'ignore ton nom et pour quelle œuvre sainte
Tu jouis du bonheur d'habiter cette enceinte   130
Qu'un astre plus brillant cache au regard mortel[8]. »

Telle fut ma parole, et son charme fut tel
Pour l'Ame qui m'avait abordé la première,
Qu'elle s'illumina d'un surcroît de lumière.
Et comme le soleil se dérobe à nos yeux
Par excès de clarté, quand l'ardeur de ses feux
A fondu les vapeurs où d'abord il se noie :
Tel l'Esprit s'effaçait dans l'excès de sa joie.
Puis il me dit, voilé sous un rayon d'amour,
Ce que le chant suivant va redire à son tour.   140

---

(7) Eglise militante, celle de la terre ; Eglise triomphante, celle du ciel.
(8) Mercure caché par Jupiter.

                Texte   139
                Traduction 140

CHANT VI.

—

ARGUMENT. — Deuxième ciel (*suite*). — Justininien. — L'Aigle romaine. — Guelfes et Gibelins.

« Après que Constantin eut fait retourner l'Aigle [1]
Contre le cours des cieux qu'elle avait pris pour règle
En suivant le héros fatal à Latinus,
L'oiseau de Dieu, pendant deux fois cent ans et plus [1],
Se retint aux confins de l'Europe soumise,
Près des monts d'où l'avait tiré le fils d'Anchise.
Là, sous l'abri sacré de ses ailes de feu,
Il gouverna le monde, et, quand il plut à Dieu,
Le fit de mains en mains descendre dans la mienne.
Je fus Justinien, de race césarienne.   10
Plein du premier amour à qui j'obéissais,
J'élaguai de nos lois l'inutile et l'excès.
Avant de me vouer à ma législature [3],
J'attribuais au Christ une seule nature
Et je me complaisais dans mon absurdité.
Mais la foi véritable un jour m'a visité,

---

(1) L'Aigle troyenne avait suivi Enée de Troie en Italie, d'Orient en Occident : devenue le signe de l'empire romain, elle revint d'Occident en Orient, non loin de son berceau, quand Constantin transporta à Byzance (devenue Constantinople) le siège de l'empire.

(2) L'oiseau de Dieu, c'est-à-dire de Jupiter qui, sous la forme d'un aigle, avait enlevé Ganymède, un des fils de Priam.

(3) A la collection des lois connue sous le nom de *Digeste* ou *Pandectes*.

Grâce au pasteur suprême, au pieux Agabite [4]
Qui dirigea mes pas vers le ciel que j'habite.
Je le crus, et je vois clairement aujourd'hui
Que le saint homme avait la vérité pour lui.　　　20
Telle, à côté du blé, tu vois germer l'ivraie
Et la fausse doctrine à côté de la vraie.
Sitôt que je suivis l'Église, à l'Éternel
Il plut de m'inspirer ce labeur solennel
Qui fit mes jours heureux et mes veilles charmées.
Mon Bélisaire seul conduisait mes armées.
La main du Ciel unie à la main du héros
Fut pour moi le signal d'un utile repos.

» A ton premier désir je viens de satisfaire [5] :
Pour rendre cependant ma réponse plus claire,　　　30
Je dois dans ses replis suivre ta question,
Montrer par quelle injuste et folle ambition
Sur l'Aigle sacrocsainte on lève un bras impie,
Dire qui la combat et qui se l'approprie [6] :

» Vois par quelles vertus, forte et sage à la fois,
Aux respects de la terre elle a conquis ses droits.
Dès les premiers essais de son vol, depuis l'heure
Où, pour la faire reine, il faut que Pallas meure [7],
Tu sais que trois cents ans, plus longtemps même encor,
L'Aigle chez les Albins reposa son essor,　　　40
Jusqu'au jour où, vidant une illustre querelle,
Trois héros contre trois combattirent pour elle [8].
Tu sais ce qu'elle fit, mêlant les maux aux biens,
Depuis l'outrage fait aux filles des Sabins

---

(4) Justinien, entraîné d'abord dans l'hérésie d'Eutychès, fut ramené à la vérité par le pape Agapet. (En italien, Agabite.)

(5) C'est-à-dire. Je viens de te dire qui je suis. (Voy. ch. V. v. 129.)

(6) Allusion aux Guelfes et aux Gibelins (Voy. infra, v. 107 et suiv.).

(7) Pallas, fils d'Evandre, tué en combattant contre Enée, fondateur de l'empire romain.

(8) Combat des Horaces et des Curiaces (Pour le surplus, V. Histoire romaine.)

Jusques à la douleur de la chaste Lucrèce,
Sans cesse combattant et triomphant sans cesse.
Tu sais ce qu'elle fit, quand de vaillantes mains
Elevèrent si haut ce signe des Romains,
Contre Brennus, Pyrrhus, les peuples et les princes,
Brisant du même choc et cités et provinces, 50
Au temps où Torquatus et les trois Décius,
Le prudent Cunctator et l'heureux Quintius
(Celui qui dut son nom à sa rude crinière),
Se faisaient immortels sous ma noble bannière.
L'Aigle un jour a brisé, dans son vol triomphal,
L'orgueil des Africains qui, derrière Annibal,
Avaient franchi les rocs des montagnes alpines
D'où le Pô va tombant dans les plaines voisines.
Sous son aile abrités, deux héros, deux enfants,
Scipion et Pompée, ont marché triomphants; 60
Mais son ongle de fer a semblé dur peut-être
Au coteau dévasté dont le pied t'a vu naître.

» Près du temps où le ciel voulut, par son appui [9],
Rendre le monde calme et serein comme lui,
A la voix de César, l'Aigle va quitter Rome.
Tout ce qu'elle accomplit en suivant ce grand homme,
On peut le demander du Var jusques au Rhin,
A l'Isère, à la Seine, à tous ces cœurs d'airain
Pour qui le Rhône encore ouvre ses larges veines,
Après le Rubicon, au sortir de Ravennes, 70
Son vol monta si haut qu'il n'est plume ni voix
Pour suivre son triomphe et chanter ses exploits.
L'Aigle revoit l'Espagne à ses rivaux fatale,
Vole vers Durazzo; puis, aux champs de Pharsale,
Elle élève si haut nos drapeaux triomphants
Que le Nil semble chaud des pleurs de ses enfants.
Sur le vieux Simoïs, sur les débris d'Antandre,
Après mille ans d'exil elle revient s'étendre :

---

(9) Peu de temps avant la venue du Christ.

Dans son sépulcre antique elle visite Hector.
Malheur à Ptolémée ! Elle le frappe encor,   80
Heurte Juba, lui lance en passant son tonnerre,
Vole vers l'Occident et va poser son aire
Aux champs où retentit le clairon pompéien.

» Auguste suit César et ne lui cède en rien.
Brutus et Cassius hurlant dans les ténèbres,
Et Modène et Pérouse et leurs combats célèbres,
Disent assez que l'Aigle écrasa leur orgueil.
La triste Cléopâtre en garde encor le deuil,
Elle à qui le serpent apporta, dans sa fuite,
Les secours d'une mort cruelle mais subite.   90
Auguste emporte l'Aigle aux rives du Jourdain :
Il rend la paix au monde et fait tant que soudain
Du temple de Janus les portes sont fermées.

» Ce que l'Aigle avait fait en guidant nos armées,
Pour son règne mortel ce qu'elle fit plus tard,
C'est peu : tu le verras, mon fils, si ton regard
Pénètre assez avant pour voir et reconnaître
Quelle gloire elle acquit sous son troisième maître.
Ce ciel qui brille en moi lui permit de s'unir
Aux vengeances d'un Dieu toujours lent à punir ;   100
Mais sois bien attentif au discours qui t'étonne :
Elle va, sous Titus (et c'est Dieu qui l'ordonne),
Venger Dieu des vengeurs de l'antique péché [10].
Puis, quand l'affreux Lombard, à sa proie attaché,
Fait sentir sa morsure à l'Église outragée,
L'Aigle suit Charlemagne... et l'Église est vengée.

» Décide maintenant quels furent nos rivaux,
Et juge leurs méfaits, cause de tant de maux.

---

(10) Titus, en prenant Jérusalem, punit les juifs d'avoir crucifié le Sauveur.

L'un à notre bannière oppose le lis jaune [11];
L'autre, à son profit seul, la déploie et la prône,   110
Si bien qu'on ne saurait dire lequel des deux
Est le plus méprisable et le plus dangereux.
Mais que le Gibelin parjure se résigne
A pratiquer son art sous un tout autre signe!
Mal le suivent ceux-là qui mettent leur bonheur
A séparer de lui la justice et l'honneur.
Quant aux Guelfes, vois-tu, quelque haut qu'on en parle,
Ils n'abattront pas l'Aigle avec leur nouveau Charle [12].
Qu'ils se gardent plutôt de sa serre!... Vingt fois,
Des lions plus puissants en ont senti le poids.   120
Plus d'un fils fut puni des fautes de son père.
Dieu n'est pas, crois-le bien, si pressé de leur plaire
Qu'à la place de l'Aigle Il arbore les lis.

» Cette petite étoile est ouverte aux Esprits
Qui, nés pour l'action, ont voulu que leur vie
D'une gloire mondaine après eux fût suivie.
Quand, là-bas, du vrai bien l'homme s'est écarté,
Il est juste qu'en haut l'Éternelle-Clarté
Pose un rayon moins vif sur sa tête moins pure;
Mais chez nous le salaire au travail se mesure.   130
C'est un de nos bonheurs, dans la sainte cité,
Que nul n'ait plus ou moins qu'il ne l'a mérité.

» L'amour, purifié par la vive justice,
Ne peut jamais ici tourner à la malice.
Comme diverses voix forment de doux concerts,
Tels les divers degrés du trône que je sers,
Admis au grand concours des sphères réunies,
Exhalent en roulant de douces harmonies.

---

(11) Le lis jaune (armes de Florence) arboré par le parti guelfe; l'Aigle, (armes de l'empire) arborée, mais mal servie par les Gibelins (Voy. *Vie de Dante*).

(12) Charles d'Anjou, roi de Naples, deuxième du nom : dit *il Novello*, ou le *Boiteux*.

» L'éclat de Roméo luit dans ce diamant[23];
Il fut bien mal payé de son beau dévoûment, 140
Mais bien mal en a pris à l'ingrate Provence
De s'armer contre lui, mon fils; nul ne s'avance
A se faire un tourment de la gloire d'autrui.
Pauvre, obscur, étranger, c'est pourtant grâce à lui
Que, s'élevant au rang des royales familles,
Raymond à quatre rois unit ses quatre filles.
Mais l'envie à son tour, distillant son poison,
Des deniers de l'État lui demanda raison.
Où l'on en voulait six, le juste en donna douze.
Chargé d'ans, pauvre et seul, loin d'une cour jalouse 150
Il partit... Si ce monde insolent et moqueur
Savait dans son exil ce qu'il montra de cœur
En demandant l'aumône aux pâtres de la Dore,
Son nom, déjà béni, le serait plus encore. »

---

(13) Dans cette brillante planète de Mercure. — Romeo ou Romée, devenu de simple pèlerin ministre et favori de Berenger, comte de Provence. — Les quatre filles du comte épousèrent quatre rois saint Louis, Edouard, roi d'Angleterre, Richard, roi des Romains et Charles d'Anjou, roi de Naples.

Texte   142
Traduction 154

CHANT VII.

ARGUMENT. — Deuxième ciel (*suite*). — Béatrix explique le mystère de la Rédemption.

« Hosannah, *sanctus Deus sabaoth*[1] *!*
Superillustrans tua claritate
Felices ignes horum malaoth! »
Et, le front rayonnant d'une double clarté,
Tout en chantant ainsi, la Substance inspirée
Se tourna vers la foule autour d'elle attirée.
L'une vers l'autre alors je les vis s'élancer ;
Je les vis se former en guirlande et danser ;
Puis, comme un tourbillon de vives étincelles,
Dans un lointain subit et lumineux comme elles, 10
Tout avait disparu.

       Plein de trouble et d'émoi :
« Parle-lui, parle-lui, me disais-je à part moi,
Ose l'interroger et demande à ta Dame
Quelques gouttes de l'eau qui désaltère l'âme. »
Mais le profond respect qui trouble mes esprits,
Rien qu'à balbutier le nom de Béatrix,
Me fit baisser le front comme à l'homme qui rêve.
Le maître vint bien vite au secours de l'élève,
Et, faisant rayonner ce sourire vainqueur
Qui jusque dans la flamme eût enivré mon cœur : 20

---

[1] « Gloire à toi, Dieu des armées, qui ajoutes l'éclat de ta splendeur à la splendeur de ces Ames bienheureuses ! » — Au quatrième vers, *une double clarté*, la clarté propre à l'Ame qui parle et celle d'en haut.

« Mon regard infaillible a vu, me dit la Sainte,
De quel doute profond ta pensée est atteinte.
Peut-on frapper, dis-tu, *d'un juste châtiment
Celui qui dans la lutte a frappé justement?*
Frère, de ton esprit je veux chasser le doute.
Ma parole est un don du ciel... écoute! écoute!

» Pour n'avoir pas su mettre un frein à son désir,
Pour avoir cédé trop à l'attrait du plaisir,
L'homme *qui n'est pas né*, l'homme issu de la Grâce[2],
En se perdant lui-même a perdu notre race. 30
Le genre humain, durant bien des siècles, hélas!
Dans de mauvais sentiers s'est égaré là-bas,
Jusqu'au jour où, prenant en pitié notre cendre,
Le Verbe du Très-Haut vers nous daigna descendre
Et s'unir, par l'attrait de l'éternel amour,
A qui l'avait quitté sans espoir de retour.
Lève les yeux et vois où s'élève ma tâche.
Uni d'abord à Dieu, l'homme créé sans tache
N'a perdu son Eden que pour avoir quitté
Les sentiers de la vie et de la vérité. 40

» A ne considérer que la nature humaine,
Nul jamais ne souffrit une plus juste peine
Que celle dont le Christ expira sur la croix;
Mais pour qui réfléchit que c'est le Roi des rois
Qui fut crucifié sous cette humble nature,
Nul ne souffrit jamais une si grande injure.

» D'un seul acte sont nés bien des effets divers :
Si la terre trembla, les cieux furent ouverts,
Et ce sang plut à Dieu comme aux fils de Moïse.
Tu dois donc maintenant montrer moins de surprise, 50

---

(2) Adam, *qui n'est pas né* de la femme, mais de Dieu même (*che non nacque*).

Si je dis que la Cour *a puni justement*
Le sacrilége auteur d'un juste châtiment...
Mais je vois ta raison, de pensée en pensée,
Dans un nouveau lien tomber embarrassée.
Le dénouer, mon frère, est ton plus grand désir.
Tu dis : *Ce que j'entends, je crois le bien saisir;*
Mais je ne comprends pas que Dieu, bien qu'il nous aime,
Pour nous mieux racheter se soit donné lui-même.
Mon frère, un tel décret ne peut être compris
De personne, excepté de ceux dont les esprits   60
Ont grandi dans l'ardeur de la flamme divine.
Beaucoup ont admiré ce que nul ne devine.
Mais moi, je te dirai pourquoi le Ciel voulut
Choisir seul entre tous ce moyen de salut :

» Dieu qui brûle d'amour, qui répugne à l'envie,
Darde si loin les feux où nous puisons la vie
Que le monde est semé des chefs-d'œuvre de Dieu.
Tout ce qu'il a créé d'un seul jet, sans milieu[3],
Vit éternellement, car l'empreinte céleste
Sur tout ce qu'elle touche éternellement reste.   70
Tout ce qui, sans milieu, pleut du sein du Très-Haut
Est libre par essence et pur de tout défaut;
Car il échappe au joug de toute œuvre nouvelle.
Dieu préfère avant tout ce qui mieux le révèle :
Le feu sacré partout rayonne ; cependant,
Qui le réfléchit mieux le reçoit plus ardent.
L'homme brille entre tous par ces prérogatives :
Qu'une seule lui manque ou qu'elles soient moins vives,
Et le voilà tombant de toute sa hauteur.
C'est le péché qui seul de sa chute est l'auteur,   80
Qui du Souverain-Bien lui ravit la lumière
Et l'égare bien loin de la Source-Première.

---

(3) Voy. ch. III, v 88 et note. *Hic*, v. 126 et 141.

Pour rendre le feuillage à ce tronc desséché,
Il faut combler l'abîme ouvert par le péché,
Il faut, il faut au crime égaler la vengeance.
Quand le péché mordit au pied l'humaine engeance,
Elle perdit, hélas! avec sa dignité,
Le paradis terrestre et l'immortalité :
Or, si tu réfléchis, tu dois déjà comprendre
Que ces trésors perdus ne se pouvaient reprendre,   90
Sinon par deux moyens que je résume ainsi :
Ou qu'un Dieu de bonté nous fît grâce et merci,
Ou que l'homme, échappant au péché qui le lie,
Par l'expiation rachetât sa folie.

» Recueille ma parole et, la suivant de près,
Sonde les profondeurs des éternels décrets.
L'être humain ne pouvait, borné dans sa puissance,
S'incliner aussi bas par son obéissance
Qu'il s'était dressé haut en désobéissant ;
Donc, à se racheter l'homme était impuissant ;   100
Donc, pour ramener l'homme aux éternelles joies,
Il a fallu que Dieu recourût à ses voies...
Une seule eût suffi pour nous rouvrir les cieux ;
Mais, comme au Créateur l'œuvre plaît d'autant mieux
Qu'elle porte du bien la marque plus profonde,
La divine Bonté qui s'empreint sur le monde
Daigna, pour vous sauver, suivre un double chemin.
De la première aurore au jour sans lendemain,
Rien de si magnifique et de si grand, mon frère,
Ne s'est produit encore et ne pourra se faire,   110
Pour aider l'être humain à reprendre son rang.
Dieu se donnant lui-même, à coup sûr, fut plus grand
Que s'il eût pardonné par sa seule clémence.
La justice exigeait ce sacrifice immense,
Que le Fils de Dieu même, à nos destins lié,
Revêtit notre chair et fût humilié [1].

---

[1] ... Living to death, and deathing to redeem   (Milton, *Paradis perdu*)

» Mais dans tes moindres vœux, toujours prête à te plaire,
Je reviens sur un point et d'un mot je l'éclaire,
Pour qu'il te soit donné de le voir comme moi.
L'air, le feu, l'eau, la terre, as-tu dit à part toi, 120
Leurs composés divers dont nul ne sait le nombre,
Tendent à se corrompre et passent comme une ombre.
Si ma Dame dit vrai, tous créés comme nous,
A la corruption devraient échapper tous.
Non : la région pure où j'aime à te conduire
Et les anges du ciel ont seuls droits de se dire [5]
Créés par l'Éternel, qui seul les a formés ;
Mais les quatre éléments que ta bouche a nommés,
Les choses qui par eux se font dans l'autre monde
Sont l'œuvre médiat d'une cause seconde. 130
Dieu créa leur substance et confia pour eux
La *vertu formative* à ces cercles heureux [6]
Qui roulent dans l'espace et qu'on nomme *planètes*.
L'âme des végétaux, celle même des bêtes,
Œuvre de second ordre, aux feux du firmament
Emprunte la chaleur et doit le mouvement.
Mais l'Artisan divin, dans sa grâce infinie,
Sans intermédiaire a formé notre vie,
Et s'est fait de l'amour un si divin appui
Qu'elle n'aspire plus à rien autre qu'à lui. 140
La résurrection de la chair avilie [7]
Trouve aussi là sa preuve, à moins que l'on n'oublie
Comment elle se fit, quand de ses propres mains
Le Créateur forma le père des humains. »

---

(5) *Vide supra.* — v. 68 et suiv.
(6) *Vide* ch. II.
(7) *Vide supra*, v. 126, 68 et suiv.

Texte 148
Traduction 144

CHANT VIII.

ARGUMENT. — Le troisième ciel : Vénus. — Charles Martel. Comment un bon arbre peut produire de mauvais fruits.

Le monde, à son grand dam, dans la troisième zone
Se figurait Vénus assise sur un trône,
D'où ses feux rayonnaient sur nos folles amours.
Dans son antique erreur l'homme des anciens jours
Ne se contentait pas des chants, du sacrifice :
Pour honorer la mère et la rendre propice,
On dressait des autels au fils, à Cupidon
Qu'on nous montre bercé dans les bras de Didon.
A celle qu'au début je nommais tout à l'heure
L'homme emprunta le nom de la sainte demeure   10
Qui sourit au soleil sous des aspects divers.
Comment y pénétrai-je en traversant les airs?
Je ne sais; mais ma Dame, en se faisant plus belle,
M'apprit que j'abordais une plage nouvelle.

L'étincelle se voit dans le feu : dans un chœur,
Vous distinguez les voix de tel et tel chanteur,
Quand l'une va, revient et que l'autre s'arrête :
Tels je vis mille Feux dans l'ardente planète,
Tournant plus ou moins vite, et selon que leurs yeux
Semblaient plus ou moins lire au grand livre des cieux. 20
La trombe qui s'arrache à la froide nuée,
Visible ou non visible, eût paru dénuée

De vitesse à quiconque eût vu de tous côtés
Accourir près de nous les divines Beautés.
Tous pour nous faisaient trêve à cette ronde immense
Qui dans le plus haut ciel aux séraphins cmmence.
Derrière les premiers de cette noble cour,
Résonnait l'*hosannah*, tel que, depuis ce jour,
J'ai soif d'entendre encor ces saintes harmonies.

Seul, s'approchant de nous, l'un de ces bons Génies : 30
« Nous voilà tous, dit-il, voulant ce que tu veux,
Tous et prêts à combler le moindre de tes vœux ;
Tous, n'ayant qu'un désir, ne formant qu'une ronde,
Nous suivons en tournant les Princes de ce monde¹
A qui tu dis un jour ces mots révélateurs :
« *O du troisième ciel intelligents moteurs !* »
Et nous sommes si pleins d'amour que, pour te plaire,
Notre chœur interrompt sa course circulaire. »

Moi, quand j'eus humblement interrogé des yeux
Ma Dame et qu'elle eut mis la confiance en eux,   40
J'osai les retourner vers la sainte Lumière
Qui s'était à mes vœux promise la première ;
Je lui dis humblement : « O sublime Vertu,
Puisque tu me souris, dis-moi : qui donc es-tu ? »

Oh ! dès que j'eus parlé, quelle splendeur nouvelle !
Oh ! comme elle se fit plus brillante et plus belle,
Disant : « J'ai vu là-bas à peine vingt printemps :
Si le Ciel parmi vous m'eût laissé plus longtemps,
Bien du mal s'y fera qui n'aurait pu se faire.
Le bonheur qui rayonne autour de moi, mon frère, 50
Est pour moi comme un voile et me cache à tes yeux,
Comme le ver caché dans ses langes soyeux.

---

(1) Les anges auxquels Dieu a confié la direction de cette planète, et pour qui tu as composé la *canzone* commençant par ces mots : *Voi che intendendo..*

LE PARADIS. — CHANT VIII.

Tu m'as beaucoup aimé, non sans raison peut-être[2],
Car, si j'eusse vécu, l'amour qui me pénètre
Eût pour toi, tous les ans, porté plus que des fleurs.

» Un des bords que le Rhône abreuve de ses pleurs,
Quand il a confondu sa course avec la Saône,
M'attendait pour seigneur, et j'aurais eu pour trône
Ce coin de l'Ausonie où, parmi les cités,
Crotone et Gaëta sont justement cités,　　　　　60
Beau pays d'où le Tronte et la Verde profonde
Vont porter à la mer le tribut de leur onde.
Aux lieux que le Danube enrichit en passant,
Quand du pays tudesque à la mer il descend,
Déjà mon front portait la couronne de chêne :
Sur le golfe où l'Eurus en tout temps se déchaîne,
Entre le mont Pachine et l'antique Pélor,
La belle Trinacrie a caché le trésor
Qui fume par le soufre et non plus par Tiphée :
Là devraient commander, fiers d'un si beau trophée, 70
Les neveux que Rodolphe et Charles m'ont donnés.
Mais le joug semble lourd aux gens mal gouvernés,
Et Palerme a su mettre un terme à sa souffrance,
En s'écriant : « *A mort les Français et la France*[3] ! »
Si mon frère écoutait ce grave enseignement,
Il chasserait bien vite et sans ménagement
L'avare pauvreté de cette Catalogne
Qui lui taille à grands frais une rude besogne.
Il est temps de pourvoir par d'autres ou par lui
A ce que son vaisseau, déjà lourd aujourd'hui, 　　80

---

(2) Celui qui parle est Charles Martel, fils aîné de Charles II, dit le Boiteux, roi de Naples. Les diverses contrées qu'il énumère sont la Provence, Naples, la Hongrie, la Sicile où l'Etna exhale des vapeurs produites par le soufre et non pas, comme le dit la Fable, par les soupirs du géant Tiphée. (Voy. v. 69. Voy. aussi *Purgat.* ch. VII, note 8.)

(3) En donnant le signal des Vêpres Siciliennes, 30 mars 1282.

Ne porte pas demain une plus lourde charge.
Cœur, hélas ! trop étroit issu d'un cœur trop large [4],
Il aurait grand besoin, s'il en est temps encor,
D'amis moins empressés à vider son trésor. »

Je repris : « Dans le sein de ce Dieu de clémence
Par qui tout bien finit, par qui tout bien commence,
Tu lis de quel bonheur je m'enivre à ta voix...
Mon bonheur en redouble... Heureux si tu le vois,
En regardant au fond de la Source-Première !
Mais, après le bonheur, donne-moi la lumière. 90
Un doute, en t'écoutant, me vient : c'est que, chez nous,
Un fruit puisse être amer quand le germe en est doux. »

Et lui : « Que sur ce point la lumière se fasse !
Tu lui tournes le dos; tu la verras en face.

» Le Bien, qui fait mouvoir les cieux où tu gravis,
Prête aux divins moteurs de ces mondes ravis
La secrète vertu d'où leur vient la puissance [5].
C'est peu que d'embrasser dans sa parfaite essence
Tous les êtres créés qu'il fit comme il voulut :
En Lui sont, avec eux, leur force et leur salut. 100
Donc, au divin carquois toute flèche arrachée,
Vers une fin prévue encor bien que cachée
Vole comme le trait sous la main de l'archer.
Autrement ce beau ciel, où l'on t'aide à marcher,
Aveugle révolté contre les lois divines,
Au lieu de monuments sèmerait des ruines;
Et tu devrais alors proclamer imparfaits
Et les moteurs des cieux et Dieu qui les a faits......

---

(4) Fils avare d'un père prodigue (*Vide*, note 2.)
(5) *Vide* ch. II.

Dois-je te rendre encor le grand jour plus visible?
— Non, répondis-je, non ; car je crois impossible   110
Que la nature manque à ses propres besoins. »

Et lui, continuant : « Frère, es-tu sûr au moins
Que l'état social convienne à votre monde?
— Oui : ma conviction sur ce point est profonde.
— Et subsisterait-il, si les faibles humains
Ne marchaient pas au but par différents chemins?
Non : ou votre Aristote a cessé d'être un sage. »

M'ayant ainsi conduit de passage en passage,
Il conclut en ces mots : « Donc, dans votre univers,
Il faut plus d'une source à des ruisseaux divers,   120
Pour que l'un soit Solon, pour qu'un autre se nomme
Xercès, Melchisédec, Léonidas ou l'homme [6]
Dont le fils se perdit en s'élevant trop haut.
La circulaire Essence agit comme il le faut,
Imprimant son cachet sur la cire mortelle,
Mais sans approprier sa part à telle ou telle.
Esaü de Jacob diffère, n'est-ce pas?
Et le grand Quirinus est parti de si bas
Qu'on fit de Mars un père au fondateur de Rome.
Le principe engendré, quand il reproduit l'homme,   130
Ferait toujours le fils semblable à son auteur,
S'il ne cédait vaincu par le Divin-Moteur.

» Où la nuit t'aveuglait, le jour enfin t'éclaire.
Mais, pour te prouver mieux combien j'aime à te plaire,
Je t'ai donné la toge : accepte le camail [7].
Quand la nature trouve, au cours de son travail,
Un élément rebelle, elle échoue, ô mon frère,
Comme le grain semé dans un terrain contraire.

---

(6) Dédale, père d'Icare.
(7) J'ai commencé ton instruction, je vais la compléter.

Que ne bâtissez-vous sur le seul fondement
Que pour vous la nature a posé sagement ! 140
Vous en seriez meilleurs et plus heureux peut-être ;
Mais tel naquit soldat dont vous faites un prêtre :
Tels n'étaient qu'orateurs : vous en faites des rois....
Ainsi vous cheminez bien loin des sentiers droits. »

                          Texte   148
                          Traduction 144

CHANT IX.

ARGUMENT. — Troisième ciel (*suite*). — Cunizza. — Foulque de Marseille.

Quand il m'eut éclairé, ton bon Charle, ô Clémence[1],
Me montra les filets tendus sur sa semence :
« Laisse tourner les ans, ajouta-t-il; tais-toi.
Je ne puis tout te dire, ô mortel; mais, crois-moi,
De justes pleurs suivront votre injuste misère. »

Et déjà le regard de la sainte Lumière
Montait vers ce Soleil qui l'emplit de ses feux,
Comme vers le seul bien qui suffise à nos vœux.
O mortels, race aveugle, impie et corrompue,
Qui vers des vanités abaissez votre vue,   10
Que ne l'élevez-vous vers de telles grandeurs !

Soudain, se détachant de ces mille Splendeurs,
Une autre vint à moi, dont la flamme plus claire
Exprimait assez haut le désir de me plaire.
Toujours fixés sur moi, les yeux de Béatrix
Semblaient encourager mon désir. Je repris :
« Daigne, ô vive Clarté, daigne, ô bienheureuse Ame,
Octroyer à ma faim le pain qu'elle réclame.

---

(1) Fille de Charles Martel,. — *Les filets*, les manœuvres tendant à donner les deux Siciles à Robert, frère cadet de Charles (en 1300), au détriment du fils de ce dernier. (Voy. ch. VIII, note 2 et ch. VI, note 13.)

Réponds à ma pensée en parlant : prouve-moi
Qu'elle peut à son gré se réfléchir en toi. » 20

Je dis, et la Splendeur, pour moi nouvelle encore,
Belle Ame toujours prête à servir qui l'implore,
Du fond de sa lumière interrompit ses chants :
« Dans l'impure Italie, et du milieu des champs
Qui, limités entre eux, ont pour bornes certaines
Rialto, Brente et Piave, un fleuve et deux fontaines,
Surgit l'humble coteau que j'ai beaucoup aimé
Et d'où l'on vit descendre un brandon enflammé [2]
Qui fit de la contrée une vaste ruine ;
Nous sommes nés tous deux de la même racine. 30
Cunizza fut mon nom, et si je brille ici,
C'est que de ce beau ciel par la terre obscurci [3]
J'ai senti parmi vous l'influence suprême.
Joyeuse néanmoins, indulgente à moi-même,
Je ne m'attriste plus des fautes que, là-bas [4],
Même au plus repentant vous ne pardonnez pas.

» Regarde par ici ma plus proche voisine,
Dans l'écrin de Vénus fin joyau, perle fine.
Son nom fut grand : cinq fois le siècle aura passé,
Avant que de vos cœurs son nom soit effacé. 40
Gloire à qui veut le bien ! Une si noble envie
Au delà du trépas prolonge votre vie.
Ceux qu'enferment l'Adige et le Tagliamento [5]
Attachent peu de prix à ce doux mémento :
Recevant un soufflet, ils tendent l'autre joue.
Mais le jour n'est pas loin où les fils de Padoue,

---

(2) Azzolin III, seigneur de Romano et tyran de Padoue. — Cunizza, sa sœur. (Voy. *Enfer*, ch. XII, note 7.) — Ici et non *plus haut*, c'est parce que j'ai été trop adonnée à l'amour.

(3) Par la terre, qui passe entre Vénus et le soleil.

(4) Elle a bu l'eau du Lethé. (*Purgat.*, ch. XXXII).

(5) Les Marches de Trévise.

Cruels, avides, sourds à l'appel du devoir,
Changeront la couleur du liquide miroir [6]
Qui baigne de ses flots les remparts de Vicence.
Où Cagnane et Silo confondent leur puissance [7].   50
Tel aujourd'hui gouverne et porte haut le front,
Sur qui, déjà tendus, les filets tomberont.
Feltre aussi pleurera les crimes de son maître [8],
Si cruel que Malta n'enferme pas un traître
Qui, près d'un tel pasteur, ne parût innocent.
Large serait la cuve où tiendrait tout le sang
Qu'un saint prêtre a tiré des veines de Ferrare!
Lourd serait à peser le sang que le barbare
Doit offrir en tribut à ses chers partisans
Accoutumés d'ailleurs à de pareils présents!   60
A de tels fronts vont bien de si tristes couronnes.

» Là-haut sont des miroirs que vous appelez *Trônes* [9],
D'où se reflète en moi l'éclat du paradis,
Si pur que tu peux croire à tout ce je dis. »

Ici l'Ame se tut; moi, la voyant rentrée
Au rang qu'elle occupait dans la ronde sacrée,
Je me dis que sans doute un but plus glorieux
Rappelait loin de moi sa pensée et ses yeux.
Alors l'autre Splendeur, de moi déjà connue [10],
Par un plus vif éclat se fit telle à ma vue,   70
Que jamais d'un rubis frappé par le soleil
Vous ne vîtes jaillir rayonnement pareil.

---

(6) Teindront de sang l'eau des fossés qui, etc.

(7) Deux rivières qui traversent Trévise, gouvernée par Richard de Cammino.

(8) L'évêque seigneur de Feltre, pour plaire au pape, aurait fait massacrer un grand nombre de Ferrarais auxquels il avait donné l'hospitalité. — Malta, prison d'Etat, bâtie sur le lac de Bolsène dans les Etats de l'Eglise.

(9) Ch. XXVIII, v. 25 et 104.

(10) Déjà signalée par Cunizza. Foulque de Marseille, célèbre trouvère au XIIIe siècle.

Bien mieux qu'un long discours ne saurait le décrire,
La clarté dans le ciel, ici-bas le sourire
Expriment le bonheur et la joie : aux enfers
L'ombre trahit le deuil et les tourments soufferts.

« Dieu voit tout, et la vue en Dieu se fait si pure,
Que nulle volonté ne t'apparaît-obscure.
Pourquoi donc tardes-tu, frère, à combler mes vœux ?
Laisse éclater ta voix, sublime écho des cieux, 80
Qui là-haut s'harmonise aux chants des Feux fidèles,
Dévotement voilés sous l'abri de six ailes[11].
Que ne m'est-il permis de pénétrer en toi,
Comme tu ne fais qu'un, ô mon frère, avec moi !
J'eusse, en la devançant, exaucé ta prière. »

Il me fut répondu par la sainte Lumière :
« La plus vaste vallée, où se répand là-bas[12]
L'océan qui vous tient enlacés dans ses bras,
Va contre le soleil et si loin s'aventure,
Entre vingt bords divers de mœurs et de nature, 90
Que la ligne, par vous appelée horizon,
Sert de méridien à sa vaste prison.
C'est sur l'un de ses bords que j'ai vu la lumière,
Entre l'Ebre et Magra, Magra l'humble rivière,
Qui sépare bien peu les Génois des Toscans.
Aux deux extrémités du lac, comme deux camps,
Et comme l'orient à l'occident fait face,
Bugéa fait pendant à l'orgueilleuse place[13]
Où j'ai reçu le jour, où Brutus, en passant,
Aux flots purs de son port mêla des flots de sang. 100

---

(11) Voy. *Purgatoire*, ch. XXIX, vers 101.

(12) La Méditerranée, grande et belle vallée envahie par l'océan qui entoure le monde habité *Contre le soleil*, contre le cours du soleil, d'occident en orient, du détroit de Gibraltar, où commence la Méditerranée, à l'Arabie, où elle finit.

(13) Bougie en Afrique et Marseille en Europe, Marseille qui jadis fut mise à feu et à sang par Brutus, lieutenant de Jules César.

Ceux qui m'ont nommé *Foulque* ont eu raison, mon frère :
Je marque de mon sceau cette brillante sphère [14],
Comme elle me marqua du sien, pendant ces jours
Où l'âge sert d'excuse aux profanes amours.
Coupable envers Créuse, infidèle à Sichée [15],
Didon fut moins que moi par ses feux desséchée,
Hercule sentit moins le joug de son vainqueur,
Quand l'image d'Iole eut envahi son cœur ;
Moins d'amour a brûlé la tendre Rodopée,
Qui par Démophoon fut lâchement trompée. 110

» Du repentir ici nous sommes déliés :
Nous sourions, non pas à des torts oubliés [16],
Mais au *Souverain-Bien,* moteur de toute chose.
Ici nous admirons par quel art Il dispose
Et de si grands effets et ces trésors d'amour
Que du ciel à la terre Il verse tour à tour.

» J'irai plus loin : je veux pleinement satisfaire
Aux doutes qui pour toi sont nés dans notre sphère.
Tu brûles de savoir quelle est cette Beauté
Qui d'un si vif éclat scintille à mon côté, 120
Comme un rayon du jour dans le cristal de l'onde.
C'est Raab, dans sa paix éternelle et profonde [17].
Mêlée aux premiers rangs, elle brille entre tous,
Et sa vive splendeur se reflète sur nous.
Ce ciel dont votre monde obscurcit la lumière [18],
Quand Jésus fut vainqueur, la reçut la première.
Elle dut y monter, comme un signe certain
Du triomphe éclatant, du glorieux destin

---

(14) Je réfléchis mon éclat sur cette étoile (Vénus) dont l'influence a pesé sur moi pendant ma vie.

(15) Créuse, femme d'Enée, aimé par Didon, veuve de Sichée. (V. *Enfer,* ch. V, v. 58 et suiv.)

(16) Foulque a bu l'eau du Léthé (note 4).

(17) Raab, courtisane qui ouvrit à Josué les portes de Jéricho.

(18) V. note 3.

Qu'il fit de ses deux bras à la race mortelle.
Au-devant de Josué nul ne vint avant elle, 130
Sur cette terre sainte, hélas! qui de nos jours
Vainement du Saint-Père implore le secours.
Ta ville (arbre maudit planté par le Rebelle [19]
Qui, tombé d'une sphère et si haute et si belle,
Ouvrit par son orgueil un gouffre de douleur),
Ta ville sème au loin l'abominable fleur [20]
Qui détourne l'agneau de son vrai pâturage.
Elle a fait du pasteur un loup ivre de rage.
Délaissant l'Evangile et tous les saints Docteurs,
Il n'aime à compiler que des édits menteurs, 140
Ainsi qu'il apparaît aux marges du volume.
Voilà le feu sacré dont l'ardeur vous consume,
O pape, ô cardinaux! Vers Nazareth, hélas!
Où vola Gabriel, vous, vous ne courez pas.
Mais le saint Vatican et Rome et chaque pierre
Que mouilla de son sang la milice de Pierre,
Bientôt d'un temps meilleur béniront le retour.
Va!... l'adultère impur touche à son dernier jour.....

---

(19) Satan.
(20) La fleur de lis jaune, armoiries de Florence gravées sur ses florins.
(V. ch. VI, v. 109 et note.

Texte 142
Traduction 148

CHANT X.

ARGUMENT. — Quatrième ciel (le Soleil). — Saint Thomas d'Aquin.

En regardant son Fils avec l'amour suprême [1]
Qui tous deux les enflamme en s'enflammant lui-même,
Dieu disposa partout son œuvre avec tant d'art,
Dieu sut charmer si bien les cœurs et le regard,
Que bien peu de mortels, si même il en existe,
Admirent le travail sans adorer l'Artiste.
Donc regarde, ô lecteur, ce grand ciel où je vois
Deux mouvements unis par de secrètes lois,
Sans se heurter jamais, tourner en sens contraire [2].
Là d'abord, avec moi, commence à te complaire   10
Dans ce divin labeur que le Maître aime tant
Qu'il n'en détourne pas sa vue un seul instant.
Vois : la ligne qui brille entre les autres lignes
Circule obliquement avec les douze signes
Dont les faibles mortels implorent le secours.
Vois : s'ils ne marchaient pas inclinés dans leur cours,
Bien des formes là-haut tout à coup seraient vaines,
Et la vie ici-bas s'éteindrait dans nos veines.
Si de la droite ligne, un peu plus, un peu moins,
L'un d'eux seul s'écartait, soudain, sur tous les points, 20

---

(1) Le Saint-Esprit qui enflamme Dieu le Père et Dieu le Fils, v. 51.
(2) L'équateur et le zodiaque (V. ch. I, note 6).

Nous verrions se briser l'équilibre des mondes.
Assis dans ton fauteuil, rêve à ces lois profondes :
Les vins que je te verse ou que je te promets
Pourront bien t'enivrer, mais te lasser, jamais.
Moi, lecteur, je retourne à l'œuvre commencée,
Qui réclame mon temps, ma plume et ma pensée.

   L'astre, du Roi des rois ministre radieux,
Qui marque notre monde à l'empreinte des cieux
Et mesure le temps à l'éclat de sa lampe,
Gravissait les degrés de la céleste rampe.   30
Uni, je le répète, à ce signe d'amour [3]
Qui nous fait voir plus tôt les choses d'alentour.
J'étais dans le soleil, sans m'être aperçu même
De mon ascension avec Celle que j'aime,
Sinon comme un rêveur qui sent venir à lui
La première pensée avant qu'elle n'ait lui.
Mais il appartenait à mon céleste guide
D'aller du bien au mieux par un vol si rapide
Que ce vol par le temps ne se pût calculer.
Dire de quelle flamme il convient de brûler   40
Pour se faire entrevoir dans une telle sphère,
Non pas par sa couleur, mais bien par sa lumière [4].
Je ne le puis; d'ailleurs à quoi me servirait
L'art, l'esprit, le travail? Nul ne me comprendrait.
Qu'au moins on daigne croire et qu'à voir on aspire !
Si nos esprits sont bas pour un si haut empire,
Faut-il s'en étonner? Le plus audacieux
Jamais sur le soleil n'osa lever les yeux.

   Telle resplendissait la quatrième race
Du Père qui nourrit ses enfants de sa grâce,   50

---

(3) Le signe du Bélier, signe du printemps, de la douce saison, où le jour se lève plus tôt. (v. ch. I, note 6.)

(4) Assez brillante pour dominer même celle du soleil.

Et qui mêle aux trésors échappés de son sein
Les trésors de son Fils et ceux de l'Esprit-Saint.
« Rends hommage au Soleil des anges, mon cher frère [5].
Sa grâce t'a conduit montant de sphère en sphère.
Le visible soleil te reçoit à son tour. »

Je sentis, à ces mots, redoubler mon amour.
La soif de rendre à Dieu mille actions de grâce
N'a jamais dans un cœur occupé tant de place ;
Et j'étais à genoux quand la Sainte eut parlé.
D'une si vive ardeur je me sentais brûlé   60
Que ma Dame un instant sortit de ma pensée.
Elle sourit, bien loin de paraître offensée.
Mais d'un tel feu brillaient ses yeux éblouissants
Que de leur sainte extase ils tirèrent mes sens.
Soudain, autour de nous, douze Splendeurs suprêmes
Firent de nous un centre, un cercle d'elles-mêmes,
Moins brillantes d'aspect que douces par la voix.
Tels, dans les champs de l'air, nous voyons quelquefois
Les vapeurs, effleurant la fille de Latone,
De nuages brillants lui faire une couronne.   70

La cour d'où je reviens, ce beau ciel d'où je sors,
Recèle tant de joie et de si doux accords
Qu'on en perd toute idée en revoyant la terre [6].
Donc, sur les chants du ciel le mieux est de me taire.
Si tu veux les connaître, ô mortel, il te faut
Des ailes pour voler et pour voler bien haut....
Des lèvres d'un muet tu ne dois rien attendre.

Tout en chantant..... (puissé-je encore les entendre !)
Ces Feux autour de nous avaient tourné trois fois,
Comme on voit d'autres feux, mus par de saintes lois, 80

---

(5) Dieu. par opposition au *visible soleil*, v. 55.
(6) (Voy. ch. Ier, v. 5 et suiv.)

Tourner sans fin autour des pôles immobiles.
Et comme, à ne choisir qu'entre les plus habiles,
Nos femmes dans un bal suspendent leur essor,
Attendant d'autres chants pour s'élancer encor,
La ronde s'arrêta ; puis j'entendis : « Chère Ame,
La grâce du Seigneur où l'amour vrai s'enflamme
Daigne aplanir pour toi le sentier défendu,
D'où personne, crois-moi, n'est jamais descendu
Sans brûler du désir de le gravir encore[7].
Qui donc verrait ta soif sans te tendre l'amphore, 90
A moins d'avoir perdu sa pleine liberté,
Comme l'eau du torrent dans sa course arrêté....
Tu veux savoir les noms des Fleurs formant cortége
Autour de la Beauté qui t'aime et te protége?
Je fus un des agneaux sacrés pour les humains[8],
Que guida Dominique, en suivant des chemins
Où le troupeau s'engraisse à moins qu'il ne s'égare.
A droite, ce beau Feu dont rien ne me sépare,
C'est Albert de Cologne, un grand dominicain
Qui fut mon maître ; moi, je fus Thomas d'Aquin. 100
Si tu veux d'autres noms, suis des yeux mes paroles ;
Je vais prendre en suivant dans ces douze Auréoles :

» Sous ce brillant éclair Gratien t'a souri[9] ;
De l'un et l'autre droit Gratien fut nourri :
A notre paradis c'est par là qu'il sut plaire.
Après lui, l'ornement de notre cour, c'est Pierre[10]
Qui fit comme la veuve et n'eut pas besoin d'or
Pour offrir à l'Église un précieux trésor.

---

(7) (V. ch. XXI, v. 27 et suiv ; v. 64.)

(8) Saint Thomas d'Aquin, surnommé l'Ange de l'école, l'Aigle de la théologie.

(9) Auteur des *Décrétales*.

(10) Pierre Lombard, dit le Maître des sentences. La pauvre veuve, suivant saint Luc, offrit au temple deux minots de farine.

La cinquième Splendeur, l'honneur de notre ronde,
Respire tant l'amour que dans votre bas monde 110
Tout homme a faim et soif de la connaître à fond.
Sa lumière recèle un savoir si profond
Que si le vrai, mon frère, est le vrai, je suppose
Qu'elle fut sans seconde à bien voir toute chose[11].
Admires-tu près d'elle un sixième Flambeau?
Nul, vêtu de sa chair, dans un style plus beau,
Ne sut mieux, l'ayant vue, enseigner à la terre
L'angélique nature et son saint ministère.
Un peu moins éclatant que cette illustre sœur,
Sourit des temps chrétiens l'habile défenseur[12] : 120
Augustin avec lui quelquefois se mélange.
Si l'œil de ton esprit a suivi ma louange
De splendeur en splendeur, la huitième Clarté
Doit, pour calmer ta soif, te tenir arrêté.
C'est, pour avoir bien vu, que, du fond de sa flamme,
Rayonne devant toi la pieuse et belle Ame
Qui démontra si bien à ceux qui l'ont compris
Combien le monde est vil et digne de mépris.
Son corps, humble prison d'où le fer l'a ravie,
Gît sous un beau ciel d'or dans un chœur de Pavie; 130
Martyre elle monta, par un trépas cruel,
De la guerre à la paix et de l'exil au ciel[13].
Regarde à côté d'elle et tu verras encore
Flamboyer les rayons de Bède, d'Isidore,
De Richard — plus qu'un homme à commenter la loi[14].
La Splendeur d'où tes yeux se reportent sur moi
Est celle d'un esprit qui, dans ses pensers graves,
Trouva la mort trop lente à briser ses entraves :

---

(11) Salomon. — Puis Denis l'Aréopagite.
(12) Paul Orose, à qui saint Augustin a fait de nombreux emprunts.
(13) Séverin Boèce, mis à mort par Théodoric, roi des Goths.
(14) Bède, dit *le Vénérable*. — Richard de Saint-Victor, grand théologien de la faculté de Paris.

C'est l'immortel éclat de ce savant Seguier [15]
Qui, dans la rue au Fouare, où court le monde entier, 140
Enseigna hautement des vérités jalouses. »

A l'heure où, s'éveillant, la Reine des épouses [16]
Invite ses enfants ensemble ou tour à tour
A prier son Époux pour gagner son amour,
Le *dinn-dinn* matinal des cloches balancées,
En les gonflant d'amour élève nos pensées :
Telle, quand la Splendeur eut cessé de parler,
Je vis d'un même élan la ronde s'ébranler
Et rendre chant pour chant dans un rhythme d'église,
Connu là seulement où l'amour s'éternise. 150

---

(15) Ou Siger, professeur de philosophie, enseignant des vérités *jalouses* (*invidiosi*) — La philosophie combat parfois la théologie.
(16) *La Reine des épouses*, l'Epouse du Christ, l'Église.

Texte 148.
Traduction 150.

CHANT XI.

ARGUMENT. — Quatrième ciel *(suite)*. — Saint Thomas d'Aquin raconte la vie de saint François d'Assise.

Ô désirs insensés des aveugles humains !
Qu'ils sont défectueux, les syllogismes vains
Qui terre à terre, hélas ! vous font battre de l'aile !
A l'aphorisme, au droit prodiguez votre zèle ;
Suivez le sacerdoce, et si vous êtes rois,
Eludez la justice ou violez les lois !
Que tel s'adonne au vol et tel autre au commerce !
Que dans l'oisiveté le fainéant se berce !
Esclave de la chair, que le voluptueux
Use son existence en des plaisirs honteux !   10
Moi, pur de tous ces soins, libre de toute crainte,
Je vais de ciel en ciel, guidé par une Sainte,
Escorté par un chœur de glorieux Esprits [1].

Quand le chant eut cessé, quand chacun eut repris
La place que d'abord il avait occupée,
La guirlande fit halte, autour de nous groupée,
Fixe comme la cire attachée au flambeau.
Puis je vis s'embellir d'un sourire nouveau,
Je vis d'un nouveau feu resplendir la Lumière [2]
Qui s'était à mes vœux offerte la première,   20

---

(1) Voy. *Enfer*, ch. XXII, v. 13.
(2) Saint Thomas d'Aquin (ch. X, v. 100).

Et j'entendis ces mots : « Dans l'éternel foyer
Dont la flamme me brûle et me fait flamboyer,
De ton secret désir je discerne la cause.
Je t'ai laissé le doute et tu veux que j'expose,
En langage accessible à tes faibles esprits,
Les points restés encore obscurs ou mal compris.
Je t'ai dit par exemple : *Où le troupeau s'engraisse*[3];
Je t'ai dit : *Elle fut sans second*... Je m'empresse
D'éclaircir ces deux points et de m'expliquer mieux :

» Le divin Créateur de la terre et des cieux   30
Couvre ses grands desseins d'une nuit si profonde
Que toujours est vaincu le regard qui les sonde.
Pour amener l'Épouse à l'Époux dont le sang,
Sur la croix répandu, l'a mise en si haut rang,
Et pour la lui garder toujours pure et fidèle,
Il chargea deux Élus de veiller autour d'elle[4].
L'un fut tout séraphique en sa pieuse ardeur,
L'autre des Chérubins refléta la splendeur,
Dans les enseignements dont il dota la terre.
Je parlerai de l'un : sur l'autre on peut se taire[5] :   40
Dire et glorifier ce que l'un des deux fut,
C'est assez; car tous deux tendaient au même but.

» Entre Tupin et l'eau qui descend de la cime[6]
Où saint Ubald vécut pauvre et mourut sublime,
Il est un vert coteau suspendu presque droit,
Qui souffle aux Pérugins la chaleur et le froid[7]
Par la Porta-Sole, cachant sur l'autre rive
Gualda tyrannisée et Nocéra captive.

---

(3) Ch. X, v, 97 et 114.
(4) Saint François d'Assise et saint Dominique.
(5) Je parlerai seulement de saint François.
(6) Entre deux petits cours d'eau, nommés Tupino et Chiassi.
(7) La chaleur, par la réverbération des rayons solaires; le froid causé par les neiges dont la montagne est couverte. — La *Porta-Sole*, Porte de Pérouse faisant face à la montagne. — Gualda et Nocéra, deux petites villes soumises à de mauvais maîtres.

A mi-côte, au point même où le rude granit
En fertiles sillons se change et s'aplanit,
Votre monde a vu naître un soleil sans mélange, 50
Pur comme celui-ci l'est parfois sur le Gange[8].
Quiconque veut parler dignement d'un tel lieu
Ne doit pas l'appeler *Assise* : c'est trop peu :
Orient est le nom dont il faut qu'on l'honore.
Il n'était pas bien loin de sa première aurore,
Que déjà dans les cœurs ouverts au repentir
Sa vertu commençait à se faire sentir.
Presque enfant il se mit en lutte avec son père,
Par amour pour la Dame à qui vos cœurs de pierre[9] 60
Ferment, comme à la Mort, les portes du plaisir ;
Et telle fut bientôt l'ardeur de son désir
Que, prenant à témoin sa cour spirituelle[10],
Coram parentibus, il s'unit avec elle ;
Puis, ce nœud se serra plus fort de jour en jour.
Veuve depuis longtemps de son premier amour[11],
Onze cents ans et plus à la glèbe attachée,
Nul, avant qu'il parût, ne l'avait recherchée.
Et pourtant on savait qu'Amiclas, son ami,
Sous le chaume avec elle en paix avait dormi, 70
Sans entendre la voix qui fit trembler la terre[12] ;
Et pourtant on savait que, quand la Vierge-Mère
Était restée au pied de la croix, *elle* encor
Au faîte avec le Christ avait pris son essor.
Mais, pour être plus clair et parler ton langage,
L'hymen des deux amants qu'un tel serment engage,

---

(8) *Celui-ci*, c'est-à-dire le soleil, que notre poëte visite en ce moment. — *Parfois*, c'est-à-dire en été, alors qu'il est plus ardent.

(9) La *Pauvreté*, voy. v. 77.

(10) Le chapitre diocésain, par opposition aux cours laïques. — *Coram parentibus* (en présence des parents), formule de style dans les anciens actes, qui étaient écrits en latin.

(11) Veuve de Jésus-Christ (Voy. v. 60 et 77).

(12) Amiclas, pauvre pêcheur des environs de Pharsale, et qui dormait tranquille entre les armées de César et de Pompée.

C'est l'hymen de François et de la *Pauvreté*.
Cette union sans trouble et sans impureté,
Ces regards pleins d'amour, ces merveilleuses flammes
Dans des pensers pieux entretenaient les âmes. 80

» Bernard fut le premier, vénérable entre tous[13],
A suivre dans la paix les deux humbles époux ;
Et courant, les pieds nus, dans cette âpre carrière,
Il semblait craindre encor de rester en arrière.
O richesse ignorée ! ô véritable bien !
Sylvestre se déchausse avec Egidien[14] :
Tous deux suivent l'époux par amour pour l'épouse.
Puis, au sein d'une cour orgueilleuse et jalouse,
Père et mère s'en vont suivis de leurs enfants,
Sous le cordon de bure humbles et triomphants. 90
Et, bien qu'il fût le fils de Pierre Bernadone,
Bien que reçu partout avec dédain, personne
Ne fit baisser les yeux au mendiant François.
D'un air vraiment royal, au pape Innocent trois
Il exposa ses vœux, et le chef de l'Église
Posa le premier sceau sur sa haute entreprise.

» La foule avait grossi derrière le pasteur
Dont l'admirable vie, offerte au Créateur,
Mieux que chez les humains dans le ciel est écrite :
C'est alors que le vœu de l'humble archimandrite 100
Reçut d'Honorius aidé du Saint-Esprit
Une seconde palme en un second édit.
Altéré de martyre, avec ses prosélytes,
Il s'en alla prêcher les fiers Ismaélites ;
Mais il les vit si durs à la conversion
Que, pour conduire à bien sa haute mission,

---

(13) Bernard de Quintavelle.
(14) Déchaussés, en signe de pauvreté.

Il revint aux doux fruits du champ qui l'a vu naître.
Entre le Tibre saint et l'Arno, le doux maître
Prit sur un dur rocher le stigmate du Christ[15],
Qui demeura deux ans sur ses membres écrit. 110

» Quand il plut à Celui qui l'avait mis en œuvre
D'accorder son salaire au glorieux manœuvre
Qui s'était fait si pauvre en l'honneur de la croix,
A ses fils, héritiers et gardiens de ses lois,
Le Saint recommanda sa compagne fidèle,
Leur disant de l'aimer et de mourir pour elle.
Puis cette âme d'élite, échappée à ses fers,
Retourna souriante au Roi de l'univers,
Ne voulant pour son corps nul fastueux insigne.
Cherche bien maintenant quel collègue fut digne[16] 120
De lancer sur les mers et par les droits chemins,
La barque de Pétrus confiée à ses mains.
Celui-là, mon cher fils, fut notre patriarche[17].
Si tu vois un vaisseau sur lui régler sa marche,
Ce vaisseau, sois-en sûr, est chargé de bon grain.
Mais ses brebis, hélas! s'abandonnent sans frein
A l'attrait périlleux des nouveaux pâturages.
Elles courent sans guide au-devant des orages,
Et plus elles s'en vont loin du doux reposoir,
Plus leur mamelle est vide en y rentrant le soir. 130
Il en est cependant qui craignent l'aventure
Et suivent le pasteur à l'antique pâture,
Mais c'est le petit nombre... On dit avec raison
Que pour filer leur robe il faut peu de toison.
Si tu prêtes l'oreille aux choses que j'ai dites,
Si ma parole est claire et si tu la médites,

---

(15) Les traces des clous et de la lance (Voy. *Vie de saint François d'Assise*).
(16) Saint Dominique.
(17) « Le fondateur de l'ordre auquel j'ai appartenu. »

La moitié de tes vœux est comblée, ô mon fils[18] :
Tu vois l'arbre et tu peux le juger à ses fruits.
Montre un jour au pasteur qui de nous se sépare,
Où le troupeau s'engraisse à moins qu'il ne s'égare. » 140

---

(18) J'ai éclairci un des deux doutes qui te pesaient. (Voy. *supra*, v. 27, 28 et 140, ch. XIII, v. 46.

Texte 139
Traduction 140

CHANT XII.

ARGUMENT. — Quatrième ciel (*suite*). — Saint Bonaventure raconte la vie de saint Dominique.

La Flamme avait à peine achevé son discours,
Déjà la sainte ronde avait repris son cours ;
Mais, dès les premiers pas de ces Roses fidèles,
Voilà que d'autres Fleurs font la chaîne autour d'elles,
Et, bien que séparés, par un accord touchant,
Les deux groupes n'ont plus qu'une danse et qu'un chant [1]
O muses de la terre ! O perfides sirènes !
Vos voix sont, à côté de ces voix souveraines,
Ce que l'ombre est au jour, le reflet aux rayons.
Tels, dans la blanche nue, ici-bas nous voyons,   10
Dès que Junon l'ordonne, Iris ouvrir ses ailes
Et tracer dans son vol deux beaux arcs parallèles,
L'un à l'autre empruntant sa forme et sa couleur ;
Emblème de pardon, céleste avant-coureur,
Garant du pacte saint, grâce auquel ce bas monde
Ne craint plus que jamais le déluge l'inonde [2] :
Telle redit sa plainte aux rochers d'alentour,
La tendre nymphe Écho brûlée aux feux d'Amour,
Comme aux feux du soleil brûle l'herbe des landes :
Tels, ces beaux Lis des cieux, immortelles guirlandes, 20

---

(1) Douze franciscains font la ronde autour des douze dominicains.
(2) *Arcum meum ponam in nubibus et erit signum fœderis*, etc. (*Genèse*, ix).

Unis et séparés tournaient autour de nous,
Rendant de doux accords à des chants non moins doux.

Quand la moindre couronne et la plus large tresse,
Dont l'éclat et les chants décelaient l'allégresse,
Eurent, en mariant leurs Flammes, donné cours
A leur céleste joie, à leurs saintes amours,
Je les vis tout à coup s'arrêter de soi-même,
Comme au signal secret de quelque voix suprême :
Ainsi l'homme à son gré fait manœuvrer ses yeux :
Ouverts ensemble, ensemble ils se ferment tous deux. 30
Du milieu des Élus de la ronde nouvelle,
Une voix s'éleva ; je me tournai vers elle
Comme le fait l'aimant vers l'étoile : « L'Amour
Veut, en m'embellissant, que je parle à mon tour
De l'autre saint Pasteur que l'on t'a fait connaître [3]
En élevant si haut celui qui fut mon maître.
Où vient l'un, vienne l'autre! Unis pour les combats,
Que la gloire à son tour ne les sépare pas!

» La milice du Christ, à grands frais réarmée,
S'ébranlait lentement, rare, froide, alarmée,   40
Quand l'Empereur, qui règne et gouverne toujours,
Prit en pitié son peuple et vint à son secours,
Non par justice, hélas! mais seulement par grâce.
A son Épouse en pleurs, à sa timide race
Il donna deux appuis dont l'exemple et la voix [4]
Ramenèrent les cœurs à l'amour de la croix.
Sur ce point de la terre où le zéphir se lève [5],
Pour tirer doucement le bourgeon de la séve
Et prêter à l'Europe un verdoyant bandeau,
Non loin des bords brûlants battus par la grande eau 50

---

(3) Saint Thomas, dominicain, vient de glorifier saint François d'Assise : saint Bonaventure, franciscain, va faire l'éloge de saint Dominique.

(4) Saint Dominique et saint François d'Assise.

(5) L'Espagne, voisine de l'Afrique, d'où nous vient la chaleur.

Où s'éteint chaque soir le doux flambeau du monde,
Callaroga s'élève orgueilleuse et féconde,
Sous la protection du formidable écu
Où le lion figure en vainqueur, en vaincu [6] :
Là naquit cet amant de notre loi chrétienne,
L'athlète qui lutta pour ma foi, pour la tienne,
Doux aux siens, redoutable à ses seuls ennemis.
Avant qu'il vît le jour, l'Esprit-Saint avait mis
Tant de force et de feu dans cette âme parfaite
Qu'il inspirait sa mère et la rendit prophète [7].   60
Quand, sur les fonts sacrés de la divine loi,
Le prêtre eut marié le chrétien et la Foi,
L'un par l'autre dotés de l'éternelle grâce,
La femme qui de lui répondait à sa place
Vit en songe à son tour quels admirables fruits [8]
Apporteraient au monde et cet homme et ses fils.
Puis, pour vérifier ce merveilleux présage,
Un ange descendit qui fit donner au sage
Le grand nom du Seigneur, qu'il contemple aujourd'hui.
Il fut dit DOMINIQUE et je parle de lui [9]   70
Comme d'un ouvrier que Jésus trouva digne
De cultiver son champ et d'émonder sa vigne.

» On vit bien s'il était un serviteur du Christ;
Car son premier amour se trouve tout écrit
Dans le premier conseil du Maître au saint apôtre [10].
Souvent, calme, éveillé, sa nourrice ou tout autre

---

(6) Les armes de l'Espagne sont un lion sur une tour et une tour sur un lion.

(7) Pendant sa grossesse, la mère de saint Dominique aurait vu un chien blanc et noir portant dans sa gueule un flambeau.

(8) La marraine du nouveau-né l'aurait vu en songe ayant une étoile sur la nuque, une autre sur le front, éclairant ainsi l'Orient et l'Occident.

(9) De *Dominus, Seigneur.*

(10) *Vade, vende quæ habes et da pauperibus.* (Paroles de Jésus-Christ à saint Pierre.)

Le trouva sur le sol, comme pour dire à tous :
Voyez; je suis venu pour cela parmi vous.
Que le nom de Félix allait bien à son père !
Et que le nom de Jeanne indiquait bien sa mère, 80
Si ces mots ont le sens que disent vos auteurs[11] !
Pour devenir bientôt un des plus grands docteurs
Il ne se mêla point à la foule attardée,
Bégayant les leçons d'Ostiens et de Taddée[12].
A la manne du Christ empruntant sa vigueur,
Il se mit à sarcler la vigne du Seigneur,
Qui se fane bien vite aux mains d'un méchant homme.

» Dominique à son tour fit sa demande à Rome[13],
Alors plus secourable aux pauvres qu'aujourd'hui
(Je m'en prends au pontife et n'accuse que lui) ; 90
Il demanda... non pas quelque gros bénéfice,
Ni des biens mal acquis, *sauf un quart à justice,*
Nec decimas quæ sunt pauperum Domini ;
Mais le droit de combattre avec un fer béni
Quiconque attaquerait la plante sainte et bonne[14]
Dont vingt-quatre rameaux te font une couronne.
Puis, vainqueur du refus qu'il avait affronté,
Moins grand par ses pouvoirs que par sa volonté,
Comme l'eau du torrent que l'orage a grossie,
Jusque dans sa racine il frappe l'hérésie. 100
Et son choc contre l'arbre est plus rude et plus fort,
Où le mal plus profond lutte avec plus d'effort.

---

(11) Félix, *heureux*, Jeanne ou Johanna signifie *gratia Dei*, grâce de Dieu.

(12) Le cardinal Ostiens commentateur des *Décrétales* de Gratien. (Ch. X, v. 103.)

(13) *A son tour*, comme avait fait avant lui François d'Assise. (Ch. XI, v. 88 et 94.)

(14) La foi, dont vingt-quatre représentants forment en ce moment une double couronne autour de toi.

Débordant de son lit, vingt rivières plus lentes [15]
Des jardins de la foi vont arroser les plantes
Et faire à la récolte une plus large part.

» Si tel fut, ô mon fils, un des essieux du char,
Du haut duquel l'Eglise, aux champs comme à la ville,
Etouffa les brandons de la guerre civile,
Tu peux te prosterner devant l'autre soutien [16]
Dont Thomas, avant moi, t'avait dit tant de bien.   110
Mais on conduit le char hors de la sainte ornière
Que nos chefs ont creusée au seuil de la carrière :
Le tartre du vieux vin a fait place au moisi [17].
Les disciples du saint que Dieu même a choisi
Ont d'abord marché droit sur les traces du maître :
Depuis, tous à l'envi se complaisent à mettre
Les talons où posait la pointe de nos pieds.
Leurs torts seront un jour rudement expiés :
A l'œuvre on jugera l'ouvrier, quand l'ivraie,
Qui trop souvent se mêle à la semence vraie,   120
Gémira, justement jetée hors du grenier.
Dans notre long volume (à quoi bon le nier?)
En cherchant feuille à feuille, on trouverait peut-être
Une fois ces deux mots : *Je suis fidèle au maître*.
Casal, Acquasparta ne songent pas assez [18] !
A respecter la loi qui nous tint enlacés.
L'une l'adoucit trop, l'autre la fait trop dure.

» Mon fils, je suis l'Esprit de saint Bonaventure [19]
De Bagnoreggio qui, dans ses hauts emplois,
Compta pour peu le monde et fut sourd à sa voix.   130

---

(15) Vingt ordres divers issus de l'ordre des dominicains.
(16) Devant saint François d'Assise. (Ch. XI, v. 40 et et suiv.)
(17) *E la muffa dov' era la gromma,* expression proverbiale pour indiquer que l'ordre a bien dégénéré.
(18) Deux villes d'Italie ou se trouvaient deux couvents de franciscains.
(19) L'un des généraux de l'ordre.

Ici, près d'Augustin, Illuminato brille[20].
Ils furent des premiers dans la pauvre famille
Qui, par le saint cordon, s'est attachée à Dieu.
Hugues de Saint-Victor resplendit au milieu :
Là, Pierre le Mangeur, ici Pierre d'Espagne,
Auteur de douze écrits que la grâce accompagne ;
Le prophète Nathan, le métropolitain
Saint Chrysostome, Anselme et ce bon Donatin
Qui daigna prodiguer ses leçons au jeune âge.
Plus loin brille Raban et, dans mon voisinage,   140
L'abbé Joachimo, le savant Calabrais
Qui du sombre avenir pénétra les secrets.
De saint Thomas d'Aquin l'ardente courtoisie,
Le charme d'une langue en ton honneur choisie,
Ont conduit ces Splendeurs à chanter avec moi
Le plus grand Paladin de notre sainte foi[21]. »

---

(20) Disciples de saint François : saint Victor, célèbre théologien surnommé la Langue de saint Augustin ; Pierre Comestor, auteur de l'*Histo re scolastique*, inhumé à Paris dans l'église Saint-Victor : Nathan, qui gourmanda le roi David ; Chrysostome, archevêque de Constantinople ; Anselme ; Raban, écrivains du IXe siècle ; Joachim, fondateur du couvent de Cozence

(21) Saint Dominique.

                                      Texte   145
                                  Traduction 148

CHANT XIII.

ARGUMENT. — Quatrième ciel *(suite)*. — Saint Thomas d'Aquin reprend et explique sa seconde proposition.

Si tu veux bien saisir, si tu veux bien comprendre
Ce que je vis alors, ce que tu vas entendre,
Imagine, ô lecteur! et prends soin d'attacher
L'image à ton esprit, comme l'ancre au rocher.
Figure-toi d'abord quinze entre mille étoiles
Qui sur des bords divers perçant l'air et ses voiles,
Surpassent en éclat tous les astres du soir ;
Prends le Char de David, à qui, pour se mouvoir [1],
Notre humble ciel suffit tellement que sa roue,
Nuit et jour, librement, y manœuvre et s'y joue.   10
Détache deux rubis de cette corne d'or
Qui, sur l'essieu du char, prend son brillant essor
Et que le premier ciel en tournant environne.
Forme de ces joyaux une double couronne [2],
Comme l'avait au front la fille de Minos,
Quand par la froide mort ses beaux yeux furent clos.
Partage en deux moitiés ces splendeurs, de manière
Que la seconde tresse entoure la première.

---

(1) La constellation nommée *Chariot de David*. 7 étoiles ajoutées à 15, plus 2 prises dans la Petite-Ourse, en tout 24, nombre égal aux 24 Bienheureux qui dansent autour de notre poëte.

(2) La couronne que Bacchus prit au front d'Ariane pour l'attacher au ciel
. ... Sumptam de fronte coronam
Immisit cœlo..... (Ovide, *Métam.* VII)

Elles te donneront un reflet affaibli
Des feux qui m'entouraient de leur double repli.   20
De la sainte cité les splendeurs sont aux nôtres
Ce que le plus grand ciel qui tourne autour des autres
Est à la Chiana pour la rapidité [3].
On y chante, ô mortels, une divinité
Qui ne s'appelle pas ou Bacchus ou Pénée,
Mais qui de l'Esprit-Saint et de la Vierge est née,
Immuable et mortelle, une et triple à la fois.

Tout cessa cependant, et la danse et les voix,
Et, s'arrêtant pour nous, les Ames radieuses
Changeaient ainsi de soins sans être moins joyeuses.   30
Celle qui m'avait peint naguère, en traits de feu [4],
La vie et les vertus du pauvre enfant de Dieu,
Prit la parole et dit : « Puisque chacun travaille
A séparer pour toi le froment de la paille [5],
L'amour veut que j'achève, et je vais à mon tour
Vanner l'autre moitié, comme le veut l'amour.

» Tu t'es dit bien des fois: *La raison la plus haute,*
Dut échoir tout d'abord à celui dont la côte
Servit à façonner la belle et faible chair
Dont le fol appétit nous a coûté si cher;   40
Puis à cet autre cœur, déchiré par la lance,
Qui du Juge éternel fit pencher la balance,
Tant dut avoir de prix l'offrande de son sang.
Je t'ai donc bien surpris tout à l'heure, en disant
Que l'Elu renfermé dans l'une de ces Flammes
N'avait pas de second parmi les autres Ames [6].

---

3) Ce que le ciel le plus rapide est à une rivière qui coule très-lentement.

4) Saint Thomas d'Aquin (voy. ch X).

5) Ch XII, v 128 et suiv.

6) Salomon, voy. ch X, v. 114.

A ce que je réponds ouvre les yeux et vois.
Tout ce que je t'ai dit et tout ce que tu crois,
Tendant au même but, est, malgré l'apparence,
Ce que serait le centre à la circonférence. 50

» Immortels ou voués à la mort en naissant,
Tous ne sont qu'un reflet de l'Astre éblouissant.
L'amour les a conçus et l'amour les enfante.
Cette vive clarté (qui jaillit triomphante,
Sans cesser d'être unie au foyer paternel
Qu'alimente sans fin un amour éternel)
Daigne se réfléchir dans neuf grandes Essences [7].
Du faîte descendue aux dernières Puissances,
Toujours une partout, bien qu'en se partageant,
Dieu la donne plus faible à l'être contingent, 60
A ces créations que, dans son orbe immense,
Le mouvement produit avec ou sans semence.
Mais la cause et l'effet, la source et le ruisseau
Ont des destins divers et, sous le même sceau,
La cire se révèle ou plus ou moins brillante.
De là, suivant l'espèce et sur la même plante,
Il est des fruits plus doux et d'autres plus amers.
De là, vous naissez tous avec des goûts divers [8].
Si le cachet sur tous était marqué de même,
Si la vertu du ciel était partout suprême, 70
Partout du même éclat brillerait le flambeau.
Non : l'humble vêtement se donne par lambeau,
Et dans ses procédés la nature ressemble
A l'artiste qui sait, mais de qui la main tremble.
Quiconque, sans réserve, a reçu le bienfait
De la Vertu-Première, est un être parfait :
Tel le premier limon que le ciel jugea digne
De porter sur son front un immortel insigne :

---

(7) Les neuf sphères célestes. (*Vide* anal. du *Parad.* et *passim.*)
(8) Voy. ch. VIII, v. 120 à 132

Tel le fils que Marie enfanta sans péché.
De ton opinion je suis bien rapproché ; 80
Car je dis comme toi que jamais la nature
Ne fit et ne fera semblable créature...
Si je m'arrêtais là, tu dirais : *Comment donc
L'autre dont il parlait n'a-t-il pas de second?*
Le vrai se cache encor, mais il va t'apparaître.
Pense à ce qu'il était, à ce qu'il voulait être,
Le prince dont le nom perce dans mon discours,
Le prince à qui Dieu dit *Demande* et qui toujours [9]
Demanda la sagesse à Celui qui la donne,
Pour porter dignement le poids de la couronne. 90
Il ne demanda pas, comme tant de docteurs,
En quel nombre les cieux ont leurs premiers moteurs [10],
*Ni si le contingent qu'un monde étroit enserre
Au nécessaire uni forme le nécessaire,
Ni si « donare sit primum motum esse »,
Ni si d'un demi-cercle artistement pressé,
L'on peut, sans angle droit, composer un triangle.*
Aux reins de ton esprit serre donc bien la sangle :
Tu verras que mon trait vise au Sage royal
Qui fut toujours sans maître et n'eut jamais d'égal, 100
J'entends *parmi les rois :* si ton âme est sensée,
Tu ne dois pas plus loin étendre ma pensée.
Il est beaucoup de rois : de bons, il en est peu.

» Que ces distinctions comblent ton dernier vœu [11] :
Ce que tu dis du Christ et d'Adam, n'a, je pense,
Rien qui ne soit d'accord avec ce que j'avance.
Mets ce plomb à tes pieds pour retenir tes pas,
Et marche lentement comme un homme un peu las,

---

(9) Dieu dit à Salomon. *Postula quod vis. — Dabis servo tuo cor docile.*
Et Dieu reprend : *Nullus, ante te similis tui fuerit* (Livre des *Rois.*)
(10) Textes empruntés aux puériles disputes de l'École.
(11) Ch. XI, v. 137 et note, *loc.* v. 44 et suiv.

Quand le *non* ou le *oui* se dérobe à ta vue.
Parmi les plus grands fous une place est bien due 110
A celui qui, fécond en stériles discours,
Va toujours affirmant ou bien niant toujours.
L'opinion commune est souvent insensée :
L'amour-propre souvent obscurcit la pensée :
Tel qui va loin en mer pêcher la vérité,
Rentre au port moins hautain que quand il l'a quitté.
S'il fallait des témoins aux choses que j'atteste,
Vois Mélisson, Brissus, Parménide et le reste [12]
De tous ces insensés qui vont sans savoir où.
Près du fou Sabellon, vois Arius le fou, 120
Dont la plume maudite aux saintes Écritures
Fut comme un instrument de gêne et de tortures.
Juge donc lentement : un homme de raison
Doit, pour peser la gerbe, attendre la moisson.
J'ai vu pendant l'hiver de noirs buissons d'épines
Se couvrir au printemps de roses purpurines ;
J'ai vu, la voile au vent, des vaisseaux de haut bord
Braver la haute mer et sombrer dans le port.
Crois-tu que maître Jacque ou que tel autre maître,
Parce qu'il aura vu l'un voleur, l'autre prêtre, 130
Pour les juger tous deux avec Dieu soit d'accord ?
L'un peut se relever, l'autre faillir encor. »

---

(12) Noms de sophistes et hérésiarques célèbres. — Admirables, ces trente-cinq derniers vers !

Texte 142
Traduction 132

CHANT XIV.

ARGUMENT. — Quatrième ciel (*suite*). — Cinquième ciel (Mars). — La Croix lumineuse. — Les Champions de la foi.

Dans un vase arrondi l'eau que l'on tient captive
Va de la rive au centre et du centre à la rive,
Suivant que l'on agite ou le centre ou le bord.
Cette observation me frappa tout d'abord,
Quand j'entendis aller et venir la parole
Entre ma sainte Dame et l'Ange de l'école,
Quand, Thomas se taisant, il plut à Béatrix
De renvoyer ces mots aux bienheureux Esprits :
« Le pécheur repentant qui me suit et qui m'aime,
Bien qu'il se taise encore et sans y penser même,   10
Veut puiser à sa source une autre vérité.
Dites-lui donc, ô Fleurs, si la sainte clarté
Qui vous épanouit et vous renferme en elle,
Avec vous restera dans la vie éternelle ;
Et, si vous la gardez, quand l'âme avec le corps
Se refera visible aux regards du dehors,
Vos yeux enveloppés de ces clartés parfaites
N'en souffriront-ils pas ? »   Dans nos bals, dans nos fêtes,
L'aiguillon du plaisir accélère parfois
Les élans de la danse et les accords des voix :   20
De même l'oraison de ma sainte Maîtresse,
Des deux cercles unis redoublant l'allégresse,

Fit la ronde plus vive et les chants plus joyeux.
Tout mortel qui se plaint parce que, jeune ou vieux,
Tous nous devons mourir pour gagner l'autre vie,
Ignore la fraîcheur de la divine pluie.

Celui qui vit sans fin, un et triple à la fois,
Qui sans fin règne seul, bien qu'il soit deux et trois,
Qui borne toute chose et que rien ne limite,
A trois fois fut chanté par ces Ames d'élite, 30
Dans un rhythme si doux que le plus pur chrétien,
Admis à l'écouter, n'aurait plus droit à rien.
Du plus petit anneau la plus pure étincelle[1]
Fit entendre une voix modeste comme celle
Du bel ange envoyé vers Marie : « O ma sœur,
Tant que le paradis gardera sa douceur,
Notre amour gardera son brillant diadème.
L'éclat vient de l'ardeur, et l'ardeur elle-même
Vient de la vision, plus vive pour celui[2]
A qui la grâce accorde un plus solide appui. 40
Quand nous aurons repris nos chairs saintes et belles[3],
D'un surcroît de splendeur nous brillerons par elles,
Car d'autant grandira l'amour brûlant et saint
Que Dieu donne aux Élus pour mieux voir dans son sein.
Dès que la vision s'éclaircit, ô belle Ame,
L'ardeur doit s'agrandir au foyer qui l'enflamme,
Le rayon doit plus pur s'élancer de son lit ;
Mais comme le charbon, d'où la flamme jaillit,
Perce de sa blancheur le feu qui l'environne
Et demeure visible à travers sa couronne, 50
Ainsi de ce manteau, qui nous est doux et cher,
L'éclat sera vaincu par l'éclat de la chair

---

(1) L'anneau, le cercle des douze dominicains enveloppés par les douze franciscains. (Voy. ch. X, v. 65 et ch. XII, v. 4.)
(2) La vision, le don de voir Dieu.
(3) Voy. *Enfer*, ch. VI et ch. XIII.

Qui dans son froid cercueil est encore gisante.
Pour nous cette splendeur ne sera point pesante;
Les organes du corps seront par le Seigneur
Disposés pour suffire à l'excès du bonheur. »

A ces mots, s'éleva de la double Guirlande,
Un *amen* général, doux tribut, douce offrande,
Doux appel à leurs corps dans la tombe endormis;
Appel peut-être même aux corps de leurs amis, 60
A ce qu'ils ont nommé leurs pères et leurs mères
Avant d'être là-haut d'éternelles Lumières.

Tout à coup au-dessus de ces chœurs radieux [4]
Une égale clarté sembla luire à mes yeux,
Comme notre horizon quand soudain il s'éclaire.
Telles, et quand la nuit recommence à se faire,
Des lueurs dans les cieux percent à chaque pas,
Mais si vagues que l'œil y croit et n'y croit pas :
Telles, bien en dehors des deux circonférences [5],
Je vis poindre et tourner de nouvelles Essences. 70
O véritable ardeur de l'Esprit trois fois saint!
Comme, au soudain rayon échappé de ton sein,
J'abaissai vivement ma débile prunelle!
Mais ma Dame se fit si riante et si belle
Qu'il faut bien l'ajouter aux célestes appas
Qu'on ne peut ni saisir ni dépeindre ici-bas.

Quand mon œil eut repris la force nécessaire
Pour s'élever, je vis qu'une plus haute sphère,
Seul avec Béatrix, allait me recevoir,
Et je m'aperçus bien que je montais, à voir 80
Le sourire enflammé de l'étoile inconnue
Qui d'un plus vif éclat éblouissait ma vue.

---

(4) Une autre sphère, Mars.
(5) Des deux Guirlandes. (Voy. *supra*, note 1.)

Alors, de cet accent si profond et si doux
Qui, s'exhalant de l'âme, est le même pour tous,
J'offris à Dieu, pour prix d'une grâce nouvelle,
L'holocauste d'un cœur dévotement fidèle.
Du sacrifice offert l'encens brûlait encor,
Et je savais déjà que mon humble trésor
Était bien accueilli par le souverain Maître ;
Car une croix de feu venait de m'apparaître   90
Brillant d'un tel éclat que tout bas je me dis :
« Hélios, Hélios, comme tu resplendis ! [6] »

Ainsi, d'un pôle à l'autre, et gardant sous ses voiles
Le sceau qui le distingue à travers mille étoiles,
Le sentier de Junon dans les cieux est ouvert [7] :
Tel, dans ses profondeurs, Mars m'apparut, couvert
De rubis constellés dont la quadruple ligne
Formait en se croisant le vénérable Signe [8].
Mais, hélas ! ma mémoire a vaincu mon esprit ;
Car sur le bois divin resplendissait le Christ,   100
Tel que j'essaie en vain d'en retracer l'image.
Ceux qui suivent le Christ en lui rendant hommage
Excuseront mes vers si pâles et si froids,
Quand ils verront le Christ flamboyer sur sa croix [9].

Là, d'une branche à l'autre et du faîte à la base,
Se cherchant, s'évitant et variant leur phase,
Des milliers de Splendeurs dardaient leurs traits de feu.
Ainsi, lourds ou légers, le soleil met en jeu,
Allonge ou rétrécit en bataillons d'atomes,
Impalpable lumière, éblouissants fantômes,   110
Bercés sur un rayon qui perce de son dard
L'ombre que nos rideaux forment avec tant d'art.

---

[6] *Hélios*, en grec, *soleil*, c'est-à-dire *Dieu*.
[7] La *Galassia*, la voie lactée.
[8] L'image de la croix.
[9] Le mot *Christ* répété trois fois avec intention, comme dans le texte.

Et comme en mariant la harpe avec la viole,
On forme un doux *tinn-tinn* où nul son ne s'isole,
De même les Splendeurs, en mariant leurs voix,
D'un tel flot d'harmonie enveloppaient la croix
Que, sans comprendre rien, mon âme était aux anges.
Je distinguai d'ailleurs que c'étaient des louanges,
En saisissant ces mots : « *Relève-toi vainqueur* [10]. »
Mon oreille entendait ; je compris par le cœur.   120

Je m'enamourais là d'une amour si profonde
Que jamais jusqu'alors nulle autre chose au monde
N'avait serré mon cœur de liens aussi doux,
Pas même les beaux yeux que j'adore à genoux...
Me pardonnera-t-on un tel excès d'audace ?
Moi ! faire ainsi descendre à la seconde place
Celle qui d'un regard met le comble à mes vœux !
Mais si l'on réfléchit, en pesant mes aveux,
Que plus on monte haut, plus la Source-Première,
Verse sur la beauté ses torrents de lumière [11],   130
Que, trop heureux déjà, je n'avais pas encor
Vers les plus hauts sommets pris un dernier essor,
On pourra m'excuser, j'espère, de la faute
Que, sans déguisement, je confesse à voix haute :
Ma Dame, par degrés embellie à mes yeux,
Mesurait sa splendeur à la hauteur des cieux ;
Je dois gravir encor et gravir jusqu'au faîte,
Pour atteindre l'aspect de la Beauté parfaite.

---

(11) Christ, relève-toi vainqueur de la mort, paroles empruntées à l'hymne que Dante met dans la bouche des Elus.

(11) Béatrix apparaît plus belle, à mesure que, montant de sphère en sphère, elle se rapproche de Dieu. (Voy. ch. XXI, v. 7 et 8 et *passim*.)

CHANT XV.

—

ARGUMENT. — Cinquième ciel (suite). — Cacciaguida, trisaïeul de Dante. — Les mœurs anciennes de Florence.

Comme l'esprit du mal souffle l'iniquité,
C'est l'amour qui nourrit l'esprit de charité :
Ce bienveillant vouloir que Dieu lui-même inspire
Fit taire en mon honneur et les chants et la lyre
Qui, sous la main du Ciel et soumise à ses lois,
Mêle son harmonie au doux concert des voix [1].
Pourront-elles rester sourdes à mes prières,
Ces sœurs de Béatrix, immortelles Lumières
Qui, pour m'inviter mieux à demander encor,
Donnaient à leur silence un si touchant accord ? 10
Oh ! comme il doit s'attendre aux douleurs éternelles,
Celui qui par amour pour les choses mortelles,
Repousse de son cœur le véritable amour !

Telle, dès que la nuit a remplacé le jour,
De moment en moment, dans l'air pur et limpide,
Une lueur paraît qui, brillante et rapide,
Sillonne comme un trait le vaste champ des cieux
Et trouble la pensée en captivant les yeux.
On dirait une étoile ayant changé de place,
N'était que sur les points où la lumière passe   20

---

[1] Le désir de me complaire, en répondant à mes questions, suspendit les chants des Élus.

Nulle étoile ne manque et qu'elle dure peu :
Telle, du faîte au pied de la croix tout en feu,
Une Étoile en filant près de moi vint s'abattre,
Comme un flambeau caché dans un vase d'albâtre ;
Glissant le long des bras qui semblaient la lier,
La perle descendit sans sortir du collier :
Telle (à le dire au moins mon maître m'autorise)
Au-devant de son fils courut l'Ombre d'Anchise ².

« *Progenies, Dei gratia perfusa* ³,
Cui bis unquam fuit janua reclusa,   30
Sicut tibi fuit? »
               Ainsi dit la Lumière
Comme pour attirer mes regards la première.
Puis je tournai les yeux vers ma sainte Beauté,
Et je fus stupéfait d'un et d'autre côté.
Dans les yeux de ma Dame ardait un tel sourire
Que du doux paradis où tout mortel aspire
Mes regards un instant crurent toucher le fond ⁴.
L'Ame à l'aspect si noble, au parler si profond,
Reprenant son discours, me dit de telles choses
Qu'elles étaient pour moi comme des lettres closes. 40
Et ce n'est point par choix, mais par nécessité
Qu'elle trompait ainsi ma curiosité :
Trop de grandeur troublait l'humble enfant de la terre.

Quand l'arc d'un tel amour aussi brûlant qu'austère,
Fut assez détendu pour que l'Élu du ciel
Abaissât son langage au niveau d'un mortel,
Voici les premiers mots que je pus bien comprendre :
« Dieu, triple en un seul Dieu, toujours prêt à m'entendre,

---

(2) Voy. *Énéide*, ch. IV...

(3) O mon fils, toi que Dieu inonde de sa grâce, à quel autre mortel la porte des cieux fut-elle ainsi deux fois ouverte ?

(4) Voy. ch. XIV, note 11.

Sois béni ! Sois béni, toi qui sur mes neveux,
Avec tant de bonté daignes jeter les yeux ! » 50
Puis, se tournant vers moi : « Grâce à l'appui de Celle
Qui, pour un si haut vol, t'a porté sur son aile,
Tu combles mon désir, sous ce voile brillant
D'où l'âme d'un Élu te parle en souriant.
Ce désir me brûlait : ton aspect m'en délivre :
Je l'ai nourri longtemps en lisant au grand livre
Où le blanc reste blanc, où le noir reste noir.
Parce que je vois tout dans le Divin-Miroir,
Comme dans l'unité nous trouvons tous les nombres,
Tu supposes qu'en moi ta pensée est sans ombres, 60
Et pour cette raison tu ne demandes pas
Pourquoi j'accours si vite au-devant de tes pas[5],
Plus joyeux, plus pressé que ces Ames d'élite.
Tu ne t'es point trompé, mon fils : grande ou petite,
Toute Ame dans le ciel peut voir, même avant toi,
Tes moindres vœux écrits au livre de la loi.
Mais, pour mieux satisfaire à la charité sainte
Qui tient mes yeux rivés à la plus haute enceinte
Et qui nous brûle tous au doux feu du désir,
Parle à ta volonté, suivant ton bon plaisir, 70
Libre, calme, sans peur... Va : ma réponse est prête. »

Vers ma Dame, à ces mots, je retournai la tête ;
Mais, avant de m'entendre, elle m'avait compris.
Et moi, de son sourire éclairant mes esprits,
Je me sentis voler sur de plus larges ailes.
Tel fut donc mon langage : « O Clartés éternelles,
Depuis que vous lisez au sein du Roi des rois,
La sagesse et l'amour n'ont pour vous qu'un seul poids.
Le soleil, dont le feu vous brûle et vous éclaire,
Passe si bien sur vous son niveau tutélaire 80

---

(5) Anchise dit à Énée visitant les Enfers :
  « Venisti tandem tuaque expectata parenti
  Vicit iter durum pietas...
  ... » Nec me mea cura fefellit. »

Que rien n'est comparable à cette égalité;
Mais *vouloir* et *pouvoir*, chez l'humble humanité
(Et vous savez pourquoi) n'ont pas les mêmes ailes.
Moi qui n'ai pas ma part des choses éternelles,
Je ne puis rien, sinon, prosterné sur le seuil,
T'offrir mon cœur pour prix du paternel accueil.
Je te prie humblement, ô vivante Topaze,
Qui fais briller l'écrin de l'ardeur qui t'embrase,
Daigne apaiser ma soif en te nommant à moi. »

Et Lui : « Cher rejeton, je me complais en toi : 90
J'aspirais à te voir, moi qui fus ta racine. »

Tel fut le premier mot de la Splendeur divine.
Ensuite elle me dit : « Celui de qui tu tiens[6]
Le surnom qui distingue et toi-même et les tiens,
Celui qui, relégué sur la montagne sainte,
Rampe depuis cent ans dans la première enceinte[7],
C'est mon unique fils, qui fut ton bisaïeul :
Tu dois, par la prière allégeant son linceul,
Mettre par la prière un terme à sa souffrance[8].
Florence, qui depuis a bien changé, Florence, 100
Sobre et chaste autrefois, dans le calme et la paix
Reposait, à l'abri de ces vieux murs épais
D'où lui viennent encor Matines, Tierce et None.
Elle n'avait alors ni colliers ni couronne,
Ni ceintures ni fard, rien d'un luxe orgueilleux
Qu'on admire aux dépens de qui l'offre à nos yeux.
Une fille en naissant n'irritait pas son père ;
Car la dot et l'hymen, toujours sûrs de nous plaire,
Ne dépassaient jamais la mesure et le temps.
Nos toits savaient garder leurs heureux habitants : 110

---

(6) Le surnom d'*Alighieri*. (Voy. *Vie de Dante*.)
(7) Dans le cercle des Orgueilleux. (Voy. *Purgat*. ch. X et XI.)
(8) Voy. *Purgat*., ch. III *in fine et passim*.

Nous n'avions pas alors de vos sardanapales,
Pour voir ce qu'un palais peut cacher de scandales.
Votre Mont-Oiseleur, si superbe aujourd'hui [9],
Croyait Montemalo fort au-dessus de lui :
Mais la chute est plus lourde à qui plus haut s'élève.
J'ai vu Bellincion Berti ceindre son glaive
Sur un pourpoint de cuir. J'ai vu matin et soir,
Sa femme, sans se peindre, aborder son miroir.
J'ai vu les Vecchio, les Nerli, pour parures,
Vêtir de simples peaux sans soie et sans fourrures. 120
Les dames maniaient l'aiguille et le fuseau.
Que ces temps étaient doux ! Non loin de son berceau,
Chacun avait sa tombe, et la France jalouse
N'arrachait pas l'époux à l'amour de l'épouse.
Une mère endormait son fils sur ses genoux,
Chantant, pour l'apaiser, de ces refrains si doux
Qui font battre le cœur dans le sein des familles.
L'autre, en filant son lin au milieu de ses filles,
Devisait de Fiésol, de Troie et des Romains.
Voir tomber au milieu de ces simples humains,   130
Saltarel, Cianghella, l'un vil, l'autre avilie,
C'eût été voir chez vous Caton et Cornélie [10].
Dans ce vase d'honneur, sous ce beau reposoir,
Ma mère me reçut de la Madone un soir,
Non sans jeter des cris que le bonheur fit taire,
Quand sur les fonts sacrés de votre baptistère [11],
Je fus chrétien ensemble et Cacciaguida,
Premier-né de trois fils que toujours Dieu guida.
Dieu, du val de Pado, m'envoya par sa grâce
Ma femme et le surnom qui distingue ta race.   140

---

(9) Montagne près de Florence. *Montemalo*, montagne près de Rome. C'est-à-dire Florence ne se croyait pas encore supérieure à Rome même.

(10) Bien belle tirade !... Ce Cacciaguida est le Nestor de la *Divine Comédie, laudator temporis acti*.

(11) Le baptistère de Saint-Jean, patron de Florence. (Voy. ch. XXV, v. 11, — ch. XVI, v. 29 et 51.)

Je suivis dans les camps l'empereur Conradin [12]
Qui me ceignit au flanc le fer du paladin,
Tant il avait pris goût à mes faibles services.
J'allai derrière lui, pour punir les sévices
De ces païens qui, grâce aux fautes des pasteurs,
Usurpent notre empire et s'en font les tuteurs.
C'est là qu'un Infidèle, avec son cimeterre,
Me délivra du joug qui retient à la terre
Tant d'aveugles, hélas! et tant d'ambitieux :
Je vins par le martyre à cette paix des cieux. » 150

---

(12) Conradin III, qui guerroya contre les Turcs.

                      Texte   148
                    Traduction 150

CHANT XVI.

ARGUMENT. — Cinquième ciel (*suite*). — Les hommes illustres de l'ancienne Florence.

O noblesse du sang, vain et frêle avantage !
Si l'on s'enorgueillit de t'avoir en partage
Dans ce monde où languit le véritable amour,
Puis-je m'en étonner ? Dans le sacré séjour,
Dans ce ciel où jamais notre soif ne dévie,
Tu tins mon âme au joug de l'orgueil asservie.
Tu ressembles, hélas ! à ces brillants réseaux [1]
Que le temps chaque jour ronge avec ses ciseaux,
Si quelque habile main n'en raffermit la trame.

Quand il fallut répondre à la grande et belle Ame, 10
En signe de respect j'eus recours à ce *vous*
Dont Rome fit l'essai la première entre tous [2],
Et que Rome, entre tous, délaissa la première :
Pourquoi mon guide aimé, mon ange de lumière
Qui de loin, en silence écoutait l'entretien,
Parut, en souriant, me dire : *Ami, c'est bien;*
Comme une autre, en toussant, parut dire à Ginèvre [3] :
J'applaudis au baiser cueilli sur votre lèvre.

---

(1) Les races vont toujours dégénérant, etc.
  « Multa renascuntur quæ jam cecidere, cadentque. »
(2) Pendant la dictature de Jules César ; mais cette innovation ne dura pas.
(3) Ce « *tossando* » vient là bien mal à propos pour des raffinés comme nous. Allusion à une parole de la suivante de Ginévra, dans Lancelot du Lac. (Voy. *Enfer*, ch. V.)

Donc, à mon trisaïeul voici ce que je dis :
« Vous êtes bien mon père, ô fils du paradis ! 20
Vous laissez à ma voix la liberté qu'elle aime.
Grandi par votre accueil, je suis plus que moi-même,
Et par tant de ruisseaux je reçois le bonheur,
Que je m'enorgueillis jusqu'au fond de mon cœur
De l'y pouvoir garder sans que l'urne se brise.
Daignez donc m'enseigner, si le Ciel l'autorise,
Quels furent vos aïeux et quels faits importants
Ont signalé le cours de vos premiers printemps.
Parlez-moi du bercail de notre Jean-Baptiste[4] ;
Dites-m'en les grandeurs et donnez-moi la liste 30
De ceux que le mérite élevait entre tous. »

Et comme le charbon, même au vent le plus doux,
Se ravive, de même, à ma voix caressante,
Brilla d'un feu nouveau l'Ame resplendissante ;
Et comme elle apparut plus brillante à mes yeux.
De même, son accent se fit plus gracieux,
Mais sans rien emprunter à la langue nouvelle[5] :
« Depuis le doux *Ave* de l'Ange, me dit-elle,
Jusqu'au jour où ma mère, une Sainte à présent,
S'allégea d'un fardeau devenu trop pesant, 40
Cinq cent quatre-vingts fois cette brillante étoile
Sous les pieds du *Lion* a dirigé sa voile[6],
Pour raviver sa force et rallumer ses feux.
Je naquis sous le toit où sont nés mes aïeux,
Près du dernier poteau qui, dans vos jours de fête[7],
Signale des coureurs la gloire ou la défaite… »

---

(4) (*Vide* ch. XVI, note 14, v. 136.)

(5) A la langue vulgaire, à la langue italienne. L'Élu continue à parler latin.

(6) Depuis la Salutation angélique jusqu'au jour de ma naissance, la planète de Mars a passé cinq cent quatre-vingts fois sous le signe du Lion ; c'est-à-dire je suis né vers la fin du XIe siècle.

(7) Près de la porte Saint-Pierre (Voy. *Enfer*, ch. XV, note 15.)

Assez sur mes aïeux. Ignorés ou connus,
Qu'ont-ils fait pour la gloire et d'où sont-ils venus?
Le dire serait bien; se taire a plus de charmes⁸.

» Les hommes de mon temps pouvant porter les armes, 50
Entre Mars et le Saint devenu votre appui⁹,
Étaient quatre ou cinq fois moins nombreux qu'aujourd'hui;
Mais l'orgueilleuse ville où maintenant domine
La tourbe de Campi, la plèbe de Figghine¹⁰,
Se contemplait alors dans son moindre artisan.
Florence, que n'as-tu pour voisins à présent
Ceux qui l'étaient alors! Et sagement recluse,
Que n'as-tu pour limite et Trespiane et Galluse,
Plutôt que d'enfermer ces fléaux dans tes murs,
Plutôt que d'aspirer tous ces souffles impurs 60
Des manants de Signa, des manants d'Aguglione,
Que l'âpre soif de l'or au larcin aiguillonne!
Si la ville qui doit plus qu'une autre au hasard,
Au lieu d'être cruelle et marâtre à César,
L'eût traité comme un fils en mère bonne et tendre,
Tel s'est fait Florentin pour trafiquer et vendre,
Qui de Semifontaine eût repris le chemin
Où son aïeul naguère allait tendant la main.
Montemurle aujourd'hui serait encore aux comtes;
Acone aux Cerchia rendrait encor ses comptes, 70
Et le Valdigriève aux Buondelmonté¹¹.

Le mal de la patrie à son comble est monté

---

(8) Par modestie.
(9) Entre l'église consacrée à saint Jean et le Ponte-Vecchio, sur lequel subsistent encore les débris d'une statue de Mars. (*Vide Enfer*. ch. XIII, *in fine*, *hic*, ch. XV, note 11 et ch. XVI, vers 130.)
(10) Bourgades ou anciens faubourgs *annexés*, comme chez nous, Belleville et Montmartre.
(11) C.-à-d. les comtes Guido n'auraient pas été obligés de vendre aux Florentins, en 1207, le château de Montemurle. Les Cerchia n'auraient pas quitté le bourg d'Aconc (petite ville entre Pistoie et Lucques); les Buondelmonte maudits seraient restés dans leur terre de Valdigriève. (Voy. *infra*, vers 145 et suiv.)

Par la confusion des rangs et des personnes....
Tu choisis pour ton corps les mets que tu lui donnes :
A l'agneau comme au bœuf si le pied fait défaut,
Celui-là risque moins qui tombe de moins haut :
Un glaive coupe mieux qu'un faisceau de cinq glaives.
Urbisaglia, Luni, disparus sous les grèves,
Que sont-ils devenus ? Où s'en vont après eux
Chiusi, Cinigaglia ? Si ces remparts fameux   80
Ont eu leur dernier jour, peux-tu trouver étrange
Que l'homme ait une fin et qu'une race change ?
Vos œuvres comme vous ont leur mort; seulement,
La mort vient vite à l'homme, aux œuvres lentement.
Dans son cours éternel l'humble ciel de la lune
Découvre incessamment ou cache la lagune :
Telle à des vents divers flotte votre cité;
Ne t'étonne donc plus, quand je t'aurai cité
Des héros dont le temps couvre la renommée :
Toute gloire chez vous n'est que cendre et fumée.   90

» J'ai vu les Albéric, j'ai vu les Ormanni,
Les Hugon, les Philippe et les Catellini,
Illustres, mais déjà voisins de la ruine.
J'ai vu, grands par le cœur comme par l'origine,
Sannella, Soldanière, Ardinghi, Dell' Arco,
Les braves Bostichi, le généreux Greco.
Du haut de cette porte (aujourd'hui si honnie[12]
Et ployant sous le poids de tant de félonie
Que la nef de l'État est déjà pleine d'eau)
Planaient les Ravignan, de qui descend Guido   100
Ou tout autre avec lui, dont l'écu se sillonne
De la barre empruntée au grand Bellincione.
La Pressa jeune encor savait déjà comment
La sagesse dirige un bon gouvernement :

---

[12] La porte Saint-Pierre. (Voy note 7.)

Déjà Galigaï prenait pour armoiries
La garde au pommeau d'or semé de pierreries.
Haut déjà s'élevait la Colonne de vair [13] :
Les Galli, les Baruch avaient déjà grand air,
Grand air les Sifanti, les Giocchi ; plus encore
Ceux-là que le boisseau rétréci déshonore [14]. 110
Déjà brillait le Cep, berceau des Calpucci :
Déjà les Sisian et les Arrigucci
Partageaient les honneurs de la chaise curule.
Oh ! combien j'en ai vus écraser leur émule,
Que l'orgueil a perdus, que l'orgueil perd encor !
Mais le prix de la joute était aux Boules d'or
Qui, dans tous les hauts faits, ont toujours large place.
Tels étaient les aïeux de cette aveugle race
Qui, dans le consistoire ouvert aux imposteurs,
S'engraisse quand l'Église a perdu ses pasteurs [15]. 120

» Quelques-uns, il est vrai, s'élevaient à l'encontre,
Lions pour qui les fuit, agneaux pour qui leur montre
Ou la bourse ou les dents ; jamais prêts aux combats,
Toujours prêts à l'intrigue et partis de si bas
Qu'Ubertin Donato blâmait fort son beau-père [16]
De l'avoir avec lui jeté dans ce repaire.

» Déjà Caponsacco, las de vivre caché,
Avait quitté Fiésol pour la Place-au-Marché.
Giuda, L'Infangato, nés dans la bourgeoisie,
Brillaient par le courage et par la courtoisie. 130
Je cite même un fait invraisemblable et vrai :
Sur la petite enceinte une porte s'ouvrait,

---

(13) Le cep, le pommeau d'or, etc., armoiries de quelques grandes familles. — *Les boules* notamment, armes des Médicis qui ont régné sur la France.

(14) Voy. *Purgat.*, ch. XII, v. 105 et note.

(15) Les Visdomini et autres, fondateurs de l'archevêché de Florence, et qui s'assemblaient en conseil, quand le siége venait à vaquer.

(16) Bellincione, qui avait donné une de ses filles à un de ces Adhémar *partis de si bas.* Voy. ch. XV, vers 116.

Dont le nom bien connu n'avait d'autre origine[17]
Que le vieux *La Pera*, dont elle était voisine.

» Ceux qui joignent aux leurs les armes du baron[18]
Dont à la Saint-Thomas on célèbre le nom,
Ont tenu de lui seul privilége et bannière,
Bien qu'aujourd'hui le peuple ait pour auxiliaire
L'homme à qui ce blason ne suffit pas encor,
Et qui l'a surchargé d'un large cercle d'or. 140
Le nom d'Importuno, celui des Gualterôtes
Déjà portaient ombrage aux maisons les plus hautes,
Et le Borgo serait plus heureux aujourd'hui,
Si de nouveaux voisins n'étaient venus à lui[19].

» Il est une maison qui devint pour Florence[20]
Une source de pleurs et de juste souffrance,
Qui vous a tués tous et qui mit fin, hélas!
Aux jours sereins et doux qui ne renaîtront pas.
Eh bien! cette famille et tout ce qui l'approche
Étaient en grand honneur alors et sans reproche. 150
O Buondelmonte, quel triste lendemain
Au jour où, repoussant un glorieux hymen,
Tu regardas ailleurs, tenté par d'autres charmes!
Bien des yeux aujourd'hui verseraient moins de larmes,
Si Dieu t'eût fait périr dans les flots de l'Ema,
Quand tu cherchais la rive où mon sang se forma.
Mais dans ses derniers jours de paix et de justice,
Il fallait que Florence offrît un sacrifice
Aux débris du dieu Mars qui gardent le vieux pont[21].

» Avec de telles gens et d'autres qui s'en vont, 160

---

(17) *La Porta-Peruzza*
(18) Hugon, légat de l'empereur Othon III, mort en Toscane, en l'honneur de qui se disait une messe anniversaire dans l'église Saint-Septime, où il avait été inhumé.
(19) V. 54 et suiv..
(20) Celle des Buondelmonte, cause première de la grande lutte entre les Guelfes et les Gibelins. (Voy *Vie de Dante*.)
(21) (*Vide huc*, note 9.)

J'ai vu notre cité constamment en liesse,
Sans prétexte de pleurs, sans cause de tristesse.
Avec de telles gens j'ai vu son peuple heureux,
Et si juste et si bon que le lis glorieux [22]
Se dressait haut et ferme au bout de notre lance,
Sans jamais se tremper dans le sang de Florence. »

---

[22] Le fer de lance, en forme de fleur de lis, armoiries de Florence (Le lis blanc d'abord, devenu le lis jaune, sous les Guelfes.)

Texte 154
Traduction 166

CHANT XVII.

ARGUMENT. — Cinquième ciel (suite). — Cacciaguida prédit à Dante son exil et l'encourage à écrire la Divine Comédie.

Tel celui dont la chute a rendu défiants
Les pères de famille à l'égard des enfants,
Vint trouver Climénée et lui demander compte
Des bruits injurieux qui le couvraient de honte[1] :
Tel je fus ; tel aussi la Sainte me comprit :
Tel je parus sans doute au radieux Esprit
Qui pour moi sur la croix avait changé de place[2] :
Ma Dame s'écria : « Parle-lui ; romps la glace ;
De tes désirs secrets laisse exhaler les feux,
Et donne le cachet de ton âme à tes vœux.   10
De tes moindres pensers nous perçons le mystère ;
Mais parle de ta soif pour qu'on te désaltère.
— Comme je vois sans peine, ô source de vertus,
Qu'un triangle répugne à deux angles obtus :
Tel, heureux confident des secrets que j'ignore,
Tu vois d'un seul coup d'œil ce qui n'est pas encore,
En regardant là-haut le *Point* mystérieux[3]
Où sont toujours présents et les temps et les lieux.

---

(1) Phaéton brûle d'apprendre de sa mère s'il est ou s'il n'est pas fils d'Apollon : de même il me tardait de m'éclairer au sujet des prédictions qui m'avaient été faites.
(2) Ch. XV, v. 22 et suiv.
(3) Le *Point*, Dieu. Voy. ch. XXVIII, v, 16 et suiv.

Quand j'ai gravi naguère, escorté de Virgile,
Le mont où se refait l'humanité fragile, 20
Quand je suis descendu dans l'antre de la mort,
Bien des voix m'ont prédit un déplorable sort[1] :
Quoique je sois de bronze aux maux qu'on me destine,
Je voudrais les connaître, ô ma sainte racine[5] :
La flèche qu'on prévoit nous vient plus lentement. »

Ainsi, pour obéir au doux commandement,
Je confessai mes vœux à l'antique Lumière
Qui m'avait, en parlant, retenu la première.
Le paternel amour que sa clarté voilait,
Et que seul son sourire à mes yeux révélait, 30
Me répondit non pas de ces mots pleins d'ambage,
Où l'oracle païen engluait son langage[6],
Avant qu'on immolât le saint Agneau des cieux
Qui nous a rachetés de son sang précieux,
Mais en un latin pur et facile à comprendre :
« Mon fils, le contingent, qui ne saurait s'étendre
Au delà des confins du terrestre manoir,
Se dépeint tout entier dans le divin miroir,
Sans y prendre pourtant la nécessité d'être,
Pas plus que le vaisseau ne reconnaît pour maître 40
L'œil où se réfléchit son image en passant.
Le son nous vient de l'orgue : ainsi du Tout-Puissant
Me vient la vision du coup qui doit t'abattre.

» Comme aux cris d'une impure et cruelle marâtre,
Athènes vit partir Hippolyte : avant peu,
Mon cher fils, à Florence il faudra dire adieu.
On le veut; on conspire, et les choses vont vite[7]
Aux lieux où Dieu se vend par les mains d'un lévite.

---

(4) Omnia precepi, atque animo mecum ante peregi. (*Énéide*, ch VI).

(5) *Santa radice*, quelques vers plus haut dans le texte. — Au vers suivant, *la flèche* etc Pétrarque a dit depuis. *Piaga antecedula assai non duole*.

(6) *S'inviscava*

(7) A Florence et a Rome Voy. *Vie de Dante*.

Tous criront (c'est l'usage) : *Opprobre au condamné!*
Mais vienne la vengeance! il lui sera donné 50
De rendre témoignage au *vrai* qui nous l'envoie.

» Quand tu devras quitter tout ce qui fait ta joie,
Tu trouveras du prix à l'objet le plus vil :
C'est là le premier trait dont nous perce l'exil.
L'exil ne t'offrira qu'un pain mêlé de cendre.
Ils te seront bien durs à monter, à descendre,
Les degrés de l'asile offert par la pitié !
Mais ce qui te sera plus pesant de moitié,
Ce sont les compagnons pleins de fiel et de haine [8]
Que l'arrêt avec toi jettera dans la plaine. 60
Tous se feront ingrats, implacables, sans foi ;
Mais ils en souffriront bientôt et plus que toi ;
Leur brutalité même est la preuve éclatante
Que tu fais sagement de rester sous ta tente,
Formant seul ton parti sous ton propre étendard [9].
La magnanimité de l'illustre Lombard
Qui porte l'oiseau saint éployé sur l'échelle,
Te tendra la première une main paternelle.
Contrairement aux us et coutumes de tous,
L'accueil de ce héros sera tel qu'entre vous 70
Le plus pressé des deux sera celui qui donne.
Tu verras sous son toit l'enfant dont la couronne
Fut si bien, dès d'abord, marquée à notre sceau
Que la gloire l'attend au sortir du berceau.
La terre de son nom n'est pas encore pleine,
Tant il est jeune encor ! Depuis neuf ans à peine

---

[8] Guelfes et Gibelins confondus dans le parti des Blancs exilés. (Voy. *Vie de Dante.*

[9] Voy. *Vie de Dante* et discours de Latini, *Enfer*, ch. XVI. Au vers suivant, *l'illustre Lombard*, est Can Grande della Scala, voy. *Vie de Dante* et *Enfer*, ch. 1. Son fils est encore enfant, au moment où Dante visite le *Paradis.*

Les cieux tournent autour de cet être chéri.
Avant que le Gascon trompe le grand Henri[10],
Sa vertu jettera de vives étincelles,
Par le mépris de l'or et des folles querelles. 80
De sa magnificence on parlera si haut
Que même aux envieux le fiel fera défaut.
Compte sur ses bienfaits partout, en toutes choses :
Par lui s'opéreront bien des métamorphoses :
Aux pauvres la richesse ! aux riches le regret !
Ecoute ; mais surtout garde-moi le secret. »

Et l'Esprit me parla d'une future gloire
Telle que les témoins à peine y pourront croire.
Puis il me dit ces mots : « Voilà, mon fils, voilà
Le sens de l'avenir que l'on te dévoila : 90
Tels sont les nœuds cachés où l'intrigue t'enlace !
Et de bien près déjà l'on investit la place ;
Mais de tes chers voisins ne sois pas trop jaloux :
Tu compteras encor des jours sereins et doux,
Qu'ils auront expié déjà leur perfidie[11]. »

J'avais fourni le fil : la trame était ourdie,
Car l'Esprit se taisait ; moi je ne me tus pas.
Et comme fait celui qui, voulant ici-bas
Eclaircir quelque doute, interroge au passage
Un ami qu'il sait bon, judicieux et sage : 100
« Je vois, dis-je, à l'Esprit, comment le temps accourt ;
Je me sens menacé d'un coup d'autant plus lourd
Que je le recevrais avec moins de vaillance.
Il faut donc, je le sens, m'armer de prévoyance
Et, repoussé des lieux qui me sont les plus chers,
Trouver dans mon exil un refuge à mes vers.

---

(10) Avant que le pape Clément VII, ne en Gascogne, ait trompé l'empereur Henri VIII.
(11) Illusion d'exilé Voy Vie de Dante.

Dans l'abîme sans fond d'éternelle tristesse,
Sur le mont d'où les yeux de ma sainte Maîtresse
M'ont élevé plus pur jusques à vos grandeurs,
Dans ce beau ciel enfin, de splendeurs en splendeurs, 110
On m'a dit des secrets qui, redits à la terre,
Auraient pour bien des cœurs une saveur amère.
Mais si je suis timide à proclamer le vrai,
Qui sait, ô mon aïeul, qui sait si je vivrai
Chez ceux pour qui nos temps seront les temps antiques? »

   La flamme où souriait l'Ame aux chants prophétiques
Répondit, s'allumant d'abord d'un feu pareil
Aux reflets d'un miroir frappé par le soleil :
« Oui : quiconque rougit d'un autre ou de soi-même
Va te trouver cruel et crier anathème. 120
Dis-leur la vérité pourtant : sans les flatter,
Laisse ta vision au grand jour éclater.
Que le galeux se gratte où le mal le démange[12]!
Le mets sera d'abord amer à qui le mange ;
Mais ses sucs, une fois distillés dans le cœur,
Y développeront la séve et la vigueur.
Comme le vent, mon fils, tes sévères maximes
Iront frappant plus fort sur les plus hautes cimes,
Mais non pas, crois-le bien, sans honneur pour ton nom.
Dans les sphères du ciel, dans les cercles du Mont[13] 130
Et dans les régions d'éternelles ténèbres,
Si l'on ne t'a fait voir que des Ames célèbres,
C'est qu'il faut, pour frapper l'esprit de l'auditeur,
Un langage qui monte à certaine hauteur :
Il n'a foi qu'aux grands noms et ne s'arrête guères
A des héros obscurs, à des gloires vulgaires[14]. »

---

(12) Textuel ..... *Dura lex, sed lex.*
(13) La montagne du purgatoire.
(14) C'est là précisémeet le côté faible de la *Divine Comédie*. La plupart des *héros* qui y figurent sont aujourd'hui tombés dans l'oubli.

Texte   142
Traduction 136

CHANT XVIII.

ARGUMENT. — Cinquième ciel (*suite*). — Josué, Machabée, Charlemagne et autres grands guerriers. — Sixième ciel. (Jupiter). — Les Juges.

Dans le recueillement, l'Esprit de mon aïeul
Repliait sa parole et la savourait seul :
Moi, je réfléchissais, fidèle à ma coutume,
Mêlant tant de douceur avec tant d'amertume.
Celle qui jusqu'à Dieu daignait guider mes pas
Dit : « Change de pensée, ami. Ne suis-je pas
Près du Maître par qui toute plaie est guérie ? »
Je tressaillis au son de cette voix chérie.
Dire quel feu brillait dans son regard divin,
De plus puissants que moi le tenteraient en vain : 10
Non pas que ma voix manque à ce que je veux dire ;
Mais mon esprit vaincu ne saurait reproduire
Des mystères cachés trop au-dessus de lui....
Pour bien chanter le Ciel il nous faut son appui.
Tout ce que je puis dire à qui voudra m'entendre,
C'est qu'à voir son regard si profond et si tendre,
Mon amour s'affranchit de tout autre désir.
Le doux rayonnement de l'éternel plaisir,
Tombé du haut des cieux dans les yeux de ma Dame,
Allait se reflétant jusqu'au fond de mon âme[1].   20

---

(1) Voy. ch. XIV, v. 128 et 5 et note 9, — ch. I, v. 56, 71 et 5, — et Analyse du *Paradis*.

« Retourne-toi, mon frère, et daigne écouter mieux.
Le paradis n'est pas tout entier dans mes yeux »,
Dit-elle, en triomphant de moi par un sourire.
Comme on lit dans les yeux l'amour que l'on inspire,
Quand il est si puissant que l'âme est toute en lui,
Ainsi d'un tel éclat mon aïeul avait lui
Qu'à travers sa splendeur je vis soudain éclore
Le bienveillant désir de me parler encore :

« Quelques Élus, avant d'être admis dans les cieux,
Se font là-bas, dit-il, un nom si glorieux 30
Que la muse s'honore à chanter leur mémoire.
L'arbre saint les reçoit dans sa cinquième gloire [2],
L'arbre qui se nourrit par la cime, ô mon fils,
Et qui garde en tout temps son feuillage et ses fruits.
Vers le haut de la croix lève les yeux : peut-être
Ceux que je nommerai daigneront apparaître,
Comme le feu pressé dans la nue. »

      En effet,
Au nom de Josué, le miracle fut fait.
La croix se signala d'un long trait de lumière
Qui, presque avant l'appel, éclata la première. 40
Au nom de Machabée, un pareil aiguillon
Chasse un globe de feu qui roule en tourbillon.
Charlemagne, Roland éblouissent ma vue,
Comme un vol de faucons qui se perd dans la nue.
Renaud, Robert Guiscard, Guillaume, Godefroy
D'un feu vif à leur tour illuminent la croix.
Puis, se mêlant au chœur de la brillante École,
L'Ame qui pour me plaire avait pris la parole
Fit voir ce qu'elle était dans le concert des cieux.

A droite cependant j'avais tourné les yeux, 50

---

(2) Le paradis les reçoit dans la cinquième sphère, le paradis, qui tire
sa vie de sa cime, de Dieu, et non de ses racines, et non d'en bas.

Pour apprendre d'un mot, d'un signe de la Sainte,
Quel était mon devoir dans la cinquième enceinte.
Son regard me cherchait, armé de plus de dards
Que n'en avaient lancé tous ses autres regards.
Tel, plus l'amour du bien dans son cœur se déploie,
Plus l'homme chaque jour sent augmenter sa joie :
De même, avec les cieux par les cieux emporté,
Les voyant resplendir d'un surcroît de clarté,
Je sentais s'élargir le cercle de la roue.
Quand la sainte pudeur a coloré sa joue, 60
La vierge en un clin d'œil retrouve sa blancheur :
Tel, à cet air empreint d'une douce fraîcheur,
A ces blanches clartés que couvre un léger voile [3],
Je compris que j'entrais dans la sixième étoile.

C'est Jupiter. L'amour brillait sur mon chemin,
Sous des traits empruntés à l'alphabet humain.
Tels les oiseaux sortis de l'étang solitaire,
Comme pour saluer les doux fruits de la terre,
Chantent serrés en troupe ou dans l'air allongés :
Tels les Élus de Dieu, dans leur éclat plongés, 70
Chantaient en voltigeant; puis, par un art suprême,
Leurs feux se rapprochant devenaient par eux-même
Soit un D, soit un I, soit une L ; puis encor [4],
Au doux chant succédait un non moins doux essor ;
Mais, à peine formée une lettre nouvelle,
Tout s'arrêtait, les chants et les battements d'aile.

Fille de l'Hélicon, doux objet de mes vœux,
Par qui l'homme survit à ses derniers neveux,
Toi qui fais éternels les cités, les empires,
O muse, éclaire-moi, montre que tu m'inspires, 80
Que dans mes humbles vers brille ton grand pouvoir !
Redis-moi les mots saints, tels que je crus les voir.

---

(3) *Temperata stella.* — Jupiter, moins brillant que Mars. (Voy. v. 117.)
(4) D, I, L, premières lettres du mot *Diligite.*

Donc les groupes formaient, vivantes étincelles,
Vingt consonnes moins une avec seize voyelles.
Promenant mes regards de rameaux en rameaux,
Je lus : *Diligite justitiam*, deux mots [5],
Un verbe, un nom, tracés tels que je vous les cite ;
Le *qui judicatis terram* parut ensuite.
La dernière M retint l'escadron voltigeant,
Et Jupiter semblait tissé d'or et d'argent.   90
Sur le faîte de l'M tout ruisselant de flammes,
Je vis descendre alors d'autres légions d'Ames
Qui s'arrêtèrent là, chantant, je crois, l'amour
Qui vers soi les attire ensemble ou tour à tour,
Puis, comme d'un tison qu'en hiver tu harcèles,
Lecteur, tu vois jaillir des milliers d'étincelles
Que le peuple ignorant consulte sans rougir,
Je vis du pied de l'M mille clartés surgir,
Chacune s'élevant plus brillante ou moins vive
Au gré du vrai Soleil d'où leur éclat dérive.   100

L'essaim, ayant pris place et suspendu son vol,
Représenta d'un aigle et la tête et le col.
Artistes merveilleux qui travaillaient sans maître !
Invisible du moins, leur guide semblait être
La Vertu qui préside à la forme des nids.
Au-dessus de l'image étroitement unis,
Les Feux à qui d'abord avait semblé suffire
L'art d'enlacer à l'M ce lis que l'homme admire,
Cédèrent à l'élan qui leur venait d'en haut....
Et l'Aigle prit le corps qui lui faisait défaut.   110
Oh ! comme les rubis semés dans ton domaine,
Bel astre, m'ont fait voir que la justice humaine
Descend bien de ce ciel, objet de tous nos vœux
Et qui brille parfois de mille et mille feux !

---

(5) Chérissez la justice, vous qui jugez la terre (Salomon, *la Sagesse*, liv 1ᵉʳ) Dante a placé le juge plus haut que le soldat. *Cedant arma togæ*.

Ce Dieu de qui tu tiens la puissance et la vie,
Daignera-t-il un jour, comme je l'en supplie,
Voir d'où sort la vapeur qui trouble tes rayons ?
Puisse-t-il flageller les gens que nous voyons
Trafiquer dans ce temple à qui, pour le construire,
Dieu fournit le miracle et l'homme le martyre !   120
Et toi que je contemple, ô milice des cieux,
Daigne prier pour moi, daigne prier pour ceux
Que le mauvais exemple égare sur la grève.
Déjà l'on combattait par la lance et le glaive :
On combat maintenant en refusant, hélas !
Ce pain que notre Père offre à tous ici-bas.
Et toi dont les décrets, honteuse jonglerie[6],
Ne servent qu'au trésor de ta chancellerie,
Songe que Pierre et Paul sont encore vivants,
Bien que morts pour sauver la vigne que tu vends. 130
Ah ! tu peux le redire à tous : « *J'aime, j'adore*
L'anachorète saint qu'une autre Terpsichore
Fit un jour, en dansant, condamner au trépas.
Mais le Pêcheur et Paul !.... je ne les connais pas[7]. »

---

(6) Nouveau coup de boutoir au pape Boniface VIII. (Voy. *Enfer*, ch. XIX.)

(7) Le pontife avare méprise saint Pierre (le pêcheur) et saint Paul, symboles de pauvreté ; mais il vénère saint Jean-Baptiste, dont l'image est gravée sur les florins. (Saint Jean-Baptiste martyrisé par Hérode, à la prière d'Hérodiade.)

Texte   136
Traduction 134

CHANT XIX.

ARGUMENT. — Sixième ciel (*suite*). — L'Aigle. — Le Salut hors de l'Eglise.

Devant moi se dressait, les ailes étendues,
L'Aigle où mille Splendeurs se jouaient confondues,
Empruntant l'une à l'autre un éclat sans pareil....
On eût dit des rubis frappés par le soleil,
Quand, s'enflammant aux feux des précieuses pierres,
Il perce de ses dards nos débiles paupières.
Oserai-je à présent dire ce que j'ai vu?
Nulle voix n'a chanté, nulle part on n'a lu,
L'imagination même ne peut atteindre
Ce que, témoin sincère, il me reste à dépeindre... 10
J'entendis parler l'Aigle !... Il disait *moi, le mien*[1] :
Il pensait *nous, le nôtre*, et tous deux étaient bien.

Voici les premiers mots de cette bouche auguste :
« Parce que j'ai vécu toujours pieux et juste,
Je savoure un bonheur qui dépasse mes vœux.
Mon souvenir vivra chez nos derniers neveux,
Et le plus méchant même applaudit à ma race.
Tous honorent mon nom : bien peu suivent ma trace. »

Comme un seul feu jaillit de charbons entassés,
Ainsi pour mille amours une bouche est assez : 20

---

(1) L'Aigle formé des mille splendeurs réunies est un et multiple à la fois.

Et moi je répondis : « O Roses éternelles
De l'éternelle joie, ô Fleurs qui toujours belles,
Mêlez tous vos parfums en un parfum si doux !
Calmez, en l'exhalant, la soif que, loin de vous
Et parmi les vivants rien n'a pu satisfaire.
Je sais que dans les cieux il est une autre sphère ;
Que là le divin Maître a posé son miroir
Où vous pouvez tout lire, où vous pouvez tout voir ;
Daignez donc éclairer ce cœur qui vous écoute :
Vous savez sur quel point j'ai vieilli dans le doute[2]. »   30

Tel le brillant faucon, délivré du chapeau,
Bat de l'aile en chantant, se dresse et fait le beau :
Ainsi l'Aigle, formé des divines louanges[3],
Chanta, mais comme on chante au doux concert des anges,
Puis il me dit ces mots : « Le Maître que je sers,
Qui d'un tour de compas mesure l'univers,
Ce Dieu, caché partout et partout manifeste,
N'a pas tant prodigué sa valeur qu'il ne reste
Un immense excédant de son Verbe, en dehors
De la terre et du ciel, des âmes et des corps.   40
Ce qui le prouve assez, c'est le Premier-Superbe
En qui se résumaient les merveilles du Verbe
Et qui, pour avoir pris trop vite son essor,
Tomba, comme au printemps tombe un fruit vert encor.
A plus forte raison une moindre nature
Ne saurait contenir Celui qui se mesure
Seul à lui-même égal et qui n'a pas de fin.
Nous, mon fils, éclairés par ce Flambeau divin,
Nous voyons, aux lueurs de sa clarté suprême,
Que l'être le plus fort l'est bien peu par soi-même,   50
Que l'œuvre ne vaut pas l'ouvrier qui la fait,
Que la cause est en nous plus grande que l'effet.

---

[2] A savoir, si l'on peut être sauvé en dehors de l'Église.
[3] L'Aigle composé des âmes des Élus.

La faculté de voir que reçoit votre monde
Plonge dans la Justice éternelle et profonde
Comme ton œil mortel dans l'océan amer.
Au bord tu vois le fond, mais non en pleine mer :
Il est là comme au bord, mais caché sous l'abîme,
Le vrai jour, la lumière a sa source sublime
Dans le sein de ce Dieu, dont nulle impureté
Ne peut troubler le calme et la sérénité. 60
Hors de là rien de sûr, rien de vrai : tout est sombre.
La chair répand partout son venin ou son ombre [4].

» J'ai dissipé la nuit qui, te cachant le ciel,
Versait dans ton esprit tant de doute et de fiel.
Tu te disais : *Dans l'Inde, un homme vient à naître*
Et personne n'est là pour lui faire connaître,
Par prédications, par signes, par écrit,
La véritable loi, la loi de Jésus-Christ ;
Autant que peut y voir l'humble raison humaine,
Il suit fidèlement la vertu qui le mène : 70
Sa vie et ses discours sont exempts de péché....
Il meurt sans que l'eau sainte et la foi l'aient touché....
S'il est jugé coupable, où donc est la justice ?
Pour qu'un décret m'oblige, il faut qu'il m'avertisse.
— Mais toi, qui donc es-tu, présomptueux mortel,
Pour te poser en juge entre l'homme et le Ciel ?
Pour dire que tu vois à des milliers de milles,
Quand à voir près de toi tes yeux sont inhabiles ?
Ah ! prends garde : on comprend le doute en certains cas ;
Mais devant l'Ecriture on ne discute pas. 80
Esprits faux et grossiers ! la Volonté-Première
Ne s'obscurcit jamais dans se propre lumière.

---

(4) Comme toujours, notre poëte tire son argumentation d'un peu loin : en voici le sens. Dieu seul est juste ; Dieu seul ne se trompe pas, et peut-être ne faut-il pas prendre au pied de la lettre ce mot : *Hors de l'Eglise pas de salut*. Dante eût été plus clair peut-être, s'il n'eût pas écrit dans un temps où florissait l'Inquisition. (Voy. v. 105 et ch XX, v. 42, 43, 63 et suiv.)

Elle est le bien suprême : aucun n'est juste et fort
Qui ne soit avec elle en un parfait accord.
Nul ne l'attire à soi : dominant toute chose,
Elle est, par ses rayons, non l'effet, mais la cause[5]. »

Telle, quand le repas de famille est fini,
La cigogne en chantant tourne autour de son nid,
Et ses petits, repus, n'ont des yeux que pour elle :
Tel je levai les miens ; tel déployait son aile,   90
L'oiseau que tant de vœux soutenaient dans les airs.
Il tournait en chantant au milieu des éclairs :
« Toi, tu ne comprends pas le sens de mes paroles »,
Me disait-il, « et vous, ô mortels trop frivoles,
Vous ne comprenez pas l'éternel jugement. »

Les Feux de l'Esprit-Saint se turent un moment,
Sans effacer pourtant la radieuse image[6]
A qui le monde entier dut jadis rendre hommage.
L'Aigle ajouta ces mots : « Au séjour des Elus
Nul ne monta jamais qui n'ait suivi Jésus   100
Soit avant, soit après son glorieux supplice.
Mais beaucoup vont criant : « *Jésus, sois-moi propice!* »
Qui, le jour de l'arrêt, seront plus loin de lui
Que ceux sur qui jamais sa Lumière n'a lui.
L'Indien damnera plus d'un chrétien peut-être,
Quand, un jour, en deux camps séparés par le Maître,
Les uns seront élus et les autres maudits.
Que diront à vos rois les Persans, ô mon fils,
Quand ils verront, tracé dans l'infaillible livre,
Le chemin que là-bas vos rois aiment à suivre?   110
On y verra, parmi d'autres hauts faits d'Albert[7],
L'exploit qui doit un jour changer Prague en désert,

---

(5) Pour compléter l'argumentation qui reste ici suspendue, voy. v. 100 et s.
(6) L'Aigle.
(7) Albert d'Autriche (Voy. *Purgat.* chant VI, *in fine*

Et la plume de Dieu le mettra vite en scène ;
On y verra quels deuils a jetés sur la Seine
Celui qui doit périr sous deux coups de boutoirs [8]
Et qui paie en florins cloués sur les comptoirs.
On y verra l'orgueil, ce fléau de la terre,
Gonflant d'un tel venin l'Ecosse et l'Angleterre
Que chacune des deux est chez elle à l'étroit [9] :
Enivrés de luxure et loin du sentier droit, 120
On y verra les rois de Bohême et d'Espagne
Qui, renonçant au ciel, défendent qu'on le gagne.
Du boiteux qui se dit roi de Jérusalem [10],
Les mille iniquités se compteront par M :
Le chiffre *un* nous dira les vertus de son âme ;
On y verra perfide, avare, lâche, infâme [11],
Celui qui fait ployer sous des fardeaux trop lourds
L'île où le vieil Anchise a terminé ses jours :
En signes abrégés ton histoire est écrite,
Pour que l'on sente mieux ce que vaut ton mérite, 130
Et que plus de mépris se montre en moins de mots.
Là, ton oncle et ton frère, auteurs de tants de maux [12],
Honte d'un double trône et d'une double race,
Dans une longue page auront aussi leur place :
Un prince de Norwége, un duc de Portugal [13],
Y liront leur sentence et n'auront pour égal
Que l'homme de Roscia dont le nom s'éternise
Pour avoir contrefait le poinçon de Venise.
Si jamais elle songe à reprendre ses droits,
Honneur à la Hongrie !... Honneur au Navarrois, 140

---

(8) Philippe le Bel, tué par un sanglier ; accusé d'avoir altéré le titre des monnaies.

(9) Edouard Ier, roi d'Angleterre et Robert, roi d'Ecosse.

(10) Charles II, roi de Jérusalem, fils de Charles d'Anjou (Voy. *Purgat.* chant XX, v. 81).

(11) Frédéric, fils de Pierre d'Aragon, roi de Sicile.

(12) Jacob, roi des îles Majorque et Minorque, et un autre Jacob, roi d'Aragon.

(13) Duc de Portugal, Denis dit l'Agricola. — Roscia, contrée de l'Esclavonie, dont le roi, au temps de Dante, aurait contrefait les ducats de Venise.

S'il s'armait, pour frapper, de sa lourde montagne!
Déjà... (fasse le Ciel qu'un tel exemple gagne!)
Chypre montre les dents au stupide animal [14]
Toujours prêt à tourner vers ceux qui tournent mal! »

---

(14) Le roi de Chypre.

Texte 148
Traduction 144

CHANT XX.

ARGUMENT. — L'Aigle développe sa thèse. — Législateurs célèbres.

Quand celui dont les feux illuminent le monde
Disparaît au couchant sous la vague profonde,
Et que la nuit sur nous tombe comme un linceul,
Ce beau ciel, qui d'abord s'éclairait par lui seul,
Se refait lumineux par ces mille étincelles
Où l'astre brille encor sous des formes nouvelles.
Cette phase du ciel me revint à l'esprit,
Quand cessa de parler l'oiseau que j'ai décrit,
Que respectent les rois et que le monde honore.
Ces Feux, déjà si vifs, s'avivèrent encore   10
Et reprirent leurs chants, mais dans un rhythme tel
Qu'ils n'ont pu se graver dans l'esprit d'un mortel.
Amour, qu'un doux sourire abrite sous ses voiles,
Quel éclat tu prêtais à ces blanches étoiles
Qui n'exhalent jamais qu'un souffle pur et saint!

Quand ces mille Joyaux, resplendissant essaim
Dont je vis s'embellir le sixième portique,
Imposèrent silence à leur divin cantique,
J'entendis se former, dans leur brillant faisceau,
Comme le doux murmure échappé d'un ruisseau   20
Tombant de roche en roche, et dont le bruit révèle
L'abondance des eaux que leur sommet recèle.
Et comme, dans les flancs de la harpe ou du cor,
L'air un instant captif s'exhale en doux accord ;

Tel, des flancs de l'oiseau, l'harmonieux murmure,
Comme un bouillonnement du fond d'une onde pure,
S'éleva, se fit verbe et forma ce discours
Attendu par mon cœur qui le garde toujours :
« Attache tes regards sur ce brillant organe
Que l'Aigle fait servir, dans un monde profane, 30
A fixer le soleil sans jamais se fermer.
De tous les Diamants dont j'ai su me former
Ceux qui figurent l'œil constellé dans ma tête
Siégent aux premiers rangs de l'éternelle fête.
La prunelle qui luit comme un phare au milieu,
C'est le chantre inspiré du saint esprit de Dieu[1]
Celui qui transporta l'arche de ville en ville.
Il sait si sa valeur fut précieuse ou vile,
Maintenant qu'il reçoit du ciel qui l'inspirait
Un prix bien au-dessus de ce qu'il espérait. 40
Mes cils en cinq Rayons forment une auréole ;
Le plus voisin du bec où passe ma parole
A consolé la veuve en vengeant son fils mort[2].
Il sait ce qu'on nourrit d'angoisse et de remord
Pour n'avoir pas suivi Jésus-Christ dans sa voie,
Lui qui vint par l'enfer à la céleste joie.
Le second dans le cercle à gauche, un peu plus haut,
Par un vrai repentir à la mort fit défaut[3] :
Il sait si du Seigneur l'éternelle justice
Change, pour se montrer à nos larmes propice, 50
Donnant dès aujourd'hui ce qu'il devra demain.
Celui qui vient après, se trompant de chemin,
Bien qu'il fût par ses vœux digne d'un sort prospère,
Se fit Grec avec moi pour céder au Saint-Père[4].

---

(1) Le roi David.

(2) L'empereur Trajan, voy. *Purgat*, ch. X, *hic*, ch. XIX, note 4.

(3) Ezechias, roi de Judée, qui vécut quinze ans au delà du terme prédit par Isaïe.

(4) L'empereur Constantin, qui se fit Grec en transportant le siége de l'empire à Constantinople.

L'arbre qu'il a planté porte de mauvais fruits.
Il sait, malgré les maux que son œuvre a produits,
Si le Seigneur hésite à fermer son royaume.
L'autre, au déclin de l'arc, est le pieux Guillaume [5]
Que tous vous pleurez mort, vous qui pleurez vivants
Charles et Frédéric, lui bon prince, eux tyrans.   60
Il sait si notre ciel sourit aux bons monarques,
Il le sait ; sa splendeur en porte assez de marques.

» Qui croirait, dans un monde en proie à tant d'erreurs,
Qu'entre ceux-là, chrétiens, prêtres, rois, empereurs,
La cinquième Splendeur soit le Troyen Riphée [6] ?
Mon fils, bien qu'à sa gloire il manque un beau trophée,
Il sait, ce que le monde ignore ou sait bien peu,
Qu'il n'est pas de limite à la bonté de Dieu. »

Telle dans un ciel pur l'alouette se déploie,
Gazouille, puis se tait, lasse enfin de sa joie :   70
Tel s'offrait à mes yeux l'impérial oiseau,
Symbole éblouissant qui porte au front le sceau
Du Vrai-Bien qui dirige à son gré toute chose.
Et quoique de mon trouble il distinguât la cause,
Comme on voit la couleur à travers un miroir,
Me taire plus longtemps dépassait mon pouvoir :
« Que me dites-vous là ? » s'échappa de ma bouche,
Comme un ressort qui part presque avant qu'on le touche ;
Et la fête jeta des feux plus éclatants.
Pour ne pas me tenir indécis plus longtemps,   80
L'Aigle, l'œil enflammé, me fit cette réponse :
« Tu crois tout cela vrai, parce que je l'énonce ;
Mais tu ne comprends pas le comment, le pourquoi,
Qui te restent cachés sans altérer ta foi.

---

(5) Guillaume II, roi de Sicile, dit le Bon. (Voy. ch. XIX, notes 10 et 11).
(6) L'un des plus braves défenseurs de Troie ; le trophée qui lui manque, c'est le baptême. (Voy. ch. XIX, note 4.)

Tel celui qui, sachant le vrai nom d'une chose,
En ignore le but, les éléments, la cause,
Et qui, pour le savoir, a grand besoin d'autrui.

» Le Tout-Puissant permet qu'on triomphe de Lui [7]
Par le brûlant amour, par l'espérance vive.
Non que, jouteur vulgaire, à le vaincre on arrive : 90
Pour vaincre le Seigneur il faut sa volonté,
Et le vaincu triomphe à force de bonté.
Va, j'ai lu dans ton âme : il te paraît étrange
De voir admis au ciel, presque à côté de l'ange,
Deux des brillants Joyaux qui forment mon sourcil.
C'est qu'ils se sont tirés de la terre d'exil,
Non pas vils mécréants, comme tu le supposes,
Mais chrétiens et croyant, par-dessus toutes choses,
Aux tourments de la croix à souffrir ou soufferts.
Le premier, pour revivre, est sorti des enfers [8]   100
D'où l'on ne revient pas facilement, je pense.
Mais d'un fervent espoir ce fut la récompense ;
Et ce *fervent espoir* il l'appuya si bien
En priant, que le Ciel ne lui refusa rien.
L'Esprit éblouissant dont je parle à cette heure
Revit, mais peu de temps, la terrestre demeure,
Croyant en *Lui* qui seul le pouvait secourir.
Pour la seconde fois quand il fallut mourir,
L'amour l'avait brûlé d'une si vive flamme
Qu'au bonheur des Élus le Maître admit son âme. 110

» Le second doit la vie à la grâce de Dieu [9],
Dont la source, ô mon fils, se cache en si haut lieu
Que nuls regards jamais n'en ont effleuré l'onde.
Il mit tout son amour dans les vertus du monde,

---

(7) *Regnum cœlorum vim patitur*, a dit Jésus-Christ, selon saint Mathieu.
(8) Trajan (Voy. *Purgat*., ch. X, *hic*, ch XIX, note 4 et ch. XX, v. 42).
(9) Le Troyen Riphée, *hic*, v. 65.

Et Dieu, de grâce en grâce, un jour ouvrit ses yeux
A la Rédemption promise par les cieux.
Sitôt qu'il crut en elle, il fit un noble schisme,
Se garda des poisons de l'impur paganisme
Et cria le *Tolle!* sur ce monde pervers.
Mille ans avant le jour qui sauva l'univers, 120
Il fit laver son front, à défaut du baptême,
Par trois filles du ciel qui t'ont servi toi-même[10],
Sur la sainte montagne, à droite des essieux.
Prédestination, sainte faveur des cieux!
Oh! combien ta racine est loin de la matière
Qui jamais n'aperçoit la cause tout entière!
Mortels, quand vous jugez, ralentissez vos pas.
Nous, nous qui voyons Dieu, nous ne connaissons pas
Tous les Élus du ciel envoyés par la terre;
Mais notre humilité sourit à ce mystère; 130
Dans le divin creuset nous épurons nos vœux :
Il est doux de vouloir, Seigneur, ce que tu veux. »

Ainsi, pour éclairer ma vue embarrassée,
L'oiseau saint me versait sa douce panacée.
Comme un bon cithariste entraîne un bon chanteur
Et fait prendre à sa voix plus de charme et d'ampleur,
Tels, pendant qu'il parlait (mon cœur se le rappelle),
Comme deux yeux qui vont battant d'une même aile,
Pour se mettre d'accord avec la sainte voix,
Les deux Flambeaux bénis sourirent à la fois[11]. 140

---

(10) La Foi, l'Espérance et la Charité (*Purgat.*, ch. XXIX et suiv.).
(11) Trajan et Riphée, dont l'Aigle vient de parler.

Texte 148
Traduction 140

CHANT XXI.

ARGUMENT. — Le septième ciel (Saturne). — La vie contemplative. — Saint Pierre Damien.

 Et déjà retourné vers l'adorable Dame,
Je plongeais dans ses yeux mes regards et mon âme ;
Déjà tout autre aspect pour moi n'était plus rien.
« Je ne te souris pas, dit-elle, et je fais bien :
Si je te souriais, il te faudrait descendre
Au sort de Sémélé qui fut réduite en cendre [1].
Plus je vais m'élevant vers la sainte cité,
Plus, et tu l'as pu voir, s'enflamme ma beauté.
Si je ne tempérais sa puissance, elle est telle
Que ta fragilité tomberait devant elle,   10
Comme l'humble arbrisseau par la foudre abattu.
Frère, nous abordons la septième *Vertu* [2].
Le Lion sous ses pieds brûlants la tient captive,
Mêlant à ses rayons une clarté plus vive.
Regarde et fais passer ton âme dans tes yeux :
Qu'ils servent de miroir au miroir radieux
Qui te rendra visible une image si pure. »

 Si tu savais, lecteur, quelle douce pâture
Offraient à mes regards les yeux de Béatrix,
De ma soumission tu saurais tout le prix,   20

---

(1) Sémélé, ayant voulu voir Jupiter armé de ses foudres, fut réduite en cendre.
(2) Le septième ciel, Saturne ; *le Lion*, la constellation ainsi nommée.

Lorsque, pour obéir à la céleste Dame,
Vers de nouveaux aspects je dirigeai mon âme...
Les poids des deux côtés me semblaient si divers !

 Le cristal qui circule autour de l'univers
Porte le nom d'un roi bien cher à ce bas monde[3]
Qu'il a longtemps bercé dans une paix profonde.
Je vis un escalier qui montait vers les cieux,
Mais si haut que le faîte échappait à mes yeux,
Et brillant comme l'or que le soleil caresse.
Je vis descendre à nous, rayonnant d'allégresse,   30
Tant de mille Splendeurs que, sur le même autel,
Je crus voir s'allumer tous les flambeaux du ciel.

 Ainsi, lorsque la nuit cède aux lueurs vermeilles,
Guidés par leur instinct, des essaims de corneilles,
Voletant, s'essayant autour du haut beffroi,
Réchauffent leur plumage alourdi par le froid.
Puis, les unes s'en vont pour ne plus reparaître,
D'autres pour regagner le nid qui les vit naître ;
Le reste tourne en l'air, mais ne s'éloigne pas :
De même les Splendeurs, dans leurs joyeux ébats,   40
Dès qu'elles atteignaient certain point de l'échelle.
La plus proche de nous s'était faite si belle
Qu'à part moi je disais : *Je vois bien que l'amour
M'annonce un des seigneurs de la céleste cour.*
Mais Celle dont j'attends la sentence suprême
Pour me taire ou parler, se taisait elle-même :
C'était me dire assez que moi je ferais bien,
Quoi qu'il pût m'en coûter, de ne demander rien.
Dans le sein de Celui qui voit seul toute chose,
Elle vit d'un regard mon silence et sa cause :   50
« Satisfais, me dit-elle, à ton brûlant désir. »
Donc, j'élevai la voix : « O radieux Saphir

---

[3] Saturne, qui, exilé sur la terre, y fit régner l'âge d'or, *Saturnia regna*

Qui te tiens là caché sous ta sainte auréole,
Je n'ai pas mérité d'entendre ta parole;
Mais je t'en prie, au nom de la sainte Beauté
Qui permet que je parle en toute liberté,
Daigne expliquer pourquoi de si près tu m'abordes,
Pourquoi le paradis fait taire ici les cordes
Qui, dans les autres cieux ouverts à votre cour,
Ont enivré mon cœur d'harmonie et d'amour. 60

— Il faut comme tes yeux ménager ton oreille,
Regarde Béatrix : une pitié pareille
Suspend tout à la fois son sourire et nos chants[4].
J'ai descendu l'échelle interdite aux méchants,
Pour t'honorer, mon fils, et t'offrir la première
Le secours de ma voix, l'éclat de ma lumière.
Je n'ai pas plus d'amour venant plus tôt vers toi :
D'autres savent aimer autant et plus que moi :
Juges-en par toi-même aux splendeurs de leurs flammes.
La sainte charité, qui courbe ici nos âmes 70
Sous le joug tout-puissant du Souverain-Pouvoir,
Règle à chacun sa part, comme tu peux le voir.

— Je vois bien, répondis-je, ô Lumière très-sainte,
Comment un libre amour suffit dans cette enceinte
A servir un vouloir si puissant et si doux :
Ce qui me semble obscur, c'est que seule, entre tous,
A me fêter ainsi tu sois prédestinée. »

Et ma réponse encor n'était pas terminée,
Que la Splendeur, faisant de soi-même un milieu,
Tourna comme la roue autour de son essieu. 80
L'amour qu'elle voilait me répondit ensuite :
« La Divine-Clarté, qui vers toi m'a conduite,

---

(4) *Hic*, v. 4 et suiv. ch. XXII, v. 12 et suiv.

Pénétrant à travers mon manteau lumineux,
Me souffle son esprit, m'embrase de ses feux ;
Si loin elle m'emporte au-dessus de moi-même
Que je contemple l'Être à sa source suprême :
De là vient le bonheur qui me fait flamboyer ;
Car, en les éclairant, le céleste Foyer
Donne aux yeux sa puissance ou du moins la partage.
Mais l'Ame qui de Dieu s'approche davantage,   90
Le Séraphin dont l'œil va plus avant en Dieu,
Ne sauraient plus que moi satisfaire à ton vœu.
Ce que tu tiens à voir plonge si loin, mon frère,
Dans l'abîme divin de l'éternelle sphère
Que nul regard créé ne saurait l'entrevoir.
Quand tu retourneras au terrestre manoir,
Redis cela, mon fils, afin que nul au monde
Ne hasarde sa nef sur cette mer profonde.
Puissante ici, la vue est bien faible là-bas :
Comment donc verriez-vous ce que n'entrevoit pas 100
Le plus pur entre ceux qui portent l'auréole ? »

Comme il m'était prescrit par la sainte parole,
Je bornai ma prière à savoir de l'Esprit
Ce qu'il avait été parmi nous. Il reprit :
« Entre les deux grands lacs qui bornent l'Italie[5],
S'élèvent des rochers, non loin de ta patrie,
Si haut qu'au-dessous d'eux s'allument les éclairs.
Au faîte, et comme un nid suspendu dans les airs,
Le pic de Catria cache un toit solitaire[6],
Disposé pour prier loin des bruits de la terre. »   110

Ainsi recommença son troisième discours ;
Puis, le continuant : « J'ai passé là mes jours

---

[5] Les Apennins entre la mer Tyrrhénienne et l'Adriatique.
[6] Dans le duché d'Urbino.

Au service de Dieu, plein d'une foi si vive
Que mon seul aliment fut le suc de l'olive,
Endurant, non sans joie, et le froid et le chaud,
Heureux contemplateur des merveilles d'en haut.
Ce cloître offrit longtemps une riche récolte
Au ciel; mais il s'est fait si vil par la révolte
Qu'il convient que bientôt Dieu ne ménage rien.
Sous ce toit, pur alors, je fus Pierre Damien : 120
Pierre Pêcheur vécut sous les voûtes antiques[7]
De Notre-Dame, au bord des flots Adriatiques.
J'étais prêt à sortir de votre vil troupeau,
Quand Rome, malgré moi, m'honora du chapeau
Qui, souvent profané, va du mauvais au pire[8].
Mon frère, on ne saurait trop souvent le redire :
Saint Céphas et saint Paul, vase du Saint-Esprit[9],
Ont pu monter au ciel, ainsi qu'il est écrit,
Maigres, pieds nus, quêtant leur pain de porte en porte :
Les modernes pasteurs veulent qu'on les escorte, 130
Que pour eux on se range aux deux bords du chemin.
Il faut, tant ils sont lourds! qu'on leur prête la main,
Que l'on porte la queue insolemment traînée
Qui couvre de ses plis leur blanche haquenée...
Deux brutes vont ainsi sous une seule peau[10]...
Patience du ciel, prends pitié du troupeau! »

Je vis de nouveaux Feux, à cet appel suprême,
Descendre les degrés en tournant sur soi-même,
Et je vis leur beauté grandir à chaque tour.
Ils s'arrêtèrent tous entourant l'autre Amour, 140

---

(7) Que l'on a confondu quelquefois avec moi à cause de la similitude de nos noms.

(8) Le chapeau de cardinal.

(9) Saint Céphas, saint Pierre.

(10) Ici l'amertume dégénère en grossièreté. *Vide* ch. XXII, vers 14 : *Tantæne animis cœlestibus iræ?* Mais c'est l'exilé qui parle par la bouche d'un saint.

Et là, tel fut le cri qu'ils jetèrent ensemble
Que je ne connais rien ici qui lui ressemble.
Mais je ne compris pas ces sublimes accents,
Tant ils avaient vaincu mon esprit et mes sens.

Texte 142
Traduction 144

CHANT XXII.

ARGUMENT. — Septième ciel *(suite)*. — Saint Benoît. — Huitième ciel. — Les Gémeaux.

    Oppressé de stupeur, je regardai mon guide,
Comme le faible enfant se cache sous l'égide
Qui, l'abritant le mieux, le rend fort contre tous.
Elle, comme une mère habile en l'art si doux
De rassurer un fils et de sécher ses larmes,
Me dit de cette voix toujours pleine de charmes :
« Nous sommes dans le ciel, mon frère : ignores-tu
Que tout est, dans le ciel, et sagesse et vertu ?
Que tout ce qu'on y fait émane d'un saint zèle ?
Frère, continua la sainte Damoiselle,   10
Si le cri des Élus te cause un tel émoi,
Ne reconnais-tu pas que c'était fait de toi,
Eux venant à chanter, moi venant à sourire[1] ?
Que ne l'as-tu compris ! ce noble cri veut dire[2]
Que la vengeance est prête au gré de notre amour,
Et que tu la verras avant ton dernier jour.
Elle ne frappe pas trop lente ou trop hâtive :
On la croit seulement ou pressée ou tardive,
Suivant qu'on la redoute ou qu'on lui tend les bras...
Mais regarde à présent par ici, tu verras   20
D'illustres Bienheureux, si, comme je t'en prie,
Tu parcours du regard la céleste patrie. »

---

(1) *Vide* ch. XXI, v. 4, v. 62 et note 4.
(2) Ch. XXI, *in fine*.

Vers le point indiqué je dirigeai mes yeux,
Et je vis par milliers des Globes radieux
S'embellir l'un par l'autre en se prêtant leur flamme.
J'étais comme celui qui jusqu'au fond de l'âme
Refoule son désir et n'ose interroger,
Craignant de trop vouloir et de trop exiger.
Mais voilà que soudain, de l'écrin qui me tente,
La Perle la plus riche et la plus éclatante   30
S'échappe, vient à moi rapide et montrant bien
Qu'elle met son désir à la merci du mien.
Puis j'entendis ces mots : « Tu peux parler sans crainte.
Si, comme les Élus de la septième enceinte,
Tu voyais quel amour nous brûle de ses feux,
Ta bouche moins timide exprimerait tes vœux.
Pour ne pas t'attarder loin du bienheureux gîte,
Je réponds seulement au penser qui t'agite :

» Le mont qui porte au flanc la ville de Cassin [3]
Fut fréquenté, longtemps avant d'être un lieu saint,   40
Par la race enchaînée au culte de l'idole.
Le premier j'y portai le nom et la parole
De Celui qui, prenant votre monde en défaut,
Prêcha le vrai qui seul nous a portés si haut.
J'étais si pénétré des rayons de la grâce
Que tous ceux d'alentour, s'attachant à ma trace,
Brisèrent les faux dieux qui les avaient séduits.
Tous ces autres Joyaux, dans de pieux réduits,
Furent contemplateurs, échauffés par les flammes
Qui font germer les fleurs et les fruits dans les âmes.   50
Voici saint Romuald, saint Macaire et, près d'eux,
Nos frères qui, sans bruit, dans des cloîtres pieux
Arrêtèrent leurs pieds, gardant une âme pure. »

Je repris en ces mots : « O sainte créature,

---

(3) Le Mont-Cassin : l'Élu qui parle est saint Benoît, fondateur de l'ordre des bénédictins.

L'amour que tu fais voir en parlant avec moi,
Le doux éclat des Feux groupés autour de toi,
Ouvrent ma confiance et semblent me dire : *Ose*,
Comme notre soleil épanouit la rose
Qui s'ouvre à ses rayons, tant qu'elle a de pouvoir.
Donc, je te prie, et toi, couronne mon espoir, 60
Si je puis espérer une si grande joie :
Père, fais que sans voile un instant je te voie.

— Dans le plus haut des cieux qui ne refuse rien
Aux généreux désirs, aux nôtres comme au tien,
Tu seras satisfait. Dans la neuvième sphère,
Tout désir est entier, mûr et parfait, mon frère.
Tout est là comme il fut, comme il sera toujours[1].
C'est un monde sans pôle, un océan sans cours
Où finit notre échelle avec lui confondue.
Voilà pourquoi sa cime est cachée à ta vue. 70
Jacob a vu surgir ce faîte radieux ;
Il l'a vu tout entier, quand l'échelle à ses yeux
Apparut si brillante et d'anges si chargée.
Mais nul ne quitte plus le sol pour l'apogée.
Ma règle ne sert plus qu'à noircir le papier.
Les murs, qui ne s'ouvraient jadis que pour prier,
Ne sont plus aujourd'hui que caverne et ruine ;
Le froc n'est plus qu'un sac de mauvaise farine ;
L'usure avec ses fruits distille moins de fiel
Que la dîme et l'impôt levés au nom du ciel. 80
Ces trésors que l'Église entasse avec mystère,
Moines, vous les devez aux pauvres de la terre,
Rien à de vils flatteurs, rien même à vos neveux.
Quel respect de la chair ! quel mépris de vos vœux !
Chez vous, jamais la fin au début ne s'enchaîne
Et, pour donner du gland, c'est peu que d'être chêne.

---

(1) C'est-à-dire immobile et parfait. (*Vide* ch. XXX.)

Saint Pierre a commencé sans argent et sans or[5] :
J'ai prié, j'ai jeûné. François, plus pauvre encor,
Humblement a fondé son couvent.... J'imagine
Qu'en rapprochant vos fils de leur sainte origine, 90
On verrait qu'ils ont tous changé du blanc au noir.
Il fallut autrefois un miracle pour voir
Les vagues du Jourdain retourner en arrière :
Mon Dieu! pour exaucer notre juste prière,
Nous implorons de vous un bien moindre secours. »

L'Ame reprit son rang, ayant fait ce discours.
Le corps se reforma; puis, comme une tempête
S'élevant, disparut au-dessus de ma tête.
La sainte Dame alors, d'un signe de sa main
M'entraîna derrière eux par le même chemin, 100
Tant sa puissance aidait à ma faible nature!
Rien ne monte ou descend, dans notre sphère impure,
D'un élan ou d'un vol comparables au mien.
Puissé-je retourner à ce Souverain-Bien,
Pour lequel si souvent ici-bas je m'incline,
Pleurant sur mes péchés et frappant ma poitrine!

En aussi peu de temps, lecteur, qu'il nous en faut
Pour retirer le doigt posé sur un fer chaud,
J'aperçus, j'atteignis l'étoile sainte et belle[6]
Qui suit le fier *Taureau* dans sa course éternelle. 110
O phare glorieux! Brillant flambeau des nuits
Qui, si peu que je sois, m'as fait ce que je suis
Par la haute vertu que tu prêtes au monde[7]!
Avec toi se levait et se couchait dans l'onde,

---

(5) Le prince des apôtres : « *Argentum neque aurum est mihi* » (Actes des apôtres). Au vers suivant. *François d'Assise* (*Vide* ch. XI.)

(6) Le signe des Gémeaux, sous lequel Dante était né.

(7) On retrouve ici cette influence des astres, à laquelle notre poète croyait fermement. (*Vide passim.*) Le soleil était en conjonction avec vous, le jour où je naquis.

Celui qui donne vie à tout ce que je vois,
Le jour où l'air toscan, pour la première fois,
De son souffle si doux échauffa ma poitrine ;
Puis, emporté là-haut par la grâce divine,
Quand j'entrai dans la voie où tu tournes sans fin,
Tu daignas un instant m'admettre dans ton sein.   120
Mais mon âme aujourd'hui dévotement soupire :
Prête-lui la vertu qui vient de ton empire,
Quand il faudra franchir l'inévitable pas !

« Frère, me dit la Dame aux célestes appas,
Tu touches de si près au salut que 'ta vue
Doit déjà revêtir une force inconnue.
Avant d'entrer au port, regarde en bas et voi
Combien ta pauvre terre est déjà loin de toi.
Frère, ouvre bien ton cœur à nos saintes délices.
Qu'un zèle saint l'emporte au-devant des milices   130
Qui viennent, arborant l'invincible étendard. »

Et moi, de sphère en sphère abaissant mon regard,
Bien au-dessous de moi je vis poindre la terre,
Mais si loin, si petite en son coin solitaire
Que j'en souris encore... Heureux, à mon avis,
Qui la voit misérable autant que je la vis !
C'est à la mépriser que la sagesse éclate.
Je vis un peu plus haut briller la blanche Hécate,
Pure de ces points noirs que mes faibles esprits [8],
Au début du voyage, avaient si mal compris.   140
Soleil, de ta splendeur je pus souffrir la vue.
Autour et près de moi, je vis comment est mue
L'étoile de Mercure et celle de Vénus.
Je vis, par Jupiter sagement contenus,
Et son père et son fils... Je vis que, dans l'espace [9],
Ils changent sans repos et d'aspect et de place.

---

(8) *Vide* ch. II.
(9) Saturne et Mercure.

Des sept mondes du ciel qui vont tournant toujours
J'admirais la grandeur, la distance et le cours.
Et pendant qu'emporté par les célestes Frères,
Je tournais avec eux dans la course des sphères, 150
Je le vis, ce point noir d'où nous vient tant d'orgueil !
Je le vis tout entier : j'embrassai d'un coup d'œil
Et ses monts et ses mers.... Puis, élevant mon âme,
Je replongeai mes yeux dans les yeux de ma Dame.

Texte 154
Traduction 154

CHANT XXIII.

ARGUMENT. — **Huitième ciel** (*suite*). — **Le Christ et la sainte Vierge descendus de l'Empyrée.** — **Saint Pierre.**

Sous le feuillage aimé, tout au bord de son nid,
L'oiseau veille inquiet, tant que dure la nuit,
Tant que l'ombre enveloppe et couvre toute chose :
Pour entrevoir au loin l'horizon blanc et rose,
Pour trouver la pâture à ces chères amours
Qui lui rendent légers les labeurs les plus lourds,
Il a devancé l'heure; il guette, il guette encore,
A travers les rameaux, où doit naître l'aurore,
Et son ardent désir appelle le soleil :
Dans la même attitude, avec un soin pareil,   10
Ma Dame se dressait, l'œil fixé sur la place
Où le soleil suspend sa course déjà lasse[1].
Voyant cet air troublé, ce regard soucieux,
Moi je me fis semblable à l'homme ambitieux
Qui veut ce qu'il n'a pas et qui vit d'espérance.
Mais le temps eut bientôt mesuré la distance
Entre mon vif désir et l'instant où je vis
Briller plus radieux les célestes parvis :
« Voilà, voilà du Christ la marche triomphante !
Recueille enfin les fruits que ton voyage enfante. » 20
Et la sainte Beauté, tout en me regardant,
S'était transfigurée en un soleil ardent :

---

(1) Au plus haut du ciel, au zénith.

Ses regards.... Mais devant un si profond mystère
Il faut courber la tête, adorer et se taire.

Comme la triple Hécate en souriant conduit
Le chœur étincelant des nymphes de la nuit,
Perçant de mille traits les places les plus sombres :
Tel je vis, au-dessus de ces clartés sans nombres,
Un soleil qui les fit resplendir à mes yeux [2]
Comme notre soleil fait briller d'autres cieux ; 30
Et si vive, à travers cette vive lumière,
Si pure apparaissait la Substance-Première,
Qu'il me fallut baisser mon regard interdit....
« Ma Dame ! ô vous que j'aime !... » Elle me répondit :
« Ce vainqueur de ta vue est la Vertu-Divine
Devant qui tout pâlit ou s'efface ou s'incline.
La Sagesse est en Lui, réunie au Pouvoir
Qui rouvrit notre ciel à la terre et fit voir
Ce jour que tant de vœux appelaient d'âge en âge. »

De même que la foudre, enflammant le nuage, 40
Des nœuds qui l'enlaçaient rompt tout à coup le sceau
Et, pour tomber à terre, échappe à son berceau :
Tel mon esprit, admis à ce banquet suprême,
Pour avoir trop grandi, sortit hors de soi-même
Et ne se souvient plus de ce qui fut alors :
« Après ce qu'ils ont vu, tes yeux sont assez forts
Pour que dans mes regards ils apprennent à lire :
Ils peuvent désormais supporter mon sourire. »

Vous avez vu passer ces rêveurs que poursuit
Un vague souvenir des songes de la nuit : 50
Ils épuisent en vain leur mémoire lassée
A ressaisir les traits d'une image effacée :

---

(2) Jésus-Christ.

Tel j'étais, écoutant ces mots de Béatrix,
Qui de mes humbles vers rehausseront le prix
Dans le livre où revit le passé de ma vie.
Mais dût, avec ses sœurs, la docte Polymnie
Me prêter des accords inconnus parmi nous,
Dût son sein m'abreuver de son lait le plus doux,
Je tenterais en vain de peindre dans mes rimes
Et le divin sourire et les beautés sublimes   60
Tout à coup dévoilés à mes regards ravis.
Ma plume, en décrivant les célestes parvis,
Devra plus d'une fois sauter plus d'une page,
Comme il faut, en sautant, se frayer un passage,
Quand un fossé profond nous barre le chemin.
Mais pour peu que l'on songe au fardeau surhumain
Dont osa se charger une épaule mortelle,
On doit me pardonner s'il est trop lourd pour elle.
Les timides nochers et les frêles esquifs
Qui tremblent, de loin même, à l'aspect des récifs,   70
Sont peu faits pour les mers où vont les grands navires.

« Frère, me dit la Dame aux célestes sourires,
Mes yeux et mon visage ont-ils donc tant d'appas
Qu'absorbé tout en eux tu ne regardes pas
Le jardin qui fleurit sous les rayons du Maître?
Voici la Rose en qui l'Homme-Dieu voulut naître.
Voici les fleurs de lis dont les parfums si doux
Marquent le droit sentier qui mène jusqu'à nous. »

Et moi, toujours docile à ses moindres prières,
Je repris le combat des débiles paupières[3].   80
Tel, tombant à travers les nuages brisés,
Le soleil adoucit ses rayons divisés :

---

(3) *La battaglia de' deboli cigli.*

Tel, à travers mes doigts, je vis une vallée
De mille et mille fleurs richement émaillée.
Je vis des légions d'innombrables Splendeurs
Que foudroyaient d'en haut d'ineffables ardeurs,
Mais sans voir le foyer d'où s'échappaient ces flammes.
O toi qui de ton sceau marquais ces belles Ames,
Tu te voilas, Seigneur, pour ne pas m'aveugler,
Moi fait pour te servir, non pour te contempler. 90

Au doux nom de la Fleur qui s'appelle Marie,
Que j'invoque à genoux chaque fois que je prie,
J'absorbai mes regards, ma pensée et mes vœux
Dans le Feu le plus vif entre mille autres Feux⁴.
Quand mon œil moins débile eut réfléchi sans voile
L'éclat éblouissant de la divine Etoile
Qui triomphe là-haut et vainquit ici-bas,
Je vis, prenant sa part des célestes ébats,
Descendre un nouveau Feu qui, tournant sur lui-même,
Couronna la Splendeur comme d'un diadème⁵. 100
Les terrestres concerts, les plus suaves accents
Où flottent suspendus nos esprits et nos sens,
Ont l'éclat discordant des foudres dans la nue,
Comparés à la voix de la harpe inconnue
Dont s'était couronné le Saphir précieux
Qui d'un suprême éclat fait resplendir les cieux.
La voix disait : « Je suis le saint amour des Anges
Qui dispense, en tournant, aux célestes phalanges
Le bonheur qui nous vient de ce sein tant aimé
Où notre ardent désir fut neuf mois enfermé. 110
Je veux, Reine du ciel, rayonner de la sorte,
Lorsqu'à ton divin Fils tu serviras d'escorte
Dans le plus haut des cieux qui t'appelle et t'attend,
Et que ton aspect seul fera plus éclatant. »

---

(4) La sainte Vierge.
(5) L'ange Gabriel. Voy. chant XVIII, v. 94 et suiv.

La pure mélodie, en tournant répandue,
Gagnait les profondeurs de l'immense étendue,
Et le chœur des Élus, dans un sublime accord,
Disait ce mot *Marie* et le disait encor.

Le grand manteau royal qui couvre tous les mondes[6],
Ce ciel qui réfléchit des clartés plus profondes 120
Sous le souffle de Dieu dont il est plus voisin,
Nous laissait loin encore et si loin de son sein
Que, du cercle où j'étais, haletant d'espérance,
Je n'en pouvais pas même entrevoir l'apparence.

Donc, à mes faibles yeux il ne fut pas donné
De suivre jusqu'en haut le beau front couronné.
Marie, après son Fils, disparut dans l'espace.
Tel, si dans le berceau sa mère le replace,
Pour réclamer le sein l'enfant lui tend les bras :
(L'amour a bien des voix pour parler ici-bas!) 130
Tel chaque Feu, dressé vers sa haute patrie,
Disait par sa splendeur son amour pour Marie.

Et tous, demeurés là, chantèrent à la fois
Le *Regina cœli* d'une si douce voix[7]
Que tout bas je le dis et je le recommence.
Quelle fécondité dans la bonne semence,
Pour avoir un grenier si riche en gerbes d'or!
Celui qui tient les clefs du glorieux trésor
Est là, saintement fier de la sainte couronne
Que lui fit dans les pleurs l'exil de Babylone[8]. 140
Il n'eut souci de l'or; mais, dans un plus haut lieu,
Il trône aux pieds du Fils de Marie et de Dieu :

---

(6) Le neuvième ciel ou Premier-Mobile (*Vide* Analyse du *Paradis*), ch. XXVII, v. 110 et suiv.

(7) Début d'une hymne en l'honneur de la Vierge.

(8) Au figuré : l'exil sur la terre. Il s'agit de saint Pierre qui trône aux pieds de Jésus-Christ, servant de trait d'union entre les Élus de l'ancien Testament et les saints du nouveau. (Voy. chant XXXII.)

Entre la cour nouvelle et l'ancien consistoire,
Il sourit à leur joie et chante sa victoire.

Texte	139
Traduction	144

CHANT XXIV.

ARGUMENT. — Saint Pierre examine Dante sur la Foi.

« Convives admis au glorieux banquet
Où l'Agneau verse à flots le vin qui vous manquait,
Tel que la soif des saints soit toujours satisfaite !
Souffrez que ce mortel prenne part à la fête ;
Laissez-le ramasser les miettes du festin,
Avant qu'il ait là-bas accompli son destin.
A son immense amour daignez faire largesse
Et désaltérez-le, vous de qui la sagesse
S'abreuve au lac divin d'où viennent ses désirs[1]. »

Ainsi dit Béatrix ; et Rubis et Saphirs, 10
Non moins éblouissants que l'étoile qui file,
Se prirent à tourner sur leur axe immobile ;
Et comme, dans l'horloge agencée avec soin,
Les rouages au but arrivent tous à point,
Bien que l'un marche à peine alors que l'autre vole,
Plus ou moins vite aussi tournait chaque Auréole ;
Et moi qui les voyais, je dus en vérité
Mesurer leur puissance à leur célérité.

Soudain, de la plus belle entre ces belles Ames[2],
Je vis à si grands flots jaillir de telles flammes 20

---

(1) Vous qui lisez dans le sein de Dieu, source des bonnes pensées.
(2) Saint Pierre.

Que tous les autres Feux en semblaient amoindris.
Elle tourna trois fois autour de Béatrix,
Avec des chants si doux que l'hyperbole même
Resterait au-dessous de leur charme suprême.
Donc ma plume passe outre et ne les décrit pas;
L'imagination, la parole ont, hélas!
De trop faibles couleurs pour une telle image.

Quand l'Esprit à ma Dame eut offert son hommage,
Il se tint immobile et lui dit : « O ma sœur,
Qui daignes nous parler avec tant de douceur !   30
Touché de ton amour et pour y satisfaire,
Je me suis détaché de la plus haute sphère.
— Immortelle Splendeur du bienheureux séjour,
A qui Notre-Seigneur daigna livrer un jour
Les clefs du Paradis qu'il portait à la terre,
Il me plaît d'invoquer ton sacré ministère.
Vois ce mortel aimé dont je guide les pas :
Daigne l'interroger : ne le ménage pas
A l'endroit de la Foi qui, par sa vertu sainte,
Sur les flots de la mer t'a fait marcher sans crainte. 40
Pierre, s'il *aime* bien, s'il *espère*, s'il *croit*,
Tu le sais, toi qui lis au livre où tout se voit.
Mais puisque ce royaume est ouvert au fidèle
Qui, guidé par la Foi, ne s'inspire que d'elle,
Il convient qu'un disciple élevé jusqu'à toi,
Pour la glorifier parle un peu de la Foi. »

Comme le bachelier qui s'arme, sans rien dire,
Contre les questions qu'il craint et qu'il désire,
Sinon prêt au triomphe, au moins prêt aux combats :
Tel, pendant ce discours, moi j'aiguisais tout bas   50
Mes plus sûrs arguments, ma meilleure parole,
Pour ne pas rester trop au-dessous de mon rôle
Contre un tel confesseur, dans un tel entretien :
« Parle, fais-toi connaître, ô fidèle chrétien;

Dis, qu'est-ce que la Foi? »
                    Je relevai la tête
Vers le Feu d'où partait la demande ainsi faite.
Puis vers ma Béatrix je dirigeai mes yeux,
Et je lus dans les siens un signe gracieux,
Qui semblait exciter ma science incertaine
A verser au dehors les eaux de sa fontaine :   60
« Que la Grâce de Dieu, qui m'accorde en ce jour
Pour examinateur un Prince de sa cour,
Prête un digne langage à mon humble pensée! »
Puis, reprenant ma thèse en ces mots commencée :
« Ton frère, dont Dieu même a dicté les écrits [3],
Qui, dans Rome, avec toi redressa les esprits,
A défini la Foi, mon très-vénéré Père,
La substance, le corps des choses qu'on espère,
Le divin argument de ce qu'on ne voit pas.
Ces seuls mots à ma thèse ont fait faire un grand pas, 70
Je pense. »
          Et j'entendis : « Oui : ta réponse est sage,
Si tu comprends pourquoi l'on dit dans ce passage
La substance d'abord, ensuite l'argument... »

Et moi je répondis : « Dans ce haut firmament,
On dévoile à mes yeux de bien profondes choses
Qui pour l'homme, là-bas, sont encor lettres closes :
Leur existence même est dans la seule foi
Sur qui le haut espoir se fonde ; c'est pourquoi
Le fondement du vrai s'appelle *la substance.*
Sans autre point d'appui, c'est de cette croyance   80
Que part le syllogisme et le raisonnement;
De là vient qu'à l'école on l'appelle *argument.*
— Si tout ce qui s'acquiert là-bas dans vos écoles
Était ainsi compris par les âmes frivoles,

---

(3) Saint Paul.

A l'esprit de sophisme il resterait bien peu. »
Ces mots, comme un soupir, sortirent du grand Feu ;
« Tu peins, ajouta-t-il, sous une couleur vraie,
Le poids et le carat d'une telle monnaie.
Mais l'as-tu dans ta bourse ?

      — Oui, saint Père, oui, je l'ai,
Faite d'un or si pur et si bien ciselé   90
Que je ne doute pas du coin qui l'a frappée. »

De la Splendeur profonde une voix échappée
Fit entendre ces mots : « Ce précieux trésor
Sur qui toute vertu se fonde, dis encor :
D'où te vient-il ? »

      Et moi : « L'abondante rosée
De notre Saint-Esprit, si largement posée
Sur le nouvel Oracle et sur l'ancienne Loi,
Est le pur syllogisme où s'aiguisa ma foi [1].
L'Écriture est pour nous un guide si fidèle
Que tout raisonnement pâlit à côté d'elle.   100
— Mais ces deux Testaments, l'ancien et le nouveau,
Qui furent pour ton âme un si brillant flambeau,
D'où vient que tu les prends pour parole divine ? »

Ma réponse, ô saint Père, aisément se devine.
La preuve que le *Vrai* se révèle à mes yeux,
C'est un enchaînement d'actes tels que pour eux
Jamais l'humble nature, au moins je le présume,
N'a fait chauffer le fer ni fatigué l'enclume. »

Il me fut répliqué : « Mais ces actes, mon fils,
Qui t'assure, après tout, qu'ils furent accomplis ?   110
Nul autre que Celui qui, posant le problème,
Avait grand intérêt à s'affirmer soi-même.

---

(1) *Est le pur syllogisme*, textuel (*sillogismo*).

LE PARADIS. — CHANT XXIV.

—*Si le monde au vrai Dieu s'est vraiment converti
Sans l'aide du miracle et sans être averti,
C'est un miracle tel qu'à lui seul, répondis-je,
Il fait pâlir l'éclat de tout autre prodige[5].
Et n'es-tu pas entré, toi, sans or et sans pain,
Dans le champ du Seigneur, pour y semer le grain
Qui n'est plus de nos jours que ronce et mauvaise herbe? »

Dès que j'eus achevé, la haute cour du Verbe   120
Chanta de sphère en sphère un *Rendons grâce à Dieu*
Sur un mode divin seul digne d'un tel lieu.
Puis, l'illustre Baron dont l'examen sublime
M'avait de branche en branche élevé vers la cime,
Daigna, devant ma Dame, en reprendre le cours :
« La grâce qui, d'en haut, éclaire tes discours,
Ainsi qu'il convenait a fait parler ta bouche.
Jusqu'à présent j'approuve, et ton savoir me touche;
Mais il faut à présent dire ce que tu crois
Et d'où vint ta croyance aux vertus de la Croix.   130

— Noble Esprit, m'écriai-je, ô bienheureux saint Pierre,
Toi qui vois à présent, sans baisser ta paupière,
Les choses que tu crus si fermement là-bas,
Quand de plus jeunes pieds te cédèrent le pas
Pour courir avant tous au sépulcre du Maître[6]!
Tu veux qu'en peu de mots, sans pourtant rien omettre,
Je te dise par où le vrai jour vint en moi :
Tu veux que je formule un symbole de foi...
Et je réponds : Je crois en un Dieu tout aimable,
Tout-puissant, éternel et qui, seul immuable,   140
Fait mouvoir l'univers par un souffle d'amour.
J'ai pour preuves d'abord, plus claires que le jour,

---

(5) ..... *Hoc nobis miraculum sufficit quod terrarum orbis sine miraculis crediderit.* (Saint Augustin, *Cité de Dieu*, chap. v)

(6) Il est écrit qu'en apprenant la résurrection de Jésus-Christ, saint Pierre, déjà vieux, arriva au sépulcre avant saint Jean très-jeune encore.

Celles que la nature et la logique ont faites :
J'ai Moïse et sa loi, les psaumes, les prophètes,
J'ai l'Évangile et vous, vous qui n'avez écrit [7]
Que sous le souffle ardent de notre Saint-Esprit.
Je crois qu'il est en Dieu trois formes éternelles,
Qu'elles sont trois en un comme un seul est en elles,
Tellement qu'on peut dire *est* et *sunt* à la fois.
Je ne dis qu'un seul mot de ces profondes lois ; 150
Mais le saint Évangile assez haut les proclame,
Et de son burin d'or les grave dans notre âme.
C'est lui qui règle en tout mes désirs et mes vœux :
C'est comme une étincelle allumant de grands feux,
Comme un flambeau divin qui me guide et m'éclaire. »

Quand parfois à son maître un varlet a su plaire
Et s'il s'est bien tiré d'un message important,
Le bon seigneur l'embrasse en le félicitant :
Telle, quand je me tus, la Flamme apostolique,
Qui m'avait si souvent accordé la réplique, 160
Me bénit en chantant et m'entoura trois fois,
Tant j'avais mis de force et d'attrait dans ma voix.

---

(7) Vous, *voi*, ne s'applique pas à saint Pierre seulement, mais à tous les Pères de l'Église.

Texte 154
Traduction 162

CHANT XXV.

ARGUMENT. — Suite du huitième ciel. — Saint Jacques. — Saint Jean. — L'Espérance et la Charité.

Si jamais il advient que l'austère poëme
Auquel ont mis la main la terre et le ciel même
Et sur qui nuit et jour j'aurai pâli vingt ans,
Triomphe des cruels qui, depuis si longtemps,
M'ont chassé du bercail, doux abri de l'enfance,
Où je dormis agneau, tremblant et sans défense
Contre la dent des loups ennemis du troupeau,
J'y rentrerai couvert d'une nouvelle peau,
Avec une autre voix... J'y rentrerai poëte.
J'y prendrai le laurier préparé pour ma tête   10
Sur les fonts baptismaux où l'on jura pour moi.
C'est par eux, par eux seuls que j'entrai dans la foi
Qui livre à Dieu la clef de nos cœurs; c'est pour elle
Que Pierre m'entoura de sa flamme immortelle[1].

Un autre s'élança hors du saint bataillon
D'où s'était détaché le lumineux rayon
Qui du Christ ici-bas fut le premier Vicaire.
Plein d'allégresse alors, mon Ange tutélaire
Me dit : « Voici la fleur de nos patriciens
Pour qui la foule accourt aux monts galiciens[2] ».   20

---

(1) Voy. ch. XXIV *in fine*.
(2) L'apôtre saint Jacques, dont la sépulture attire les pèlerins en Galice, province d'Espagne.

Lorsque près de sa sœur s'abat la tourterelle,
Toutes deux roucoulant, tournant, battant de l'aile,
Font éclater les feux d'un mutuel amour :
Tels les deux hauts Barons de la céleste cour
L'un vers l'autre accouraient, chantant le doux calice
Où s'enivrent les cœurs de la sainte milice.
Puis tous deux, faisant trêve à ce premier transport,
Devant moi, sans rien dire, et d'un commun accord
Restèrent si brillants qu'ils vainquirent ma vue.

Ma Dame en souriant dit : « Sois la bienvenue, 30
Grande âme du Docteur qui décrivit si bien
Les trésors que Dieu garde aux vertus du chrétien.
Fais que sur ces hauteurs on parle d'Espérance,
Toi qui la figurais dans chaque conférence
Où, plus clair à tous trois, se révéla Jésus.

— Mon fils, lève la tête et ne t'alarme plus.
L'arbre qui de si bas jusques à nous s'élève
Au feu de nos rayons doit échauffer sa séve. »

Cet encouragement me vint du second Feu,
Et mes yeux ranimés s'élevèrent un peu 40
Sur ces monts dont le poids accablait mon audace[3] :
« Puisque notre Empereur, te couvrant de sa grâce,
Te permet d'affronter, avant ton dernier jour,
Ses Barons les plus chers, sa plus secrète cour,
Puisque le vrai, mon fils, est pour toi sans mystère,
Comprends et fais comprendre aux enfants de la terre
L'Espérance par qui l'homme aspire au vrai Beau.
Dis ce qu'elle est, mon fils, et comment son flambeau
Brille au fond de ton cœur ; dis sa source première. »

Ainsi continuait la seconde Lumière. 50

---

(3) Sur les deux apôtres, suivant la parole du psaume : *Fundamenta ejus in montibus sanctis.*

La Sainte, qui guida mon humble vol si haut,
Répondit, pour aider à ma voix en défaut :
« Voici ce que je lis dans le sacré volume,
Au sein du vrai Soleil dont l'ardeur nous consume :
L'Église militante a grand besoin d'appui :
Mais bien peu de ses fils *espèrent* plus que lui.
C'est pour cela qu'il monte et peut monter sans crainte
De l'Égypte idolâtre à Jérusalem sainte [4],
Bien que l'Église encore ait besoin de son bras.
Sur les deux autres points, Jacques, tu l'entendras [5], 60
Non pas assurément pour t'éclairer, mon père,
Mais afin qu'un vivant puisse dire à la terre
Combien cette vertu sourit à ton amour.
La réponse est facile à présent. Qu'à son tour
Il parle sans jactance, et Dieu lui soit en aide ! »

Tel, quand le professeur aux examens procède,
Le disciple, empressé de montrer son savoir,
Parle et semble se faire un plaisir d'un devoir [6] :
Tel je dis : « L'Espérance, ô sainte créature,
C'est la foi du chrétien dans la gloire future 70
Fruit divin de la Grâce et de la Charité [7].
Plus d'un soleil sur moi répandit sa clarté ;
Mais celui qui d'abord résolut le problème,
Du suprême Seigneur fut le chantre suprême :
Quiconque sait ton nom doit espérer en toi [8],
Et qui peut l'ignorer, Seigneur, s'il a ma foi ?
Ainsi parle David... De ta douce rosée
Mon âme fut ensuite et si bien arrosée

---

(4) De la terre au ciel.

(5) Béatrix vient de répondre à l'une des trois question. posées par saint Jacques : *Dis comment son flambeau, etc.* (vers 48). A Dante de répondre aux deux autres.

(6) Voy. ch. XXIV, vers 47.

(7) *Spes certa expectatio futuræ beatitudinis* (Pierre Comestor, lib. III).

(8) *Sperent in te* (David, psaume IX et *hic in fine*, vers 102).

Que, pleine jusqu'aux bords, je la fis repleuvoir
Dans les champs du prochain prêt à la recevoir. » 80
Pendant que je parlais, dans son propre incendie,
Plus vive que l'éclair, la Splendeur agrandie
Dardait de larges feux; puis, parlant à son tour,
Elle exhala ces mots : « Je brûle encor d'amour
Pour la sainte vertu, que là-bas j'ai suivie
Jusqu'au jour où la palme a couronné ma vie
Et mis hors de combat le combattant vainqueur.
Cet amour, qui pour elle embrase aussi ton cœur,
Veut qu'un moment encor je te reparle d'elle.
Réponds, si tu veux plaire à son amant fidèle : 90
Quels biens te sont promis par l'Espérance? »

           Et moi :
« Le Testament ancien et la nouvelle Loi
Enseignent comment Dieu fait voguer ceux qu'il aime
Vers le port du salut où j'ai touché moi-même.
Un jour, dit Isaïe, *un jour, par la vertu* [9],
D'un double vêtement chacun sera vêtu
Dans sa terre ; et sa terre est ce bienheureux monde.
La révélation semble encor plus profonde
Quand ton frère aux mortels parle des *voiles blancs* [10]. »

 Et comme j'achevais, du sein des plus hauts rangs, 100
S'éleva le *Sperent in te* du roi-prophète [11],
Et tous le répétaient comme un signal de fête.
Un Feu brilla si vif au milieu du concert
Que si d'un tel cristal était fait le *Cancer* [12],
L'hiver aurait un mois d'une seule journée.

 Quand la nouvelle épouse a fini sa tournée,

---

(9) Prophét., chap. XLI. Le corps et l'âme seront réunis après le jugement dernier (*Vide Enfer*, ch. VI *in fine*).

(10) *Stantes ante thronum, amicti stolis albis* (saint Jean, Apocal.) *Vide infra*, ch. XXX, vers 130, et *Purgat.*, ch XXX.

(11) Voy. vers 75 et note 8.

(12) Si le signe du zodiaque appelé *Cancer* brillait ainsi, l'hiver etc.

Une vierge se lève et, sans penser à mal,
En l'honneur des époux ouvre gaîment le bal :
Tel ce Feu vint unir sa flamme aux diadèmes
Des deux autres Flambeaux qui tournaient sur eux-mêmes,
Ainsi qu'il convenait à leur brûlant amour ; 110
Et son chant se joignit aux accords d'alentour.
Ma Dame regardait comme la fiancée,
Immobile, muette et toute à sa pensée :
« Celui-là, me dit-elle, orgueil de notre camp,
Reposa sur le sein du divin Pélican [13]
Qui, du haut de sa croix, au jour du sacrifice,
Le choisit entre tous pour le sublime office. »

Elle avait dit ces mots sans détourner les yeux
Du point où flamboyaient les trois Élus des cieux. 120
Et comme à regarder le soleil face à face,
On en vient à penser que sa splendeur s'efface,
Car on ne voit plus rien pour avoir trop bien vu :
Tel j'étais, contemplant le Feu dernier venu,
Quand j'entendis ces mots : « Ta vue en vain se lasse,
Et ce que tu veux voir n'a point ici sa place.
Mon corps dans la poussière est poussière ; mon corps
Y restera gisant avec les autres morts
Jusqu'au bienheureux jour, mon fils, où notre nombre,
Conforme aux lois de Dieu, triomphera de l'ombre. 130
Dans le saint paradis, deux êtres seulement
Sont montés revêtus du double vêtement [14].
Au monde d'où tu viens reporte mes paroles. »

Ainsi dit la Splendeur, et les trois Auréoles

---

(13) De Notre-Seigneur, qui, comme le pélican, nous a nourris de son sang : *Ille est Johannes evangelista qui, in cœna Domini, supra pectus Jesu Christi recubuit ; cui Christus in cruce pendens matrem suam... commendavit* (Johan., XIII).

(14) Jusqu'au jour de la résurrection des corps (*Vide sup.*, n. 9). Dante croit voir saint Jean en âme et *en chair*, parce que Jésus-Christ a dit de lui : *Discipulus iste non morietur*. Le Saint le détrompe. Jésus-Christ et la sainte Vierge seuls, etc.

Par un commun vouloir cessèrent à la fois
La triple ronde unie au triple accord des voix :
Tels, tantôt par fatigue et tantôt par prudence,
Des rameurs, qui frappaient les vagues en cadence,
S'arrêtent tous ensemble au sifflet du nocher.
Mais de quelle douleur je me sentis toucher   140
Quand, me tournant pour voir ma compagne fidèle,
Je ne la revis plus..... ¹⁵ Pourtant j'étais près d'Elle,
Au milieu des Élus, dans la sainte cité
Pleine d'amour, de joie et de félicité.

---

(15) Tant j'étais ébloui par la splendeur de saint Jean (*Vide* vers 121 et suiv).

                                                                Texte   139
                                                                Traduction 144

CHANT XXVI.

ARGUMENT. — Huitième ciel (suite). — Saint Jean examine Dante sur la Charité. — Adam.

Pendant que je tremblais pour ma vue alourdie[1]
Sous le trop vif éclat du divin incendie,
Une voix douce et pure attira mes esprits[2] :
« Mon fils, en attendant que ta vue ait repris
La trempe qui sur moi s'est si vite émoussée,
Qu'au moins par la parole elle soit compensée.
Parle et dis hautement ce qui se passe en toi.
Mais sache bien d'abord, pour calmer ton effroi,
Que ta vue est non pas morte, mais endormie.
Sache que le regard de la divine amie   10
Qui te guide à travers les saints Alleluia,
A la même vertu que la main d'Anania[3].

—Tôt ou tard, répondis-je, au gré seul de ma Dame,
Vienne la guérison des yeux, par où mon âme[4]
Ouvrit la porte au feu dont je brûle toujours !
Le Bien qui met la joie aux célestes séjours
Est l'Alpha, très-saint Père, et l'Oméga du livre
Dont mon amour brûlant se nourrit et s'enivre. »

---

(1) Voy. ch. XXV, v. 123, 140 et suiv.
(2) La voix de saint Jean.
(3) Qui rendit la vue à saint Paul.
(4)   Oculi sunt in amore duces.   (Ovide)
Aperta la via per gli occhi al cuore. (*La Vita nuova.*)

Et cette même voix qui, charitablement,
M'avait ôté la peur d'un brusque aveuglement, 20
Appela de nouveau le lutteur dans l'arène :
« Dans un crible plus fin purifions la graine,
Me dit-elle ; réponds, mon fils, et sans apprêts :
Vers un si noble but qui dirigea tes traits? »

Et moi : « Les arguments de la philosophie,
Ceux qui viennent du ciel en qui je me confie,
Veulent qu'un tel amour soit nourri dans mon sein.
Le bien, pris dans son sens le plus vrai, le plus saint,
Nous charme d'autant plus, d'autant mieux nous captive
Qu'en soi-même il recèle une bonté plus vive. 30
Donc, s'il se trouve un être où tant de gloire ait lui
Que toute autre beauté, prise en dehors de lui,
Ne soit qu'un des rayons de sa divine essence,
Il convient qu'avant tout on l'honore, on l'encense,
De par l'amour du vrai qui le défend si bien.
Celui-là fit passer son esprit dans le mien [5],
Qui m'apprit que l'Amour, couvrant tout de ses ailes,
Est le premier parmi les choses éternelles ;
Je l'appris d'un auteur plus digne encor de foi [6],
Qui disait à Moïse en lui parlant de soi : 40
« *Viens, je te ferai voir le chemin qu'il faut suivre.* »
Puis, je l'appris de toi, dès le début du livre
Où tu préconisas plus que tout autre et mieux [7]
Les mystères cachés dans l'arcane des cieux. »

Et j'entendis : « Au nom de la raison humaine
Et de l'autorité qui vers le bien nous mène,

---

(5) Platon, qui dans son *Banquet*, imité plus tard par notre poète, a
dit : « *Amorem, omnium deorum antiquissimum.* »

(6) Dieu lui-même : *Ego ostendam omne bonum tibi* (*Exode*, XXXIII.)

(7) Évangile selon saint Jean : *In principio erat Verbum,* etc.

Réserve à Dieu, mon fils, la fleur de tes amours.
Mais dis-moi si ton cœur, dans ses secrets détours [8],
Cache quelque autre aimant qui vers ce Dieu l'attire.
Ce n'est pas tout, mon fils : il faut aussi me dire   50
Avec combien de dents cet amour t'a mordu. »

Je vis le piége saint que l'on m'avait tendu,
J'en compris le péril et, pour rompre la trame
Où l'Aigle du Seigneur enveloppait mon âme :
« Ces morsures d'amour si pleines de douceurs,
Et qui souvent à Dieu ramènent bien des cœurs,
Ont de ma charité secondé la constance.
L'existence du monde et ma propre existence,
La mort que Dieu souffrit pour que je vive, moi,
Ce beau ciel où tout homme aspire par la foi,   60
Les lueurs du flambeau qui brille au fond des âmes,
M'ont tiré de la mer des impudiques flammes,
Et d'écueil en écueil dans le port m'ont conduit.
J'aime toutes les Fleurs que, dans leur doux réduit,
L'Éternel-Jardinier cultive, et je les aime,
Suivant l'ordre et le rang qu'Il leur donna lui-même. »

Dès que j'eus fait silence, un chant délicieux
Fit résonner la sphère et tressaillir les cieux :
Sanctus, Sanctus, Sanctus! Et ma Dame et mille autres
Répétèrent *Sanctus* avec les trois apôtres.   70

Tel vous vous éveillez soudain si, par hasard,
Le soleil sur vos yeux a dirigé son dard
Et percé d'un seul coup les remparts de la vue :
Tel encore, en sentant cette flèche imprévue,
Votre œil se ferme au jour, tout troublé d'un réveil
Qui brusquement l'arrache aux douceurs du sommeil,

---

(8) C'est-à-dire « *L'amour profane n'est-il pas pour quelque chose dans ce pieux amour?* » Dante prouve par sa réponse qu'il a bu de l'eau du Léthé. (*Purgat.*, ch. XXXI.)

Jusqu'à ce que l'esprit en raisonnant l'éclaire :
Tel un rayon des yeux de Celle qui m'est chère
Chassa des miens la nuit qui les voilait encor,
Et rendit à ma vue un plus puissant essor [9] ; 80
Car ce regard brillait à des milliers de milles.
Alors, non sans stupeur, près des saints immobiles
J'en vis un quatrième et demandai son nom.
Béatrix répondit : « Frère, dans ce rayon,
Toute à son Créateur resplendit la Lumière [10]
Que le Premier-Amour fit briller la première. »

De même qu'un rameau, par l'aquilon battu,
Se dresse relevé par sa propre vertu :
Tel, tout troublé d'abord par les mots de la Sainte,
Je me rassurai vite et bannis toute crainte, 90
Tant la soif de parler me brûlait, et je dis :
« O seul fruit créé mûr pour le beau paradis,
O père des humains qui, dans chaque famille,
Peux appeler ta bru celle qui fut ta fille !
Je t'en prie à genoux, parle-moi : que ta voix
Daigne apaiser d'un mot le trouble où tu me vois.
Si vif est dans mon cœur le désir qui t'invite
Que je ne le dis pas pour t'entendre plus vite. »

L'épagneul dont parfois nous voilons les contours
Sous un riche manteau de soie ou de velours [11], 100
Aux doux balancements de sa queue en panache
Fait onduler les plis du voile qui le cache :
Tel Adam laissa voir, sous sa robe de feu,
Combien il lui plaisait d'accéder à mon vœu.
Puis il me dit ces mots recueillis par mes rimes :
« Ton désir m'apparaît sans que tu me l'exprimes,

---

(9) *Vide* ch. XXV, v. 142 et note ; *hic*, v. 1 et suiv.
(10) L'âme d'Adam.
(11) Voy. les tableaux de Paul Véronèse.

Plus distinct et plus clair que ne l'est à tes yeux
La chose la plus nette et qui se voit le mieux.
Je le vois trait pour trait dans la glace secrète
Où tout se réfléchit, et que rien ne reflète. 110
Tu veux savoir combien de siècles ont passé
Depuis qu'en me créant le Seigneur m'a placé
Dans ce jardin terrestre où tu rencontras Celle [12]
Qui t'enseigne à gravir notre divine échelle ;
Tu veux savoir quel temps nous avons passé là,
Les causes du courroux qui nous en exila,
L'idiome inventé par moi pour mon usage.
Or, sache bien, mon fils, pour être vraiment sage,
Que je n'ai pas subi l'exil qui m'était dû,
Pour avoir touché l'arbre et le fruit défendu : 120
Le Seigneur m'a puni d'avoir été fragile.
Le cercle d'où ta Dame a fait monter Virgile [13]
M'a tenu quatre mille et trois cent deux soleils,
Avant que le Seigneur m'admît dans ses conseils ;
Et neuf cent trente fois le char de la lumière
Dans les douze palais qui marquent sa carrière [14]
A passé jour par jour, an par an, pas à pas,
Pendant qu'humble mortel j'ai respiré là-bas.
Mais l'homme avait déjà changé mon idiome
Bien avant que Nemrod eût perdu son royaume, 130
Pour avoir commencé l'interminable tour.
Chez vous rien n'est durable et ne vit plus d'un jour :
Soumise au cours des cieux l'humaine intelligence
Jusque dans ses progrès trahit son indigence [15].
L'homme parle : de Dieu tel est le bon plaisir ;
A l'homme cependant Dieu permet de choisir
Tel ou tel dialecte, au gré de son caprice.
Avant d'être tombés dans le noir précipice,

---

(12) *Purgat.*, ch. XXIX et suiv.
(13) Les Limbes. (Voy. *Enfer*, ch. II.)
(14) Les douze signes du zodiaque. J'ai vécu neuf cent trente ans.
(15) C'est presque la pensée de Bossuet et de M. Guizot : *L'homme s'agite : Dieu le mène.*

Nous donnions le nom d'*El* à ce Souverain-Bien
Qui m'enchaîne à ses pieds par un si doux lien.   140
Puis *Éli* fut son nom ; car tout change avec l'âge,
Chez vous, et vos décrets ressemblent au feuillage
Que l'été renouvelle autour des rameaux verts [16].
Sur le plus haut des monts qui dominent les mers [17]
J'ai vécu tour à tour innocent et rebelle,
Entre la première heure et l'heure qui suit celle [18]
Où le flambeau du jour, atteignant le zénith,
Va bientôt redescendre et regagner son nid. »

---

(16) Ut sylvæ foliis pronos labuntur in annos.
Prima cadunt, sic verborum vetus interit ætas.   (Hor., *Art poét*)
(17) Voy. *Purgat.*, ch. XXIX et suiv.
(18) Douze heures seulement ; mais on sait ce que durent les heures de la Genèse

Texte   142
Traduction   148

CHANT XXVII.

ARGUMENT. — Huitième ciel (*suite*). — Imprécations de saint Pierre. — Neuvième ciel, ou Premier-Mobile. Théorie du mouvement.

« GLOIRE ! chantaient en chœur les élus, gloire au Père,
Au fils, au Saint-Esprit, en qui le monde espère ! »
Ce doux chant enivrait mon cœur d'un saint émoi :
Tout ce qui m'entourait semblait, exprès pour moi,
Rire si doucement que dans mon âme émue
L'ivresse pénétrait par l'ouïe et par la vue.
O célestes transports ! ô sublimes aspects !
Vie entière d'amour, d'allégresse et de paix !
O trésors éternels sans désirs et sans craintes !

J'étais là, contemplant les quatre Flammes saintes [1]. 10
Celle qui, la première, était venue à nous
Fit d'un plus vif éclat briller ses feux si doux.
Jupiter, avec Mars échangeant son plumage,
D'une telle splendeur nous offrirait l'image,
Si tous deux en oiseaux se transformaient un jour [2].
Dieu qui donne à chacun et sa place et son tour
Avait fait taire au loin les chants dont on l'honore.
J'entendis : « Si déjà la rougeur me colore,

---

(1) Pierre, Jacques, Jean l'évangéliste et Adam ; le premier, saint Pierre.
(2) Jupiter et Mars considérés comme planètes, pour dire que la splendeur devint rouge. (*Vide Purgat.*, ch. II, vers 14 : *Marte rosseggia.*)

Ne t'en étonne pas : au cri de ma douleur,
Tous ceux-là comme moi vont changer de couleur : 20

« Celui qui sur la terre usurpe avec audace [3]
La place de saint Pierre, oui, ma place, ma place,
Vacante et veuve encor devant le Fils de Dieu,
A fait de mon sépulcre et de tout le saint lieu
Un cloaque de sang, un vil amas de fange
Qui console en enfer l'orgueil du mauvais ange. »

Et je vis à ces mots les cieux au loin couverts
De ces sombres lueurs qui courent dans les airs,
Le soir et le matin, quand le soleil se cache.
Et comme on voit rougir une vierge sans tache 30
Quand, sûre d'elle-même, elle entend ses amis
Redire le péché par une autre commis :
Tel, à ces mots, rougit le beau front de ma Dame :
Quand sur le Golgotha le Sauveur rendit l'âme,
Ainsi dut s'éclipser la lumière du jour.

L'Élu continua ; mais sa voix, à son tour,
N'avait pas moins changé que sa robe immortelle :
« Mon sang, celui de Sixte et de Lin, disait-elle,
Ont-ils porté si haut l'Épouse du Seigneur
Pour qu'on ose à prix d'or acheter son honneur ? 40
Non, non : c'est pour ouvrir les portes de la vie
Que saint Urbain, saint Clet, saint Calixte et saint Pie
Ont, après bien des pleurs, répandu tout leur sang.
Nous n'avons pas voulu qu'à ce peuple innocent
On fît deux parts autour du trône des apôtres,
La droite pour les uns, la gauche pour les autres ;
Ni que les saintes clefs qui sont entre mes mains
Servissent de symbole aux drapeaux inhumains

---

(3) Boniface VIII.

Qui vont portant la guerre aux races baptisées ;
Ni qu'on livrât mes traits et mon nom aux risées, 50
En apposant mon sceau, par ordre des Pasteurs,
Sur des décrets vendus, sur des édits menteurs.
Que de loups nous voyons, du haut de nos parages,
Sous l'habit du berger courir les pâturages !
Dieu sait si j'en rougis ! D'où vient donc que tu dors,
O vengeance du ciel, quand Toulouse et Cahors[1]
S'apprêtent à verser notre sang pour le boire !
Peux-tu tomber si bas, source de tant de gloire !
Mais Dieu qui défendit avec les Scipions
La Ville et l'univers pour lesquels nous prions, 60
Bientôt aura son tour... j'en garde l'espérance.
Toi qui retourneras au monde, à la souffrance,
Mon fils, ouvre la bouche et proclame là-bas
Ce que moi, dans le ciel, je ne te cache pas. »

Tel l'étroit horizon qui borne nos pensées
Se charge de vapeurs par le froid condensées,
Quand la *Chèvre céleste* accoste le soleil :
Telles, et par l'effet d'un mirage pareil,
Montaient en tournoyant ces Splendeurs éclatantes
Qui parmi nous, une heure, avaient dressé leurs tentes. 70
Je suivis leur triomphe avec des yeux jaloux,
Tant que l'immensité, déroulée entre nous,
Me permit de les voir ; mais sitôt que ma vue
A de telles hauteurs ne fut plus retenue :
« Baisse les yeux, me dit ma Dame, et vois un peu
Quel chemin tu parcours en montant jusqu'à Dieu. »

Depuis l'heure où de loin je vis notre planète,
J'avais parcouru l'arc où le soleil se jette[5]

---

(1) Le pape Clément V, né en Gascogne (*Enfer*, ch. XIX). Jean XXII, né à Cahors.

(5) Il est 6 heures du soir ; il était midi quand Dante a regardé la terre pour la première fois. (*Vide* ch. XXII, vers 132 et suiv.; ch. XXVI *in fine*.)

572 LA DIVINE COMÉDIE.

Du plus haut de sa route au plus bas. J'entrevis
Gadès, les flots qu'Ulysse a follement suivis,   80
Puis la plage où jadis Europe trop facile
Fut un fardeau si doux pour le taureau docile [6].
J'eusse vu plus avant dans notre humble maison,
Si déjà, sous mes pieds dépassant l'horizon,
Le soleil n'eût brillé pour un autre hémisphère.

Mais rien, sans Béatrix, ne peut me satisfaire.
Mon âme enamourée, avide de savoir,
Brûlait plus que jamais du désir de la voir.
Certes, l'art est puissant, puissante est la nature ;
Une beauté vivante, une belle peinture   90
Peut, en prenant nos yeux, s'emparer de nos cœurs ;
Mais j'eusse défié l'un et l'autre vainqueurs
Unissant leurs efforts pour séduire mon âme,
Tant je fus enivré d'un regard de ma Dame,
Au moment où, pour voir sa divine beauté,
J'osai tourner encor les yeux de son côté.

La secrète vertu dont sa vue était pleine,
Du beau nid de Léda me fit monter sans peine [7]
Vers le ciel qui se meut le plus rapidement.
Il est dans ces hauts lieux, dans ce pur diamant,   100
Tant d'uniformité que je ne saurais dire
Par quels secrets chemins on daignait me conduire.
Mais nul désir n'échappe aux regards de ma sœur,
Et je la vis sourire avec tant de douceur
Que Dieu semblait briller sur sa face immortelle :

« Ici le mouvement commence, me dit-elle [8] ;

---

(6) *Gadès*, port d'Espagne. *Les flots que*, etc. L'Océan (*Vide Enfer*, ch. XXVI) *La plage où*.. La Phénicie, où Jupiter, sous la forme d'un taureau, enleva la belle Europe.

(7) De la constellation des Gémeaux, fils de Léda, je m'élevai vers le neuvième ciel, ou Premier-Mobile.

(8) *Mouvement*.. qui fait mourir, *moto che muore* (textuel).

C'est lui qui fait mouvoir, de par la loi de Dieu,
Tous les points de la sphère, excepté le milieu⁹.
Ce ciel, premier moteur des mondes qu'il renferme,
Source du mouvement, en est aussi le terme. 110
C'est une zone à part, pleine de l'Esprit-Saint¹⁰
Où s'enflamme l'amour qui, sorti de son sein¹¹,
Et chargé des vertus qu'il fait pleuvoir en elle,
Tourne éternellement cette meule éternelle.
Ce ciel qui comprend tout est compris à son tour
Dans un cercle formé de lumière et d'amour;
Mais Dieu qui sur son front posa cette couronne
La tient seul dans sa main, même alors qu'il la donne¹² :
Ce ciel a Dieu pour maître et reçoit tout de Lui;
Loin que les autres cieux lui prêtent quelque appui, 120
Il modère leur cours et les contient eux-mêmes,
Comme dix contient cinq grossi de cinq dixièmes.
Tu comprends, ô mon fils, que dans un tel terrain,
Le vieux Temps ait planté ses racines d'airain,
Tandis que ses rameaux couvrent les autres mondes.
O viles passions! dont les vagues immondes
Ont submergé si bien tous les cœurs pleins de fiel
Que nul n'élève plus ses regards vers le ciel!
L'amour de la vertu peut bien fleurir encore;
Mais en tombant sans fin, le torrent la déflore 130
Et change un bourgeon vert en stérile fœtus.
L'innocence et la foi ne se retrouvent plus
Que dans la tendre enfance et meurent avant l'âge
Qui couvre le menton de son premier pelage.

---

(9) Frappez un vase plein d'eau : le mouvement ira de proche en proche jusqu'au centre. Ici le centre c'est Dieu en haut et la Terre en bas les deux pôles du monde, tous deux immobiles de par la loi des extrêmes. (Voy. analyse du *Paradis* et ch. XIV, v. 1 et suiv.).

(10)   Principio cœlum ac terras camposque liquentes
        Spiritus intus alit .   (*Énéide*, ch. VI.)
(Voy. anal. du *Paradis*, ch. XXVIII, note 2 et *passim*.)

(11) L'amour, c'est-à-dire l'ange préposé au gouvernement du neuvième ciel.

(12) Dieu gouverne seul le ciel-empyrée, tandis qu'il délègue aux anges la direction des autres sphères.

On consent à jeûner tant qu'on bégaie encor ;
Mais sitôt que la langue a pris un libre essor,
On mange, on boit, on rit du carême et du jeûne.
Pour respecter sa mère il faut être bien jeune !
Du jour où l'on raisonne on l'aimerait bien mieux
A tout jamais couchée au rang de ses aïeux.   140
Telle est l'humanité, fille de la planète [13]
Qu'on attend le matin, que le soir on regrette :
Son cœur, comme sa chair, noircit en vieillissant.
Et pour t'étonner moins d'un si sévère accent,
Sache que sur la terre il n'est rien qui vous mène [14].
De là tous les écarts de la famille humaine !
Mais avant que janvier tombe dans le printemps [15]
Par l'effet d'un seul jour négligé trop longtemps,
Les sphères des élus criront tant *anathème !*
Que la fortune enfin changera de système,   150
Et que, tournant la proue où la poupe s'endort,
Elle ramènera la flotte dans le port.
Alors tout sera bien, et dans les terres franches,
Les fruits, après les fleurs, feront ployer les branches. »

---

(13) Fille du soleil, puisque c'est lui qui vivifie tout.

(14) Encore le libre arbitre Voy. ch V, vers 20 et suiv.), ou dans un autre sens : Vous n'avez pour guide ni le pape ni l'empereur, engagés dans de mauvaises voies.

(15) C'est-à-dire bientôt. Avant l'adoption du calendrier Grégorien on négligeait dans le comput le 29 février des années bissextiles.

Texte   148
Traduction   154

CHANT XXVIII.

ARGUMENT. — Le Point (Dieu). — Les neuf chœurs des anges. Doutes éclaircis.

Celle qui tient mon cœur tout emparadisé,
Venait de mettre à nu, sous leur masque brisé,
Et la présente vie et notre race infâme.

Tel, si derrière vous on allume une flamme
Dont le reflet soudain brille dans un miroir,
Vous vous retournerez, presque sans le vouloir,
Pour vous bien assurer si la glace en impose,
Et vous verrez l'effet d'accord avec la cause,
Comme avec l'instrument la musique est d'accord :
Tel je fus dans le ciel (je m'en souviens encor)   10
En plongeant dans ces yeux, où je puisais la vie,
Où l'amour a forgé la chaîne qui me lie :
Tel, en me retournant, je vis briller sur nous
Ce qui dans ce miroir est visible pour tous,
Dès que vers l'Empyrée on élève sa vue...
Un *Point* d'une splendeur ici-bas inconnue[1],
Qui force à se fermer les yeux les plus puissants,
Tant son éclat est vif, tant ses traits sont perçants !
Comparée à ce Point, la plus petite étoile
Semblerait grande au moins comme un soleil sans voile : 20

---

(1) Dieu même. (*Vide* ch. XXXIII, v. 77 et suiv.), au centre de l'Empyrée et dominant les neuf cieux.

Et comme Iris entoure, en le baignant de pleurs,
L'astre auquel elle doit ses brillantes couleurs,
Quand la vapeur se fait plus lourde et plus intense :
De même autour du Point, mais à grande distance,
Un cercle lumineux tournait si vivement
Qu'il eût, et de beaucoup, vaincu le mouvement
Du plus vaste des cieux qui tourne le plus vite[2].
Tout autour de ce cercle et marquant sa limite,
Un second circulait, lui-même environné
D'un troisième circuit comme lui couronné   30
D'un autre, auquel encor succédait un cinquième
Plus grand que celui-là, moins grand que le sixième :
Le septième embrassait un si vaste horizon
Que l'arc entier d'Iris n'en eût pas eu raison :
De même jusqu'à neuf, et toutes ces guirlandes
Tournaient plus lentement en devenant plus grandes[3],
Et selon que du centre elles étaient plus loin.
Je vis, en observant les cercles avec soin,
Que celui-là jetait la plus vive lumière
Qui, le plus rapproché de l'Essence-Première,   40
Semblait s'éclairer mieux de son divin reflet.

Ma Dame avait bien vu quelle soif me brûlait :
« C'est de ce Point, me dit la sainte créature,
Que dépendent les cieux et toute la nature.
Repose ton regard sur le premier circuit :
C'est parce que l'amour le presse et le poursuit,
Qu'avec tant de vitesse il accomplit sa ronde.
— Madame, si la loi qui gouverne ce monde
Des cieux inférieurs était aussi la loi,
Ce que vous dites là serait assez pour moi.   50
Mais l'évolution, dans le monde visible,
Est au souffle divin d'autant plus accessible

---

(2) Le neuvième ciel ou Premier-Mobile, dans le sein duquel Dante est en ce moment

(3) Voy. analyse du *Parad s* et *infra*, v. 66 et suiv.

Qu'elle est plus loin du centre où l'homme est enfermé [4].
Dans ce temple angélique où luit le Bien-Aimé,
Et dont les seuls confins sont Amour et Lumière [5],
S'il vous plaît que je touche au but de ma prière,
Dites : pourquoi ce ciel et les sphères d'en bas
Aux mêmes lois partout n'obéissent-ils pas ?
J'ai beau chercher, je sens que ma recherche est vaine.

— A ce rude labeur n'épuise pas ta veine,   60
Frère : sur de tels nœuds négligés trop longtemps
L'homme userait en vain ses ongles et ses dents. »

Ainsi parla ma Dame. Elle reprit : « Ecoute
Ce que je te dirai pour éclaircir ton doute ;
Aiguise ton esprit, réfléchis et comprends :

« Les cercles corporels sont moindres ou plus grands [6]
Suivant que les Vertus, entre tous réparties,
Pénètrent plus ou moins dans toutes les parties :
Bonté plus grande aspire à faire plus de bien ;
Plus de bien à son tour, pour ne négliger rien,   70
Pour être tout à tous, exige un sein plus large.
Donc ce ciel qui, fidèle aux devoirs de sa charge,
Emporte dans son cours les mondes suspendus,
Correspond au circuit qui plus aime et sait plus.
Et si tu te réglais, non sur les apparences,
Mais bien sur les vertus de ces circonférences,
Tu saurais découvrir d'admirables rapports
Entre les plus petits et les plus vastes corps,
Chacun suivant son droit, sa valeur et sa sphère. »

Tel, serein et brillant nous voyons se refaire   80

---

(4) La terre. *Vide* anal. du *Paradis* et *supra*, ch. XXVII, note 8.

(5) Voy. ch. XXVII, v. 111 et suiv.

(6) *Corporels*, matériels, tangibles, par opposition aux anges invisibles qui les gouvernent.

L'espace aérien, quand Éole jaloux,
Exhalant dans les airs son souffle le plus doux,
Dissipe les vapeurs qui troublaient son empire,
Et que la cour des cieux se reprend à sourire :
Tel, à ces mots si clairs dans leur simplicité,
Comme une étoile au ciel je vis la vérité.

   Quand ma Dame eut parlé, mille et mille étincelles
Des cercles enflammés jaillirent, comme celles
Que le marteau brûlant fait voler dans les airs.
L'embrasement suivit ces rapides éclairs,   90
Si nombreux qu'en doublant toujours de mille en mille,
Le calcul du damier m'eût semblé plus facile[7].
J'entendis l'Hosannah monter de chœur en chœur,
Jusqu'au Point qui les tient à la place d'honneur
Où toujours ils seront et n'ont pas cessé d'être.

   Celle qui dans mon cœur vit le doute renaître,
Me dit : « Les deux premiers des neuf cercles sont pleins
De chérubins groupés autour des séraphins.
Dans leur ronde éternelle ils ne tournent si vite
Que pour se rapprocher du Point qui les invite ;   100
Car plus ils en sont près, plus ils ont de pouvoir.
Cet autre essaim d'Amours qu'autour d'eux tu peux voir,
Et qui servent de base aux premières Puissances,
Sont pour cela nommés *Trônes des préséances*.
Tous, tu dois le savoir, ils aiment d'autant mieux
Qu'ils plongent plus avant dans le vrai cœur des cieux[8],
Où toute intelligence est dans la quiétude.
Ainsi le fondement de la béatitude,
Mon frère, est dans la vue et non pas dans l'amour
Qui provient de la vue et rayonne à l'entour.   110

---

(7) En doublant toujours de la première case à la soixante-quatrième, on arrive à des nombres incalculables

(8) Dans le sein de Dieu

La faculté de voir est une récompense
Que gagne la vertu, que la Grâce dispense.
La Grâce en trois degrés partagea les neuf chœurs[9].
Dans le second ternaire on voit les saintes Fleurs
Qu'un éternel printemps féconde et que l'automne
Avec ses froides nuits jamais ne découronne.
Elles s'en vont mêlant à nos divins concerts
Leur triple alléluia sur trois modes divers :
Cette hiérarchie embrasse trois Essences :
Les *Dominations*, les *Vertus*, les *Puissances*.   120
Dans le dernier ternaire, un peu moindre en beautés,
L'Archange de bien près suit les *Principautés*.
La dernière couronne est toute aux jeux des *Anges*.
Les yeux tournés en haut, ces diverses phalanges
Font descendre au-dessous la lumière et l'amour,
Vers le centre attirés, attirant tour à tour.

» Denis, l'ami de Paul, étudia ces sphères[10]
Avec un tel désir qu'il put dire à ses frères
Et le nom de chacune et sa place et son rang.
Grégoire émit plus tard un avis différent[11] ;   130
Mais, quand il vit de près le sacré diadème,
Il connut son erreur et se rit de lui-même.
Si de simples mortels, ô mon frère, ont là-bas
Surpris de tels secrets, ne t'en étonne pas.
Celui qui vit le ciel, en quittant les apôtres[12],
A déchiré pour vous et ce voile et bien d'autres. »

---

(9) En trois ternaires. *Vide* anal. du *Paradis*.
(10) Denis l'Aréopagite, ami de saint Paul.
(11) *Vide Homélies* de Grégoire le Grand.
(12) Saint Paul. *Vide Enfer*, ch. II, v. 20 et suiv.

Texte   139
Traduction   136

CHANT XXIX.

ARGUMENT. — Création des Anges et de la matière. — Imprécations de Béatrix contre les prédicateurs frivoles.

Quand Phœbus et sa sœur gravissent l'escalier,
Couverts par la Balance et soumis au Bélier [1],
A l'heure où dans ses bras l'horizon les enlace,
Le zénith un instant les retient à leur place [2] ;
Puis, reprenant leur vol, ils vont en liberté
Porter à d'autres bords la vie et la clarté :
Pendant le même temps, éclairant d'un sourire
Son visage divin, ma Dame, sans rien dire,
Regarda fixement le Point mystérieux,
Le Point qui tout à l'heure avait vaincu mes yeux [3]. 10
Puis : « Sans te demander ce que ton cœur désire,
Dit-elle, j'y réponds ; car je viens de le lire
Dans le livre où l'Espace et le Temps sont compris :

» Hors des siècles ouverts à nos faibles esprits,
Dans son éternité qui par rien ne commence,
Il plut à Celui-là dont l'amour est immense

---

(1) Le soleil et la lune, sous le double signe de la Balance et du Bélier, situés aux deux points extrêmes du zodiaque.
(2) A midi, le soleil semble s'arrêter un instant avant de redescendre vers le couchant. (Voy. ch. XXIII, v. 11 et 12.)
(3) Vide ch. XXVIII, v. 16 et suiv.

De s'agrandir encor dans de nouveaux Amours [1],
Non pas pour que sa sphère élargît ses contours,
Mais pour que sa Splendeur en rayonnant pût dire :
Je suis. Et ne crois pas qu'avant de les produire, 20
Dieu fût comme endormi dans un morne repos.
L'Esprit ne fut visible et porté sur les eaux [5],
Ni plus tôt ni plus tard... Ange, forme et matière,
L'œuvre fut faite pure, harmonieuse, entière,
D'un seul jet, d'un seul mot de l'infaillible voix :
Un seul arc a lancé trois flèches à la fois.
Sur le pur diamant, le cristal et le verre
Un rayon de soleil trois fois se réverbère
Si vite que venir et briller ne font qu'un :
Tel, et sous trois aspects, le Seigneur à chacun 30
Fit sa part de clarté, sans laisser, j'imagine,
Place aux distinctions de date et d'origine.
Donc, la Substance et l'Ordre ont été concréés ;
Et ceux-là trônent seuls sur les plus hauts degrés,
Qui seuls furent doués de la puissance active [6].
A l'extrême opposé gît la force passive :
L'Actif et le Passif sont, au centre, tous deux
Étroitement unis par d'invisibles nœuds.

Saint Jérôme a parlé longuement dans son livre
D'anges qui, selon lui, bien longtemps ont dû vivre 40
Avant que l'autre monde apparût à son tour ;
Mais si tu veux, mon fils, chercher avec amour,
Le vrai sous mille aspects brille dans le volume
Écrit par des mortels dont Dieu guida la plume.

---

(4) En créant les anges, les cieux et la terre.

(5) *Spiritus Dei ferebatur super aquas.* (Genèse).

(6) Les neuf sphères de l'Empyrée qui agissent sur les neuf cieux et sur la terre, laquelle figure la force passive, à l'extrême opposé de l'Empyrée. Au centre, les neuf cieux, qui tout à la fois agissent et subissent l'action supérieure. (Voy. anal. du *Parad.* et ch. XXVII, note 8.)

Je dis plus : au bon sens, à défaut des auteurs,
Il répugne que tant et de si grands moteurs
Eussent longtemps vécu d'une vie imparfaite [7].

» Tu sais donc où, comment et quand, sur ce haut faîte,
L'Amour divin créa tant d'Amours, et je crois
Que de tous tes désirs j'en ai satisfait trois. 50
Dans le temps qu'il te faut pour compter jusqu'à trente,
Une des légions, par sa chute éclatante,
Troubla le gouffre impur des éléments humains [8] ;
L'autre resta fidèle et, par ses trois chemins,
Commença cette ronde autour du Point formée,
Et que rien n'interrompt, tant elle en est charmée.
La cause de la chute est le maudit orgueil
De celui que tu vis échoué sur l'écueil,
Et sur qui tout entier pèse le poids du monde.
Ceux que tu vois là-haut ont, dans leur triple ronde, 60
Humblement reconnu la bonté de ce Dieu
Qui les a faits si grands et mis en si haut lieu.
La grâce illuminante et leur propre mérite
Ont exalté leur vue et si bien et si vite
Qu'ils ont la volonté ferme et pleine en tout point.
Sache donc (et je veux que tu n'en doutes point)
Que la Grâce descend plus vite dans les âmes
Qui s'ouvrent par l'amour à de plus vives flammes.
Si tu m'as bien comprise, à présent, sans secours
Tu peux lire avec fruit au cœur de ces Amours ; 70
Mais comme on dit là-bas, sur le banc des écoles,
Que, dans la région des saintes Auréoles,
On trouve *entendement*, *mémoire* et *volonté*,
Je te dois découvrir la pure vérité
Qui chez vous s'obscurcit sous le voile hypocrite
Des livres qu'on écrit et de ceux que l'on cite.

---

(7) Puisque, créés pour mouvoir et diriger les cercles inférieurs, ils n'auraient eu rien à mouvoir et à diriger.
(8) L'enfer. *Vide Enfer*, ch. XXXIV.

» Sitôt que ces Esprits jouirent du bonheur
De voir et d'adorer la face du Seigneur,
Livre mystérieux où toute chose est lue,
Ils se gardèrent bien d'en détacher la vue : 80
Donc, nul objet nouveau ne les ayant distraits,
A quoi bon la mémoire? A rappeler des traits
Qu'ils contemplent sans fin, sans obstacle et sans trêve?
Voilà comment chez vous tout éveillé l'on rêve,
Croyant, ne croyant pas à vos propres discours,
Excusables parfois, mais coupables toujours.
Guidé par le flambeau de la philosophie,
Nul homme au droit sentier simplement ne se fie,
Tant vous emporte au loin, pour vous mieux égarer,
Et la soif de paraître et l'art de pérorer ! 90
Vous n'en restez pas là : les saintes Écritures
Souffrent de vos dédains, souffrent de vos tortures.
Vous oubliez, hélas ! ce qu'il fallut de sang
Pour semer dans le monde un germe si puissant,
Et combien nous est cher l'humble qui le récolte.
Mais chacun s'ingénie à grandir sa révolte :
Pour l'unique plaisir de dire du nouveau,
Tous vos prédicateurs se creusent le cerveau.
De l'Évangile, rien ! L'un d'eux dit que la lune
Retourna sur ses pas contre la loi commune; 100
Que, par elle obscurci, le soleil fut caché
Tant que fut le Seigneur à sa croix attaché.
Mensonge ! La clarté se cachant d'elle-même [9],
L'éclipse s'étendit de l'un à l'autre extrême,
De l'Espagne à l'Indus et du nord au midi.
Florence compte moins de Lapi, de Bindi [10]
Qu'on ne sème, en un an et du haut de la chaire,
De contes ainsi faits, tant l'erreur vous est chère!

---

(9) Par miracle et non autrement.
(10) Noms très-communs à Florence, comme chez nous les Martin, les Mathieu.

LE PARADIS. — CHANT XXIX.

» Le troupeau pour cela n'en est pas plus savant.
Il revient au bercail, maigre, nourri de vent : 110
L'ignorance est sa perte et non pas son excuse.
Le Seigneur n'a pas dit : *Allez! que l'on abuse!*
Il a dit aux premiers convertis à sa foi :
« *Allez! prêchez partout la véritable loi.* »
Il le cria si haut que, pour mieux faire admettre
L'Évangile divin, la parole du Maître,
Ils portaient au combat lances et boucliers [11] ;
Mais maintenant le prône est un jeu d'écoliers,
Et quiconque a fait rire un frivole auditoire
Enfle son capuchon et chante sa victoire. 120
Ah! si l'humble vulgaire à la glèbe attaché
Voyait quel triste oiseau dans le nid est caché,
Il n'accepterait pas, de cette source impie,
L'Indulgence plénière à laquelle il se fie,
Et pour qui la sottise aujourd'hui va si loin
Qu'en son nom l'on croit tout, sans preuves, sans témoin,
Et qu'autour de quiconque en veut vendre on se presse.
De saint Antoine ainsi le vil troupeau s'engraisse,
Et d'autres avec lui, plus vils que des pourceaux,
Qui pour de l'argent vrai donnent de l'argent faux... 130

» Mais nous voilà bien loin de Celui qui m'envoie.
Reporte donc tes yeux, là, sur la droite voie ;
Puisque le temps s'abrége, abrégeons le chemin.
Le nombre de ces dieux que Dieu tient sous sa main,
Dans l'infini se plonge à des profondeurs telles
Qu'il échappe au calcul des sciences mortelles.
Rien qu'à suivre Daniel dans ses prévisions,
Tu sais qu'en les comptant par mille et millions,
Il ne précise pas le vrai nombre des anges [12].
La Première-Clarté, qui luit sur leurs phalanges, 140

---

(11) Allusion à l'Église militante Voy. aussi ch. XII, v. 91 et suiv. sur saint Dominique.
(12) *Millia millium ministrabant ei*, etc.

A des degrés divers leur jette sa splendeur,
Suivant qu'ils sont brûlants de plus ou moins d'ardeur.
Donc, si l'acte d'aimer suit l'acte de comprendre,
L'amour, chez les Élus, est moins vif ou plus tendre;
Et tu vois, n'est-ce pas, l'excellence et l'ampleur
De cet Être nommé l'Éternelle-Valeur
Qui, par tant de miroirs livrée à ceux qu'elle aime,
Sans jamais s'amoindrir demeure une en soi-même. »

        Texte   145
        Traduction 148

CHANT XXX.

ARGUMENT. — L'Empyrée. — Le triomphe des Élus.

Peut-être à six milliers de milles, loin de nous,
La sixième heure brille aux rivages indous,
Et l'ombre de la nuit couvre notre hémisphère,
Quand le milieu du ciel recommence à se faire
Si profond que là-haut mille flambeaux, hélas !
Sont pour nos faibles yeux comme s'ils n'étaient pas.
Puis, quand la blanche aurore ouvre son dernier voile,
Le ciel ferme les siens et, d'étoile en étoile,
Les plus vives lueurs s'effacent tour à tour :
Tel ce Triomphe ailé dont l'éternel amour [1]   10
Se joue autour du Point qui me vainquit naguère.
Perdu dans la splendeur de Celui qu'il enserre,
Le beau phare, un par un, éteignit tous ses feux,
Et je ne vis plus rien dans ce miroir des cieux.
Aimer et ne plus voir ramenèrent mon âme [2]
Au flambeau de ma vie, aux beaux yeux de ma Dame.

Dussé-je en son honneur réunir dans mes vers
Tout ce que j'ai dit d'Elle en mille chants divers,
Je resterais encore impuissant à la peindre...
Aux beautés que je vis nul ne saurait atteindre.   20

---

[1] C'est-à-dire la légion des anges.
[2] La disparition des anges et mon amour pour Béatrix ramenèrent, etc.

Je dis plus et je crois qu'un joyau d'un tel prix
Par son Créateur seul peut être bien compris.
Oui, je me sens vaincu plus que l'auteur d'un drame
Pour qui l'heure a sonné de dénouer la trame
Qu'à grand'peine emmêla son art ambitieux.
Comme un soleil trop vif brûle nos faibles yeux,
Devant ce doux sourire et sa splendeur suprême
Ma mémoire fléchit et se manque à soi-même.
Du jour où je la vis pour la première fois
Jusqu'à ce nouveau jour, ni mes vers ni ma voix   30
N'ont fait défaut, je pense, à Celle que j'adore ;
Mais il faut renoncer à la chanter encore,
Comme, ayant épuisé son art dans un tableau,
Le peintre loin de soi rejette son pinceau.
Donc, je laisse humblement Celle que j'ai nommée
Au clairon plus brillant d'une autre Renommée,
Et je cours au grand but qui me tient tant au cœur.

Ma Dame, avec l'accent d'un général vainqueur :
« Du plus vaste des corps nous montons, me dit-elle,
Au vrai jour, au foyer de Lumière immortelle [3],   40
Lumière des Esprits toute pleine d'amour,
Amour plein d'allégresse, allégresse à son tour
Pleine éternellement d'ineffables délices.
Là tu vas contempler les deux saintes milices [4] :
L'une a déjà l'aspect que reprendront nos corps
Quand Dieu viendra juger les vivants et les morts. »

Quand un soudain éclair a blessé nos prunelles,
Les objets les plus forts n'ont plus prise sur elles :
Tel, d'un trop vif éclat trop vivement frappé,
Dans un voile de feu je fus enveloppé,   50

---

(3) Du neuvième ciel ou Premier-Mobile au ciel Empyrée.
(4) Celle des saints et celle des anges (V. ch. XXXI, vers 1 et suiv.)

Et tout à coup plus rien n'apparut à ma vue :
« Dans le ciel qu'il apaise, ainsi l'Amour salue [5]
Ceux qu'il daigne accueillir, afin d'accoutumer
Le cierge à la splendeur qui le doit consumer. »

A ces mots recueillis de la bouche que j'aime,
Je me sentis grandir au-dessus de moi-même.
Mon regard se refit si perçant et si sûr,
Qu'il eût soutenu même un jour encor plus pur.
Je vis couler alors en forme de rivière [6],
Brillant de mille feux, un torrent de lumière, 60
Entre deux bords semés des plus riches couleurs.
Du fleuve s'élevaient, pour se mêler aux fleurs,
Des globules de feu, de vives étincelles,
Volant de çà de là sur d'invisibles ailes,
Comme autant de saphirs tout enveloppés d'or.
Enivrés de parfums, par un nouvel essor,
Ils plongeaient de nouveau dans le brillant liquide;
D'autres s'en échappaient.
     « J'aime, reprit mon guide,
Le désir qui te brûle et te presse à la fois
D'avoir la notion des choses que tu vois. 70
Ce désir, plus brûlant, me plairait plus encore.
Mais avant d'apaiser la soif qui te dévore,
Il convient que d'abord tu boives de cette eau. »

Elle ajouta : « Voilés sous ce brillant manteau,
Fleurs, rivière et saphirs allant, venant sans cesse
Du bord qui leur sourit au flot qui les caresse,
Cachent leur forme vraie et trompent ton espoir...
Non qu'ils soient par essence impossibles à voir;

---

(5) Dans l'Empyrée, dans le ciel où Dieu réside et qu'il rend immobile, au contraire des autres cieux. (V. anal. du *Parad.*, supra, ch. XXVII, vers 115 et suiv., *et passim*).

(6) *Ostendit mihi flumen aquæ vivum*, etc. (*Apocalypse*).

La faute vient de toi : ces magnifiques choses
Pour tes regards mortels sont encor lettres closes. » 80

L'enfant que sa nourrice a réveillé trop tard
Se jette sur le sein, du geste et du regard,
Moins précipitamment que je ne fis moi-même
Pour pénétrer mes yeux d'une force suprême.
Je me baissai vers l'eau, qui ralentit son cours
Pour qu'on s'améliore en y puisant toujours.
Sitôt qu'elle eut touché ma paupière, cette onde,
De longue qu'elle était, tout à coup se fit ronde.
Comme le papillon, dans sa larve caché,
Paraît tout autre aux yeux dès qu'il s'est détaché 90
De ces haillons d'emprunt qui recouvraient ses ailes,
Ainsi ces fleurs, ainsi ces vives étincelles
D'un plus brillant éclat éblouirent mes yeux,
Quand je vis au vrai jour ce double écrin des cieux.[7]
O lumière de Dieu, par qui moi, vil atome,
Dans toute sa splendeur j'ai vu le vrai royaume,
Prête-moi ta vertu pour qu'aux mortels ravis
Je le montre à mon tour et tel que je le vis !

Cette lumière est là, qui rend, par sa nature[8],
Le Créateur visible à toute créature 100
Dont l'unique désir est de voir sa splendeur.
C'est un cercle enflammé, d'une telle grandeur,
Qu'il ferait au soleil un trop grand diadème.
Il se fait d'un rayon qu'il emprunte à soi-même,
Et le Premier-Mobile, admirable miroir,
Tire de lui ses feux, sa vie et son pouvoir[9].

Tel un riant coteau se penche sur la rive,
Comme pour admirer sa beauté dans l'eau vive,

---

(7) Les saints et les anges. (*Vide* note 4 et ch. XXXI, vers 1 et suiv.)
(8) La lumière de Dieu (vers 93), ch. XXVIII, vers 13 et suiv.
(9) *Vide* ch. XXVII, vers 105 et suiv., *et supra*, note 5.

Quand il brille paré de verdure et de fleurs :
Tels, autour du foyer, variant leurs couleurs,   110
Je crus voir se mirer dans l'éclat de leurs trônes
Les Esprits qui, chez nous, ont gagné leurs couronnes,
Et de la terre au ciel sont montés en mourant.
Et si tant de clarté s'accorde au dernier rang,
Quel doit être, ô mon Dieu, le bonheur dont s'arrose
Le faîte éblouissant de l'immortelle Rose !

Mes yeux, en étendue, en élévation,
Sans s'égarer pourtant dans leur ambition,
Mes yeux embrassaient tout, plongés jusqu'à l'ivresse
Dans ces flots de clarté, dans ces flots d'allégresse... 120
Ou de près ou de loin, qu'importe, puisque Dieu
Règne là sans ministre et parvient sans milieu !
Rien ne relève là de la loi naturelle.

Dans le calice pur de la Rose éternelle
Qui s'étend, se resserre et prodigue en tout temps
Un parfum de louange à l'Éternel-Printemps,
Béatrix m'entraîna ; car déjà sa science
Avait lu mon désir à travers mon silence :
« Regarde, me dit-elle, admire sur ces bancs
Que de places d'honneur Dieu garde aux voiles blancs[10] ; 130
Vois l'immense circuit de notre cité sainte :
Tant de trônes déjà sont remplis que l'enceinte
Désire à peine encor quelques Pairs en retard.
Sur ce beau siége vide où monte ton regard
A cause du rayon qui lui fait diadème,
Avant qu'au grand banquet tu sois admis toi-même,
L'âme du grand Henri brillera parmi nous[11].
Il faut qu'il soit César avant ce jour si doux,

---

(10) Vêtement commun aux saints et aux anges. *Viderunt juvenem coopertum stola candida* (Evang. selon saint Marc ; *imo, vide* ch. XXV, vers 100 et note).

(11) Henri VIII, empereur. (Voy. *Purgat.*, ch. VI, vers 97 et suiv.)

Pour mieux régénérer cette vieille Italie
Qui n'est pas prête encor, tant elle est avilie! 140
L'aveugle passion dont vous portez le sceau
Vous fait tous ressembler à l'enfant au berceau
Qui, se mourant de soif, repousse sa nourrice.
En ce temps-là, chargé du souverain office,
Le préfet sera tel qu'à ses yeux, droit ou non [12],
Pour éviter César, tout chemin sera bon :
Mais Dieu lui reprendra les clefs de l'arche sainte,
Pour le plonger bientôt dans la maudite enceinte
Où Simon est en butte à de si durs combats ;
Et l'homme d'Alagna s'enfoncera plus bas [13]. » 150

---

(12) Le pape Clément V, qui ira en enfer rejoindre Boniface VIII, le simoniaque (voy. *Enfer*, ch. XIX).

(13) Le même Boniface. (Voy. *Inferno*, ch. XIX et *Purgat.*, ch XX, vers 89 et suiv.) — Alagna, aujourd'hui appelée Anagni.

       Texte   148
       Traduction 150

CHANT XXXI.

ARGUMENT. — La Rose. — La double milice des Saints et des Anges. — Béatrix remonte sur son trône. — Saint Bernard la remplace près du poëte.

La milice des Saints dans les cieux amenée [1]
Et qui du sang d'un Dieu scella son hyménée,
A l'aspect d'une rose au beau feuillage blanc.
L'autre milice vole et célèbre, en volant,
La gloire de Celui que son amour encense
Et qui porta si haut sa grandeur, sa puissance.
Comme un brillant essaim d'abeilles qui, d'abord,
Se baignent dans les fleurs, puis reviennent au port
Où des sucs les plus doux leur doux miel se compose :
Tel le saint escadron plonge au fond de la Rose,   10
Puis remonte en volant où l'attire toujours
L'éblouissant foyer des célestes amours.
Leur visage brillant n'est que flamme éclatante ;
Ils ont des ailes d'or, et la neige flottante
N'eût pas de leur chlamyde égalé la blancheur :
Des feuilles, tour à tour, ranimant la fraîcheur.
Chaque battement d'aile, ineffable caresse,
Y verse des trésors de paix et d'allégresse.
L'abîme qui s'étend entre la Rose et Dieu,
De ces Aigles portés sur des ailes de feu   20

---

[1] Par opposition à celle des anges *nés* dans le ciel

Ne saurait affaiblir la splendeur ou la vue ;
Car la clarté divine, entre tous répandue,
A des degrés divers les illumine tous,
Sans que rien fasse obstacle à ses rayons si doux.
Dans l'éternelle paix du glorieux empire,
Vers un unique but, sur un seul point de mire
Convergent tous les yeux, s'élèvent tous les cœurs
Et des derniers venus et des premiers vainqueurs[2].
O triple feu brillant dans une seule étoile,
Toi qui charmes leur vue en te montrant sans voile,   30
Daigne apaiser les vents qui grondent ici-bas !

Les Barbares — venus de combats en combats,
Des rivages lointains où la Grande-Ourse sème
La lumière, en tournant avec le fils qu'elle aime[3] —
Voyaient avec stupeur Rome et ses grands travaux,
Aux beaux jours où Latran dominait ses rivaux.
Jugez-moi d'après eux, moi faible créature,
Moi, de la terre au ciel monté par aventure,
Moi venu de la mort à l'immortalité
Et de Florence impure à la sainte Cité !   40
Je restais ébloui : mon âme était la proie
D'une telle stupeur mêlée à tant de joie
Qu'il me plaisait alors d'être muet et sourd[4].

Quand aux portes du temple un pèlerin accourt
Pour délier ses vœux, il s'étonne, il admire
Ces grandeurs que plus tard il viendra nous redire :
De même, en traversant les bataillons sacrés,
Au-dessus, au-dessous, de degrés en degrés,
Je voyais, j'admirais les grandes destinées
De toutes ces Vertus, si richement ornées,   50

---

(2) Les Saints et les Anges.
(3) Avec la Petite-Ourse. — Hélicé, ou Calisto, et son fils Arcas, ainsi métamorphosés par Junon.
(4) Heureux de voir, je ne tenais ni à parler ni à entendre.

LE PARADIS. — CHANT XXXI.

Prêtes à me répondre, à me donner appui,
Belles de leur sourire et des clartés d'autrui [5].

J'avais, d'un seul regard embrassant tout l'espace,
De ce beau paradis effleuré la surface,
Mais sans fixer mes yeux sur rien, sans rien choisir.
Je me retournai donc, tout brûlant du désir
D'interroger encor la belle et sainte Dame
Sur les secrets du ciel dont se troublait mon âme ;
Mais je parlais à l'une, un autre me parla :
Quand je croyais revoir Béatrix, je vis là   60
Un beau vieillard vêtu des couleurs de sa race [6].
Une bénigne joie illuminait sa face :
Son regard paternel, son paternel aspect
Commandaient à la fois l'amour et le respect :
« Où donc est Béatrix ? Béatrix ! » m'écriai je.
Et lui : « C'est à sa voix que j'ai quitté mon siége
Pour dégager ton cœur du doute qui te suit.
Regarde au plus haut point du troisième circuit [7],
Tu la verras, mon fils, assise sur le trône
Qu'elle doit, la sainte Ame, aux vertus qu'elle prône. » 70

Sans répondre un seul mot, je relevai les yeux
Et je vis, aux reflets de son front radieux,
Que l'éternel rayon lui servait de couronne.
Au plus profond des mers celui qui s'abandonne
Voit de plus près la nue où se forme l'éclair
Que je ne vis alors Celle à qui je suis cher.
Qu'importe ! sa splendeur m'arrivait sans mélanges :
« O toi par qui j'espère, ô saint amour des Anges,
Toi qui, pour m'arracher aux piéges des pervers,
Laissas de ton passage un vestige aux enfers [8],   80

---

(5) Des clartés du Point, des clartés de Dieu.
(6) Vêtu de blanc (*Vide*, ch. XXX, vers 129 et note.)
(7) Le troisième en partant du Point : le cercle des Anges (*Vide*, ch. XXVIII, vers 124 et suiv.) Le sommet de la Rose.
(8) *Vide Enfer*, ch. II.

Tu m'as montré le ciel : c'est en suivant ta trace
Que j'ai compris de Dieu la puissance et la grâce.
D'humble, et d'esclave un jour tu m'as fait libre et fort.
Tu m'ouvris les sentiers qui conduisent au port...
Car que ne peux-tu pas, ô chère et sainte Dame !
Veille sur moi : c'est peu d'avoir sauvé mon âme :
Rends-la digne de toi quand, du milieu des morts,
Elle aura détaché les vils liens du corps. »

Ainsi je la priais : de sa sphère lointaine,
Avant de se tourner vers la Sainte-Fontaine, 90
Ma Dame, en souriant, baissa les yeux sur moi :
« Puisque, dit le vieillard, on m'a prié pour toi
Et que ton âme aspire au Suprême-Délice,
Vole par le regard dans le divin calice.
Son aspect aidera tes yeux faibles encor
A prendre vers la cime un plus facile essor.
Va : la Reine du ciel, qui d'une sainte flamme
A tant brûlé jadis et brûle encor mon âme,
Accueillera tes vœux, ô mon fils, par égard
Pour moi, qui fus toujours son fidèle Bernard[9]. » 100

Celui qui vient du fond du pays germanique
Pour voir le saint tissu de notre Véronique[10]
(Les récits qu'on en fait ne lui suffisent pas),
Avant de l'avoir vu, doute et se dit tout bas :
« *Dieu vrai, Seigneur Jésus, objet de mon hommage,*
Se peut-il que ce voile ait gardé ton image? »
Tel j'allais, admirant l'ardente charité
Du saint contemplateur qui, dans la pauvreté,
Eut l'avant-goût des biens de l'immortelle race.

Il reprit en ces mots : « O cher fils de la grâce, 110

---

(9) Saint Bernard, abbé de Citeaux, vivait au XIIe siècle.
(10) Le saint suaire conservé à Rome.

En regardant ainsi la Rose dans le fond,
Tu ne peux voir l'éclat qui couronne son front :
Monte de feuille en feuille au trône de la Reine
A qui tout est soumis dans la divine arène. »

   Je relevai les yeux... Et comme, après la nuit,
Le ciel oriental à l'horizon reluit
Plus brillant que la place où le soleil décline,
Mon regard, s'élevant de colline en colline,
Vit que sur tous les feux dont il est escorté
Le trône le plus haut l'emportait en clarté[11] ;   120
Et comme nous voyons, quand le jour vient de naître,
Rougir et s'enflammer la place où va paraître
Le char que Phaéton a dirigé si mal,
Pendant qu'aux alentours du lumineux fanal
La splendeur de l'azur pâlit de lame en lame :
Tel ce divin Flambeau, pacifique oriflamme,
Au centre s'avivait, pendant que ses rayons
Allaient s'affaiblissant de sillons en sillons.
Divers d'art et d'éclat, je vis, l'aile étendue,
Des anges par milliers fêter la *Bien-Venue*.   130
Je vis à leur prière, à leurs chants, à leurs jeux,
Sourire une Beauté que les Saints dans leurs yeux
Réfléchissaient au loin sous forme d'allégresse.
Eussé-je des neuf Sœurs la voix enchanteresse,
Je n'oserais tenter de redire ici-bas
Ces célestes accords et ces divins ébats.
Bernard, qui tout à coup vit s'abîmer mon âme
Dans le brûlant foyer de l'immortelle Flamme,
Y plongea ses regards, mais avec tant d'amour
Que son ardeur me fit plus ardent à mon tour.   140

---

(11) Le trône de la sainte Vierge.

                          Texte   142
                          Traduction 140

CHANT XXXII.

ARGUMENT. — Les mystères de la Rose — Personnages de l'ancien et du nouveau Testament. — Les saints Innocents.

Soumis au bon plaisir de la Vierge divine,
L'heureux contemplateur que la grâce illumine,
Commença librement son office en ces mots :

« La mère du Sauveur nous a guéris des maux
Inoculés en nous par la femme rebelle [1]
Que tu vois à ses pieds si brillante et si belle.
Au-dessous d'Ève, au rang des troisièmes Esprits,
A côté de Rachel trône ta Béatrix ;
Puis Sarah, Rébecca, Judith et l'humble femme [2],
Bisaïeule du roi qui, le remords dans l'âme,   10
Chanta si saintement le doux *Miserere* [3].
Tu peux, de feuille en feuille et degré par degré,
Pénétrer avec moi dans la Rose éternelle
Et suivre du regard les Saintes que j'appelle.
Du septième gradin descendant jusqu'en bas [4],
Puis, de là remontant au sommet, tu verras
Qu'un long sillon, formé de nobles femmes juives,
Sépare notre fleur en deux camps, en deux rives.

---

(1) Ève.
(2) Ruth, épouse de Booz, bisaïeule du roi David.
(3) *Miserere mei, Deus.* (Ps. de David.)
(4) Le premier au-dessous des deux premiers ternaires plus rapprochés de Dieu. (Voy. ch. XXVIII, v. 26 et suiv., surtout v. 32, 120 et suiv.)

Elles sont comme un mur divisant les Élus
Par le genre de foi qu'ils ont mise en Jésus[5].   20
Du côté de la Rose où chaque feuille est mûre[6]
Sont assis les Anciens qui, sous la sainte armure,
Ont eu foi dans le *Christ à venir*. L'autre camp,
Le nôtre, où plus d'un trône est encore vacant,
Est aux servants du *Christ déjà venu*. De même
Que le trône occupé par la Vierge que j'aime,
Et les autres, plus bas occupés par les Saints,
Nous tiennent à la fois séparés et voisins :
De même, à l'autre bord et tout en face d'elle,
Trône le grand saint Jean, le précurseur fidèle[7],   30
Celui qui, toujours saint, tour à tour a souffert
Le désert, le martyre et deux ans dans l'enfer.
Vois au-dessous de lui : jusqu'au fond de la Rose,
De degrés en degrés, son parti se compose
De François, de Benoît, d'Augustin, et plus bas
D'autres Saints glorieux que je ne nomme pas.
Mais admire, ô mon fils, la haute Providence :
Avec le même éclat et la même abondance,
Sous l'une et l'autre forme, Elle veut que la foi
Remplisse également les jardins du Grand-Roi.   40
Et sache qu'au-dessous d'une invisible lice
Tracée entre le faîte et le fond du calice,
Nul ne doit le bonheur de son admission
Qu'aux mérites d'un autre et sous condition[8];
Car tous ils ont quitté votre monde avant l'âge
Où le choix nous conduit vers l'une ou l'autre plage.
Tu dois les reconnaître aux éclats argentins,
De leurs voix, à leur taille, à leurs traits enfantins,

---

(5) Les Élus de l'ancien et du nouveau Testament.

(6) Les Élus venus avant le Christ.

(7) Saint Jean-Baptiste, le précurseur, mort deux ans avant le Christ, devait donc passer encore tout ce temps dans les limbes (Voy. *Enfer*, ch IV. v. 5, et suiv., ch. XII. v. 34 et suiv.; *hic* ch. XXV. v. 115 et suiv relatifs à saint Jean l'Évangéliste.

(8) Les saints Innocents. (*Vide* v. 78 et suiv.) — Avant l'âge où le *libre arbitre* vous porte au bien ou au mal, au ciel ou en enfer.

Si tu les suis des yeux et si tu les écoutes....
Sur ce point, je le vois, tu gardes quelques doutes, 50
Et tu ne le dis pas; mais je romprai le fil
Qui retient trop serré ton esprit trop subtil.

» On ne craint, dans l'ampleur du souverain empire,
Rien de ce qui s'impose à tout ce qui respire,
La tristesse, la soif, la fatigue, la faim;
Car tout ce que tu vois et qui sera sans fin
Fut si bien établi par la loi souveraine
Que le doigt semble fait pour l'anneau qui l'enchaîne.
Tu dois donc, ce me semble, aisément découvrir
Pourquoi ces Innocents, si pressés de mourir, 60
Savourent dans le ciel la véritable vie,
Au rang plus ou moins haut où le Roi les convie.
Ce Seigneur tout-puissant qui répand sur sa Cour
Tant de calme et de paix, tant de joie et d'amour
Que pour nous il n'est rien par delà son empire,
Tira tout du néant par son divin sourire;
Il peut donc nous doter de la grâce, à son gré,
Élevant ses Élus à tel ou tel degré :
C'est assez de l'effet sans remonter aux causes.
L'Écriture d'ailleurs démontre bien ces choses : 70
Souviens-toi des jumeaux créés par l'Éternel,
Et qui se querellaient dans le sein maternel[9].
La couleur des cheveux, que Dieu règle lui-même,
Suffit à mesurer l'éclat du diadème[10].
Sans égard aux instincts généreux ou pervers,
Les Élus sont assis à des degrés divers,
Plus ou moins pénétrés du Feu qui les féconde[11].
A défaut de lumière, aux premiers jours du monde,
L'humble foi paternelle, apportée en tribut,
Suffisait aux enfants pour avoir le salut. 80

---

(9) Jacob et Ésaü.
(10) Ésaü était roux; Jacob avait de beaux cheveux noirs.
(11) Par la faveur ou la défaveur qui fut leur partage en naissant.

Plus tard, pour délier leurs innocentes ailes,
La circoncision fut la loi des fidèles ;
Puis le jour de la grâce à son tour est venu,
Et le pauvre innocent est là-bas retenu [12],
S'il n'a pas de l'eau sainte arrosé son visage.

» Mais regarde du Christ la plus parfaite image [13].
L'éclat de ses rayons par la grâce adoucis
Peut seul te préparer à contempler son Fils. »

Les anges dont le vol au plus haut ciel s'adresse [14],
Firent pleuvoir sur Elle un tel flot d'allégresse   90
Que je n'avais rien vu, même dans le saint lieu,
Qui fût si magnifique et si semblable à Dieu.
Le premier descendu des régions sereines [15],
Pour payer son tribut à la Reine des reines,
Chanta d'abord pour Elle un *Ave Maria* ;
Devant Elle humblement son genou se plia,
Puis, inclinant la tête, il étendit ses ailes:
De toutes parts jaillit un torrent d'étincelles :
La bienheureuse cour au doux chant répondit,
Et d'un plus vif éclat tout le ciel resplendit.   100

« Saint Père, qui pour moi daignas quitter la place
Où d'un bonheur sans fin tu savoures la grâce,
Quel est cet ange ailé dont le divin regard
Dans les yeux de la Reine est plongé comme un dard,
Brûlant d'un tel amour qu'il semble être de flamme? »

J'avais ainsi recours aux lumières de l'Ame [16]
Que Marie embellit, comme d'un feu lointain
Le soleil embellit l'étoile du matin :

---

(12) Dans les limbes. (Voy *Enfer*, ch. II, ch. IV et *passim*. ..)
(13) La sainte Vierge.
(14) (*Vide* ch XXXI, v. 16 et suiv.)
(15) L'archange Gabriel.
(16) Saint Bernard, voué au culte de Marie.

« Celui-là réunit par un secret mélange
Ce que peuvent avoir de beautés l'homme et l'ange, 110
Répondit saint Bernard. Nous le voulons ainsi,
Parce que Gabriel entre tous fut choisi
Pour porter le lis blanc à la Vierge Marie,
Quand Dieu le Fils voulut vivre de notre vie.
Mais monte, par la vue, où va monter ma voix,
Et garde bien les noms de tous ceux que tu vois :
Ils sont grands entre tous dans les plus hautes sphères :

« Les deux qui trônent là, plus heureux que leurs frères,
Parce que de la Reine ils sont le plus voisins,
Ont servi de racine à cette Fleur des saints. 120
L'un qui siége à sa gauche, est notre aïeul : c'est l'homme
Qui nous fit payer cher la saveur d'une pomme.
A droite est le premier Saint-Père, à qui jadis
Le Christ a confié les clefs du paradis.
Près de Pierre est assis celui dont le génie [17]
Prophétisa les jours de deuil et d'agonie
A la Sainte-Beauté que la lance et les clous
Ont à jamais unie à son divin Époux.
Près d'Adam est le chef qui nourrit de la manne [18]
Des traîtres, des ingrats... Près de Pierre est sainte Anne, 130
Si fière d'admirer sa fille, qu'elle n'a
Plus de voix pour chanter avec nous l'Hosannah.
Le père des humains a près de lui Lucie [19]
Qui, pour rendre le jour à ta vue obscurcie,
Envoya Béatrix, au moment où tes yeux,
Par l'abîme attirés, se détournaient des cieux.
Mais déjà fuit le temps marqué pour ton passage.
Donc, j'en resterai là, comme l'artisan sage

---

(17) Saint Jean l'Évangéliste, dans son *Apocalypse*.
(18) Moïse.
(19) Lucie, la vierge de Syracuse. (Voy. *Enfer*, ch. II, v. 88.)

Qui mesure sa tâche à la longueur du jour.
Élevons nos regards vers le Premier-Amour[20] :   140
Cherche, en le regardant autant qu'il se peut faire,
A voir dans les secrets de son ardente sphère.
Mais monter par toi-même!... oh! ne l'espère pas...
Retiens, retiens ton vol, avant de faire un pas.
Il faut par la prière aspirer à la grâce.
Prions qui peut t'aider; prie en suivant ma trace[21],
Et tiens avec ma voix ton cœur à l'unisson. »

Il dit et commença la pieuse oraison.

---

(20) Dieu.
(21) En t'associant par le cœur à ma prière.

Texte   151
Traduction 148

CHANT XXXIII ET DERNIER.

ARGUMENT. — Oraison à la sainte Vierge. — La sainte Trinité.

« FILLE de ton Fils, sainte gloire des Ames !
Vierge-Mère, humble et grande entre toutes les femmes !
Noble terme prévu par d'éternels décrets,
Toi qui nous élevas par tes divins attraits
Si haut que, revêtu de l'humaine nature,
Le Créateur s'est fait lui-même créature !
Dans ton sein bienheureux s'est rallumé l'amour
Dont le souffle, échauffant le céleste séjour,
Epanouit la Rose, aujourd'hui ta patrie.
A l'homme tu donnas l'espérance, ô Marie,   10
Comme aux enfants du ciel tu donnes la clarté,
Principe de la force et de la charité.
Telle est, Reine du ciel, ta grandeur, ta puissance,
Que demander merci sans ta haute assistance,
C'est vouloir s'élever sans ailes dans les airs.
C'est peu que ta bonté féconde les déserts :
Plus qu'on n'a demandé bien souvent elle accorde.
Tous les trésors d'amour et de miséricorde,
La générosité, la candeur et la foi,
Divisés entre nous sont réunis en toi.   20
Ce mortel qui, tiré des profondeurs du monde,
A vu la race pure après la race immonde,
Implore maintenant ta grâce et ta vertu,
Afin que son regard, de force revêtu,

Puisse monter plus haut jusqu'au Salut-Suprême.
Et moi qui n'ai jamais désiré pour moi-même
Plus que je ne désire en ce moment pour lui,
J'ose à mon tour, ô Reine, implorer ton appui.
Ouvre ses yeux mortels ; ouvre la sainte voie,
Et fais qu'à ses regards le Vrai-Bien se déploie. 30
Daigne m'admettre encore à former d'autres vœux :
Toi qui peux obtenir tous les biens que tu veux,
Fais qu'après avoir vu tant de magnificence,
Il garde à son amour toute son innocence.
Qu'il triomphe par toi des mouvements humains !
Tous avec Béatrix tendent vers toi les mains,
Pour donner plus de force à la voix qui t'implore. »

Il dit : ces yeux si doux et que Dieu même honore,
Fixés sur l'orateur lui dirent assez haut
Qu'à ses vœux le secours ne ferait pas défaut. 40
Je les vis s'élever vers le Souverain-Maître,
Et certes nul regard, si perçant qu'il puisse être,
N'eût avec tant de calme affronté de tels feux.
J'allais toucher au but où tendent tous nos vœux :
Mon désir s'éteignit, comme il devait s'éteindre.

Et saint Bernard : « Regarde à présent sans rien craindre »,
Dit-il en souriant. Mais moi je m'étais fait
Par ma seule vertu tel qu'il le souhaitait,
Et ma vue, atteignant sa plus haute puissance,
Entra de plus en plus dans la Divine-Essence 50
Qui brille seule vraie et seule est sans défaut.
J'élevai ma pensée et mes regards si haut
Que la parole aux yeux doit céder la victoire :
Les yeux ont triomphé même de la mémoire.
J'étais comme celui qui rêve et qui souvent
Garde l'impression qu'il a prise en rêvant,
Bien que d'une ombre vaine il ne reste plus trace.
Ma vision n'est plus ; mais il reste la grâce,

Et je m'enivre encor de la douce liqueur
Qu'une divine main distilla dans mon cœur. 60
Tel le givre au soleil se fond dans les fougères :
Tel l'oracle, tracé sur des feuilles légères[1],
Loin du seuil s'envolait emporté par le vent.
O Suprême-Clarté, toi qui vas t'élevant
Loin des sentiers mortels, daigne encore à mon âme
Prêter quelques reflets de ta céleste flamme !
Soutiens mes faibles chants, ô Sainte-Vérité !
Et permets que je lègue à la postérité
Une seule étincelle à ton souffle échappée !
Permets que, réveillant ma mémoire trompée, 70
Elle répande encor quelque éclat sur mes vers !
Et puisse à ton triomphe applaudir l'univers !

Du trait qui me perçait la puissance fut telle
Que c'était fait de moi, créature mortelle,
S'il me fût advenu d'en détourner les yeux.
Mais il me fit plus ferme et plus audacieux
(Je m'en souviens encore), et, grâce à lui, ma vue
Fut avec le Vrai-Bien un instant confondue.

O grâce inépuisable à qui je dus un jour
De sonder jusqu'au fond cet océan d'amour 80
Où s'abîmaient ensemble et ma vue et mon âme !
J'ai pu voir, réunis en une seule trame,
Réunis par l'amour, ces mille fils divers
Qui par mille ressorts font mouvoir l'univers :
Le *mode*, l'*accident*, la *forme*, la *substance*;
Mais à les démêler j'ai lassé ma constance...
Dois-je en tracer au moins un trait décoloré ?
De ce divin réseau, de ce nœud adoré

---

[1] Par la Sybille de Cumes :
  Fata canit, foliisque notas et nomina mandat. (*Enéide*, lib. III.)

Je crois avoir saisi la forme universelle[2];
Car mon bonheur grandit, rien qu'à reparler d'elle. 90

Un moment a fait plus sur mes sens alourdis
Que vingt siècles passés sur l'exploit qui, jadis,
Du grand navire *Argo* montra l'ombre à Neptune.
Mon esprit, enivré de sa haute fortune,
Admirait et, plongeant jusqu'au fond du Trésor,
Pour admirer toujours s'enflammait plus encor.
Telle est cette clarté qu'une fois entrevue
Nul n'en peut détourner son esprit ni sa vue.
Le Bien, terme suprême où tendent nos esprits,
Le Bien est tout en Elle et lui doit tout son prix : 100
Tout en Elle est parfait, tout imparfait sans Elle.

Pour dire maintenant ce que je me rappelle,
Je trouve moins de voix que l'humble enfantelet,
Quand le sein maternel lui donne encor son lait.
Non pas qu'au plus profond de la vive lumière,
Rien différât pour moi de la forme première
Qui demeure à jamais ce qu'elle fut toujours;
Mais, devenus plus forts, grâce au divin secours,
Et changés pour mieux voir l'immuable spectacle,
Mes yeux avaient vaincu jusqu'au dernier obstacle. 110
A travers les rayons de la Haute-Valeur,
Je vis, éblouissants d'une triple couleur[3],
Trois cercles enfermés dans une sphère unique :
Comme Iris tient d'Iris sa changeante tunique,
Le second dans ses feux reflétait le premier;
Le troisième brillait, ardent comme un brasier
D'où rayonne à l'entour une lumière égale.
Que la parole humaine est pauvre! qu'elle est pâle

---

(2) Expression empruntée à Aristote et à Platon. Voy. aussi le *Fons vitæ* de l'Arabe Ibn-Gib-Iral et la *Pucelle* de Chapelain, ch. Ier.
Dans le cercle caché d'une clarté profonde.
(3) Les trois personnes de la sainte Trinité.

Pour rendre ma pensée et peindre un tel tableau !
O Lumière-Éternelle, ô céleste flambeau, 120
Qui, brillant seul en toi, seul te comprends toi-même,
Et qui seul sais t'aimer comme il faut que l'on t'aime !
L'un des cercles unis dans ton sein me semblait,
Émané du plus grand, briller comme un reflet ;
Puis, longtemps observé par mon muet hommage,
Il me parut soudain réfléchir notre image[4]
Formant son coloris de ta propre couleur,
Et je ne vis plus qu'elle alors ; mais, ô douleur !...
Comme ces faux savants qui, forçant la nature,
Du cercle vainement cherchent la quadrature : 130
De même, contemplant ce prodige nouveau,
A le comprendre en vain je lassais mon cerveau.
Les ailes qui là-haut emportent nos pensées
Eussent mal secondé mes ardeurs insensées,
Quand un rapide éclair, le perçant de son dard,
D'une force suprême anima mon regard,
Et je vis par quels nœuds d'amour et d'harmonie
L'humble image de l'homme à Dieu même est unie.

Là, le pouvoir manquait au fol ambitieux ;
Mais, comme on voit d'accord se mouvoir deux essieux, 140
L'amour, qui fait mouvoir le ciel et les étoiles,
Mit d'accord l'homme et Dieu, le navire et ses voiles.

---

(4) Le Verbe fait homme, ou peut-être allusion à ces mots de la Genèse :
« Dieu fit l'homme à son image. »

Texte 145
Traduction 142

FIN DE LA DIVINE COMÉDIE.

RÉSUMÉ COMPARATIF

DU NOMBRE DE VERS COMPRIS DANS LE TEXTE
ET DANS LA TRADUCTION DU PARADIS :

    Texte   4758.
    Traduction   4806.

RÉSUMÉ COMPARATIF

DU NOMBRE DE VERS
COMPRIS DANS LE TEXTE ET DANS LA TRADUCTION
DE LA DIVINE COMÉDIE.

ENFER.

Texte	4722
Traduction	4582

PURGATOIRE

Texte	4759
Traduction	4744

PARADIS.

Texte	4758
Traduction	4806

POUR L'ENSEMBLE DU POÈME.

Texte	14239
Traduction	14132

TABLE.

DÉDICACE	III
AVERTISSEMENT	V
VIE DE DANTE	XIII
ANALYSE DE L'*Enfer*	3

L'ENFER.

CHANT Ier. — Dante s'égare dans une forêt. — La Panthère, le Lion, la Louve. — L'Ombre de Virgile. — Le chemin du salut 5

CHANT II. — Dante hésite; Virgile le rassure : c'est Béatrix qui l'envoie 11

CHANT III. — La porte de l'enfer. — Les Ames des Neutres. — L'Achéron. — La barque de Caron . . 17

CHANT IV. — Premier cercle de l'enfer : les Limbes. — Illustres personnages de l'antiquité . . 23

CHANT V. — Deuxième cercle : les Luxurieux. — Le tribunal de Minos. — Épisode de Françoise de Rimini 29

CHANT VI. — Troisième cercle : les Gourmands. — Cerbère. — Prédiction de Ciacco 35

CHANT VII. — Quatrième cercle : les Avares et les Prodigues. — Cinquième cercle : la Colère et l'Orgueil. — La Paresse et l'Envie 39

CHANT VIII. — Suite du cinquième cercle : la barque de Phlégias. — Le Styx. — Sixième cercle : l'île de Dité. — Résistance des démons. 45

CHANT IX. — Les Euménides. — L'Ange. — Dité ouvre ses portes. — Les Hérésiarques. — Les tombes enflammées 51

CHANT X. — Suite du sixième cercle : Farinata, capitaine gibelin. — L'empereur Frédéric II. — Prédictions. 57

CHANT XI. — Explications de Virgile sur l'enfer inférieur. — La Violence et la Fraude. 63

CHANT XII. — Premier circuit du septième cercle : les Centaures. — Violence au prochain. . 67

CHANT XIII. — Deuxième circuit du septième cercle : les Suicidés et les Dissipateurs. — La forêt animée. — La chasse infernale. . . . 73

CHANT XIV. — Troisième circuit du septième cercle : la pluie de feu — Les Blasphémateurs, les Sodomites, les Usuriers. — Capanée. — Explications. — La statue du Temps. 79

CHANT XV. — Suite du troisième circuit : Brunetto Latini, professeur de Dante. — Les illustres clercs. 85

CHANT XVI. — Suite du troisième circuit : trois grands personnages de Florence. — Le bord du gouffre. — Géryon, démon de la Fraude 91

CHANT XVII. — Géryon apparaît. — La tribu des Usuriers. — Descente dans le huitième cercle. . 9

CHANT XVIII. — Huitième cercle, ou Malébolge, divisé en dix circuits. — Premier circuit : les Proxénètes et les Séducteurs. — Deuxième circuit : les Flatteurs . . . 10

CHANT XIX. — Troisième circuit du huitième cercle : le Simoniaques, le pape Nicolas III. — Belle apostrophe du poëte. 109

CHANT XX. — Quatrième circuit du huitième cercle : les Devins et les Sorciers. — Manto et Mantoue. 115

CHANT XXI. — Cinquième circuit du huitième cercle : les Démons. — Le lac de poix bouillante. Les Barates 121

CHANT XXII. — Suite du cinquième circuit : le lac de poix bouillante. — Giampolo, favori du roi Thibault, épisode 127

CHANT XXIII. — Sixième circuit : les Hypocrites, les chapes de plomb. — Deux Podestats de Florence. — Ponce Pilate. 133

CHANT XXIV. — Septième circuit : Brigands, Incendiaires, Assassins et Voleurs. — Effrayantes métamorphoses. — Prédictions. . . . 139

CHANT XXV. — Suite du septième circuit : Description de diverses métamorphoses 145

CHANT XXVI. — Huitième circuit : les Fourbes. — Les tuniques de feu. — Ulysse et Diomède 151

CHANT XXVII. — Suite du huitième circuit : Guido de Montefeltro, franciscain. 157

CHANT XXVIII. — Neuvième circuit de Malébolge : les Mutilés, Semeurs de schismes, de discordes et de scandales. — Mahomet, Ali, Mosca. 163

CHANT XXIX. — Suite du neuvième circuit : un parent de Dante. — Dixième et dernier circuit : les Faussaires, les Faux Monnayeurs. — La lèpre, la gale, l'hydropisie. . . 169

CHANT XXX. — Suite du dixième circuit de Malébolge : la femme de Putiphar. — Une lutte entre le fourbe Sinon et maître Adam . . . 175

CHANT XXXI. — Le centre de Malébolge : les Titans. — Antée prend les deux poëtes dans sa main et les dépose au fond du grand puits (neuvième et dernier cercle). . . 181

CHANT XXXII. — Neuvième et dernier cercle de l'enfer : le Cocyte. — Premier circuit, ou giron de Caïn : les Traîtres envers la famille. — Deuxième circuit, ou giron d'Anténor : les Traîtres envers la patrie. — Épisode d'Ugolin. 187

CHANT XXXIII. — Suite de l'épisode d'Ugolin. — Troisième circuit, ou giron de Ptolémée : les Traîtres envers les amis. 193

CHANT XXXIV. — Quatrième et dernier circuit du neuvième cercle, ou giron de Judas : les Traîtres envers le prince et envers Dieu. — Satan. — Sortie de l'enfer. — Entrée en purgatoire 199

Résumé comparatif du nombre de vers compris dans le texte et dans la traduction de l'Enfer 204

LE PURGATOIRE.

ANALYSE DU *Purgatoire* 207

CHANT Ier. — L'île du Purgatoire gardée par Caton d'Utique. — Au nom de Béatrix, les deux poëtes obtiennent la permission de gravir la montagne 209

CHANT II. — Arrivée d'une barque chargée d'Ames. — Le trouvère Casella 215

CHANT III. — Le pied de la montagne. — Les maudits du Saint-Père. — Mainfroi, roi de Sicile . 221

CHANT IV. — La tribu des Négligents ou Repentants de la dernière heure. — Bellacqua, ami de Dante. 227

CHANT V. — Les Négligents (*suite*). 233

CHANT VI. — Les Négligents (*suite*). — Sordello, poëte de Mantoue. — Apostrophe à l'Italie. . . 239

CHANT VII. — Les Négligents (*suite*). — Le jardin des Ames d'élite. 244

CHANT VIII. — Les Négligents (*suite*). — Le Serpent mis en fuite par deux anges. — Conrad Malaspina prédit à Dante son exil. . . 251

CHANT IX. — Dante s'endort. — Lucie l'enlève et le dépose à la porte du purgatoire 257

CHANT X. — Premier cercle : l'Orgueil. — Sculptures, l'humilité glorifiée. 263

CHANT XI. — Les Orgueilleux (*suite*). — L'une des Ames prédit à Dante son exil. 269

CHANT XII. — Les Orgueilleux (*suite*). — Les sculptures, l'orgueil humilié. — Entrée du deuxième cercle. 275

CHANT XIII. — Le deuxième cercle : les Envieux. — Le Fouet et le Frein 281

CHANT XIV. — Les Envieux (suite). — Deux Ames maudissent la Toscane. — Les Voix dans les airs. — Le Frein. 287

CHANT XV. — Le troisième cercle : la Colère. — Une vision : modèles de douceur et de modération. 293

CHANT XVI. — Troisième cercle (suite) : la fumée. — Le libre arbitre. — Le Spirituel et le Temporel des papes. 299

CHANT XVII. — Troisième cercle (suite) : une seconde vision. — Entrée du quatrième cercle : la Paresse 305

CHANT XVIII. — Quatrième cercle : la Paresse (suite). — La course. — Encore le libre arbitre. 311

CHANT XIX. — Suite du quatrième cercle : la Paresse. — Troisième vision, la Sirène. — Cinquième cercle : l'Avarice. — Le pape Adrien V. 317

CHANT XX. — Cinquième cercle (suite) : Hugues Capet maudit sa race. — Le tremblement de la montagne 323

CHANT XXI. — Cinquième cercle (suite) : le poète Stace. . 329

CHANT XXII. — Sixième cercle : la Gourmandise. — Le fruit défendu. 335

CHANT XXIII. — Suite du cercle des Gourmands. — Forèse, ami de Dante. 341

CHANT XXIV. — Sixième cercle (suite) : le poète s'entretient avec plusieurs Ames. — Entrée du septième cercle 347

CHANT XXV. — Comment les Ames peuvent maigrir et revêtir une forme visible. — Le septième cercle : la Luxure 353

CHANT XXVI. — Les Luxurieux (suite). — Les poëtes contemporains 359

CHANT XXVII. — Dante soumis à l'épreuve du feu. — Le paradis terrestre. — Adieux de Virgile. 365

CHANT XXVIII. — Le paradis terrestre (suite) : le Léthé. Mathilde. 371

CHANT XXIX. — Le paradis terrestre (suite) : le cortége de Béatrix 377

CHANT XXX. — *Suite :* Le char de Béatrix. — La disparition de Virgile. — Les reproches de
Béatrix 383
CHANT XXXI. — Reproches de Béatrix (*suite*). — Dante est
plongé dans le Léthé, puis conduit par
les quatre Vertus cardinales aux pieds
de Béatrix. 389
CHANT XXXII. — La marche du Cortége. — L'arbre de la
Science du bien et du mal. — Les Mys-
tères. 395
CHANT XXXIII. — Réconciliation. — L'Eunoé. — Dante est
prêt à monter vers les cieux 401
*Résumé comparatif du nombre de vers compris dans le texte
et dans la traduction*. 406

LE PARADIS.

ANALYSE DU *Paradis*. 409
CHANT Ier. — L'Invocation. — Le regard de Béatrix. —
L'ascension. 411
CHANT II. — La Lune, premier ciel. — Origine et nature
de ses taches. 417
CHANT III. — La Lune (*suite*). — Les Sœurs infidèles aux
vœux monastiques 423
CHANT IV. — Premier ciel (*suite*). — Dissertation sur la
violence et sur la volonté. 429
CHANT V. — Respect dû aux vœux et aux serments. —
Ascension au deuxième ciel (Mercure). 435
CHANT VI. — Deuxième ciel (*suite*). — Justinien. — L'Aigle
romaine. — Guelfes et Gibelins. . . . 441
CHANT VII. — Deuxième ciel (*suite*). — Béatrix explique le
mystère de la Rédemption 447
CHANT VIII. — Le troisième ciel, Vénus. — Charles Martel.
— Comment un bon arbre peut pro-
duire de mauvais fruits. 453
CHANT IX. — Troisième ciel (*suite*). — Cunizza. — Foulque
de Marseille. 459
CHANT X. — Quatrième ciel; le Soleil. — Saint Thomas
d'Aquin. 465

CHANT XI. — Quatrième ciel (*suite*). — Saint Thomas d'Aquin raconte la vie de saint François d'Assise. 471

CHANT XII. — Quatrième ciel (*suite*). — Saint Bonaventure raconte la vie de saint Dominique . . 477

CHANT XIII. — Quatrième ciel (*suite*). — Saint Thomas d'Aquin reprend et explique sa seconde proposition 483

CHANT XIV. — Quatrième ciel (*suite*). — Cinquième ciel (Mars). — La Croix lumineuse. — Les Champions de la foi. 489

CHANT XV. — Cinquième ciel (*suite*). — Cacciaguida, trisaïeul de Dante. — Les mœurs anciennes de Florence 495

CHANT XVI. — Cinquième ciel (*suite*). — Les hommes illustres de l'ancienne Florence. . . . 501

CHANT XVII. — Cinquième ciel (*suite*). — Cacciaguida prédit à Dante son exil et l'encourage à écrire la *Divine Comédie*. 509

CHANT XVIII. — Cinquième ciel (*suite*). — Josué, Machabée, Charlemagne et autres grands guerriers. — Sixième ciel (Jupiter). — Les Juges 515

CHANT XIX. — Sixième ciel (*suite*). — L'Aigle. — Le salut hors de l'Église. 521

CHANT XX. — L'Aigle développe sa thèse. — Législateurs célèbres. 527

CHANT XXI. — Le septième ciel (Saturne). — La vie contemplative. — Saint Pierre Damien . . 533

CHANT XXII. — Septième ciel (*suite*). — Saint Benoît. — Huitième ciel. — Les Gémeaux. . . . 539

CHANT XXIII. — Huitième ciel (*suite*). — Le Christ et la sainte Vierge descendus de l'Empyrée. — Saint Pierre 545

CHANT XXIV. — Saint Pierre examine Dante sur la Foi . 551

CHANT XXV. — Suite du huitième ciel. — Saint Jacques examine Dante sur l'Espérance. — Saint Jean apparaît 557

CHANT XXVI. — Huitième ciel (*suite*). — Saint Jean examine Dante sur la Charité. — Adam . 563

CHANT XXVII. — Huitième ciel (*suite*). — Imprécations de Saint Pierre. — Neuvième ciel ou Premier-Mobile. — Théorie du mouvement. 569

CHANT XXVIII. — Le *Point* (Dieu). — Les neuf chœurs des Anges. — Doutes éclaircis 575

CHANT XXIX. — Création des Anges et de la matière. — Imprécations de Béatrix contre les prédicateurs frivoles. . . . .

CHANT XXX. — L'Empyrée. — Le triomphe des Élus. . .

CHANT XXXI. — La Rose. — La double milice des Saints et des Anges. — Béatrix remonte sur son trône. — Saint Bernard la remplace près du poete . . . .

CHANT XXXII. — Les mystères de la Rose. — Personnages de l'ancien et du nouveau Testament. — Les saints Innocents. . . . .

CHANT XXXIII. — Oraison à la sainte Vierge. — La sainte Trinité . . . .

Résumé comparatif du nombre de vers compris dans le texte et dans la traduction 610

Résumé général. 611

FIN DE LA TABLE ET DU PREMIER VOLUME.

IMPRIMERIE CENTRALE DES CHEMINS DE FER. — A. CHAIX ET Cⁱᵉ, A PARIS, RUE BERGÈRE, 20, PRÈS LE BOULEVARD MONTMARTRE. — 19375-4.

www.ingramcontent.com/pod-product-compliance
Lightning Source LLC
Chambersburg PA
CBHW050323240426
43673CB00042B/1514